URP城乡规划 URBAN RURAL PLANNING

住房保障

城乡规划

主 编：陈秉钊
副主编：王新军 陆新之
本期审稿：陈秉钊
责任编辑：黄 翊
特约编辑：苏海龙
装帧设计：冯彝诤

编辑：《城乡规划》编辑部
收稿邮箱：cityplanning@vip.sina.com
北京编辑部：01068319339
地址：北京市三里河路9号中国建筑工业出版社北楼508室
邮编：100037
上海编辑部：02165104410
地址：上海市国泰路127弄复旦大学国家科技园2号楼3楼复旦规划建筑设计研究院
邮编：200433
出版单位：中国建筑工业出版社

图书在版编目（CIP）数据

城乡规划——住房保障/《城乡规划》编委会编. —北京：中国建筑工业出版社，2008
ISBN 978-7-112-10539-7

Ⅰ. 城… Ⅱ. 城… Ⅲ. 住宅-社会保障-研究-中国
Ⅳ. D632. 1

中国版本图书馆CIP数据核字（2008）第1897

城 乡 规 划
——住房保障
*
中国建筑工业出版社出版、发行（北京西郊百万庄）
各地新华书店、建筑书店经销
北京嘉泰利德公司制版
北京画中画印刷有限公司印刷
*
开本：880×1230毫米 1/16 印张：10½ 字数：336千字
2009年10月第一版 2009年10月第一次印刷
定价：**30.00**元
ISBN 978-7-112-10539-7
（17464）

出版前言

《城乡规划法》的颁布与实施，强化了城、乡规划的融贯，综合规划的调控作用。《城乡规划》的问世是为了致力于我国城乡规划的科学性、协调城乡的合理布局、加强城乡规划监管、保护和改善人居环境、促进我国城乡经济、社会全面协调可持续发展。

城乡规划作为一项维护社会公平、保障公共安全和公众利益的公共政策，已经愈来愈为有识之士所共识。通过城乡规划推进城镇化健康发展，无疑是影响我国未来发展进程的大事。因此，如何直面新形势下我国城乡发展中的一些重大的理论与现实问题，积极开展城乡规划的研究，探索新时期城乡规划的理论与方法，成为摆在每一位城乡规划建设决策者、管理者、科研工作者、行业从业人员必须认真面对的课题。

《城乡规划》由中国建筑工业出版社与上海复旦规划建筑设计研究院联合主办，复旦大学经济研究所和复旦大学城市规划与发展研究中心协办，邀请同济大学建筑与城市规划学院陈秉钊教授担任主编。

《城乡规划》以专辑的形式，每期聚焦当前我国城乡规划领域的重大课题，邀请国内外不同学科、不同领域的知名专家、学者，基于不同的研究方向和研究视角，就同一专题进行广泛而深入的探讨。《城乡规划》刊载的论文涉及城市规划、经济学、社会学、管理学、生态学、法学等多个学科。除了多视角的广度外，为了研究的深度，论文篇幅有可能较长。因此，为便于读者较短时间内掌握各文章的要意，特提供一导读与索引。

我们创办《城乡规划》的宗旨，是希望为我国城乡建设领域提供一个多学科、多视角、富有国际化视野的新的学术交流平台。我们的理想是：在我国城市化快速发展和城乡一体化的进程中，汇聚各界专家，熔铸学术智慧，对当前的时政热点、学术焦点、民生重点，以“经世济用”的学者情怀和富有远见的学术洞察力，赋予每期专辑更多的活力、更强的生命力和更大的影响力，以期对新时期城乡规划建设学术探讨、各级政府的科学决策有所助益。

2009年10月，承载着众多业界专家、学者的关注和期望，《城乡规划》扬帆启航！

《城乡规划》编辑部

2009年9月19日

目　录

URP城乡规划
URBAN-RURAL PLANNING

中国建筑工业出版社
复旦规划建筑设计研究院
联合主编

☆ 汇聚各界专家　熔铸学术智慧

☆ 解析当前时政热点、民生重点、学术焦点

☆ 构建城乡规划建设领域多学科、多视角的综合学术平

本辑导读

陈秉钊

本期以保障性住房为主题。为推动深度的研究，本刊有些文章篇幅较长，为让读者能用较少的时间了解主要内容，编者作此导读性的综述。所及的文章标注作者姓名，以方便读者追索原文。

住房政策综述

住房改革的历程

编者根据诸文整编了“大事记”。张杰以北京为背景以计划经济体制下的公房建设、市场经济体制下的商品房和保障性住房建设三条线索，通过北京住房供给和分配的制度变迁、住房建设规划与空间布局两大方面的变化，生动地展现了我国30年住房改革的曲折历程，论述了国内外形势的影响、社会的变迁、不同利益群体间的诉求与角力等，并指出了令人深省的问题。

例如，改革之初的公房出售，谁住在什么样的房子内，谁就有权买什么样的住房。通过此举，公房的出售便固化了原福利分房中的不公平状况。又如，回顾了1997年亚洲金融危机爆发后，提出了积极的财政政策以刺激内需，拉动经济增长。住房则作为拉动内需的重要方面。虽然也启动了经济适用房的建设，但缺乏财政的支持，不得不再次将住房政策向市场倾斜。而过度市场化带来诸多的弊端，甚至出现豪华版的“经济适用房”。保障性住房政策的实施一旦与经济效益发生冲突，就会出现变向的“让步”(张杰等)。实际是制造了一大批“啃老族”和“房奴”，其实是消费需求的结构转移和提前透支（陈鹏)。过度非理性与超前的“消费”反而抑制了其他方面正常的消费，与扩大内需相悖。这历史的教训对当今面临世界性经济危机，如何正确解决经济问题又不迷失可持续发展、建设和谐社会的大方向颇有启示。

国际公约——住宅权

住宅作为人类赖以生存与发展的基本条件，获得住宅权利是每一公民的基本的社会诉求。我国政府已于1997年10月签署了《经济、社会、文化权利国际公约》。《公约》第11条规定：“本公约缔约各国承认人人有权为他自己和家庭获得相当的生活水准，包括足够的食物、衣着和住房，并能不断改进生活条件。各缔约国将采取适当的步骤保证实现这一权利……”保障公民住宅权的实现不仅是政府的一项基本职责，更是政府应尽的法律义务。住宅权就是每个公民有权获得可负担得起的适宜人类居住的，具有安全、健康、尊严、有良好的物质设备和基础服务设施的并不受歧视的住房权利。30年住房改革之路，终于认识到住房不仅是商品，更首先是生存必需品，具有公共产品之属性（金俭)。

住房保障与永续发展

近年中央已将住房保障的范围扩大至城市的外来务工人员，该制度面临的挑战变得更为复杂，也更需要重新认识住房保障的战略价值——不仅解决弱势群体的住房困难，而且还在于培育国家长期发展的后劲，人力资源的永续。农村的剩余劳动力是我国高速经济发展所依赖的战略性资源。

城市化必须以住房保障来巩固。而解决住房保障必然面临关键难点之一是土地。在生产要素中许多资源是可以进出口的，如原材料、成品甚至劳动力，然而土地则是不可移动的。

另外，我国的“人口红利”期已经接近尾声。我国劳动力价格的上升趋势不可改变。这就要求我国的经济增长实现真正的转型。这种转型，不仅仅是从粗放的增长转向集约，还应该包括从投资驱动型、出口依赖型的增长转向更多地依靠内需的拉动；从注重速度和财政收入的增长转向注重民生民本。这意味着城市化可以在很大程度上取代出口，成为我国后一阶段经济成长的重要动力（戴星翼）。

住房政策

综合国家有关政策可以判断我国未来住房政策取向大致是：坚持“保障生存性需要，支持自住性需要，引导改善性需求，抑制投资性需求，遏制投机性需求。”低收入家庭主要通过廉租住房制度和经济适用住房制度解决，以廉租房制度为主；中等收入家庭根据各地实践可以采取限价商品房等办法解决；高收入家庭主要通过市场解决；同时，大力发展二级市场和租赁市场，形成多级联动的住房市场体系。

当前，大部分城市的居民进入住房条件迅速改善期，中等收入阶层以上的社会群体主要依靠市场改善住房条件（北京市约占总需求的30%以上）。这部分人群人均住房面积的快速增长掩盖了另一部分低收入群体住房条件改善陷于停滞的状况，造成一部分人住房条件改善在加速而另一部分人改善无望，市场“购销两旺”和“价格过高”加重了社会的问题（石晓冬）。

廉租房的界定与政策缺失

对于最低收入人群不应以拥有房屋产权为目的，而是要通过租赁来得到房屋的使用权，廉租房与经济适用房相比社会保障色彩更为浓厚。在2004年3月1日正式施行的《城镇最低收入家庭廉租住房管理办法》中，对廉租房制度的原则、对象、标准作了更为明确的规定。简单地说，一是城镇最低收入家庭廉租住房保障水平应当以满足基本住房需要为原则，人均保障面积标准原则上不超过当地人均住房面积的60%；二是城镇最低收入家庭廉租住房保障方式以发放租赁住房补贴为主，实物配租、租金核减为辅；三是保障对象的条件和保障标准由市、县人民政府按当地情况制定。

但是，将保障范围和标准交由市县政府确定的做法，实际上等于否定了政府在廉租房保障领域的强制性责任。2007年“国24号文”出台后配套出台了《廉租住房保障办法》，这一问题依然没有解决。《办法》只是规定，市、县人民政府应当在解决城市低收入家庭住房困难的发展规划及年度计划中，明确廉租住房保障工作目标、措施，并纳入本级国民经济与社会发展规划和住房建设规划。目标是市县政府自己确定的，这就意味着可以为自己确定责任的大小。很难说，该办法会形成一种有效的制度（戴星翼）。

国际经验

住房保障制度和公共住房概念源于西方1930年代经济大萧条时期，基本目标是为低收入家庭解决住房问题。

19世纪初，西方国家的快速工业化和城市化，城市人口急剧膨胀，城市的住房问题骤显。英国1919年颁发的《住房和城镇规划法》导入财政补贴，首次承认解决住房问题属于公共事务，提出政府对公共住房建设提供财政支持的承诺。美国公共住房的建设始于1937年，第二次世界大战造成的房荒。日本是在战争废墟上于1951年颁布了《公营住房法》，着手建造大量低标准的公营住房。因此，可以说各国住房保障政策的初衷都是为了解决住房短缺问题。

美国住房政策的中心是“为全体美国人民提供合格的、安全的、能负担得起的住房”，包括四个方面的要点：①鼓励公民买房；②政府资助低收入居民租房；③以住房建设促进社区发展；④保障住房的公平。

美国住房政策的演进经历了三个阶段：①政府重点解决住房短缺问题，着手公共房屋建设；②政府认识到住宅建设对国民经济的拉动作用，以房地产业促进经济增长，忽视了住房社会性和保障性；③自1970年代起，住房政策综合考虑住房建设的经济、社会功能，重视住房保障制度的建设，把住房建设作为促进社会稳定的手段，以社区发展基金资助社区住房建设，介入社区发展，这是美国住房政策和住房保障制度走向成熟的标志。

日本战后政府提供公共住宅的主要方式有三种：①通过“住宅金融公库”向建造或者购买住宅的个人提供长期低息贷款；②地方政府在中央政府的补贴支持下为解决低收入者建设公营住宅，国家在财政、金融及技术上给予援助，同时还制定了最低居住标准、平均居住标准和诱导居住标准，其中公营住宅是由国家拨款补助地方政府兴建的住宅，用于向低收入家庭出租，约占住宅总量的7.6%；③中央政府设立“日本住宅公团”为大城市的工薪阶层提供住宅及宅基地。

美国和日本代表了国外发达国家干预住房市场的两种典型方式：

美国主要运用法律手段和经济杠杆对住宅发展予以扶持，基本形成了住宅供求以市场机制为主，政府参与为辅的住宅制度。

日本政府则在住宅建设中干预较多，由中央政府、地方政府和开发商在住宅建设中各负其责。其中，中等收入以上家庭住房在市场机制的作用下解决，中央政府负责解决中等及偏下收入家庭的住房问题，地方政府住宅局则负责提供低收入者、单亲家庭及有特殊困难的家庭和个人的住房（王新军等）。

• **廉租房与住房补贴**

国外对低收入者的住房租赁补贴包括政府公房建设、住房建设补贴和住房租金补贴三类模式，在选择补贴方式时以自身的社会经济特征为依据。

廉租房的补贴范围并没有一个普适的标准。如美国低收入的标准一般为中等收入的60%；香港须住满七年，三口之家月收入不得超过 1.21 万港元，家庭总资产不得超过 30.5 万港元等。各国提供廉租房占总住户比重差别较大：美国为 18%，英国 17%，新加坡 8.5%，香港 31%，法国大约有 1/4，日本 4.7%，韩国计划从 2003 年的 2.4%提高到 2012 年的 10%。

英国公房建设在“高福利”的基本国策下，公营住房在住宅总量中大约占 1/2。公房建设的优点是在短时间内快速解决低收入家庭的住房短缺问题，缺点则是给政府造成了巨大的负担。

住房建设补贴是指由政府提供优惠贷款、补偿贷款利息等优惠政策，支持非政府机构发展低租金、低成本住房，间接干预住房供应。住房建设补贴模式不利于“滤过效应”的进行。

住房租金补贴是由政府向低收入者提供房租补贴。补贴的数额是按一定住房标准的住房租金与家庭可支付租金的差额确定的，家庭可支付租金一般按本地区平均房租支出占家庭收入的比重确定。美国为 30%，其余部分由政府给房主补齐。

在住房供应得到基本满足的条件下，住房租金补贴模式将取代住房建设补贴模式（熊国平等）。

• **保障性住房有关规划布局与结构**

国外城市廉租房的空间分布有从远郊区向近郊区与中心城区集中，从小城市向大城市集中的趋势。虽然郊区集中兴建可大幅度消减建设成本，但是远郊区配套设施的缺乏和就业机会的匮乏，导致其他生活成本的上升，导致萧条。美国位于中心城区的占 49.1%，位于市郊的占 38%，位于远郊的占 13%。

为防止形成低收入社区出现的教育、就业及犯罪等各种问题，各国应用规划手段保障一定程度上的混居。美国在审议房地产开发项目时就与开发商达成协议：20%的单元房必须在报纸上刊登广告，招租低收入家庭。英国采取零星建设的方式，并且有一定比例（15% ~50%）的低收入居民住房（熊国平等）。

• **住房保障形式多样化**

以纽约市为例，住房保障的形式有：第一，地方政府利用自有土地建房，出租或出售给符合条件的低收入家庭，对于无能力一次购买的家庭，可以先租后买，或先购买 10%的产权，再逐步购买剩余的产权；第二，通过奖励容积率和免税等措施鼓励开发商提供一定比例的低价住房出售或出租给低收入家庭；第三，对低收入家庭实行货币补贴（发放住房券），由住户到市场直接租赁住房。

住房保障形式灵活多样可通过低价销售、低价租赁、先租后买、半买半租、分步购买、贴租、贴息等多种形式对低收入家庭提供住房保障（王新军等）。

通过重建计划的编制和审批、政策制定、资金筹集与运作、安置补偿等环节切实保障可负担住房供应。至少有 30%的新建或改建住房单元是中低收入家庭能够负担的住房，其中应有不低于一半的单元以极低收入家庭可以负担的价格供应。

美国旧区重建百年经验，再现了着力推进困难群体的住房改善、社会公平，社会、经济、政治、文化、环境等多重目标的复合（万勇）。

中国廉租房制度的定位与设计

廉租房制度的构建主要依赖于三方面：政策支持、资金运作、空间设计。

选择廉租房政策模式应考虑目标是否囊括增加住房存量、政府的财政能力、机构发育成熟度、市场化程度、福利水平等。

自 1998 年国家出台廉租房政策以来，至 2007 年底只有 80.2 万个家庭获得廉租住房保障，仅占人口总数 0.2%。全国仍有人均建筑面积 $10m^2$ 以下近 1000 万个住房困难户，占人口总数的 3%。大多数既无力购买经济适用住房，也不能享受廉租住房保障。从国际视角进行比较，中国属于 Ⅰ 类国家（参见熊国平等图 3 –1），廉租房补贴规模严重不足。

从 281 个地级市数据分析，中国城市住房补贴方式大多数城市属于 Ⅰ 类城市与 Ⅲ 类城市（参见熊国平等图 3 –2）。因此，中国应当是以住房建设补贴模式与公房建设补贴模式为主，以住房现金补贴模式为辅。而我国廉租房补贴模式主要以现金补贴为主，与客观条件相违背。

资金预算，从理论上说，当社会收入差距越大时，政府应当用更多的资金投入到社会保障支出中。中国 20%的最低收入人群，其收入仅占全部收入的 4.25%，说明我国收入差距大，然而我国中央财政在住房及社区建设的支出占 GDP 比重仅 0.037%。世界上多数国家和地区平均达到 0.6%以上。

融资方式可选证券化融资、项目融资与公共私人合伙融资等多种形式。其原理都是增加融资对象，来提高项目资金的流动性。但随着融资对象的增加，信息不对称现象将加剧，融资风险也在增加，美国的次贷危机即是如此。我国证券市场发育不成熟，市场避险机制尤其薄弱。因此，以政府、开发商、金融机构为主要融资对象的公共私人合伙和项目融资是较为适合我国国情的（熊国平等）。

廉租住房保障资金来源

廉租住房保障资金来源包括五个渠道：一是市、区、县财政预算安排的资金；二是住房公积金增值收益在提取贷款风险准备金和管理费用之后全部用于廉租住房建设；三是土地出让净收益用于廉租住房保障资金的比例不得低于10%；四是政府的廉租住房租金收入；五是社会捐赠及其他方式筹集的资金。

加快将政府直接主导型融资方式转化为政府引导下的商业化运作方式，鼓励运用集合资金信托和银信理财计划、保障性住房贷款证券化、房地产信托投资基金（REITs）、项目融资和保障性住房建设公债等多种金融创新业务支持廉租住房建设（石晓冬）。

明确事权，确保资金，配套政策

1. 平衡中央和地方政府的事权和财权

中央政府和地方政府的灰色博弈将导致资源配置效率损失，必须对此做出权衡。将中央和地方政府的事权和财权划分进行平衡，现在的状况是中央财权较大，占六成以上，而事权占四成，地方政府财权四成，事权六成。中央宏观调控无疑是正确的，但“分税制”在一定程度上影响了地方可支配收入的增长；不断增长的地方政府提供公共服务的需求，要求政府有充足的财政收入。所以需要合理调节中央和地方的分配比例。一是适当调整中央、地方财税分配比例，增加地方政府财税收入分配份额，以减轻地方政府的财政压力；二是加大中央、省对市县的转移支付力度。

2. 将住房保障支出纳入公共财政支出范畴

3. 完善金融和土地配套政策

住房保障的金融政策是指政府通过对货币信用的调控，运用各种金融工具，刺激经济适用房等公共住房的建造和消费，或鼓励私有房主将房屋出租给中低收入家庭，以解决中低收入家庭的住房问题。住房保障的金融政策包括提供低息贷款或贴息贷款，建立抵押贷款一、二级市场，政府设立或鼓励私营机构设立住房储蓄银行，政府提供或鼓励私营机构提供住房抵押保险业务，成立住房合作社等等（王新军等）。

住房供应体系与限价房

我国目前住房供应体系由廉租房、经济适用房和普通商品房等三层次住房供给类型组成。廉租房用于解决城市最低收入家庭住房困难；经济适用住房用于解决低收入家庭的住房困难；而普通商品房满足中高收入家庭的住房需求。推出限价商品住房，在普通商品房与经济适用住房之间合理拉开价差，以满足夹心阶层的住房需求，进一步建立完善梯次完整的住房供应体系。限价商品住房建设标准均按照户型、面积等指标严格控制，房屋建筑面积严格控制在90m^{2}以内，再根据家庭人口结构设计不同户型。限价商品住房按6%的开发利润率测算房屋销售价格，房屋销售价格一般为其周边普通商品房售价的70%左右。限价商品住房弥补了住宅供应与消费层次上的空档和不足，落实“中低价位、中小套型普通商品住房”政策。同时，期望对高涨的房价起到平抑作用，按其本质属性应属商品房。低价格也容易诱发投机行为。因此，需要加强审查、监督，并对房屋使用与再转让等做出限制。这都将给政府增加巨大的行政成本（冯长春等）。

保障性住房主要是为那些无法在市场上获取能够满足基本居住条件的个人和家庭。美国保障性住房的对象是收入低于AMI60%的家庭（AMI，“地区收入中位线”，Area Median Income），英、美及中国香港的保障性住房约占总户数的30%。

目前我国社会保障性住房的房源主要有三种类型：新建（开发商统建、政府委托开发或政府回购、政府开发并配售等）、回购市场存量住房、购买市场上二手房源（孙施文等）。

经济适用房

对于中低收入人群，可以通过免费土地、减免税费、规定开发商利润等手段来降低房屋的价格，建设经济适用房来为他们提供价格低廉、简单实用的住房。在经济适用房领域，也不应一刀切，应根据家庭的收入情况和购买房屋的标准来给予不同水平的优惠。家庭收入越高，购买的经济适用房标准越高，享受到优惠应当越少（马文军等）。

经济适用房的退出机制

经济适用房是否允许若干年后进入市场？如北京市政府的规定，经济适用房五年后就可以转让（上市），但差价的80%要上交（孙施文等）。廉租房住户收入水平会发生变动，因此应建立退出机制，对住户进行持续的跟踪管理（以信息系统与法律监督机制为支持）。如香港租户每两年应申报家庭收入及资产，不申报资产或家庭收入及资产净值超过公屋住户限额的租户须缴纳双倍租金，并于一年内迁出（熊国平等）。

信息系统是住房保障制度有效实施的重要辅助系统

由于我国没有完善的个人信用记录，缺乏必要的家庭收入资料，在保障性住房的申购和使用过程中缺乏监督，造成分配与使用过程中保障对象难以准确界定。应建立住房保障个人信用档案，对申请人资格的审核要严格执行，做到公开透明、公正公平。完善保障性住房的使用管理，严格控制保障住房的转租、转售现象，制订相关的法律法规，对违反规定者进行相应的处分。保障性住房应当封闭运行、内部流通，不能直接进入市场。保障性住房面向的对象是城市的中低收入人群，所以保障性住房要定位于经济实用。（马文军等）

二手市场待培育

北京市的存量住房交易量持续增加，到2007年首次超过了新建住房的交易量，达到1.13:1，但低于美国等发达国家约3:1的比例。同时北京存量住房交易率近年来一直低于3.3%，其中已购公房再上市率一直低于2%，普遍低于成熟的二手房市场合理交易率（5%～8%）。部分存量住房呈现"少有人住"或"只有很少人住"的现象。保障性住房尚未形成内循环机制，同时也缺乏将存量住房转化为保障性住房的政策机制（石晓冬）。

培育二手房市场将激活存量住房，住房在市场流动中使住房资源得以不断地优化配置，使整体住房水平呈梯度地不断提升，又降低了住房改善的成本，增加了保障性住房的房源。宋博通通过四个"市场过滤模型"具体演绎了这市场的机理（宋博通）。

外来务工人员的住房保障

外来务工者宜建立住房保障责任分担体系：拥有正式的劳动合同的单身进城者，主要依靠用人单位解决，或提供宿舍，或提供住房补贴，辅以政府提供宿舍型的集约化住宅或"外来务工人员廉租公寓"；对拖家带口进城有正式合同者，应该纳入廉租房制度的覆盖范围；对于有一技之长，或凭微薄资产，试图在城市立足，进入城市创业并拥有营业执照者，可以规定在若干年内享有廉租房的待遇（戴星翼）。

农村住房保障

长期以来，我国农村居民住房一直没有得到政府的政策保障，"制度缺位"是造成农村困难群体"住房难"、"住危房"的主要原因之一。

浙江省以"农户自愿参保，政府补助推动，保险公司市场运作"为原则，探索出一种"政府＋市场"的新型农村救灾机制。浙江省是全国第一个开设农村住房保险的省份。这一制度在农村灾后重建中发挥了有效的作用，属于"减灾型"住房保障。

一些省份已在推动"安居型"住房保障。如江西省一方面对农村低保户进行财政补助，帮助困难群体维修房屋，另一方面通过农村信用联社向农村建房户发放建房贷款，缓解农户建房的经济压力。

在社会主义新农村建设中，"农民集中居住"近几年正被越来越多的地方加以推进。江苏省将把25万个自然村合并成4万多个农村居民点，从而节约土地约400多万亩。江苏省的经验证明，在实施农民集中居住的过程中，政府起着主导作用，也需要有相关的配套政策和措施保障。首先，政府应科学规划、合理布局，修建和完善路、水、电、气、通信等基础服务设施；其次，以民为本，提高农民生活质量，实行合理的购房政策和费用开支（张乐天等）。

人进城与"地进城"

从城乡统筹的角度，在全国范围内优化配置土地资源，探索农村人口进城住房保障体制。如进城农民在农村的闲置宅基地、自留地、承包田和山林以及原集体经济用地中已闲置的或效益低下的土地等的让渡，由国家收购补偿；将城市近郊和城中村的出租房纳入廉租房保障体系等机制的创新（戴星翼）。

保障性住房规划与建设问题

保障性住房建设使得经济状况类似的人群居住在一起，出现不同社会阶层居住分离的特征。它虽便于建设及监管，但易引发很多社会问题。如同类型的群体集中在一起，往往会使某些不满相互传递，在传递的过程中这些不满不断地被放大，这时只要给一点导火索，就会爆发出来，同时设施的供给和维护、治安、税收、社会补贴金、再就业工作等等给地区政府机构也带来很大的压力。因此，应采取小地块开发的原则。英国结合开发权的许可要求所有的住房开发项目都必须配制一定比例的负担得起的住房（孙施文等）。

而更重要的还在于社会问题。当保障性住房集中于城郊地区，由于公共服务设施的供应水平和质量往往也较低下，长此以往还会影响到社会的公平与正义。其中最有可能产生深远影响的就是教育设施，穷人小孩受不到好教育，必将导致中低收入群体的代际传递，社会后果将更为深远（参见熊国平等“贫困循环”图4-5）。因此，集中兴建廉租房主要适合在房源特别紧张和需保障群体规模大的时候适量采用（熊国平等）。

保障性住房的政策，采取什么样的方式进行补贴就将产生什么样的建设模式。如通过国家直接干预住房建设，向开发商（不管是国营的还是私营的）提供补贴，俗称“贴砖头”。这种补贴现在主要集中在降低地价上，从管理简便的角度出发，往往就容易出现较大规模的集中的保障性住房。

另一种补贴方式是直接对受保障家庭的补贴，又称为“贴人头”。而受保障家庭拿到专项的住房补贴后就可以在市场上寻找适宜的住房，有更多的选择住房自由。这样，既可以避免政府对住房市场的直接干预，又可以使财政补贴直接转化为消费者的福利，而不会在住房建设阶段产生效益流失被生产者所占有，政府也不需要付出巨额的监督成本，同时也不容易形成集中的中低收入群体居住地区。

在郊区集中建设经济适用房，可以改善中低收入群体的住房条件，但有可能使他们的经济条件恶化。因为大量的就业岗位尤其是适合低收入群体就业的岗位主要集中在城区，特别是城市中心区。居住在城市外围的大量中低收入人群的就地就业就会成为问题，需要到其他地区尤其是中心区就业，于是增加了交通成本，损害到他们改善经济状况的可能性，从而带来长期的社会后果。

此外，保障性住房集中于城郊造成公共资源分配极不合理的现象：直接依赖公共交通的居民集中的地方往往是公共交通相对较弱的地区（城乡结合部），而并不需要依赖公共交通的居民却又集中在公共交通配置较高的地区（城市中心地区）。这对于中高收入阶层的住区来说也许是并不需要完整配套的，因为他们的选择空间和范围更大。他们在许多内容上不需要就近消费，至少没有那么迫切（孙施文等）。

所以尽量要把保障性住房社区安排在轨道交通、大容量公共交通、主要公共交通走廊沿线。避免大规模连片建设，而应与商品住宅、就业岗位和公共设施比邻建设，或在一个较大的房产项目中安排几栋楼或几个组团作为保障性住房，从而降低居民的生活成本，增加不同阶层人群的接触，促进社会阶层的融合（马文军等）。

从城市经营效率上分析，城市中心地区的设施配置水平较高，使用的对象多样，相互之间可以有所调剂。但当中低收入人群集中到郊区后，所有的公共设施需要增设。由于居民的整体经济水平较低，这些设施的运营和维持能力也就较弱，需要依靠政府的长期扶持来维持。因此，从营建的角度看，在郊区建设经济适用房的成本虽低，但从长期的运营成本来看就未必是如此（孙施文等）。

为适应廉租房人均居住面积较小，标准较低，应注重对公共空间的建设以弥补私人空间的低标准。比如香港廉租房属于高密度（4800人/hm^2）、低标准（8m^2/人）的高层集合住宅，通过社区内公共空间的设计提高居住质量。户内面积小，公共区域大，公共交通四通八达，文化设施齐全，使用价格低，甚至免费（熊国平等）。

因此，住房保障体系需要相应的规划支撑。城市总体规划、控制性详细规划应当增加有关住房建设的内容，明确保障性住房的用地空间布局及相关指标控制，作为住房建设实施的城市规划管理依据（邹军等）。

保障性住房设计

为实现“面积不大功能全，造价不高品质优，占地不多环境美”的要求。居住目标的关注点应从单纯居住面积的增加向综合居住品质的提高转变。住宅建设应精心规划、精心设计、精心施工，节约能源、节约用地、节约用水、节约材料，积极采用成熟、先进、适用的新材料、新技术、新设备，不断改善住宅使用功能和提升居住区宜居水平，加强对居住区建设配套标准的分类指导，针对不同的居住人群提出科学、合理、适宜的配套指标，加强设施保障（石晓冬）。

廉租房的户型应随社会经济的发展而进步。以香港为例，由1950年代的公共厕所户型，到1960年代的大空间软隔断户型，再到1970年代后的多样化单体设计（熊国平等）。

住房保障中的政府角色

保障公民住宅权的实现不仅是政府的一项基本职责，更是政府应尽的法律义务。然而我国在住房问题上普遍存在户型过大，结构不合理，非理性的消费现象等原因。张泉、王晖在文中作了分析，其中与政府的角色错位有直接的关系。

在一些城市，土地直接税收及城市扩张带来的间接税收占地方预算内收入的40%，而土地出让金净收入占政府预算外收入的60%以上。鉴于土地出让金以及与房地产行业相关的税收在不少城市已成为政府的主要财源，在利益驱动下，地方政府热衷于房地产市场的快速发展，对住房保障的关注不足，房价与地价的快速攀升不可避免地影响了中低收入人群的购房能力（张泉等）。

地方政府“以地生财”，各部门越权批地、多头批地，开发商与官员之间的“人情地”、“关系地”等政府官员与开发商在寻租过程中结成的利益同盟，是助长和延续房地产热并形成泡沫的既得利益集团（陈鹏）。

国际公认的房地产开发投资占全社会固定资产投资比重一般是在10%以下，我国2005年该比重为20.98%，远远超过国际警戒线，说明住房建设被赋予了更多的经济功能。地方政府更是将房地产业推至极致并逐步演变成畸形的增长模式。地方政府依靠房地产投资来带动当地经济发展，并通过土地收益、房地产税费来直接填充地方财政。一些政府官员更视房价高为城市竞争力强的体现，而对廉租房、经济适用房缺乏热情，热衷批建高档住宅，导致当地房价居高不下（邹军等）。

我国宪法第二条规定，“中华人民共和国的一切权力属于人民。”政府的社会经济管理者身份及相应的权力是人民所赋予的，是以它能代表全体人民的需要和社会利益需要为前提的。政府只有在代表着社会利益时才是合法地行使权力。这种政府角色的错位可从理论上进行解释。

根据委托代理理论，政府是人民委托的代理人。在委托代理关系中存在着两个突出的问题和特征。其一，委托人和代理人之间的利益不一定完全一致，存在代理人背离委托人目标的问题。因为经理不是资本的所有者，因此他们追求的首要目标并不一定是利润最大化，而可能是自身的金钱、名誉、社会声望、稳定、舒适等多重目标。其二，委托人和代理人之间存在着“信息不对称”。这既表现在委托人和代理人掌握有效信息的能力不一样，也表现在委托人不可能充分掌握有关代理人努力程度、行为、工作绩效等信息。在信息不对称的情况下，代理人就有机会隐瞒不利于自己的信息或者制造、发布虚假的、扭曲的信息；代理人就有机会利用私人信息优势，增进个人利益，而不惜损害委托者的权益。这种行为特征就是代理人的“以权谋私”、“损人利己”（李信仕等），即表现在对“政绩”的追求，“仕途”上拼搏。因此对政府权力需要有效的激励和监督，才能使保障性住房得到保障。

编后话

与保障性住房对应的一面是商品房。实现“人人享有适当的住房”目标，必须倡导理性消费，但倡导理性消费不能单纯靠行政手段而应靠政策。如一刀切地规定不许建别墅，豪宅、别墅会有一定的市场需求，一律禁建并不符合市场经济规律，关键是多消耗土地公共资源就应多交费，这才公平，并建立有效的机制抑制非理性的消费。

因此，我国应尽快开征不动产税（property tax）。不动产税早是西方发达国家普遍的税种。如瑞典不动产税征收额度为不动产税务评估价值的0.5%~1.0%，奥地利为1%，法国按市场价值（fair market value）年税3%。美国50州都征收，但税率不同，大约在1%~3%。不动产税是地方政府的财政重要来源，可使地方政府从卖地财政中解脱出来。

开征不动产税是很复杂的事，但它是抑制非理性消费，实施第二、三次分配，维护社会公平，建构和谐社会的极其有效手段。2009年5月25日在《国务院批转发展改革委关于2009年深化经济体制改革工作意见的通知》中提出“深化房地产税制改革，由财政部、税务总局、发改委、住房和城乡建设部四部委研究开征物业税”。物业税可分步尽早起动，如参照最近国务院批准5月1日开始实施的上调烟草税的做法，对高消费、远超过正常消费标准的豪宅、别墅先行开征。这是传递一个信息，是一个理性消费的导向，必将产生巨大的社会影响。越拖越不利于抑制非理性消费，越拖越延缓政府靠卖地支撑财政的困境，越难以实施耕地的有效保护。

温家宝说：“房地产市场的健康发展关系到以人为本、科学发展的大问题，它已远远超越了一个产业的问题，它涉及到社会的公平、和谐，经济的可持续发展。”①

房地产业的暴利，政府与开发商联手为GDP，挟持住房非理性的消费这是和可持续发展相悖的。

这次经济危机，政府倡导扩大内需，但许多地方政府纷纷表示：对房地产市场政府不托市，而是要求开发商采取促销措施，这是理性的回归。

① 温家宝. 在省部级主要领导干部“树立和落实科学发展观”专题研究班结业式上的讲话，2004年2月21日.

关于我国城市保障性住房规划的探讨

孙施文　陈晓勤

【摘要】 保障性住房是城市住房中的组成部分，其规划应当纳入到城市住房规划中进行统一的安排。保障性住房规划的核心在于通过对宏观政策细化而为具体的保障性住房的建设提供政策引导，以及在此条件下如何有效、适宜地进行保障性住房的供应。在具体的规划过程中，首先应研究和确定保障性住房的供应政策，从而确定保障性住房的不同类型；根据不同的保障性住房类型，以实证的方法进行需求研究，从而确定各类保障性住房在城市中的需求量，并对各类需求进行综合评价；在此基础上进行保障性住房的供应对策研究，并结合城市发展各项要素的规划布局进行保障性住房的布局和规划安排。本文结合保障性住房规划过程的阐述，探讨了我国当前保障性住房规划中所存在的问题和相应的解决问题的方向。

【关键词】 保障性住房　保障性住房类型　保障性住房的需求与供应　保障性住房政策　保障性住房规划

Abstract: The planning of affordable housing is a part of urban planning, and it is important nowadays that urban planning must be reformed to accommodate this task and deliver affordable housing through planning policy. In the planning process, we must study the demand for affordable housing in the whole city, and evaluate the financial capacity of the government, to prepare the housing policy and decide the manner of supply of affordable housing. This paper discusses the problems in the current planning of affordable housing in our country, and provides some suggestions on policy emendation and suitable method.

Key Words: affordable housing; types of affordable housing; demand and provision of affordable housing; affordable housing policy; affordable housing planning

近来，有关保障性住房的研究和讨论得到了较为广泛的开展。在这些讨论和研究中，对政府提供保障性住房的重要性和必要性以及有关保障性住房的经济学问题等内容有较多的涉及，并已形成了大量可以参阅的文献，而对于如何提供保障性住房，如何在城市建设的过程中保证保障性住房的供应等相关问题涉及得还较少，这些论题对于有效推进保障性住房制度的贯彻执行有着极为重要的意义，有深入研究的必要。本文选择与此类问题有关的保障性住房规划进行讨论，意图从城市规划，尤其是城市住房规划的角度来探讨在我国保障性住房制度实施过程中可能存在的问题以及可以进一步推进的工作，同时对保障性住房规划的具体操作提出一些建议。在本文的讨论中，对许多已基本形成共识的内容不再予以讨论，而仅围绕保障性住房规划中实际工作的开展进行阐述。其中必然会涉及上述基本性的问题，尤其是对保障性住房的分类、政府的提供方式等等。由于其与本文讨论的问题有着密切的相关性，因此也就无法避免表述笔者的认识和选择，但对这些内容在文中不再展开具体的讨论，只提出基本的观点以利于在此基础上更为深入地讨论与规划的安排直接相关的内容。

保障性住房是城市住房中的一部分，保障性住房的规划是城市住房规划中的一部分而不是全部，因此，保障性住房规划应当纳入城市住房规划中进行统一安排。这里之所以把保障性住房规划单独拿出来进行讨论，一方面是因为我国城市住房建设多年来对保障性住房缺乏正确的认识而导致当前在城市住房建设中的矛盾非常突出，各级政府已经把保障性住房的建设作为近期的一项重要工作开展，而此时尤其需要城市规划对保障性住房建设进行引导，在一些城市中也开展了专题性的保障性住房的建设规划；另一方面，保障性住房规划在城市规划领域尚未得到充分的

作者： 孙施文，同济大学建筑与城市规划学院教授，博士生导师
陈晓勤，同济大学建筑与城市规划学院硕士研究生

重视，在城市住房规划中涉及的不多，或者在内容上、在规划工作的方法上都还存在着较大的问题，需要有针对性的专题研究来解决这些问题。就城市规划的基本特征及其公共政策属性而言，作为城市规划重要组成部分的住房规划需要特别关注保障性住房尤其是其供应的问题。这些问题，从笔者的认识来讲，主要应涉及这样两个方面：首先，如何通过规划政策提供适宜的保障性住房并保证其得到实现；其次，如何在既有的城市环境中适宜地安排保障性住房以避免新的经济社会问题的产生。本文将主要围绕这样两个问题展开有关的讨论，并为保障性住房的建设提供一些建议。

住房规划所涉及的核心内容主要是各类住房的供应和需求的平衡，保障性住房规划也不例外。规划的工作重点在于供应，而供应显然是要从满足需求出发的，并以此为目标，因此，保障性住房规划首先就需要对需求进行研究。但保障性住房本身并不是只有一种类型，而是涉及不同层次的多种类型的住房，因此要研究需求就需要明确其基本的类型，这就要对保障性住房进行很好的定义和界定，并针对不同的类型来分析各种类型的社会需求。在明确了具体需求的情况下，就要来研究怎样满足这些需求，也就是在什么地方，以什么方式供应什么样的保障性住房，以实现政策目的。同时要考虑如何保证其实现，也就是要解答如何供应，这种供应有什么要求，会产生什么困难，怎样予以解决并付诸实施等方面的问题。就此而论，保障性住房的定义和界定不仅仅是概念的研究，实际上更是一种政策研究，其与国家和地方政策以及城市的状况有着密切的关系，而且保障性住房的概念、类型划分等等都需要在一定的社会经济条件下进行，并且随着社会经济状况和政策的变化而变化；而需求研究则是实证性的研究，是需要建立在对城市的现实条件充分认知的基础上的，并在此基础上具体分析和深入探究这些需求对城市发展的影响和作用，也就是要对各类需求进行评价，而需求评价显然是要结合政策研究进行的；保障住房的供应研究则属于对策性研究，其中既涉及现有国家和城市政策的因素，也涉及社会经济的条件与可能，因此就要考虑在现有政策条件下如何有效、适宜地进行保障性住房的供应，同时也涉及政策设计的内容，即通过对宏观政策的细化为具体的保障性住房建设提供政策引导，在一定的条件下甚至需要对既有政策进行修正和完善，以达到更好地提供保障性住房的目标。

1　保障性住房的概念、类型与特征

从保障性住房供应的对象来看，主要是那些无法在市场上获取能够满足基本居住条件的个人和家庭，因此，保障性住房是外在于完全开放的住房市场的，构成其运作的机制并不是建立在市场逻辑和市场规律基础上的。从这样的角度讲，就需要政府提供一定的支持，也是政府为了满足社会整体的利益和发展需要，对住房市场的一种干预。

保障性住房并非只是一种类型，而是针对需要保障的个人和家庭的情况采用不同的供应方式供应不同的产品，从而形成多种类型。根据国内外城市的政策实践和相关研究的成果，主要可以分为两大类，在这两大类中又可以根据提供的方式以及保障对象的收入水平或需支付的费用等划分成多种小类。

第一类可以统称为廉租房。所谓廉租房是指以低于市场租金的方式提供给特定的受租家庭的住房。其特征是政府（或通过政府认可的机构）以较为低廉的租金（有些甚至不收租金）将政府拥有产权的住房出租给受保障家庭。其中包括免费租给极低收入家庭的住房、收取较低廉租金的住房（通常是按照家庭收入状况计算租金的）以及收取基本可以维持物业维护和运行成本的租金的住房（与市场性的租房相比较，不同点在于市场性租房还涉及物业折旧和投资回报等）。

第二类可以称为经济适用房。经济适用房通常是指为中低收入群体提供的具有有限产权的住房。就总体而言，经济适用房是一种特殊的商品房，是政府以资助、补贴或其他政策措施提供的，由特定类型的家庭出资购买并拥有经过限定的产权的住房。由于这些住房的建设有政府的投入或减少收费，在住房的产权上有限定性，因此，其价格要低于市场上的普通商品房。但也正由于此，其对购房者就有一定的限制。经济适用房也并非只有一种类型，其可以根据住房的供应对象、房产的价格以及产权限定的宽严等形成多种类型。比如我国一些城市中除了建设一般意义上的经济适用房外，还推出了被称为“政策性商品房”的如“双限房”等。这些住房在本质上也是一种经济适用房，只是在定价机制和产权限定等方面有所不同而已。

保障性住房与所有的住房问题一样，说到底肯定是个地方性的事务。无论是保障的对象还是保障性住房的供应类型及其标准，都是与具体的城市有关联，并且也需要地方政府予以实施和提供。但国家应当对保障对象的确定以及住房的基本标准等制定相应的规定，使被保障对象的条件具有相对的一致性，同时也应保证各个地方的供应水平在国家范围内是基本一致的。但这种一致性是建立在地方的具体条件下的，是相对于当地的收入水平和住房价格等基础上的，绝非是在具体的收入标准或住房标准上的全国“一刀切”。

另一方面，在确定保障性住房制度和规划时，住房面积不能作为界定保障性住房的惟一标准。政府可以制定有关保障性住房的其他基本标准，比如住房配置的最低标准，包括怎样按家庭人口配置卧室的数量，其他如厅、卫生间、厨房间的配置要求和标准等，也可以确定卧室、厨房、厅、卫生间等的最小面积等标准，从而保证保障性住房拥有最基本的居住条件。同时，保障性住房的住房总面积不能作为界定的标准，因为这与家庭的人口数量和结构有关。从保证基本的居住条件而言，比较合理的指标也不是人均居住面积，而是根据家庭人口确定卧室数量，按照卧室最小面积以及据此确定的配套的设施面积等制定出相应的建筑面积标准。

保障性住房的概念界定与类型划分，关键在于住房政策的整体制度。如果脱离了这些政策，任何的界定都将失去实际的意义。

2 保障性住房需求及其评价

保障性住房规划的一项很重要的内容，就是确定城市社会对各类保障性住房的需求量究竟是多少。这是保障性规划工作开展的基础，并且将直接影响规划最终提供的成果。

就整体而言，保障性住房是社会保障的组成部分，因此保障性住房需求的确定需要与整个城市的社会保障标准及其运作的机制相统一。

具体而言，保障性住房是为城市中的中、低收入家庭提供的，因此，对保障性住房的界定显然是与收入状况相关的，而且只有在对家庭收入进行评估的基础上才能更好地确定保障性住房的具体供应类型和具体的数量。而这显然是我们现在进行保障性住房需求研究和评估所面临着的许多难题之一。原因是多方面的，但最为首要的肯定是我国有关收入尤其是家庭收入的统计尚有较大的缺陷，而这却是所有社会保障工作得以开展所必须具备的基础性资料。在缺乏这样的基础性资料的情况下，一方面无法对城市中总体的需要保障的家庭数量进行甄别，另一方面也无法有效地辨别出对保障性住房的各种类型需求，从而使得在规划中难以明确各种保障性住房类型真正的需求状况。当对这样的住房需求都无法作出客观而准确的判断时，保障性住房规划的基础已经是松动的，不牢靠的了。

但现实问题的严峻性仍然必须关注。由于从 1990 年代开始的住房制度改革所坚持的市场化方向不仅使得数量庞大的存量住宅走上了市场化的轨道，也使增量住房完完全全采用了市场化的供应方式。而与此同时，在社会经济大发展中所出现的收入水平的大分化和绝大部分城市住房价格的飙升，也使得社会保障成为制约社会和城市和谐发展的瓶颈。在全社会整体的居住条件、人均住房面积等得到大幅提升的同时，住房问题以一种新的形式成为了社会发展中的重大问题，也成为了城市建设中的当务之急。在这样的背景下，问题已经不再是如何评估需求，供应怎么和需求匹配了，而是能不能尽快地提供有效供给的问题。从解燃眉之急来看，这种思路是值得肯定的。而且由于政府财力本身的限制，近期可能提供的保障性住房的数量不可能非常巨大，因此对于需求而言可能终究是杯水车薪，能解决的只是那些收入水平最低、住房需求最为迫切的人群，也不可能出现供过于求的情况。但从长远来看，对需求本身的全面分析和评估仍然是保障性住房规划不可缺少的，需要建立完善的机制和条件来开展这项工作，这就需要相关制度上的配套。而从另一方面来看，如果我们仍然无法在政策上确定究竟需要向哪些人群提供什么样的保障性住房，如果我们仍然无法用客观的标准来分析和评估保障性住房的社会需求，那么，不仅对于政府提供保障性住房的成效是难以作出评价的，一些特大城市提供了 1000 万 m^2 或 2000 万 m^2 的保障性住房与一个小城市提供了 5 万 m^2 的保障性住房之间也是无法进行评判的。而且更为重要的是，我们可能怎么也无法分辨清楚特定的城市中究竟满足了多少中低收入家庭的需要，还有多少家庭的需求亟待满足。

从保障性住房的供应来看，保障性住房与城市的收入水平和房价状况有密切的关联，而只有确定了家庭收入状况，才能明确社会的保障性住房的需求，并针对这样的需求来决定供给的水平和数量。因此，分析家庭收入状况成为住房需求评估的基础性工作。对于这项分析，在各个国家有不同的标准。以美国为例，“affordable housing”① 是指家庭花在住房上的费用在不高于其收入 30% 的情况下中低收入家庭能够买得起或租得起的住房。而中低收入的标准则是根据各城市的不同收入状况来具体确定的。根据美国联邦政府的住房和城市部（Department of Housing

① 尽管该词现在被用作中文“经济适用房”的英译，但其在英语中的含义与中文的“经济适用房”并不相同。在英语中，affordable housing 涵盖了我们这里所讲的保障性住房的全部，而不仅仅限于中文中“经济适用房”所指的以中低收入家庭为对象、具有社会保障性质的商品住宅。因此，在本文中引用英美等国家的文献中提到 affordable housing 时，仍然采用英文而不再进行翻译，以免将中英文的不同含义混淆。

and Urban Development，HUD）的有关规定，首先需要确定“地区收入中位线”（Area Median Income，AMI），该中位线是指家庭收入在此数值以上的家庭数量和在此数值以下的家庭数量相等。根据该中位线的数值，达到95% AMI的为中等收入家庭，80%的为低收入家庭，50%的为非常低收入家庭，低于30%的为极低收入家庭。当然具体的确定还需要根据家庭的人口数量进行调整。住房和城市部根据这样的划分制定不同的政策和计划来分别进行应对。一般城市政府所指的“affordable housing”政策主要是针对那些收入低于60% AMI的家庭，在60% AMI以上的家庭需要运用其他的政策计划来享受政府的补贴。在我国，当前迫切需要建立相对统一、客观的标准来明确廉租房、经济适用房所服务的对象，从而统一当前各城市的不同标准和宽严尺度，并且需要形成一个社会共识，即什么样的家庭使用什么样的保障。否则，一方面，由于没有明确保障性住房的保障对象，政府可以随意地根据自己需要来确定相应的标准，使应该得到保障的人群得不到保障，政策的稳定性也得不到体现，从而为社会政策的实施带来干扰，并有可能滋生社会的不满情绪，同时政府在保障住房工作中的效率也将大为降低。另一方面，由于标准不确定会使许多人群处于观望的状态，也就会影响到房地产市场的正常发展。

在初步确定了保障性住房的保障对象范围的基础上，还需要对这些家庭的住房情况进行深入的调查分析和评估，以确定究竟哪些家庭需要供给哪种类型的保障性住房。这些评估还需要充分考虑家庭的状况，其中包括家庭规模的大小，是否有老年人，是否有小孩等，从而为分门别类的供应提供决策依据。

从保障性住房规划的角度讲，在明晰了保障性住房供应数量和类型的基础上，还需要具体分析被保障人群或者说未来的保障性住房使用者的特征与要求，也就是说要从抽象的数字中走出来，面对实实在在的人群和家庭，充分掌握他们现在的居住地、具体的生活状态，他们的职业（及其前景）、工作地点、交通方式、生活方式，以及他们对未来居住、工作和生活环境的愿望及要求等等。

只有在充分掌握以上信息的基础上，才有可能有针对性地提出分类供应的策略。

3 保障性住房开发建设的基本模式

对保障性住房需求进行评估的目的是要知道需要提供的各类保障性住房的数量以及对这些住房进行安排的要求。而同样重要的是，需要掌握和分析保障性住房建设和供应的方式，这也将直接关系到保障性住房规划的内容及其安排。

从目前我国社会保障性住房的房源来看，主要有三种类型：一是新建的住房，二是回购市场存量住房，三是购买市场上二手房源。第一种方式多用于经济适用房建设，而后两种方式则多为廉租房的房源。从2007年10月起，上海动用20亿元左右公积金增值收益，收储50万m^2的廉租房源。其房屋类型均为原来配套商品房，多为建筑面积50m^2的小户型。在预计收储的近8000套房源中，约有70%左右为现房。

在以新建方式进行的经济适用房建设中，就开发主体和之后的配售主体来看，通常可以分为三种类型：一是由开发商进行统一建设和配售（这种方式现在主要用于“双限房”）；二是由开发商进行建设，采用政府委托开发或政府回购等方式，然后进行配售；三是由政府部门机构进行开发并配售。从形式上看，我国城市中保障性住房的建设现在主要采用前两种方式；但另一方面也应看到，实际从事开发的开发商有不少是国有的房地产企业，有些实际上是城市政府直接控制的，因此也可以看成是第三种类型。这三种类型在实际操作中并无本质性的区别，不同的无非是那些政府所应该做的事情是否采用外包的方式由社会性机构来进行。因此，只要政府加强监督和管理，这三种类型的实际效果应该是可以达到一致的。但当采用这些开发方式时，实际上所形成的往往是集中的经济适用房，也就是进行的开发项目内全部都是单一性的经济适用房，从而形成了纯粹的、与其他类型的住房相分离的居住地区，这也是当前我国大多数城市经济适用房建设中非常突出的现象。

经济适用房的集中建设，使得经济状况类似的人群居住在一起。从表象上看，这非常符合市场经济体制下按照住房的价格、不同收入状况的不同社会阶层居住分离的特征，而且对于公共设施的配套等也会带来很多方便，更为重要的是，对于政策实施、保障性住房建设及其监管等也更为方便。但这样的模式导致相对收入较低人群的集中居住，由此就会产生很多社会问题，如英美国家中的一些社会住房、中国香港的天水围地区等等。对此已经有很多社会学、政治学的研究成果可以参阅，这里不赘述。只要看看法国巴黎和美国城市的骚乱的发生地点就应该使我们有所警醒：这些骚乱很显然是巴黎的穷人集中到郊区，而美国城市的穷人集中在市中心所产生的后果。城市骚乱爆发的原因看上去都是一些事件，但实际上所隐含着的是日常生活中经常碰到的问题，比如就业、收入、治安等与生活状态有关的问题，因此其实际上是各种社会问题的总爆发。尽管并不能说低收入群体集中在一起就会有骚乱，但是无论如何相对低收入的群体都会有一些日常生活中的不如意和对社会的不满，再加上社会管理的某些不周到等等。而相同类型的群体集中在一起往往又会使这种不满相互传递，在传递的过程中这些不满不断地被放大，这时只要给一点导火索，就会爆发出来。当然，即使没有骚乱，相对低收入人群的集中也会给地区政府机构带来很大的压力，如设施的供给和维护、治安、税收、社会补贴金、再就业工作等等。也正是基于这样的考虑，当然还有其他的因素，一些国家选择采用相对强制的政策措施来提倡不同阶层的人群居住在同一个社区中，如英国政府的政策就鼓励创造不同收入群体共同居住的混合型社区（mixed communities）。

当然，这并不意味着要使不同的人群在同一幢住房中进行混合，也不是说一定在每一个地块中都要安排经济适用房（美国在二战后曾经采用过一些类似的方式），而是说在一个或几个街区内最好能有多个阶层的人群居住，这就需要更为精细的规划和管理，同时也需要政府采取一定的措施才能实现。如果完全交给市场或者政府完全以市场的逻辑进行决策的话，不同阶层的分区将愈益明显，导致的结果也许是与政府的愿望相违背的。比较合理的是，城市中居住设施的开发应该坚持小地块开发的原则，也就是将用于开发的建设地块尽可能划分得比较小。这些地块内的开发可以形成相对比较单一的定位，而不同定位的住房地块则可以相互交织在一起，从而避免地区性的隔离。对于规模较大的住宅开发项目，则更需要设定不同阶层居住的类型划分，甚至确定一定的比例。比如，英国为了保证混合型的社区政策能够得到贯彻，有效解决中低收入阶层的住房问题，结合开发权的许可要求所有的住房开发项目都必须配制一定比例的 affordable housing 作为开发的最低限度，并且在规划编制和实施过程中都必须得到贯彻执行。当然，这并不意味着所有的 affordable housing 都必须在开发地块内提供，尤其是对于一些小型的地块，开发商可以提供资金或者收购周边的住房然后提供出来作为 affordable housing。此外，对于非住宅的开发项目也要求根据基地原有状况和社区协商，在一定的范围内提供一定数量的 affordable housing。通过这样的政策措施，英国城市避免了成片的、大面积的、单一性的低收入群体聚居地区的出现。

当然，采用什么样的开发方式或者由此会导致什么样的形态出现，实际上与政府采取什么样的保障性住房政策，尤其以什么样的方式进行补贴有着极大的关系。我国城市中现在所采用的方式基本上就是对住房生产进行补贴，也就是俗称的“贴砖头”，即通过国家直接干预住房建设，向开发商（不管是国营的还是私营的）提供补贴（这种补贴现在主要集中在降低地价上），建造大量符合中低收入阶层需求的住房。这种方式需要政府缜密安排土地和投资计划，并对分配办法和市场流通实施严密控制。而从管理简便的角度出发，往往就容易出现较大规模的集中的保障性住房。另一种补贴方式是直接对受保障家庭的补贴，又称为“贴人头”，受保障家庭拿到专项的住房补贴后就可以在市场上寻找适宜的住房。这样，既可以避免政府对住房市场的直接干预，又可以使财政补贴直接转化为消费者的福利满足，而不会在住房建设阶段产生效益流失被生产者所占有，政府也不需要付出巨额的监督成本，同时也不容易形成集中的中低收入群体居住地区。这两种方式在英美国家的城市中都有运用。在英国，尽管其特定的供应制度从形式上看都与这两种方式有些不同，但如果仔细分析其向受保障家庭销售的过程就可以看出这两种方式在许多城市中都被采用着。根据英国政府的规定，每一宗房地产开发需要提供一定比例的 affordable housing。对这些 affordable housing 进行分配的过程，在一些城市中是由开发商按成本价出售给政府指定的机构，然后分配给受保障家庭；在另一些城市中，则由政府向受保障家庭出示证明，由这些家庭凭证明以成本价向开发商直接购买住房。第一种方式实际上还是类似于“贴砖头”的做法，后一种方式更像是“贴人头”的做法。而对于受保障家庭来说，后一种方式可以有更多的选择权。当然，这两种方式各有利弊，尤其是在住房比较短缺的时候，“贴砖头”可以保证集中财力进行比较集中的建设，并快速提供适宜的保障性住房；而从住房保障的直接效果来看，“贴人头”的方式就更佳些。这就需要针对城市的具体情况进行分析，并结合整体的社会保障制度采取适宜的方法。而当城市采用了不同的补贴方式，也就可能直接影响到城市中保障性住房的配置方式及其空间布局。

4 保障性住房规划安排中的几个方面

规划的过程实质上就是抉择的过程。之前讨论的内容就是要为抉择提供基础和依据，但很显然，规划的结果肯定不是由单一因素所决定，因此，就需要从保证保障性住房的需求得到满足的角度，以城市发展目标的实现作为标准，对所有相关内容进行全面的分析和评估，从而才有可能制定合理的保障性住房的规划。这里不可能对所有涉及的内容进行全面的分析与讨论，只是针对当今我国城市保障性住宅规划中必须面对的困难和可能的前景，从实际工作的需要出发，集中讨论三个方面的问题，以期能更好地推进保障性住房建设规划的开展，同时深化对保障性住房规划的思考和进一步的探索。

4.1 以满足社会保障住房的需求为目标综合考虑供应量

在进行需求调查和评估的基础上，需要确立各类保障性住房的数量以及供应的进度，从而最大可能地满足社会各个层次、各个阶段的需求。也就是说，作为保障性住房建设的依据，保障性住房规划应有非常明确的总量计算、近年的和长远期的安排，而且应该有不同类型的、针对不同收入家庭的保障性住房的配置。

在此过程中，确定经济适用房的标准是重要的，因为所有的预测和分类供应的安排都与这个标准有关，这或许是我们现在保障性住房规划中的一个难题。因为，从我国现在对经济适用房的认识和建设及相关规定来看，标准过于单一。国务院和一些城市政府出台了一系列的规定，但这些规定还只是提出了一些基本原则，这与我国保障性住房制度的实施刚刚起步有关，尚需要进一步的深化。但另一方面，在现在一些城市实施的经济适用房制度中，都将所保障的人群锁定在社会中收入最低的层面，而采用的供应方式还是一种准市场的方式。因此，这样的经济适用房对于符合保障条件的家庭来说，在价格上仍然是承受不起的，而收入略高一些、在价格上有可能承受的家庭却不在被保障的范围，从而使保障性住房的供应与可承受人群出现了错位。这种状况的改变肯定需要通过政府对保障性住房的标准进行调整，而这种调整的关键在于需要各级政府在国务院有关规定的基础上作进一步的深化。保障性住房规划当然需要以政府的政策作为指引，但作为政府实务工作的城市规划领域是否能够通过各城市保障性住房规划的编制和制定的过程，以事实为根据的研究和具体的实证性内容来推动这一进程呢?

具体的规划工作中，在确定保障性住房供应量时，应当考虑保障性住房在城市住房总量中的相对比例关系，当然这个比例关系需要根据各城市的具体情况来确定。尽管本文并不针对具体城市来讨论问题，也无法提出一个可供各城市使用的数据，但参考国外以及一些地区的 affordable housing 的供应情况，可以使我们对城市保障性住房的供应量有一个初步认识，从而为在规划工作中确定供应量提供一个供应幅度的比较。从英国、美国的情况来看，affordable housing 所保障的人群通常占城市总家庭数的 30% 左右，我国香港地区则在 30%~40% 之间。关于新增的住房总量，英国规定了所有的住房开发都必须提供一定数量的住房作为 affordable housing，尽管这个比例近年来有所降低，从 40% 降到 25% 左右，但这是建立在长年供应，保证了其基本存量的基础上的。而对于我国绝大多数的城市而言，由于十多年以来的住房制度改革并未顾及保障性住房的供给，保障性住房现在还处在刚刚开始的阶段，因此从某种程度上讲，这个比例关系应当是相对比较高的。如果不考虑这个因素则住房问题的压力将不断增加，这是我们在确定保障住房供应量，尤其是近期供应量时应充分重视的。

当然，要满足保障性住房的需求还与城市的收入状况有关，也就是与需要保障的人群数量（家庭数）有关，而且也与城市的供应能力有关，这种供应能力涉及许多方面。首先是政府的财政能力，这里包括政府开发、建造保障性住房的能力，对于我们现在尚处于起步阶段的保障性住房建设，无论采用什么方式进行开发建设，政府的财力实际上仍然是一个很大的制约，这种制约与政府是直接拿出资金投入还是采用对地价进行控制（这要削减政府的收入）无关。除此之外，政府还需要为保障性住房的相关公共设施、市政基础设施等予以投资建设，这是保证建成的保障性住房能够合理使用的必要条件。这也是需要政府来承担所有成本的，因此在规划中需要充分考虑各种可能及其条件，但政府的财政限制不能成为不提供或少提供保障性住房的惟一理由。其次是社会的贡献程度。如何调动社会的力量来提供保障性住房仍然是政府应当考虑的。在这一点上完全可以借鉴英国政府的一些做法，其所带来的一些好处前面已经讨论了，而英国政府所拥有的只是开发权的管理。我国城市政府不仅拥有开发权的管理，而且还拥有土地供应权。从道理上讲，政府完全可以采用类似的方法。当然，这里会涉及开发利益的核算问题，但其中最主要的问题还是政府决策的出发点和准则。应急性的措施在我国也许还是比较容易解决的，但长久性的保障性住房供应问题则更需要制度上的保证，因此制度建设是尤为关键的；对于保障住房规划来说，长期性的供应也需要进行很好的筹划，而与保障性住房供应方式相结合的考虑恰恰就是一个规划问题，城市规划不应弃置公共政策的作用。

另一个值得关注的问题是，经济适用房的市场化交易的问题，也就是，经济适用房是否需要在今后的若干年内逐步地全部进入市场。这是需要进行全面考量的。如根据北京市政府的规定，经济适用房 5 年后就可以转让（上市），但差价的 80% 要上交。尽管由此导致了经济适用房的投资性下降，但经济适用房的转让部分需要在增长的供应量的基础上再增加这部分的数量，这就涉及政府应当始终保有多大数量的经济适用房的量。这不仅关系到保障性住房今后的供应量，也会对经济适用房的配置、建造方式等产生影响。而更为重要的是，政府对经济适用房的供应量需要不断地加大才有可能不断地满足需要。

4.2 从城市角度充分考虑保障人群的特征及其需要来进行空间布局

满足保障性住房的需求不仅仅局限在供应量上，实际上这是贯彻在保障性住房规划的所有阶段和所有工作中的。在确定保障性住房的供应量的基础上，就需要进行空间的统筹安排，这是保障性住房能否落实的关键性步骤。

保障性住房的空间安排实质上是对各类需要社会保障的家庭的总体布局问题，这是规划者在进行保障性住房规划时必须时刻认清的。这种布局前面已经说过，不宜集中布置，这是我们当前在经济适用房建设中特别需要重视和改变的。而尤其要予以重视的是，保障性住房不能都集中到郊区去。现在经济适用房建设主要在城市的边缘，主要的原因就是市区尤其是市中心的土地价格高，而郊区的土地价格低，是基于资源的有效率运用以及房价、建设速度等因素。但应当知道，这种做法看上去可以获得一时的便利和效益，但就长远来看将对受保障家庭甚至整个城市带来不利的影响。

第一，在郊区集中建设经济适用房可以改善中低收入群体的住房条件，但也有可能使他们的经济条件恶化。城市中大量的就业岗位尤其是适合低收入群体就业的岗位主要集中在城区，特别是城市中心区。而城市外围的居住区所能产生的就业岗位不可能很多，再加上如果这样的居住区是中低收入群体居住的，他们的消费能力更为有限，那么创设的就业岗位只会减少而不会增加。这样，居住在城市外围的大量中低收入人群的就地就业便会成为问题，就需要进入到其他地区尤其是中心区就业或寻找就业的机会，就极有可能增加其交通成本。而交通成本的提高将使这些收入本来就较低的家庭的刚性支出增加，这就必然会影响到他们的整体生活成本，从而使其日常生活质量受到影响。尽管政府可以采取政策降低公共交通的费用，但无论公共交通的费用怎么低廉，这些人群的实际支出仍然是增加了，这种增加也许对其他人群影响不大，但对于中低收入者，尤其是低收入者的影响有可能是严重的。而更为重要的是，他们的生活居住地区在城市外围，而就业机会最高的地区往往是城市中心地区，这就会使这些居住在城市外围的中低收入人群的就业机会受到极大的制约，甚至是几何级数的剧减，这就有可能损害到他们改善经济状况的可能性，从而带来长期的社会后果。

第二，政府的运营成本也将大幅增加。中低收入群体集中居住在城市外围地区，对政府而言也将带来极大的负担和成本开支，尤其是公共服务设施等的维持和运营方面显得更为突出。由于城市中心地区设施配置的水平较高，使用群体多样，相互之间可以有所调剂，但当中低收入人群集中到郊区后，不仅所有的公共设施需要增设（有关公共设施配套问题下文还将讨论），而且长期的运行都需要靠政府来维持。因此，从营建的角度看，在郊区建设经济适用房的成本较低，但长期的运营成本未必如此，这就需要进行很好的权衡了。此外，当大量的中低收入人群集中居住在城市外围的居住区，尽管政府可以配置比较完善的公共服务设施，但由于居民的整体经济水平较低，这些设施的运营和维持能力也将受到影响。不仅需要依靠政府的长期投入来维持，长此以往还会影响到这些设施的供应水平和质量。而其中最有可能产生深远影响的就是教育设施，从而导致中低收入层次的代际传递，社会后果将更为深远。

第三，中低收入群体集中居住到城市外围地区同样会增加城市的交通问题，而且由于其收入较低，密度较高，更加剧了城市交通问题的复杂性。首先，城市整体的交通量将会增长。通常经过长年的调适，中低收入阶层的居住地和就业地之间的距离不会太长，相当数量还是在步行范围内，即使超出了步行距离，主要也是通过自行车或公共交通来解决交通需求，而城市中心地区的公共交通相对更为便捷。如果将他们安置在城市外围地区，那么出行距离会大幅度增加。同时，由于城郊结合部的服务设施配套往往相对比较欠缺或不完善，这又有可能增加居民出行的次数，而这个时候，步行和自行车往往是难以适应需求的，尽管他们依赖的主要还是公共交通，但都会大幅增加城市出行距离和出行时间，由此增加了城市的交通量。与此同时，大量的中高收入群体居住在城市中心地区并不会减少和降低他们的出行和交通量。由此，城市的整体交通量就会有较大的增加。此外，我们还可以看到，当经济适用房集中在城郊结合部建设，不仅加剧了城市地区的交通量，而且也导致了交通拥堵向外扩散。这在一些城市中已经开始出现，除了在这些经济适用房集中地区的进城路段上出现严重的高峰小时的交通拥堵之外，即使采用了大运量的轨道交通如轻轨、地铁等公共交通方式，其拥挤程度也已近不堪。其次，对于中低收入群体而言，其出行的交通工具主要是公共交通。而相对而言，市中心的公共交通网络比较完善，城郊结合部的公共交通相对数量少，线路单一，服务标准低，这就会大大降低出行的方便程度。所谓的服务标准低，并不只是说服务质量之类的问题，而主要是指由于线路少，班次也不太密集，因此与多线路交织的路段相比较就会出现班次间隔长的情况，尤其是在非高峰时间。中低收入群体出行工具的选择余地少会造成居民出行不便。加之收入较高群体有更多的出行方式可以选择，就造成了一个严重的错位：直接依赖公共交通的居民集中的地方往往是公共交通相对较弱的地区（城郊结合部），而并不需要依赖公共交通的居民集中的地区往往又是公共交通配置较高的地区（城市中心地区）。在不考虑居民出行交通成本变化的情况下，即使交通方便程度的差异也会使得居民更少地出行，这样其获得的发展机会也就会少，有时候即使有新的机会也会由于交通条件的限制（比如公共交通的服务时间）而无法获得或胜任，从而使他们的收入状况固化甚至恶化。

当然，中低收入群体集中居住到城市外围地区所产生的问题远不止这些。但这些问题应当可以警醒我们，现在所采取的这种建设方式存在着对城市和受保障群体不利的影响，而其社会后果还具有长期性。但是，这并不是说经济适用房等保障性住房就不能在郊区建设，而是说不应该都集中到郊区去，应该在城市中的各个地区都有所安排，与现有的这些人群的分布及其就业等分布相协调，并应该考虑现有中低收入群体对居住地选择的愿望，从而使这些人群能够分散在城市的各个地区，在空间配置上做到在城市区域内的平衡。这也就是我们所说的，在保障性住房规划中必须考虑满足保障性住房使用者需要的一个重要方面。

对于城区的改造地区应考虑就近安排动迁用房，并向被拆迁家庭提供至少与原先生活水准相当的，在经济上也是他们可以承受的住房。即使他们不愿意或者无力增加投入，也需要保持其基本的生活条件。而对于非居住性开发，也应当考虑就近提供居民适宜的住房。从某种角度讲，由于土地使用的变性导致土地价值的大幅度增长，这种增长应当与当地的居民共享。而另一方面，只有采用这样的方式才能更好地满足我们前面所讨论的空间分布均衡的问题。

4.3 居住质量与设施配置

从保障性住房的供应来讲，各类保障性住房的品质都不应与商品房存在质的差异。这不仅指保障性住房必须符合所有住宅建筑规范的要求，而且在各类住房设施的配置标准和质量、住房的结构、房间的配置、建筑质量等各个方面都应当具有同等的要求。价格的低廉并不能转化为品质的下降，保障性住房必须保证最基本的居住质量和环境质量。这对于规划来讲也同样重要，不能因为是保障性住房就肆意提高开发强度，提高建筑密度，即使是建设独立的、单一性的保障性住房。二战结束后的最初十多年里，英国、美国等地都集中建设了专供中低收入家庭居住的社区。高密度、高强度的开发看上去节省了成本或者在短时间内提供了更多数量的低收入群体的住房，但社会隔离更加明确，社会问题并未因此而得到缓解。若干年后这些地区都成为了问题社区，有的更在20年左右的时间后就采用强制性拆除的方式来进行重新的安排。保障性住房同样是城市住房中的一种类型，因此也必须符合所有城市居住区规划的规范要求。

在保障性住房规划中，尤其应该重视各类公共设施的配套完整和公共空间、生态环境等的完善。对于所有保障性住房的使用者来说，他们收入相对较低，缺少选择性。他们无法使用“用脚投票”的机制，而且对这些设施的自我完善的可能性差，因此，在公共设施的配套和服务方面需要特别的关注，以满足他们的生活要求。相对而言，我们现在的居住区配套设施规范中的许多内容对于中高收入阶层的住区来说也许是并不需要完整配套的，因为他们选择的空间和范围更大，不仅在许多内容上不需要就近消费（至少没有那么迫切），而且有不少内容并不符合他们的生活需求，而他们对于多样性的要求在社区范围内是根本无法满足的。但是对于中低收入家庭来说就完全不同了，任何设施的配套不完善都有可能导致其生活方便程度的下降，进而有可能影响到他们的生活质量。这是我们在保障性住房规划中需要特别关注的内容。

此外，在进行保障住房规划的过程中，需要充分地考虑地区性和全市性的公共设施的配置之间的关系，保证中低收入人群能够使用更为广泛的公共设施。中低收入人群同样是城市居民，城市各类各级公共设施的提供和配置都必须满足他们的需要。

5 结语

以上从保障性住房规划的角度对相关的问题尤其是在规划工作中经常碰到的问题进行了讨论。讨论的目的是如何更好地进行保障性住房的规划工作，为满足城市中低收入群体的住房需求提供基础，进而为和谐社会的建设作出城市规划的贡献。本文提出，保障性住房是整个城市住房中的一部分，其基本的品质必须符合城市住房的基本要求，同时，保障性住房本身又可以划分成多种类型，在保障性住房规划中必须对各种类型进行分类预测和安排。保障性住房规划作为实现政府社会保障政策的具体措施和方式，既要执行相关的法规和政策，又要对这些政策的实施制定相应的政策措施，从而有效保证规划的实施。而在内容上，保障性住房规划必须遵循社会公平和公正的原则，避免以经济效益作为惟一的供应和布局准则，要从满足城市中低收入家庭的基本居住条件的需求出发，从城市整体的角度具体分析各类保障性住房的使用者的情况和要求，有针对性地确定各种各类保障性住房的供应量，在城市地域范围内均衡布局这些保障性住房，满足中低收入群体中各种不同收入层次、不同家庭状况、不同就业特点等家庭的具体需求，充分发挥城市规划作为公共政策的作用。

当然，笔者也非常清楚，城市规划不可能独自来解决所有的问题，在社会保障和社会保障住房的供应方面同样如此。就保障性住房的规划而言，国家和城市的社会保障政策仍然是关键，社会保障住房的类型、供应的对象以及供应的方式等都直接制约着保障性住房规划的内容和工作方式，也会影响到规划过程所产生的结果，并且规定了规划过程中对许多内容进行抉择的条件和标准。但是作为规划专业人员，我们仍需要在面对这些困难和政策缺失的情况下努力把自己的工作做好，这也就是本文讨论这些话题的目的所在。另一方面，保障性住房规划所涉及的内容极为广泛，并在相当程度上涉及政治、社会、经济等多方面的因素，而我国城市保障性住房的供应尚刚刚起步，大量的问题尚缺少深入的研究，在规划和实施的过程中也会不断地出现新的问题，这就需要在实践的过程中不断探讨，不断深入研究，从而使保障性住房规划不断完善。

参考文献

[1] Department for Communities and Local Government. Planning Policy Statement 3 (PPS3). Housing, London: Crown, 2006.

[2] Department for Communities and Local Government. Delivering Affordable Housing Through Planning Policy, 2002.

[3] Home Builders Federation. Expanding Choice: Increasing the Supply of Affordable Housing, 2007.

[4] 英国 Lancaster 市政府. Affordable Housing. http://lancsdev.web-labs.co.uk/Category.asp? cat =596.

[5] 美国 Twin Citie. Housing Preservation Project, 2007. http://www.tchousingpolicy.org.

[6] Tim Fernholz. What Next for Affordable Housing. The American Prospect, July 30, 2008.

[7] Tessa Melvin. Affordable-Housing Needs Lower Than Expected. The New York Times, August 11, 1991.

[8] (美)施瓦兹. 美国住房政策. 黄瑛译. 北京：中信出版社，2008.

关于我国城市住房保障制度的几点探讨

张 泉 王 晖

【摘要】住房保障是一项重要的公共产品，是城市住房的重要组成部分。建立健全符合中国国情的住房保障制度，是当前中国住房体制建设的现实要求。本文结合建立健全我国城市住房保障制度的阐述，在充分分析当前我国城市住房保障体系的影响因素和国际住房保障成功经验的基础上，提出完善我国住房保障体系的几点想法，包括构建多层次的住房保障体系，引导健康合理的居住消费观念，多层次住房保障体系的动态管理，发挥市场配置资源的作用。

【关键词】住房保障制度　住房保障经验　市场

Abstract: Housing security is an important public products, and it is also an important part of urban housing. Establishing and perfecting China's housing security system is the realistic requirement of China's current housing system construction. This article proposed some improvement methods for our housing security system, which based on full analysis of our current housing security system and successful international housing experience and combined the analysis of establish and improve our urban housing security system. including: constructing multilevel housing security system; guiding healthy and reasonable idea of living consumption; dynamic managing of multi- level housing security system ; relaying the function of market system.

Key Words: housing security system; housing security experience; market

"衣食住行"关系国计民生。改革开放以来，国民收入水平的大幅提高，促进了房地产市场的蓬勃发展，使城市居民住房问题得到极大改善。2003 年以来，中国人均 GDP 超过 1000 美元（2008 年已超过 3000 美元），根据国际经验，这不仅标志着经济增长进入一个重要阶段，而且消费结构也进入了向发展型、享受型升级的阶段，其中一个重要标志是住房消费的升级。但伴随着房价的攀升，"住"也成为广大中低收入者的一大难题。住房保障制度作为一项关系国计民生的重要公共政策，必须切实立足于中国国情，强化政府的保障手段，解决这一问题。

1　当前我国城市住房保障体系的几个影响因素

1.1　户型过大，结构不合理

据统计，目前我国人均耕地 1.39 亩（1 亩约等于 666.67m^2），是世界人均耕地的 1/3，处于联合国人均耕地数警戒线以下；陆地面积中适宜居住的只占 23%，提倡发展节能省地型住宅十分必要而且迫切。但从实际来看，我国住宅建设中大户型的比例较高。2007 年，纳入统计的 40 个重点城市中，新建 90m^2 以下中小户型的住房批准预售面积仅占 25.8%。① 根据发达国家的经验，在不降低舒适度与生活质量前提下，户型面积小一点，既能减轻购房压力，又能减少长期住房消费中的费用支出。目前，除土地资源丰富的北美等地外，大多数发达国家经过长期居住实践，已经形成了适度、合理的户型区间：单套住宅建筑面积在 85～100m^2 之间。2002 年，日本、瑞典和德国新建住宅平均建筑面积分别是 85m^2、90m^2、99m^2。在 20 世纪 70～90 年代，这些国家的新建住宅户型也曾越做越

① 2007 年房地产开发投资统计快报。

作者：张泉，江苏省建设厅副厅长，高级规划师
王晖，江苏省建设厅村镇建设办公室主任，研究员

大，现回归到了合理区间。(宋春华)

1.2 投资渠道严重不足

发达国家经验表明，在城市化与工业化快速发展阶段，伴随着地价的快速升值，导致房地产投资价值的凸现。但与此同时，资本市场的迅速发展，创业环境的健全，以及多元化投资渠道的形成，再加上相关税收政策(如地产税)的调节机制，并没有使房地产成为投资能量的集中释放对象。从中国来看，老百姓投资渠道较少：一是自己创业、办公司或者经商；二是投资股票；三是购置地产之类的投资。中国是世界高储蓄率国家，居民储蓄存款14万亿元，储蓄率高达46%。由于股票市场风险较大，国债收益率也不高，加上如基金、期货等投资渠道皆不理想，居民的储蓄很难转化为投资。随着地产升值速度较快，买房成为越来越多的中产阶层资产保值的有效方法。再加上倒金字塔形的收入结构，导致中高收入者的房地产投入能力不断强化，常常形成对房地产的过度投资行为，这是房地产价格持续攀升的一个重要原因，同时也对城市住房保障形成了较大压力，加大了中国城镇化的成本。

1.3 政府管理存在缺位

一是保障性住房资金投入严重不足。近年来，我国经济适用房占住宅开发投资额的比重一直不足5%(劳应勋，2007年)，廉租房的建设也难以满足低收入群体的要求。虽然国地两税收入大幅上升，但随着城市建设的不断加大，地方政府财力捉襟见肘，住房保障投入严重不足，尤其缺乏长期稳定的投入机制。在我国公共财政支出中，虽然2007年底出台的《廉租住房保障资金管理办法》明确规定，土地出让净收益用于廉租住房保障的资金比例应不少于10%，但其他涉及住房保障的支出，并未制度性地纳入财政预算之中，且对各级财政其他预算收入用于住房保障的刚性规定并未形成，不足以对住房保障形成系统有效的财政资金支撑体系。

二是地方政府住房保障建设内驱力不足。据国务院发展研究中心2007年的一项研究报告，在一些城市，土地直接税收及城市扩张带来的间接税收占地方预算内收入的40%，而土地出让金净收入占政府预算外收入的60%以上。鉴于土地出让金以及与房地产行业相关的税收在不少城市已成为政府的主要财源，在利益驱动下，地方政府热衷于房地产市场的快速发展，对住房保障的关注不足，房价与地价的快速攀升不可避免地影响了中低收入人群的购房能力。

三是相关政策制度仍需细化深化。如许多城市还没有建立起有效的信息系统，中低收入家庭中需要政府提供住房保障的家庭情况不够准确；经济适用房建设过程中，虽然基本原则与方向已确定，但城市政府究竟在其中应该补贴多少、谁来开发、如何保证“经济适用”、怎样分配等措施仍然模糊；限价房怎样才能合理定价、进入与退出机制如何确定等问题也还在探索之中。

1.4 消费观念有局限

一是农耕文化的置地建宅观。西方国家的年轻人虽然崇尚自立，但是受到经济能力的限制，往往选择先租房，购买自有住房的平均年龄为30岁左右，一般都要到工作相对稳定和有一定的收入积累后再买房。而美国次贷危机发生后，高消费国家的杠杆性金融购房活动的减少，应使这一年龄进一步后推。在中国，受传统农耕文化置地建宅观念的影响，人们往往认为只有买房才是家庭独立的惟一选择。目前我国大部分地区住房自有率偏高，住房平均私有率为80.77%①。而发达国家住房自有率一般也仅保持在60%~70%之间。许多城市的年轻人陷入了不买房就不能结婚，买了房就成“房奴”的窘境。

二是非理性消费心理。首先，贪大、求阔的住宅消费心理，造成了对中小户型住宅的非理性漠视。目前，社会上仍然存在住房“越大越好，越奢华越好”等不正确的消费观念，忽视了住房居住的实用性和质朴简约之美，以及消费者自身的经济能力和实际需求。其次，住房消费是一个动态的过程，一般宜根据家庭周期特点选择“小面积—大面积—小面积”的消费模式，但很多人秉持“一步到位”的住宅消费观念，往往跳过过渡阶段而直接购置大面积住宅。总之，非理性消费心理导致住房面积超大，过于排场、疏于舒适的大户型追求，挤占了中小户型的市场份额，与我国人多地少的国情和社会经济承受能力很不协调。而当前住房装饰市场的不省心、不完善、不规范，也明显影响了住房递进消费的理性选择。

三是对住宅环境的超前消费、浮夸消费。一些地方政府和企业对环境过度打造，违背生态发展和建设的科学规律，盲目追求所谓“高档小区”、“森林城市”；草坪比例过高，忽视乡土树种的应用，大量移种外来植物、大树古树等高价绿化；过度使用高档硬质铺装、雕塑、喷泉等，不仅导致城市土地、水资源和生态环境等面临着巨大压力，而且客观上提高了商品房建设成本。

① 住房和城乡建设部房地产业司.2006年城镇房屋概况统计公报.中国建设报[N]，2007-8-4.

2 国际住房保障成功经验

2.1 住房保障是政府的重要公共职责

无论是传统发达国家，还是如新加坡、韩国等新兴发达国家，结合各自的实际情况，都制定了多样化的、比较完善的住房保障制度，使住房保障逐步成为本国社会政策和社会保障制度的重要组成部分。一是通过法律明确居住权是公民权利的重要组成部分，是国家、政府职能的基本体现。如1949年美国国会通过《全国可承受住房法》指出，美国住房政策的目标是“向全体美国人提供体面、安全和整洁的居住环境”。二是构建政府主导的住房保障体系。各国政府普遍确立了“基本生活保障型住房由政府负责，质量提升改善型住房由市场解决”的住房保障理念。在保障层次上，政府依据购房者的经济收入水平区分层次，严格按照家庭收入情况来确定享受住房保障补贴的级别，并形成严格的且操作性强的条件限制和完备的退出机制。以新加坡为例，新加坡按收入高低确定购买组屋条件。1996年，可以购买组屋的收入顶限为每个家庭月收入1000新元。月收入超过这一标准的家庭，政府不负责提供组屋。月收入低于800新元的家庭，可以向政府提出租住组屋。组屋屋主买房5年内不得出售。当居住不满5年想卖掉组屋时，只能将组屋原价回卖给政府。购房两年半之内不得出租房屋。弄虚作假者将面临高达5000新元的罚款或6个月监禁。

2.2 确立了“适度消费”的居住理念

除北美等国家外，绝大多数发达国家在构建其国民居住体制中，坚持集约化道路，通过政府发展计划制定、规划管理控制、财政税收政策等一系列措施，促进了以中小户型为主体的住房供应市场结构，同时着力提升住宅的舒适度，有力促进了适度消费理念的形成。中国目前工业化与城市化的发展水平大体上相当于欧洲和日本20世纪60年代前后的水平，欧洲1958年提出的三口之家使用面积最低标准为$46m^2$，人均约$15.3m^2$；日本国土面积小，人口密度高，最低居住标准中三口之家的套内建筑面积仅为$39m^2$，人均$13m^2$。新加坡国土面积$682.7km^2$，每平方公里人口密度高达5985人，在1950、1960年代建设的组屋，主要建设每套40多到$70m^2$为主的小户型组屋。1990年代人均GDP超过1万美元时，曾经建设过少量（1000多套）每套$145m^2$户型的组屋。但通过研究，认为人多地少的国情，不宜盲目扩大户型，因而随后又降了下来。2002年，人均GDP达2万美元，组屋户型坚持以中小户型为主，新建组屋每套85～$99m^2$户型的占70%左右，每套100～$125m^2$户型的占30%左右。（包宗华）

2.3 根据经济发展阶段确定保障水平

各国住房保障制度随着市场经济发展而逐步完善，首先是保证有房住，随着居民生活水平的提高而逐步升级。如欧美国家的廉租房与经济适用房就经历了从低水平统建到与中高档商品房混建的转变，虽然面积较小，但设施配套不断提高，基本与中高档商品房一致。

3 完善我国住房保障体系的几点想法

3.1 构建多层次的住房保障体系

随着我国工业化与城市化步伐的加快，贫富差距的不断加大，中国的住房保障体系应该是一个多层次的体系。第一层级是5%左右的极低收入的家庭、老人、病人等，由政府提供廉租屋，通过这种方式来保证最弱势民众的居住权，廉租房的分配形式以租金补贴为主，实物配租和租金减免为辅；第二层级是65%～75%的中低收入民众（不包括财政供养人员）（查茂卿，2006），政府通过货币化补助、优惠利率、优惠税收等办法，由市场来提供经济适用住房；第三层级是财政供养人群，其收入水平隶属于中低收入者，总数约为总人口的5%左右（中国统计年鉴，2007），财政供养人员的住房保障，对于建立高效廉洁的政府，有着十分重要的意义。对于15%～25%的中高收入者，他们的住房完全由市场决定，不纳入住房保障体系。构建以上三个层次为核心的住房保障体制，关键需要做好以下几个方面的工作：

一是要建立严格准确的居民实际收入与居住水平确定制度。以此作为社会保障体系建设的基础。住房保障作为政府的一项重要公共产品，其对社会住房弱势群体的救助，必须建立在真实反映其收入与居住水平的基础上。要结合社会诚信体系与征信共享平台建设，大力推进收入透明。房地产管理和社会保障部门成立专门的机构（也可成立联合机构），对申请保障型住房居民的收入作严格的审核。在此基础上，进一步完善经济适用房购房人的收入跟踪监测制度，设定退出条件，完善公示制度，提高工作透明度，加大违法处罚力度。

二是在补贴标准上，应该依据经济社会发展水平和政府财力增长而逐步提升。住房保障作为维护社会弱势群体利益的手段，将发挥阶梯的作用，保障标准的制定应紧密应对现阶段社会合理的最低生活需求。如果试图一步到位，将导致福利资源的浪费或补助对象的错位。因此，以我国当前中低收入群体的住房状况来看，当务之急应严格控制保障标准，廉租房应限制为小户型，经济适用房应限制为中小户型，以利实现“应保尽保”的目标。住房建设要坚持标准适度、经济适用、节能省地的原则，立足于营造整洁、安全、亲和、舒适的居住环境。

三是在补贴方式上，注重实物补贴与货币补贴的相互补充。当前，各地在实物补贴与货币补贴的方法上，存在一定的争议。总体来看，货币补贴相对于实物补贴具有支出成本低、可操作性强、灵活、及时等优点，发达国家住房保障补贴手段也在逐步由实物补贴向货币补贴转移。但所有这些优势都必须建立在市场住房供应充足、房源结构合理、二手房市场发达等市场完善的基础上。当前，中国仍处在城市化快速发展时期，不断积累的城市贫困人口与不充分的保障性住房的供给，以及房源结构不合理，大户型过多，如果过早全面推进货币化补贴，将导致有限的补贴水平与不充分的中小户型供给的矛盾，更多的人会买不到房、住不起房。所以，提供一定规模的公共住房，调控住房市场的供应结构，是当前各级地方政府不可推卸的社会责任。

四是做好财政供养群体的保障。公务员、教师等都属于财政供养对象，可参照经济适用房模式，利用国有划拨土地，按照各地的实际，建设标准适度的财政供养人员住房；也可利用存量土地、单位自用土地，在符合城市总体规划的前提下，建设一定范围内的财政供养人员住房，按照建设成本向财政供养人员出售，以减轻财政供养人员、特别是年轻人的住房负担，扩大住户补贴基数，动态调整补贴比例。同时，政府也应该考虑建设一批财政供养人员公寓，以优惠的租金租给财政供养人群。

五是城乡统筹解决农民工居住环境。把改善农民工居住条件作为解决城市低收入家庭住房困难工作的一项重要内容，在有条件的城市，可逐步将常住农民工纳入城镇住房保障系统，并形成适度的居住标准，以满足进城务工人员的基本需求。对外地民工，可采用企业自建、政府与企业共建、政府统建出租等多种方式，建设农民工公寓；对于本地民工，尤其是城市化与工业化水平较高的地区，可结合城乡经济社会一体化建设，统筹城乡建设用地使用，以住房保障补偿进城农民的农村宅基地放弃，加快城市化进程。

3.2 引导健康合理的居住消费观念

一是倡导“小房型，高舒适度”的住房模式。我国人多地少，土地资源匮乏，因此借鉴日本、新加坡、北欧等国家模式，开发节地型的住房尤为重要。在住房设计与建设中，注重对中小户型的规划和设计研究，突出居住的健康性、自然性、环保性和亲和性，满足居住者生理、心理和社会等多层次的需求。大力提倡“节能省地型住宅”建设，保护环境和减少污染，为人们提供健康、适用和高效的使用空间。

二是引导居民形成住房适度消费的理念和习惯。以适用、经济为消费原则，量力而行，根据自身的经济承受能力，购买或租赁符合家庭实际需要的住房。引导居民合理追求住房性能质量，培育在适当面积内实现高质量居住生活的消费理念。同时，要使广大居民充分认识住宅使用过程中的个体居住支出及全社会共同的支出成本问题，引导居民在住房消费中充分考虑住宅全寿命周期的使用成本。

三是因地制宜推广混合布局。结合各地实际，适度减少廉租房、经济适用房单独或成片布局，提倡不同档次住房的混合布局，方便低收入阶层共享住宅小区的配套设施、良好环境和有序管理，有利于不同社会阶层的沟通和市场化的互助，避免居住环境的两极分化。对于混合布局产生的相对较高的居住管理费用，应结合各地实际，因地制宜地探索对低收入人群的补贴。

建立符合我国国情的住房建设和消费模式，需要采取综合运用财政税收、信贷经济手段加以引导，从住宅的“四节”与环境生态指标、户型与套型面积、建筑形态、住宅基本性能要求与技术发展导向等方面完善相关政策，协调处理好私人环境与公共环境、硬环境与软环境的相互关系，引导与经济发展水平、环境承载力相适应的居住建设，正确引导住宅的建设与消费。

3.3 多层次住房保障体系的动态管理

一是应该进一步细化分类标准。目前我国对纳入住房保障制度人群没有进一步细化区别。在世界其他国家和地区主要有两种细化保障方式：一种是根据低收入家庭收入水平划分不同的租金标准，例如澳门，特区政府每两年对低收入家庭收入状况进行一次调查，如果家庭收入低于设定低收入标准，租金可低于家庭收入的2.5%，如高于低收入标准，租金可达家庭收入的17.5%；另一种是根据政府提供的住房类型确定补助水平，申请居住小户型的政府补助多，反之则补助少甚至没有补助，例如新加坡，申请购买一居室的政府补贴1/3，申请三居室的政府只补贴5%，而申请四居室的政府不仅没有补贴，而且按成本价加5%的利润。因此，对于纳入住房保障的群体，应通过相关细化标准，从而使住房保障更具针对性。

二是对保障性住房进行封闭性管理，严格其与一般商品房的流动与转换。住户出售经济适用房，应该统一由政府收购，形成经济适用房闭路循环的模式，规范其与市场商品房交易活动之间的关系。

三是建立住房保障机制水平的动态提高机制。在经济发展水平比较低的阶段，政府所能做、也只需要做的是帮助提供保障对象的最基本的住房条件，伴随着经济发展水平的不断提升，整个社会生活水平的不断提高，住房保障水平也要不断提升。从长期来看，住房社会保障水平应保持由低到高，由最低保障到基本住房保障，再向提高居民居住水平发展的趋势，政府根据经济发展水平和保障能力的提升相机选择，适时调整住房社会保障结构。

3.4 发挥市场配置资源的作用

住房市场总量、结构和价格都会影响住房保障，如果住房市场总供给不足、中低档住房短缺、价格高昂，要实现住房保障是极其困难的，政府发挥市场配置作用是实现住房社会保障目标的重要条件。主要有几个方面：

一是加强对房地产市场的调控。根据生产力的发展、居民生活水平和居住水平、城市化需求和人口总量的变化，通过城乡规划、供地调控、税收调节等途径，合理调控住房供应的总量和结构，使供房总量与市场需求基本适应。同时，调节低档、中档、高档住房的供应，使其保持合理的比例。

二是合理引导高档商品房市场发展。住房消费市场是一个梯度消费市场，有着从低端到高端完备的不同市场需求。依托于高收入人群的高档商品房是市场供应结构的重要组成部分，应充分尊重这一层次人群的消费选择，合理引导高档商品房市场发展。但是，应对占用资源较多的大户型房屋按其面积大小等次，逐级提高税收标准，以此调节大户型在住房供应结构中的比例，并以此税收辅助住房保障体系。

三是大力培育和规范二手房市场与租赁市场。二手房市场与租赁市场不仅是住房梯度消费的重要支撑，而且是盘活住房存量资产的基本保证。要加强住房市场分类管理，整顿房地产市场秩序，规范交易行为。尤其是要加强房地产中介公司的市场准入和监督管理，改善房地产中介公司在市民心目中的形象，促进本行业的发展。

参考文献

[1] 郏伟伟. 新加坡社会保障制度透视，亚洲国家和地区社会保障制度研究. 中央编译局，2009.

[2] 田明刚. 浅析我国住房保障体系建设中的若干问题及对策. 经济师，2008 (12).

[3] 贾康，刘军民. 我国住房改革与住房保障问题研究. 财政研究，2007 (7).

[4] 完善城市基本住房保障制度的几点思考. www.stockstar.com，2008-8-23.

住房政策与住房规划

邹 军 郑文含

【摘要】本文回顾了我国住房政策的发展历程，借鉴国外住房建设的经验，从新型政府职能及促进社会和谐角度提出解决住房问题的现实意义。对近年来的住房新政引起的争议进行评述，分析住房政策实施过程中的若干误区。立足于规划的公共政策属性，比较住房建设规划和城市规划两种涉及住房的规划类型特征，分析住房建设规划编制中存在的问题以及城市规划中关于住房问题的缺位，提出加强上述两类规划间协调，提高规划编制科学性和规范保障性住房用地规划管理的建议。

【关键词】住房政策 住房建设规划 城市规划

Abstract: By reviewing the development course of housing policy in China, this paper uses experiences of housing program overseas for reference, and puts forward the practical significance of solving housing problem from the view of new government functions and harmonious society constructing. Afterwards, by commenting on the recent dispute caused by new housing policy, several misunderstandings are analyzed in the process of housing policy implementation. Standing on the public policy properties of planning, and by comparing the planning style characteristics of housing program planning and urban planning which are related to housing issues, this paper analyzes the problems existing in the compilation of housing program planning and the housing vacancies in urban planning. Therefore, several suggestions are brought forward with regard to enhancing the harmony of two-type planning, advancing the scientific nature of planning making and standardizing the management of indemnificatory housing lands.

Key Words: housing policy; housing program planning; urban planning

作者：邹军，江苏省城市规划设计研究院院长，教授级高级规划师
郑文含，江苏省城市规划设计研究院城市规划师

回顾我国的住房政策，每个阶段的住房建设都与当时的住房政策紧密联系。1998 年以后住房商品化改革全面推进，但过度市场化的住房供给体制带来了房价偏高、住房供应结构矛盾突出、投资增长过快等问题。近年来，中央连续出台多项关于住房建设的相关政策。解决住房问题成为落实科学发展观、促进社会和谐的重要途径，具有重要的现实意义。本文对我国住房政策进行解析，并在此基础上从构建多层次住房保障体系的角度提出规划作为公共政策的制定思路。

1 我国住房政策的回顾

1.1 改革开放前：计划的福利制

改革开放前，我国城市住房面临的主要问题是住房紧缺，住房政策的中心是大力增加住房建设。由于全民所有的计划经济体制，个人住房分配是按照户口、单位和职位级别采取福利分房制度。在住房紧缺的情况下，这样的住房政策能够比较有效的分配资源。但随着社会经济的发展以及住房建设量的加大，计划的福利制分房日益显现出弊端，引发了住房体制的改革。

1.2 1980～1990 年代末：住房的商品化改革与经济适用房政策

1980 年代城镇住房实行商品化改革。1980 年国务院批准了《全国基本建设工作会议汇报提纲》，正式宣布将实行住宅商品化政策。1986 年成立了“国务院住房体制改革领导小组”，针对传统住房的低租金提出了大幅度提

租为基本环节的改革思路。1990 年代初，随着国有土地使用权有偿使用制度确立，房地产的市场化开始起步。1998 ~2000 年全国全面推行住房体制改革，大规模出售公房，城镇住房实现商品化。

住房商品化改革的同时，城镇居民住房保障制度建设也在同步推进。1991 年《关于继续积极稳妥地推进城镇住房体制改革的通知》中提出了“大力发展经济实用的商品房，优先解决无房户和住房困难户的住房问题。”1995 年出台了《国家安居工程实施方案》，以安居工程为主要形式的经济适用房建设正式启动。1998 年北京推出了经济适用房。但由于实施过程中存在的诸多问题，在住房商品化的大趋势下，经济适用房政策并没有有效实行，甚至走入了“不经济，不适用”的困境。

1.3 近年来：保障性住房政策出台

近年来，住房商品化使得市场机制的缺陷也逐渐暴露。中央连续出台多项关于住房建设的有关政策，以满足各个群体对住房的需求。2006 年 5 月国务院提出了促进房地产市场健康部署的六条措施，简称“国六条”。① 2006 年 6 月国务院办公厅转发原建设部等部门《关于调整住房供应结构稳定住房价格意见的通知》，明确了“$90m^2$、70%”的新建住房结构比例，提出优先保证保障性住房的土地供应。② 2007 年国发 24 号文件，即《国务院关于解决城镇低收入家庭住房困难的若干意见》，提出了住房保障制度目标和框架。各地住房保障体系的实施表明，目前我国已初步形成了廉租房、经济适用房和中低价位、中小套型普通商品房的多层次住房保障体系。

2 国外住房建设的经验借鉴

2.1 住房政策作为重要的城市公共政策

城市公共政策是指为了解决和协调城市公共事务问题，由城市政府制定并实施、以实现相关利益主体的利益为目标的政策措施[1]。其中作为与城市居民生存与生活密切相关的住房问题一直是各国城市政府重点关注的对象，相应地围绕住房而制定的一系列住房政策也一直是城市公共政策的重要组成部分之一。从国外住房公共政策的实施过程看来，各城市政府均通过对不同收入的家庭的需求分析，制定出不同时期的住房政策。其主要目标从早期提供一定的居住条件，中期改善国民的居住水平到后期注重提升生活品质等，通过有效发挥城市公共政策的引导作用来保障国民住有所居和生活安定。

2.2 核心为面向中、低收入阶层提供住房保障

各国住房问题的症结主要表现为大量中、低收入家庭的支付能力与具有适宜标准的住房价格之间存在着巨大的鸿沟，因此解决住房问题的关键是解决居民因支付能力的不足而带来的居住困境，相应地，住房政策的核心是为中、低收入阶层提供住房保障。从目前世界各国政府实施的住房政策内容看来，几乎无一例外地都在不同程度上为中、低收入阶层解决住房问题提供帮助，并承担了重要的社会和经济责任。其中建设公共住房是解决中、低收入阶层居民居住问题的最主要措施之一。由政府直接投资建造或由政府以一定方式对建房机构提供补助后由建房机构建设，并以较低价格或租金向中、低收入家庭进行出售或出租的公共住房，成为了城市住房政策的重要内容。

2.3 依据不同发展阶段适时调整住房政策及建设重点

二战后各主要发达国家的住房政策制定经历了三个发展阶段：第一个阶段是解决住房有无阶段。在城市化进程初期或因战争等行为而带来住房短缺问题，其住房政策的重点是增加住房数量，解决社会普遍的住房短缺问题。主要由城市政府来直接主导并强力推进住房建设。第二个阶段是关注中、低收入家庭住房问题。主要表现为中、低收入阶层的居民因多种原因无法拥有住房，需要政府提供住房。住房政策的重点是建立公平和高效的住房补贴机制，以保障中、低收入阶层获得合适的居住条件。第三个阶段是逐渐减轻政府住房责任阶段，住房政策的重点是关注居住质量和社区发展，以提供设施与环境适宜的住房为主。

---

① “国六条”内容为：切实调整住房供应结构，重点发展中低价位、中小套型普通商品住房、经济适用住房和廉租住房；进一步发挥税收、信贷、土地政策的调节作用；合理控制城市房屋拆迁规模和进度，减缓被动性住房需求过快增长；进一步整顿和规范房地产市场秩序；加快城镇廉租住房体制建设，规范发展经济适用住房；完善房地产统计和信息披露制度。

② 《关于调整住房供应结构稳定住房价格意见的通知》提出：自 2006 年 6 月 1 日起，凡新审批、新开工的商品住房建设，套型建筑面积 $90m^2$ 以下住房（含经济适用住房）面积所占比重，必须达到开发建设总面积的 70% 以上。优先保证中低价位、中小套型普通商品住房（含经济适用住房）和廉租住房的土地供应，其年度供应量不得低于居住用地供应总量的 70%。

2.4 住房保障的多途径实现

2.4.1 立法与政策保障

政府通过制定专门的住宅法和金融财政政策来解决住房问题。以美国为例，其公共住房建设经历了由理论酝酿到实际建造的缓慢发展阶段。此阶段政府虽然出台了一些指导建设的政策性要求，但并未能彻底改善贫民窟等住房问题。二战后，美国先后通过了《住房法》、《国民住宅法》、《住房与城市发展法》等专门的法律来实施住房供应计划。这些法律的出台标志着联邦政府对住房领域的干预由间接调控向直接管理的转变，住房政策指向也由初期解决中等收入阶层的住房向后期解决低收入阶层的住房逐步转移和倾斜。同时为缓解住房建设的资金问题，地方政府也先后通过制定相关金融财政政策、房屋抵押和财政补贴等相关政策，吸引私人金融机构和政府金融机构来经营房地产贷款，并使之逐步成为政府解决住房问题资金来源的主体力量。

2.4.2 计划与规划支持

制定阶段性的建设计划和混合居住等规划手段也是住房建设保障的重要手段。以日本为例，从1950年代开始日本制定了具有实效性、综合性和长期性的住房计划。在1966年出台的《住宅建设规划法》中，把日本分为10个区域来制定各区域的住宅建造五年计划，各都、道、府、县政府也分别基于该计划制定本地区的住宅建造五年计划，很快解决了居民量上的住房需求。同时为避免因为市场化带来的不同收入水平同质居住而出现居住阶层分化问题，日本各地方政府先后通过制定混合居住的规划方案来缓解阶层分化问题，将不同阶层的居民在邻里层面结合起来，形成互为补益的社区，避免低收入群体聚居。

2.4.3 公共住房保障运作模式

各国政府在不同程度上干预住房市场，发展具有社会保障功能的住房供应体系和运作模式，以弥补商品住房市场的不足。从不同时期、不同干预方式来分类，住房保障运作模式包括三类。政府主导型公共住房建设模式，主要发生在住房短缺时期，政府发挥土地资本等资源优势，在生产环节干预住房市场，直接建造住房提供给居民。新加坡政府的公共组屋和我国香港的公屋就属于该模式。以新加坡为例，其“居者有其屋”的住房保障计划始于1960年，由政府住房发展局主持修建公共组屋，并通过住房公积金的金融支持作用，低价向居民出售或出租。至2000年87.6%的新加坡公民都居住在政府提供的组屋里。[2]

公共住房建设补贴模式，由政府提供优惠贷款、补偿贷款利息等优惠政策，支持盈利性房地产企业和非盈利性机构发展低租金、低成本住房，从而间接干预住房供应。二战后德国、法国、瑞典、荷兰等国都运用过这种模式。非盈利性质的地产发展机构能够申请政府的低息、无息甚至政府贴息贷款和享受其他一些免税待遇，能以低于市场的价格出租和出售住房。

公共住房租金补贴模式，由国家通过发放住房租金补贴，以帮助住房支付能力有限的中、低收入家庭能在住房市场上租到合适的住房。补贴的数额是按一定住房标准的住房租金与家庭可支付租金的差额确定。以美国为例，联邦政府按照住房市场一般租金水平确定补贴金额，地方政府住房局确认租约后直接以租金证明或租金优惠券的形式向房主支付租金。

3 我国住房建设的现实意义

飞涨的房价、巨大的住房需求、频繁出台的住房调控政策无不昭示着我国的住房建设进入到了一个非常时期。在此背景下，正确认识住房建设的现实意义，显得极为迫切和必要。

3.1 新型政府职能框架下，解决住房问题的重要性

3.1.1 是事关民生的基本问题

一般居民的基本消费包括基本营养、基本住房、基本教育和基本保健。“四个基本”是改善和保障民生的基本内容。但是目前房价的高涨，使低收入家庭的住房解决非常困难，而且城市住房建设普遍存在高档化、划一化倾向，与低端需求渐行渐远。中低收入居民的住房购买能力相对于高房价而日益下降，住房已经成为百姓生活迫切需要解决的首要问题之一。满足居民基本的住房需求成为基本的民生问题。

3.1.2 是公共服务型政府关注的核心问题

建设公共服务型政府是我国政府职能改革的必然方向。所谓公共服务型政府就是指提供私人和社会团体无力或不愿提供的，却又与其公共利益相关的非排他性服务的政府[3]，其核心在以民为本，为民提供良好的公共政策、公共物品、公共服务。在公共服务型政府职能框架下，政府对于公共需求的满足程度则成为评价其绩效的核心要素，经济要素不再至上。而就公共住房需求而言，也当然成为衡量政府绩效的核心要素之一，理当成为公共服务型政府所关注的核心问题。

3.1.3 是以人为本、促进社会和谐的关键问题

2006年10月，党的十六届六中全会通过了《中共中央关于构建社会主义和谐社会若干重大问题的决定》。《决

定》将以人为本提到前所未有的高度，将住房、医疗、就业、教育、养老等民生问题作为当前促进社会和谐的关键性问题。

住房问题已不单单是经济建设领域内部的问题，而是被赋予了更多的社会责任和政治意义。对于住房等基本需求的满足已经成为是否以人为本，能否构建起和谐社会的关键问题。就住房而言，建立起覆盖中低收入阶层的保障性住房体系将成为维护社会稳定的基础，也是实现和谐发展的关键性指标。

3.2 从构建和谐社会角度对住房问题的理解

3.2.1 住房问题与城市化质量提升

城市化与住房之间有着密切的联系，高速的城市化最终需要由大量的住房来承载，缺乏住房支撑的城市化是缺乏质量的城市化。

拉美过度城市化现象应当引起我们足够的重视和警惕。其高速的经济增长带动了高速的城市化，城市化水平由1920年的22%激增到1997年的77.7%。自20世纪80年代开始，不断膨胀的经济泡沫最终破裂。与经济恶化相伴生的是住房建设没有跟上高速的城市化，造成大量农村人口涌入城市后形成遍地的城中村、简易房、贫民窟等非正规住宅。大量中低收入群体无法解决住房问题，而经济的萧条又使得政府无力解决如此庞大的公共住房需求。由此带来的大量社会、环境问题至今也没有完全解决掉。

我国经过10年房改后并未及时建立起多层次的住房保障体系，大量的住房需求被挤压到商品房市场，导致住房需求与房价之间形成巨大的矛盾。加之城市化率每年正以约1.2个百分点的速度提高，而1.2%的城市化增幅则意味着每年至少有1600万人口的新增住房需求，如此刚性和巨大住房需求不容忽视。快速的城市化进程、旺盛的住房需求、不成熟的住房改革合力将当前我国的住房问题置于严峻的境地。因而尽快构建起多层次的住房保障体系，解决快速城市化产生的巨大住房需求，防止拉美悲剧的再现就显得尤为迫切。

3.2.2 住房问题与社会稳定

居住是维持社会正常运转的基本构成要素，这就决定了住房的属性首先是社会性，其次才是经济性。但社会性和经济性在层次上的差别，并非表征二者在重要性上的差别。实质上，住房建设过程中存在社会性和经济性的平衡，过分强调和依赖某一属性都无法满足人们的居住需求。这也决定了在住房的供给过程中必须实行双轨制，即保障性住房（社会性的体现）与商品性住房（经济性的体现）并举，政府供给与市场供给并举。

房改后，住房的经济性被无限放大，本应由政府与市场双轨供给的局面并没有产生。住房建设在经济性与社会性上的失衡，使得中低收入群体的基本住房需求无法得以满足，住房问题已经威胁到了居民的基本生存需求。在这样的背景下，住房经济性的矛盾和风险很容易向社会转嫁，引发社会治安、环境问题，危及社会稳定。

3.2.3 住房问题与土地集约、金融安全

（1）住房、土地、金融三大市场高度联动

目前住房、土地与金融三大市场从供给到生产再到销售全程参与，住房问题不再是建设领域内部问题。房地产市场带动了土地市场繁荣，金融市场也从房地产市场和土地市场赚取了大量利润。三大市场在各环节上的高度联动对于推动我国房地产市场的发展发挥了重要的作用，但同时也隐含着高度的脆弱性，房地产市场的风险将引发土地市场和金融市场的联动反应，这对于维持市场秩序稳定极为不利。

（2）住房潜在问题对土地集约、金融安全的冲击

住房市场的快速增温，带动了地方政府批地、卖地的热情，大量土地资源被推向市场。统计显示2007年1～10月份全国土地购置面积31350.8万m^2，同比增长16.9%，而土地开发面积为19835.2万m^2，同比增幅7.9%，说明至少1/3的土地被囤积。目前国内商业银行的贷款中约30%～45%与房地产有关，银行参与了房地产的所有生产、销售环节。

随着住房宏观调控政策的实施，国内房地产市场已显疲态，一旦住房市场出现萎靡必将引发土地浪费和金融呆、坏账，直接导致国有资产损失。

4 关于住房新政的解读与反思

2005年以后，国家住房政策转向以调控房地产市场发展为基调。其中，2006年推出的“国六条”是在2005年宏观调控被证明未达到预期而适时推出的。本文将自“国六条”之后的系列住房政策统称为“住房新政”。

4.1 住房新政引起的观点争议

住房新政被广泛关注，人们从经济学、社会学、财政学、金融学、规划学等多种不同的学科视角对新政给予了剖析[4]。引发争议的热点主要集中在政府的职能与角色、住房供应结构的调整、保障性住房的建设、住房调控的手段与目标等方面。

4.1.1 政府的职能与角色

在政策执行过程中，政府实际上扮演着管理者和经营

者的双重角色。房地产及相关行业已经成为拉动地方GDP增长的重要力量，而土地出售收入和房地产税费则成为地方政府重要的财政收入来源。从这个角度来讲，政府是一个经营者，因此才有了地方政府对发展房地产业的积极性和卖地、拆迁的热情。同时政府又具有维持房地产市场秩序稳定，确保广大人民特别是中低收入阶层住有所居的社会责任。从这个角度来讲，政府则是一个管理者，因此构建多层次的住房保障体系，维护房地产市场稳定，满足人民的基本居住需求应当成为考核政府政绩的重要方面。这就要求政府要扮演好经营者与管理者的双重角色，分清利益与责任。

4.1.2　住房的供应结构

住房新政首次对住房的供应结构进行了调整，明确提出了90m^2、70%的控制标准，意味着住房政策开始向中低收入阶层倾斜。对此，更多理性的观点对政策的指向给予肯定，而争议主要集中在：调控标准的合理性、实施过程的操作性。

（1）90m^2、70%的合理性

这是针对中低收入群体的调控政策，是对于之前保障性住房缺位的补偿。政府希望通过强力的市场调控，来弥补欠账。这就涉及这样的调控标准是否符合市场的需求，能否调动起开发商的积极性，标准制定的科学性在哪里，属于短期行为还是长期行为等问题。另外也涉及到一个根本性的问题，住房调控的核心在供应结构还是在住房价格。

（2）实施过程的操作性

90m^2、70%的调控标准属于一刀切的政策，在实施过程中会遇到各类问题，主要包括大中小城市可能存在区别，城市中心区与郊区存在区别，针对中低收入阶层的商品房户型与限价房、经济适用房、廉租房等保障性住房存在区别。另外小户型的需求比例是否在70%这样一个比例范围内，是分区实施该标准还是按照地块全面贯彻该标准等方面的问题。

4.1.3　住房保障的形式与对象

随着住房新政的实施，保障性住房成为今后很长一段时间内政府工作的重点内容。综合看来，争论的焦点主要集中在保障性住房的供给形式、操作形式、保障对象等。

（1）供给形式

保障性住房的供给形式究竟是以货币补贴为主还是以实物供给为主。如若以货币补贴为主，这就涉及到受众人群的划分、补贴的标准、政府的补贴能力；若以实物供给为主，同样涉及到保障性住房建设的巨大缺口如何弥补、如何监管这些住房、保障性住房建设是以市场主导还是政府主导等一系列棘手问题。

（2）操作形式

保障性住房主要包括廉租房、经济适用房、限价房，是针对中低收入家庭而采取的政府补贴形式。由于保障性住房涉及面广、量大、类型多样，单纯依靠政府很难组织起足够的力量来管理，因而目前在操作形式上各地差别很大，如厦门探索了以促进产权流转为基本思路的保障性住房管理模式，强调将政府负担改为利益共享，通过可流转的产权引导保障对象进行自主管理。

（3）保障对象

现有的保障主要是针对城市低收入群体，由此便形成了所谓的夹心层群体，主要由新就业群体、进城务工人员以及不符合廉租标准但也无力购买经济适用房的群体组成，群体十分庞大。在高企房价下、快速城市化进程中，此类群体的住房保障政府应当予以关注。

4.1.4　住房调控的手段与目标

“国六条”之后的住房调控采取了综合调控的思路，即从土地开发、银行信贷、住房供应结构、住房交易的税费四个方面进行全过程调控。热议的焦点主要集中在：宏观利益与地方、部门利益的博弈；调控环节的合理性；房价下跌与房价稳定的尴尬。

（1）宏观调控力度与地方执行力度

对住房建设的政策调控无论是力度还是频度都是史无前例的，显示了中央政府的决心。但现行财政体制具有“中央富、地方穷”的特征[4]，政绩考核制度和地方巨大的财政压力使得地方政府将“卖地”、“收费”当成地方财政增收的重要来源，地方政府、部门与房地产行业之间存在过多的利益关系。在此背景下，住房宏观调控政策能执行到怎样的程度，的确需要打个问号。

（2）偏重开发环节财税制度

住房新政并未改变地方政府重开发环节轻税收环节的倒置现象[4]。过多的税费在开发环节进行，无形中推高了房价，而这些成本又被开发商转嫁到消费者身上。统计显示从开发到销售政府所要征收的税费多达50余项，总计占房价的15%~20%[5]。本末倒置的财政体制，强化了政府作为市场参与者的角色，而弱化了管理者的角色。

（3）房价下跌与房价稳定的尴尬

由于住房市场与土地、金融市场实现了高度联动，同时国内外资本又不断在股市和楼市之间游走，住房市场一定程度上捆绑了宏观经济。房价下跌会对宏观经济走势产生影响，特别是相关行业。若是维持房价稳定，高房价与高需求的矛盾仍难以调和。房价下跌与房价稳定似乎陷入到目标上的尴尬。

4.2 政策实施过程中的若干误区

4.2.1 过度地赋予住房以经济功能，弱化了其社会功能

国际公认的房地产开发投资占全社会固定资产投资比重一般是在10%以下，我国2005年该比重为20.98%，远远超过国际警戒线，说明住房建设被赋予了更多的经济功能。

地方政府更是将房地产业推至极致并逐步演变为畸形的增长模式。地方政府依靠房地产投资来带动当地经济发展，并通过土地收益、房地产税费来直接填充地方财政。一些政府官员更视房价高为城市竞争力强的体现，而对廉租房、经济适用房缺乏热情，热衷批建高档住宅，导致当地房价居高不下。

4.2.2 没有区分住房政策与房地产政策，使得基本住房保障缺位

"解决低收入群体住房问题的是政府的住房社会政策，而不是作为经济政策的房地产政策。但目前的问题是，我国只有房地产政策，没有住房社会政策。"[6] 截至2005年底，全国累计用于最低收入家庭住房保障的资金为47.4亿元，仅有32.9万户最低收入家庭被纳入廉租住房保障范围，保障性住房缺位严重。

在完整的城市住房供应体系中，房地产市场供应的商品化住宅和城市政府提供的保障性住房都是不可或缺的。解决住房问题既要靠市场手段，也要依靠大量的公共政策手段，单轨制无法解决住房问题。

4.2.3 住房调控政策与调控对象的错位，导致调控目标与结果的偏差

2005年以来，国家开始对房地产市场实施调控，但效果甚微，甚至一度出现越调房价越涨的现象。说明政策与对象之间存在错位，才导致目标与结果的偏差。

(1) 住房问题叠加了当前问题与历史问题，单从当前出发无法完成调控

房改之前，我国的住房市场没有开放，积累下了大量的住房需求，市场放开后产生了巨大的住房消费需求，这属于历史遗留问题。房改后，由于监管政策不到位，导致房地产市场出现了失控的局面，这是当前的问题。因而住房问题是历史遗留问题与当前问题叠加之后的结果。制定调控政策时，单从当前的形势出发无法全面理解我国的住房问题所蕴含的特殊性。

(2) 涉及多个部门，单个部门无法完成对所有对象的调控

当前房地产市场所涉及的实际管理部门多达25个之多，很多调控政策都是出自各个部门，有些政策甚至出现相抵触的现象。这种政出多门、各自为战的局面未能为过热的住房市场降温。"国六条"之后的住房调控政策充分体现了多部门合作的特点，调控的效果也开始显现。

(3) 住房问题衍生为"经济—社会"复合问题，单从经济领域无法完成调控

住房在新型政府职能框架下的重要性以及对于构建和谐社会的意义表明住房问题已经衍生为"经济—社会"复合问题，现有的调控政策基本上都是从经济领域予以调控，因而调控的效果有一定折扣。长远看来，推进政府考核体制改革、财政分配体制改革、完善市场监管制度等方面的配套制度改革对于增强住房调控效果意义重大。

5 落实住房政策的规划思路

5.1 涉及住房建设的规划类型

目前涉及住房内容的规划类型主要为住房建设规划和城市规划，两者都具有公共政策属性。住房建设规划是对城市近期住房建设进行总体安排，确定年度计划、指标控制和措施保障，规划期限为5年。城市规划法定层次包括城市总体规划、控制性详细规划，侧重于用地空间安排，各层次规划都涉及居住内容。

二者都是以政府为主体以空间为客体，以满足公众群体的公共需求为根本目标的规划，同属于公共服务品，都具有极强的公共政策属性。

5.1.1 住房建设规划

住房建设规划是以满足不同收入阶层住房需求为导向的，根据不同的收入阶层规划配套相应的住房类型，重点在于满足中低收入阶层的保障性住房，类似于针对住房的专项规划。规划内容侧重于各类住房建设量的计划安排，包括总量计划（规划期内各类住房的建设总套数和总建筑面积）、结构计划（$90m^2$ 和70%的控制标准；廉租房、经济适用房、普通商品房的建筑面积）、时序计划（规划期内每年的住房供应总量、每年各类住房的供应面积）。涉及住房用地空间布局的内容相对薄弱，主要是分区域指向性的，使得住房计划无法予以明确的空间落实，限制了规划本身的实施效果。

5.1.2 城市规划

与住房建设规划相比，城市规划是一项综合性的规划，是各方面内容的统筹部署和综合协调，更侧重于用地的空间安排。城市总体规划中，居住用地规划布局是其重要组成部分。2005年底新颁布的《城市规划编制办法》[7]中也明确提出：编制城市总体规划需要研究住房需求，确

定住房政策、建设标准；重点确定经济适用房、普通商品住房等满足中低收入人群住房需求的居住用地布局及标准。控制性详细规划，是依据城市总体规划对具体地块的土地利用和建设提出控制要求。其中包括居住用地的容积率、建筑密度、建设高度、绿地率等指标控制。

5.2 规划编制存在的问题分析

5.2.1 两类规划缺乏协调统筹

住房建设规划在保障性住房用地落实方面，还是较粗的分区指标，缺乏与城市总体规划中居住用地布局的协调。多数的住房建设规划与城市总体规划所确立的居住用地布局存在脱节现象，指标难以落实到具体用地。另外，现有的住房建设规划仅将“$90m^2$、70%”作为主要的住房建设调控指标，而忽视了地块开发的指标控制和经济合理性，缺乏控制性详细规划阶段的地块控制及经济测算作支撑。

长期以来，城市规划缺乏对住房问题的关注，所涉及住宅及居住环境的部分，偏向于物质空间形态的规划与设计。只是强调在总体规划阶段确定居住用地的空间布局，在详细规划阶段突出用地控制和居住区规划设计，而空间背后的住房问题，例如不同收入阶层的居住需求、边缘群体的住房问题等很少得到关注。

5.2.2 规划的技术路线有待完善

从住房建设的角度来审视两类规划，可以发现两类规划的编制技术路线均存在待完善的方面。

（1）住房建设规划

① 规划依据不充分

当前的住房建设规划在规划依据上千差万别，其中基本都提到的有：“十一五”规划、城市总体规划、城市近期建设规划三大类。实际上，“十一五”规划编制完成于2005年，而住房建设规划编制起始于2006年，因而多数的“十一五”规划很少或者根本没有涉及到住房建设问题，无法为近五年内的住房建设规划编制提供充足的依据。2006年之前编制完成的城市总体规划没有给予住房建设足够的重视。2006年之后编制的城市总体规划开始将住房建设纳入，但缺乏对保障性住房用地空间的明确。城市近期建设规划主要明确了近期居住用地出让量和供给时序，而并没有与住房供应结构相衔接。

② 住房需求预测不到位

住房建设规划编制中关于住房需求预测的方法从理论到实践尚无成熟模式，主要有两种：一是根据人口增长率与历史供应量预测；二是根据“十一五”规划的人口与人均居住面积预测。上述两种方法虽然在计算方法上简单易行，但两种方法所依据的基础数据均存在信息失真的可能。例如历史供应量是建立在长期以来我国缺乏保障性住房供给的前提下的，实际住房需求量将远超过历史供应量；“十一五”规划所确立的人均居住面积并不能指导保障性住房所确立的各类住房最低人均居住面积。

③ 编制程序缺乏必要环节

住房建设规划编制应当具有科学性、公平性和可操作性。但是目前一些城市住房建设规划的编制具有应急性特征，缺乏专家论证和公众参与等环节。一些规划指标的确定考虑不全面，也无法反映公众的实际住房需求意向。

（2）城市规划

① 城市总体规划

一直以来，许多城市的总体规划中居住用地规划基本不考虑满足不同收入群体的住房需求，保障性住房用地的空间布置和规模基本不涉及。虽然2005年底颁布的《城市规划编制办法》明确提出总体规划要增加住房保障内容，但从实施效果看，所确定的保障性住房用地的空间布局和标准缺乏可操作性。究其原因：一是研究不足。对于城市整体住房需求、中低收入群体分布、用地情况缺乏细致的调研和分析，尤其是未来可作为保障性住房用地调研不足。二是设施配套缺乏考虑。规划编制只局限于保障性住房用地空间的布局，对周边的配套设施缺乏整体规划。一些城市已建成的经济适用房大都位置偏远，市政设施不齐、生活配套缺乏、交通出行很不便。

② 控制性详细规划

控制性详细规划是直接作为规划管理的主要依据，但在现有的城市规划编制办法中并未对控规编制提出住房保障要求。这就造成总体规划确定的保障性住房用地在控规阶段无法明确用地控制要求。而控规中常规的用地容积率、建筑密度、建筑高度等控制指标主要是对开发强度与空间环境的控制，无法对住房结构进行有效引导，对住宅建设的套型数量和建设标准，尤其是中小套型住房缺乏控制。

5.2.3 规划实施不到位

虽然一些规划明确了保障性住房的居住用地布局，但缺乏年度的计划安排，实际的保障性住房建设开发推进较其他中高档商品房滞后，调控政策落实不到位。与微利的保障性住房建设相比，建设实施自然偏好于商品房开发。加上规划编制自身的不足，近期内建设实施的规划依据不具备较强的可操作性，使得廉租房、经济适用房等建设实施时序靠后。

另外受经济效益驱动，规划确定的保障性住房用地在实际建设中往往被其他类型的用地挤占，让位于工业项目开发；同样一些区位较好的保障性住房用地，也会由于开发商的开发意图而改为更有利可图的商业金融开发，从而牺牲中低收入群体的利益。

5.3　规划编制体现公共政策属性的思考

5.3.1　促进两类规划的协调统筹

住房建设规划与城市规划的协调主要体现在与城市总体规划、近期建设规划的协调。住房建设规划中确定的住房建设目标、保障性住房建设指标等内容是城市总体规划中对应住房用地空间布局的重要依据。从编制时序上，两者可以同步编制，将住房建设规划作为城市总体规划的一个专项规划内容，与其他各项建设用地的安排统筹考虑，最后单独提取成果。如若住房建设规划编制在前，城市总体规划应将其纳入，并对其提出的保障性住房用地要求予以明确的空间落实。

住房建设规划中的一项重要内容就是近期内住房建设的年度计划，主要为各年住房建设的量化指标，而对应的用地空间布局可以通过城市近期建设规划落实。城市近期建设规划应增加住房建设的内容，合理确定近期内保障性住房的空间布局和建设安排。

5.3.2　加强规划研究

当前住房建设目标是解决中低收入家庭的住房问题。城市规划研究应从普遍性的居住问题研究转向针对弱势群体的住房研究，基于特定群体的住房需求、社会特征，探讨其适宜的居住模式。目前廉租房、经济适用房政策惠及的人群主要还是城市户籍人口，大量的外来暂住人口既不符合廉租房适用对象，其收入水平也无力购买其他保障性住房。而一些城市由于产业发展需要，外来人口比例已经达到相当规模，其住房问题通过非常规途径的城中村来解决或由企业在厂区内解决，造成了许多负面问题。研究外来人口的长期居住问题，研究城市边缘地区的住房问题也是规划应关注的方向之一。

建立完善的住房保障体系，不仅仅是确保各层次居民的住房供应，居者有其屋是基本要求，在总量保障基础上需要为中低收入群体提供宜人舒适的居住环境，这也是构建和谐社会的重要体现。宜人的居住环境既包括外在的设施配套、空间景观环境，还包括更综合的社区建设。规划研究也应从偏向于物质空间形态研究转向针对保障性住房，从交通、设施配套、环境营造、社区规划等多方面的综合研究。

5.3.3　完善规划技术路线

（1）住房需求调研

摸清住房需求是确定住房建设目标、建设数量、空间布局的基础条件。相关指标的确定需要对城市居民收入水平、住房结构、需求意向等进行详细调研。可以采用问卷调查的形式，例如家庭收入、现状住宅类型和住房面积、购房意向、意向房价和房租等内容，作为确定住房需求结构指标的依据之一；也可以利用城市建立的有关住房保障的信息库进行相关需求分析。另外住房用地供应调研也十分重要，如住房建设用地出让及存量分布情况，为保障性住房用地的空间布局提供规划依据，避免规划与实施的脱节，提高规划的可操作性。

（2）强调公众参与

住房建设规划的编制应强调公众参与，既包括规划编制前期住房需求调研的公众参与，也包括规划编制完成后相关内容的公示与公众意见征求。由于住房建设涉及到市场开发行为，即使是经济适用房、中低价位普通商品房等保障性住房也是在相关政策指引下要由开发商进行开发。因此在重视居民住房需求的基础上，也必须考虑开发商对住房建设的态度和要求，从需求方和建设方多元角度考虑规划编制中的公众参与。

按照《城乡规划法》，城乡规划报送审批前，组织编制机关应当依法将城乡规划草案予以公告，征求公众的意见。城市规划中涉及住房建设的内容，主要为城市总体规划阶段的保障性住房用地布局以及控制性详细规划阶段的保障性住房的地块控制。这些应当作为重点内容依法予以公示。规划编制应考虑对公众意见的采纳，必要时适当调整规划内容。

（3）完善各层次规划的住房内容

城市总体规划要统筹长期的住房安排，明确保障性住房的用地布局。对于近期内开发意向比较明确的保障性住房，可以落实到具体的用地。而涉及长远用地安排或保障性住房为配建形式的，由于建设条件的不确定性，可以确定分区内的住房用地指标，具体地块落实通过下一层次的控制性详细规划完成。一味地追求市场导向，将微利型的保障性住房全部布置于城市郊区、边缘区等区位条件较差的地区，而不考虑相关的设施配套是不可取的。

控制性详细规划是直接面向于建设实施的规划管理依据，应在现有编制内容与框架的基础上，增加保障性住房地块确定和控制指标的内容。原建设部发文《关于落实新建住房结构比例要求的若干意见》[8]提出，应当对拟新建或改造住房建设项目的居住用地明确提出住宅建筑套密度、住宅面积净密度两项强制性指标，指标的确定必须符合住房建设规划关于住房套型结构比例的规定。

6 结语

我国的住房体制改革使人们的住房质量得到逐步提升，住房需求得以逐步满足。但整体住房建设与保障水平与国外成熟经验相比仍存在较大的差距，突出表现在多层次保障性住房体系的缺失。伴随着快速的城市化进程，当前巨大的住房需求与高涨房价之间的矛盾使得住房问题已经成为影响社会稳定、土地集约、金融安全的重要因素和事关民生、和谐社会构建的重要问题。近年来国家对住房建设的宏观调控的力度逐步增强，住房政策频出，彰显了政府对于解决住房问题的决心。之所以每一次政策出台都会引发争议，恰恰说明住房建设作为事关民生的基本问题和涉及各领域综合性问题的重要性，因而政府在制定和实施政策时更需要科学、谨慎、全面，避免政策实施产生误区和负面效应。

建立多层次的住房保障体系需要相应的规划支撑。住房建设规划作为针对住房问题的专项规划，应当提高规划编制的科学性。在保障性住房的用地空间落实以及时序推进上，加强与城市总体规划、近期建设规划的协调。城市总体规划、控制性详细规划应当增加有关住房建设的内容，明确保障性住房的用地空间布局及相关指标控制，作为住房建设实施的城市规划管理依据，充分发挥城市规划对于保障低收入、中低收入群体住房的调控作用。

参考文献

[1] 叶海平，季潮波. 都市公共政策概论. 上海：华东理工大学出版社，2002.

[2] 梁绍连. 国外住房保障遣作模式比较分析. 上海房地，2007(7).

[3] 余晖. 什么是公共服务型政府. 南方周末，2003-7-31.

[4] 袁奇峰，马晓亚. 住房新政推动城镇住房体制改革. 城市规划，2007 (11).

[5] 委员批地方政府过高税费抬高房价. 环球网，2007-3-9.

[6] 唐均. 区分房地产政策与住房社会政策. 新浪财经，2007-4-17.

[7] 中华人民共和国建设部. 城市规划编制办法. 2005-10-28.

[8] 建设部. 关于落实新建住房结构比例要求的若干意见 ([2006] 165 号). 2006-7-14.

城乡规划视角下的住房保障问题研究

马文军　王　磊

【摘要】目前我国住房价格快速增长，很大一部分居民住房困难，消费支出压力过大。在这种情况下，我国开始逐步建立住房保障制度，然而在具体的实施过程中又出现保障住房供应不足、保障人群难以界定以及保障住房自身定位等各种问题。城乡规划应当在这样的情况下，发挥更多的积极作用，通过完善各种规章制度、科学地制定住房规划，合理的项目设计来提高我国住房保障的管理和建设水平。

【关键词】住房保障　规划　建设

Abstract: At present, the price of house is rising at a great speed in our country. A great part of residents facing housing problems are undergoing heavy stress of housing expenditure. Under this situation, the government is setting up housing support system gradually. However, a lot of problems emerge in practice such as shortage of support house supplying, difficulty in indentifying candidates and the problems in positioning support house itself and so on. In this case, urban and rural planning should play a more positive role through perfecting all kinds of rules, establishing house planning scientifically and rationally program designing so as to improve the management and construction level of our housing support system.

Key Words: housing security; planning; construction

我国现在已经进入快速城镇化阶段，城市人口和城市规模都迅速膨胀，产生了巨量的城市土地和住房的需求。与此同时，房屋价格迅速提高，社会收入差距也在不断增大，城市中很大一部分人群没有能力购买合适的住房。政府有为中低收入者提供基本的居住条件的义务，也正是在这种背景下，中国成立了新的住房和城乡建设部，把住房保障工作提到了一个更高的高度。

住房保障是一个国家和地区政府为满足中低收入家庭的基本居住需求而采取的特殊福利政策，是社会保障体系的重要组成部分，包括供给、分配、补贴、建设、金融等多方面内容，对于建设和谐社会，促进社会公平具有非常重要的意义。

1　住房问题自身的特点

住房问题指社会部分成员得不到住房或者住房困难的现象，住房问题的对象主要是城市中的中低收入人群，其产生的原因主要是部分居民的消费支付能力不足。住房供给方面，存在土地供应不足、土地价格飙升、开发商谋求高利润等问题；需求方面，由于人口数量膨胀、快速的城镇化，人们的居住要求日益增长，而部分居民收入低，难以依靠自身力量得到改善；另外，市场供应结构失调、信息不对称、投机炒作等都会造成部分居民没有住房，居住条件较差或者居住消费支出比例过大。

住房市场又是一个涉及范围广、关系复杂的市场。在面对不同人群、处于不同关系中时，住房产品具有不同的特性，需要不同的解决方法。

1.1　住房作为普通商品

住房具有普通商品的性质，它可以通过市场进行交易、转让。生产者通过市场，与消费者达成交易，实现住房的生产、分配和再生产。在住房市场里，价格由市场调节，开发企业不享受政府的优惠，居民的购买不受限制，政府对利润水平不作限制，开发企业在法律法规允许范围

作者：马文军，上海交通大学建筑系副教授，城市规划博士，应用经济学博士后
王磊，上海交通大学建筑系城市规划硕士研究生

内自主决定供应住房的建设标准。这是一个由市场机制发挥主要作用的市场，政府对该市场采取较少的干预。

在住房市场里，供应者追求利润，需求者享受高品质的住房。所以，供应主体是住房开发企业，需求主体主要是中高收入家庭，开发企业在利润的驱动下一般会提供比较高档的商品住房，价格也会较高。

1.2 住房作为社会保障手段

住房又是居民生活的必需品。联合国大会1948年的《世界人权宣言》第25条规定："人人有权享受为维持他本人和家属的健康和福利所需的生活水准，包括食物、衣着、住房、医疗和必要的社会服务。"由于住房具有不可移动性、不可分割性、长久性、异质性、昂贵性、交易成本大、信息不对称等特征，通过市场很难满足所有人的居住需求。世界上大多数国家政府都曾不同程度地参与到住房市场，通过不同形式的住房保障体系来弥补住房市场的缺陷，就是在自由市场经济的美国、英国等国家也在住房短缺的年代大力提供住房保障。

我国正处在刚刚摆脱温饱而全力建设小康社会和快速城镇化的阶段，住房供需矛盾突出，此时也正是住房保障需求最大的阶段，需要政府通过各种手段来保证居民能够获得适当标准的住房。住房问题不仅仅是一个经济问题，很多情况下也是社会问题和政治问题，住房问题解决不好，就容易出现露宿街头、寻衅滋事、犯罪猖獗甚至社会动荡。所以，通过住房保障调节收入差距，可以促进社会公平，对构建社会主义和谐社会有非常重要的意义。

1.3 住房保障对不同人群需要区别对待

由于住房问题非常复杂，涉及的人群面很广，具有多层次性，各个人群面对的住房问题严重程度不同，所以，针对不同的人群，需要采取不同的保障手段。

对于最低收入人群，以他们的支付能力，不应以拥有房屋产权为目的，而是要通过租赁来得到房屋的使用权，主要通过廉租房来满足他们的住房需求。廉租房的房租仍然需要补贴，要根据具体家庭的贫困程度给予不同程度的补贴（如住房券等），越是贫穷的家庭获得的补贴越高，支付的租金也就越少，以维持他们适当标准的生活。

对于中低收入人群，可以通过免费土地、减免税费、规定开发商利润等手段来降低房屋的价格，通过建设经济适用房来为他们提供价格低廉、简单实用的住房。在经济适用房领域，笔者同样认为，对待购房者不应一刀切，应根据家庭的收入情况和购买房屋的标准来给予不同水平的优惠。家庭收入越高，购买的经济适用房标准越高，享受到优惠应当越少。

对于"夹心层"，如一些刚参加工作的年轻人，还有其他一些收入情况不符合经济适用房购买条件的中等收入人群，如果让其在商品房市场解决自己的住房问题，生活压力会很大。对这些人群应当以"限价房"、税收优惠等方式来帮助他们得到合适的住房。

对于进城务工人员，一方面用工的企业应当承担帮助其解决住房问题的责任，如为其提供集体宿舍和提供住房补贴，另一方面，对于企业无法解决住房问题的家庭，当地应当将其纳入廉租房体系。

在新农村建设中，住房保障工作同样需要重视。可以结合城镇化和农村宅基地的流转，在不改变用地性质的前提下进行流转、抵押等，通过功能的置换，使农村居民向基础设施配套较好的镇区集中，利用宅基地的流转，补贴安置住宅的建设，逐步建立起农村住房保障体系，提高居住水平。

另外，可以借鉴其他国家的经验，除了对生产者进行补贴以外，还可以对需求者进行补贴，对需要住房保障家庭提供货币补贴，通过社会寻找到合适的住房。

2 住房保障的现状及存在的问题

纯粹就逻辑上的可能性和国际上的实践而言，城镇化过程中低收入市民的住房状况一般有下列几种情况：

（1）穷人买不起商品房，政府又无力提供福利房，于是"不给福利给自由"，允许他们"私搭乱建"。由此形成的是"孟买式"贫民窟，在东南亚、非洲、拉丁美洲等第三世界国家的大城市中这是常见的情况。

（2）政府提供住房福利，例如廉租公屋。很多实行市场经济的地区在具有一定经济实力后都会实行这一制度，如中国香港、新加坡、美国。像纽约的哈勒姆、芝加哥的罗伯特泰勒区，这些也被俗称为贫民窟的社区与"孟买式"贫民窟其实截然有别，它们实际上是经过规划的廉租公寓楼群，建筑景观与配套设施应当也不差，但当地社会秩序与治安不良，故仍有贫民区之名声。

（3）仍是商品房，但通过政府干预帮助穷人购买，如政府批出优惠或免费地块，规划低标准住宅区以降低房价、提供优惠贷款，鼓励支持二手房市场等。

（4）穷人团结起来在政府或各种非赢利机构的资助下，成立住房合作社，自行集资建房，包括北欧国家如丹麦、冰岛的合作社，拉丁美洲国家一些大城市的"抗争社区"等，但这种方式需要国家政策方面的认可，或者居民间的特殊凝聚力，很难仿效。

（5）最后是取消迁徙自由，设立户籍管理体制，实行准入限制，把城市列为拥有某种特许身份者的居住地，无此种身份的穷人不许进入，已进入者受到惩罚和驱逐。改革开放前我国就是这样做的，现在朝鲜等极少数国家仍然如此。

而在我国，目前也存在着种种的问题与不足：

2.1 地方政府缺乏动力，保障水平低

住房保障水平可以用住房保障支出的投入占国内生产总值的比例来衡量。褚超孚据此提出住房保障水平随经济和社会发展的“倒U形发展”假说，认为住房保障水平是一个适度性发展的倒U形曲线（图1），是一个先上升，达到一定程度以后稳定发展，然后再下降的过程，并预测浙江省的住房保障需求在2004年到2020年达到最高阶段。据此推论，中国目前正处在需要大力提供住房保障的阶段。

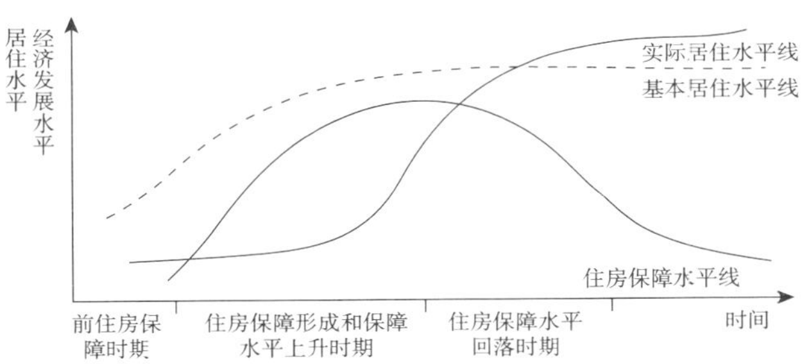

图1 住房保障水平倒U形曲线发展轨迹

经济起飞时期的住房保障问题是一个世界性的难题，发达国家处在我国的发展阶段时，也出现过严重的住房短缺问题，其经验（表1）表明完全依靠市场是难以根本解决住房问题的，因此高度市场化的国家也没有将住房问题完全交给市场解决，而是政府大量介入，通过直接建设或补贴等方式积极解决低收入者的住房问题。

但在我国，地方政府财政收入依赖土地出让收益，而保障性住房的建设一般要求土地免费提供或减免地价，因而会减少地方政府的收入，使地方政府缺乏动力。同时，在住宅需求被分流的情况下，一众开发商对保障住宅计划也会持消极态度。因此我国住房保障水平一直比较低，94%的住房为商品房，“经济适用房”只占6%，其性质还是微利商品房，而廉租房制度尚没有真正建立起来。

2.2 保障住房走样

住房保障的对象是城市的中低收入者，提供的应该是定位中低档的住宅。然而，有些地方政府和开发商为了追求利益，同时又缺少必要的监管，保障性住房，特别是经济适用房在现实中经常走样，出现了小到130m^{2}大到200m^{2}的豪华版经济适用房。这样的保障性住房，获取了国家的高额补贴，但却是保障对象买不起的房子。

2.3 分配和使用过程管理不完善

由于我国没有完善个人信用记录，缺乏必要家庭收入资料，在保障住房的申购和使用过程缺乏监督，造成分配与使用过程中保障对象难以准确界定。在申请购买经济适用房的过程中，很多地方只需要单位或街道开具收入证明，造成很多人制造不实的证明，又有暗箱操作、灰色交易和权力寻租，造成“开着豪华奔驰买入多套经济适用房”的现象，受到公众的诟病。又由于缺乏有效的监管，已售的经济适用房呈现高租售率，曾有调查北京的经济适用房自用率仅为51.34%，经济适用房成为一些人投资谋利的工具。

需要保障的中低收入人群买不到或买不起经济适用房，国家的补贴未能真正给予需要补贴的人，造成有限的财政补助资金使用的低效率，实际结果偏离预定的目标，加剧了社会不公，引起社会不满。

发达国家或地区政府住房保障投入经验[①] 表1

国家或地区	英国	美国	新加坡	中国香港
政府投入经验	1945～1980年英国全国竣工住房1000多万套，半数是由政府建造。到1996年，英国政府的公营住房仍占英国住房存量的19%	美国主要采用互助补贴的模式，住房补助投入占财政拨款的1.2%～2.5%	新加坡的“居者有其屋”住房保障计划开始于1960年，该计划是由新加坡政府住房发展局主持修建的公共租屋，并低价向居民出售或出租，有87%的人居住租屋	截至2005年9月底，31%的香港居民居住香港房屋委员会提供的公屋，租住公屋单位的数目为71.7万个，占全港房屋单位总数29.1%

① 汪华，姜桂义. 国外住房保障的基本模式及其借鉴意义. 南方论坛，2008.5.

2.4 保障覆盖范围不合理

目前我国保障性住房的主要形式是经济适用房和廉租房两种，面向的对象主要是城市中的低收入和中低收入人群，各个地方也制定了相应的申请资格，初衷无疑是好的，但也存在一定的缺陷。由于经济适用房和廉租房的申请资格一般对收入和现有居住条件都有相应规定，造成很多实际需要保障的人群游离于保障范围之外，无法享受到任何保障，造成这部分人群的住房压力很大。比如，一些大学毕业刚参加工作的年轻人，选择在异地城市工作，以他们的收入水平，既不符合廉租房的申请资格，也不具备购买经济适用房的能力，而不能享受住房保障。另外，保障住房申请一般要求具有本地户籍，这样城市中的大量“外来人群”都被排斥在保障范围之外，尽管他们同样为本地的发展做出贡献，但却无法享受到住房保障政策，而这些都与我们营造和谐社会氛围的目标南辕北辙。

由此看来，我们的住房保障制定的规则过于简单，未能充分涵盖所有人群，特别是低收入人群的情况，存在一定的“盲区”。

2.5 部分保障住房质量差，价格偏高

一些地方为了实现保障住房的低价格，政府选择在土地价格低的偏远郊区建设，由于这些地方距离市区较远，居民通勤压力大，又缺乏配套设施，中低收入人群要么不选择这些保障住房，要么就要承受较大的生活成本。例如上海市政府就曾提出要建设 1000 万 m^2 配套商品房和 1000 万 m^2 中低价商品房的“两个一千万”工程，但提出一年以后，这项工程就难以为继。原因是这些项目大多位于宝山、南汇、奉贤等外环线以外基础设施配套不足、就业通勤时间漫长的偏远郊区，不仅难以给居民提供合适的住房保障，反而被一些开发商利用宣传为上海住宅房地产的底线“地板价”，成为他们抬高住房价格的理由。

为了实现保障住房的低价格，通常还会对开发商的利润水平做出规定，如经济适用房一般将开发商的利润控制在3%以内。此时有可能造成开发商为了追求利润空间，而偷工减料，降低保障住房的建设标准，留下质量隐患；也有的开发商则虚报成本，违反规定，抬高保障住房的销售价格，造成中低收入人群无力承受。

3 城乡规划作为公共空间政策在城乡住房保障方面的作用

城乡规划是关于一个地区未来建设与发展的指南，是一定时期内城乡发展的蓝图，是城乡建设和管理的依据，其对象侧重于实体空间及土地，主要工作是合理布局和综合安排各项工程建设。对住房建设的规划是其中重要的部分，特别是关系到社会公平的住房保障问题。

为了住房保障工作能够顺利实施，从空间上和技术上为住房保障工作提供有力的支撑，各个层次的规划都要考虑住房问题。在总体规划阶段要调查和预测保障性住房的供给和需求，为保障性住房合理安排用地和配套基础设施；在控制性详细规划阶段要确定保障性住房建设的性质定位、开发强度、配套设施等；在修建性详细规划阶段则要确定具体项目的建设规模、建筑类型、数量、层数、布置方式、公共服务设施、道路、停车、绿地、公共空间以及各项技术经济指标和造价估算等。

另外，需要做好住房发展规划的编制工作，参考当地的国民经济与社会发展规划、城市总体规划、土地利用总体规划、城市近期建设规划，并与居民发展的住房需求保持一致；此外，还需要调查城市住宅的存量、空间分布、产权状况、户均人口、居民收入、居住需求意愿等情况；考虑当地土地和财政等约束条件、旧住宅改造、城市拆迁、市场需求和政策因素确定住房的建设规模、空间布局、套型结构、设施配套、土地供应保障措施和建设项目等。更加重要的是，规划需要确保的公平需要在城乡空间布局上体现。如此，住房发展规划方能在总体上协调住房的供应，优化配置空间资源，保证保障性住房计划的顺利实施，同时起到透明市场供给，稳定市场心理预期的作用。

4 住房保障的城乡规划对策

4.1 明确保障对象，严格控制保障住房的分配和流通

各地应该根据本地的经济发展、财政能力、居民收入、居民居住水平等情况合理确定保障住房的申请资格，充分考虑各个住房困难人群的实际情况，尽量做到应保尽保。同时，带动税收、民政、人事、统计、金融机构和企业等方面的合作，逐步建立住房保障个人信用档案，对申请人资格的审核要严格执行，做到公开透明、公正公平。

同时应当尽快完善保障性住房的使用管理，严格控制保障住房的转租、转售现象，制定相关的法律法规，对违反规定的进行相应的处罚。保障性住房应当封闭运行、内部流通，不能直接进入市场。此外，建立有效的退出机制，当享受保障住房的家庭经济状况好转后，保障住房不能直接出售，应由国家回购，再分配给需要的家庭，实现内部流通。

4.2 做好保障住房的需求调查，科学制定供应规划

调查统计家庭的收入和居住条件情况，根据经济发展的水平，考虑政府的财力和居民支付能力，提出合理的保障收入水平线和面积标准，从而确定保障的规模，这些标准应当随着经济的发展适时调整、动态发展。特别是各地方政府要监控本地的土地供应和楼盘开发情况，制定科学的保障住房供应计划，在整个城乡范围合理布局，并配套规划基础设施建设。目前看来，我国城市的保障性住房所占比例依然偏低（表2）。

我国部分城市住房规划中保障性住房的供应比例[①]　表2

城市	上海	广州	杭州	郑州	深圳	青岛
保障住房供应比例	20%	20%	24%～27%	6.3%	13%	6.9%

4.3 定位经济实用，相关标准不宜过高

"经济"，即要成本低、价格低，主要通过住房总面积来控制，还可以采用标准化的图纸与配件，避免华而不实的造型和装饰，采用成熟经济的材料，采用统一标准装修，预留各种管线接口，降低成本；"实用"则是满足居住者的基本需求即可，在其内能实现睡觉、吃饭、如厕、日常家庭活动，落实在空间上就是卧室、起居室、厨房、卫生间，这些空间只要能满足日常需求即可，不必追求大面积、追求享受。

在当前，政府的财力还是有限的，保障住房本身的建设一定要定位于经济实用，严格控制户型面积，用有限的财政投入让更多的人享受到保障的福利。目前我国家庭趋于小型化，家庭规模一般不超过3人（表3），而住房保障是提供基本型的保障而不是享受型的。目前我国大部分城市人均建筑面积在30m^2左右，因此保障套型建筑面积在40～60m^2是合理的。40m^2的面积可以做到一室一厅，60m^2可以做到二室一厅，同时具备厨房、卫生间，因此从使用上来讲也是可行的。

中国家庭规模[②]　表3

地区	全国	北京	上海	天津
户均人口规模	3.13	2.71	2.66	2.95

另外住房一些标准可以降低，如停车位，上海就规定保障性住房项目机动车泊位可适当减少，一般按照中心城内0.3辆/户，中心城外0.4辆/户标准配置。一方面就是可以起到过滤作用，保障住房不能满足那些高收入人群居住需求，他们也就不会选择通过相关手段获取申请保障住房的资格，而那些当初选择保障住房的人群在自己收入水平提高后，发现现在住房不能满足自己的需求，也会像下图那样，沿着a-b-c-d的路径从低品质的住房升级到高品质的住房中；另一方面也可以鼓励公共交通，使公共交通能够规模经营，提高服务水平。

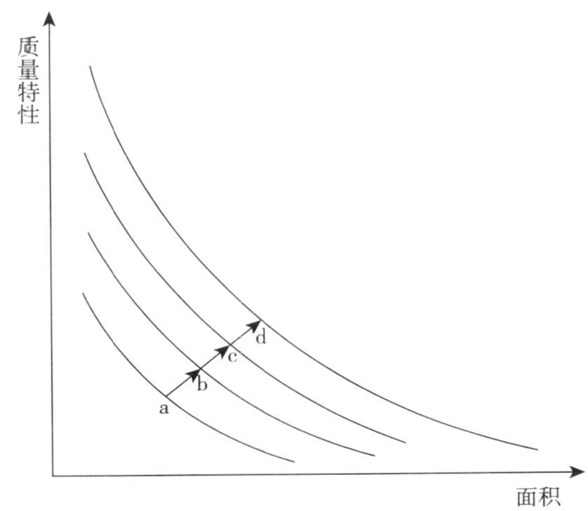

图2　住房过滤模型

除此以外，虽然套型面积与停车位配比等可以较低，但保障住房的配套设施标准及环境品质要求不能降低，特别是教育配套、商业便利设施、医疗设施、公交设施等。

4.4 合理规划选址

一些城市为完成保障住房供应数量，而又不愿增加财政补贴，选择在土地成本比较低、交通不便的地区建造经济适用房或廉租房，这样虽然能够有效地降低保障性住房的成本，但是却增加了房屋居住者的交通成本，造成生活和工作的不便利，很多中低收入者宁愿花更高的成本或选择更差的居住条件，也不愿意选择这种保障性住房，从而导致保障住房工作无法达到应有的效果（图3）。

因此，地方政府在供应保障性住房的时候，不能一味追求成本最低，而忽视未来居住者的使用需求，要选择土地价格适宜、区位适中且在城市范围内均衡分布的地方建造保障性住房，从而能真正改善中低收入者的居住条件，同时也能起到平抑房价的作用。

① 资料来源：根据相关城市住房发展规划，本研究整理。

② 中国统计年鉴。

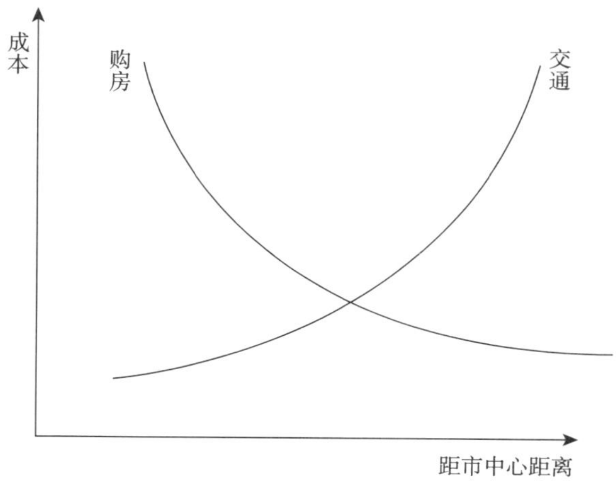

图3 居民在购房成本与交通成本之间的权衡

4.5 结合快速公共交通建设，完善生活服务设施配套

中低收入人群收入较低，自行解决交通的能力差，便利的交通条件和完善的配套设施对于降低中低收入人群的生活成本显得非常重要。因为中低收入人群严重依赖公共交通，所以尽量要把保障性住房社区安排在轨道交通、大容量公共交通、主要公共交通走廊沿线。

社区周围缺乏学校、超市等必要的生活配套设施，无疑也会增加他们的出行次数和生活成本，所以规划的时候要充分考虑，统筹规划，满足居民生活品质的需求，增强居民的幸福感和社会的稳定。

4.6 单个项目规模大小要适宜

总结国内一些超大的经济适用房规划建设，可以发现，单个居住项目规模太大会造成功能单一、职住分离、公共服务设施水平低、居民生活成本提高等一系列问题。

另外，西方一些国家在住房非常紧缺的时期大量建造连片的保障住房，这些住房大多质量较差，风格千篇一律，居民组成比较单一。随后这些地区很快成为城市的贫民区，成为社会问题严重的地区，形成社会阶层的对立。

因此，我们在建设保障性住房的时候要引以为戒，虽然大规模的项目具有降低成本、便于管理、充分利用土地等诸多优点，但是保障性住房的规划建设中要避免大规模连片建设。

保障性住房项目以小区级和组团级为主，在规划与建设中可以考虑与商品住宅、就业岗位和公共设施比邻建设，或在一个较大的房产项目中安排几栋楼或几个组团作为保障性住房，从而降低居民的生活成本，增加不同阶层的接触，促进社会阶层的融合。

4.7 开放的空间结构

中低收入人群都需要方便地出入居住区、与外界充分的沟通和社会其他群体的认同，所以保障性住房不宜采取封闭式的结构。在规划设计的时候要多安排几个出入口，因为中低收入者一般是依赖步行和公共交通出行方式，这样可以减少他们步行的距离，方便他们的出行。采取开放式的结构，还可以使社区与城市的景观相互渗透，通过小区内开放式的道路联系城市道路，吸引人气，丰富社区的气氛，提高社区的活力，促进人们的相互交往。

4.8 保障模式应当以“补砖头”为主，“补人头”为辅

所谓“补砖头”就是政府从生产阶段对住房困难人群补贴，政府通过供应土地，减少保障住房税费等手段降低保障住房价格，然后将开发好的住房分配给住房困难人群；“补人头”即政府从需求方面对住房困难人群补贴，就是对住房困难人群直接发放现金，让其自己在住房市场寻找住房。一些学者认为“补砖头”模式，效率低，扭曲了市场，认为“补人头”的模式更有效率。

然而，我国的实际情况令“补人头”的模式不合时宜。首先目前我国相关收入和住房情况很难掌握，在确定符合条件的保障人群时相当困难，而“补砖头”的模式在保障住房供应时就制定了相对较低的建设标准，因此住房本身也能起到一定过滤作用。

此外，中国房地产市场预期的需求非常大，加上土地市场结构等原因，目前房价相对非常高。而如果通过“补人头”势必给房产市场注入大量资金，客观推高房屋价格，从而稀释政府的投入。

4.9 开发模式多样化

保障性住房的开发模式主要有政府直接开发、房地产开发商开发和合作社建房。

政府直接建房在西方国家二战刚结束、住房非常紧缺的时候曾采用过，中国在福利分房阶段也曾经用过，不过目前政府专注于社会服务以后，这种模式已经很少采用。

目前我国较多的是开发商开发的模式，开发商利用自己的专业优势，能够有效地安排各种计划、调配资源。但是，这种模式中，开发商往往是追求利润的，很难让他们从中低收入者的利益出发建设项目。

合作社建房在西方国家，尤其是北欧取得了很大的成功。这种模式中，合作社成立董事会，负责总体的决策和统筹，聘用专业的设计和施工机构，建成房屋后在合作社内部分配和流转。合作社是非盈利性组织，只需维持运转

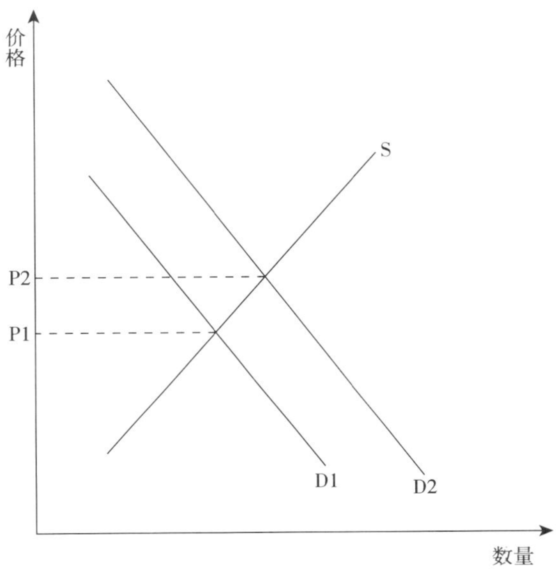

图 4 政府发放住房补贴对房价的影响

的费用，能有效地降低建造的成本。为保障公平，这种模式需要有效地审计。

各种模式互有优劣，要允许并存，在竞争中选择更适合的模式，并积极探寻新的模式。

5 结语

住房问题关系到国计民生，关系到每个家庭的幸福。面对严峻的住房问题，国家应当加大干预力度，帮助中低收入的人群解决住房困难问题。城乡规划应当在这个过程中积极发挥作用，关注公共利益、严守社会公平目标等。只有服务社会发展，才能体现这个学科、这个行业的伦理与价值观，在立足本专业的基础上，发挥专业优势，更多地从空间规划、项目设计和政策保障上做出努力，提高我国住房保障的发展水平。

参考文献

[1] 褚超孚. 城镇住房保障模式研究. 北京：经济科学出版社，2005.

[2] 文林峰. 完善中国住房保障体系的若干思考. 住房保障，2005 (3).

[3] 胡志良，白惠艳，高相铎. 和谐社会视角下关怀低收入群体的规划途径——以天津瑞秀小区经济适用房规划为例. 规划师，2007 (7).

[4] 孙亿敏. 我国大城市保障性住房建设的若干探讨. 规划师，2008 (4).

[5] 汪华，姜桂义. 国外住房保障的基本模式及其借鉴意义. 南方论坛，2008 (5).

发展视野中的住房保障问题

戴星翼

【摘要】我国当前城市住房保障的实施主体是县市一级政府，且这种责任没有强制性。在建设用地指标受到严格控制的前提下，加之政府财力的局限，使住房保障的进展维艰。近年来中央又进一步将住房保障的范围扩大至城市的外来务工人员，该制度面临的挑战变得更为复杂。本文认为，需要重新认识住房保障的战略价值，使之不仅解决弱势群体的住房困难，而且服务于培育国家长期发展后劲、推进城市化的重大战略目标。在此框架内系统解决住房保障面临的难题。其中，用地指标可能是关键的难点。为此需要从多方面优化配置我国可以用于住房建设的土地资源。可能的来源，包括国家鼓励那些进入城市，有能力在城市长期工作并生活的农村家庭让渡其宅基地，并以此获得进入城市的初始资本；利用好城中村和城市近郊的农村住房；鼓励城市近郊农村以合作经济方式建设廉租房；通过优化村镇体系、推动中心村建设，从而节约并利用好居住用地等。

【关键词】住房保障　城市化　土地资源

Abstract: The responsibility of Housing Security System implementation is mainly set to the County-level Governments in China nowadays, and it's not compellable. Because of strict control of Construction Land Quota and limited government budget, the Housing Security System (HSS) is in a very difficult situation. What's more, the System was recently enlarged to cover the incoming labors according to the requirement of Central Government, which complicated the problem. It's argued in this article that the strategic value of HSS should be reconsidered, and it should not only be designed to resolve the housing problem of the disadvantaged, but also contribute to the strategy of enhancing the long term development potential and speeding up urbanization. The problem of HSS should be systematically resolved based on this. The key problem is the construction land Quota, thus it's required that scare available housing land should be optimized. Some possible ways are suggested, such as: Encouraging those farmers capable of moving into cities to replacement their cartilages for primary capital; Optimizing those housing land in urban villages and suburbs; Encouraging villages in suburbs to build low-rent houses via cooperation; Saving and optimizing dwelling land through Town-Village System optimization and the advancement of Key Villages.

Key Words: housing security; urbanization; land resource

住房保障当前已经成为我国政府和社会各界关注的焦点问题之一。之所以成为焦点，固然是因为其重要性，也因为其难度。客观地说，现有的研究内容涉及到了相当广泛的方面。对住房公积金、经济适用房、廉租房等，更已出现大量深入到细节的讨论。本文无意纠缠在这些细节中，而是从我国社会经济发展的角度切入，探讨一些与住房保障有关的问题。

1　审视城市化与我国发展的未来

在过去相当长的时间内，我国维持着高速度的经济增长。其动力，学术界有着“出口拉动型、投资驱动型和资源依赖型”的说法。这种归纳有过于简单之嫌，这里，可以从“资源依赖型”切入，适度地展开。

这里的“资源依赖”，可以作广义的理解。其一，经济确实存在对各类资源，如能源和矿产的过度依赖，但这

作者：戴星翼，复旦大学环境科学与工程系教授

些资源是可以进出口的。在经济全球化的大格局中，不妨将这种对资源的依赖视为国际分工的产物。当然，这种分工是否对我国有利，则另当别论。其二，资源是广义的，包括我们通常所说的能源和矿产资源，也包括劳动力、土地和环境利用方式。

说我国经济发展粗放，人们往往特别关注单位产品的物耗和能耗。其实客观地说，由于我国以煤炭为主要能源，主要矿产的品位较低，如果剔除这些因素，单位产品的物耗能耗与国外的差距并没有想象中那么巨大。过于注意这方面的差距，也许会忽视我国在技术进步和人力资本上的落后。

我国在资源利用上的粗放性，最为典型的其实是对人力资源、土地和环境的使用上。此三者可以分为两类。土地是不可移动的，而环境则可以被理解为是附着于土地的，因此为一类。劳动力则是可以移动的。因此，以下主要讨论土地和劳动力。

我国的土地利用上存在着巨大的浪费，这从每年的耕地流失数量上可以清楚地看到。土地的浪费性使用，以工业用地最为明显。日本是一个制造业大国，其全国工业用地仅 1600km^2。而我国，仅工业园区的总用地面积就已经达到了 5 万 km^2 左右。如果考虑到散落在园区之外的工业，和那些“村村点火，户户冒烟”的农村小企业和作坊式企业的用地，工业的总用地面积会是一个极为令人震惊的数字。

这种高度浪费土地的方式不是工业化的必由之路，而是我国当前经济管理体制带来的问题。经济学者认为，中国长期保持高速经济增长的奥秘在于成功地调动了各级地方政府的积极性。此言是有道理的。我国每一级政府都对其辖区内的经济发展承担基本责任，其政绩和可支配财力取决于辖区内经济活动的规模。在我国绝大多数地区，这意味着区域经济对工业的高度依赖，意味着每一级政府都必须全力以赴发展工业。于是，我国就有了层层叠叠的工业区。不仅省市县政府兴办自己的工业区，即使乡镇一级，也必须有自己的工业。甚至在村一级，也会有自己的工业用地。

在这一制度下，有两个后果是难以避免的。其一，基层政府和那些区位不利的地方政府如边远山区县，一般没有条件引入高质量的工业项目。在政绩和财政的双重压力下，这些政府为了吸引投资，会竞相用廉价的用地价格和放松环境管制来“提高竞争力”。一些地方会出现所谓的“零地价”，就是这种策略的产物。由于引入项目饥不择食，土地价格又过于低廉，就使得我国的工业过度利用土地。与此同时，放松环境管制的结果使污染企业进入，成为我国环境污染的重要源头。

其二，阻滞了我国的城市化进程。在当前的体制下，工业在一定程度上已经是各级政府自身需求的产物。工业布局的高度分散于是就成为必然。人口和其他要素随之实现相应配置。在珠三角和长三角这样的经济发达地区，工业遍地开花。于是“走了一村又一村，村村像城镇”，同时，这种人口聚集又不是真正的城市化，表现为：基础设施缺乏效率或建设滞后；公共服务质量难以提高；服务业难以成长。顺便要提及的是，土地的滥用几乎必然带来环境的滥用。这里不予详细讨论。

劳动力，更确切地说是农村的剩余劳动力，是另一我国高速经济发展所依赖的战略性资源。在过去的许多年，农村剩余劳动力的供给似乎是无穷的。经济学界确实存在着“无穷供给”这一名词。按照经济学的原理，既然是无穷供给的，一种资源就不具有稀缺性，取之不尽，用之不竭。于是，这种东西就是没有价值的。所以，“无穷供给”只能被理解为是一种过度的形容，也许更为合理的是数量巨大，近乎“无穷供给”。

在很大程度上，化石燃料、矿产和农产品这样的资源是市场化的。在经济全球化的背景下，此类资源可以实现跨国界的大规模流动。不能跨界流动的，是土地，附着于土地的环境质量，以及劳动力。正是由于这些要素的廉价，形成了中国制造的低价格优势，导致了资本的大量涌入。至少，这可以被认为是中国经济在这些年来保持高速增长的重要原因。

无论如何，这些年来我国经济的快速增长确实取得了重大成就。从“发展”的本义出发，我国这样一些方面的进步更值得注意，包括基础设施水平的大幅度提高；高等教育走向普及化；城市化过程加快和城市群的出现；以及大城市形成了数量巨大的白领阶层。所有这些成就，其意义远大于单纯的 GDP 增长，并会在今后我国的发展中发挥不可忽视的重大作用。例如，我国长期感到困扰的内需不足问题，近年来有了明显的转变，已经成为推动经济增长的主要动力之一。

但与此同时，目前的经济环境也已经发生了重大变化。出于本文的目的，笔者认为以下方面尤其值得注意。

其一，能源和各类初级产品价格的上涨严厉地削弱了依靠廉价劳动力、廉价土地和环境形成的价格优势。物流成本的增加，使得那些低附加值的大宗产品在远距离交易上变得越来越没有前途。能源价格越高，经济全球化的阻力越大，甚至会使之反转，或者走向新的方向。也就是说，会使得信息、资金和技术的流动受到鼓励，制成品中附加值较高而资源消耗较低的部分有生存的空间，而低附加值且物流成本较高的产品会趋向于就地生产。这一趋势会深刻地影响到我国加工业的结构。

其二，我国劳动力价格的上升趋势不可改变。长期以来被认为是无穷供给的廉价劳动力已经出现了短缺，更恰当地说，这一假相已经被打破。应该说，这一局面的形成有着重要的积极意义。其背后是新一代农村年轻人对更高收入和更高生活质量的追求。本来，依靠廉价劳动力吸引外资，驱动经济增长的正当性就是不充分的。但这一趋势也会对我国的经济增长方式产生深刻的影响。

其三，我国的“人口红利”期已经接近尾声。所谓“人口红利期”，指的是在出生率下降初期，其下降速度快于人口老龄化速度，于是形成一个有利于经济发展的人口年龄结构，也就是少儿抚养比与老年抚养比在一个时期内都比较低的局面，并会持续一段时间。在该时期内，人口结构呈“中间大，两头小”之状态，使得劳动力供给充足，而且社会负担相对较轻。这种变化带来劳动力增加、储蓄和投资增长、人力投资增加和妇女就业机会增加等，从而对社会经济发展有利。

未来的5到15年时间里，我国人口红利将逐步走向终结。相关统计表明，从2007年开始，我国新增劳动力数量开始下降。到2010年，劳动适龄人口总量将开始下降。这意味着我国的人口红利期所剩时间并不多，我国的劳动力优势将不复存在。对于一个长期以来依赖低成本而推进经济发展的国家来说，这无疑是一个重大挑战。还需要指出，在发生劳动力增量下降或总量下降的过程中，还会伴随劳动力平均年龄的上移，扶养系数上升等各种问题，由此会进一步影响经济活力，遏制内需的增加。

显然，人口红利期的逐步终结，结合了能源、其他初级产品和劳动力价格的上升，形成了一种强大的力量，要求我国的经济增长实现真正的转型。这种转型，不仅仅是从粗放的增长转向集约，还应该包括从投资驱动型、出口依赖型的增长转向更多地依靠内需的拉动；从注重速度和财政收入的增长转向注重民生民本。

随着人口红利期的终结，理论上内需产生的动力也会逐步弱化。但我国能够在很大程度上抵消这种作用力，其路径是推进积极的城市化。由于种种原因，我国的城市化明显落后于经济发展水平。一般而言，人口在城市的聚集，其效率高于散布在农村。与农村相比，城市拥有更好的基础设施，能够提供更为全面良好的公共服务，更有效地推动人力资本的积累，并因分工的细化和生活方式的货币化增加了对服务业的需求。与此同时，城市化过程本身也会产生巨大需求。所有这一切，意味着城市化可以在很大程度上取代出口，成为我国后一阶段经济成长的重要动力。

城市住房保障制度的设计，因此不能仅仅局限于城镇居民，而应该融合于今后国家的整体发展战略，对我国的城市化进程、克服老龄化带来的负面效应、增强内需等目标能够起到积极的作用。基于良善的制度设计，能够使住房保障不成为财政包袱，相反，它还是经济增长的机遇。良好的住房保障，能使劳动力成本得到控制，竞争力得到充实，工业化、城市化得到加速，社会和谐得到巩固。

2 解读当前住房保障的理论与实践

住房保障涉及的根本问题是保障对象。国务院国发[1998]23号文《国务院关于进一步深化城镇住房制度改革加快住房建设的通知》提出，对不同收入家庭实行不同的住房供应体系，即最低收入家庭由政府或单位提供廉租住房，中低收入家庭购买经济适用住房，其他收入的家庭购买、租赁市场价商品住房。2007年8月1日，国务院通过了《国务院关于解决城市低收入家庭住房困难的若干意见》，也就是通常所说的“24号文”。该文件把重点放在了解决城市低收入家庭住房困难，加快建立健全以廉租住房制度，多渠道解决低收入家庭住房困难的政策体系上。

也就是说，相关文件中住房保障的对象是城镇居民中的“最低收入者”和“中低收入者”。后者是指具有社会保障性质的商品住宅，具有经济性和适用性的特点。经济性是指住宅价格相对市场价格而言，是适中的，能够适应中低收入家庭的承受能力；适用性是指在住房设计及其建筑标准上强调住房的使用效果，而不是降低建筑标准。它是国家为解决中低收入家庭住房问题而修建的普通住房。经济适用房是具有社会保障性质的商品房，不能向社会敞开供应。对经济适用房项目，政府免收土地出让金，其他应征收的各项费用减免50%，并对成交价格、购买对象、房屋面积和开发建设单位的利润进行限制。开发建设单位的利润一般在3%以下。由上述所有这些因素，构成了经济适用房的低价格。

从某种意义上，经济适用房制度还不是一种真正的住房保障制度。一种严格意义上的保障制度应该是普惠的，换言之，只要符合相关规定，任何社会成员都能够享受到这种制度提供的保障。显然，经济适用房制度做不到这一点。其他不说，仅仅要求每个城市合理界定经济适用房制度的覆盖对象就是极为困难的。所以，地方政府在推进经济适用房方面，采取的态度往往是权宜的，策略性的。例如，许多城市将经济适用房与动拆迁居民安置房混为一谈；更多的经济适用房，往往是某些系统或垄断部门的福利房。无论是建设机制还是实际享受的人群，只有很少部分完全符合当初政策设计之目标。

相比之下，廉租房社会保障色彩更为浓厚。1999 年发布的《城镇廉租住房管理办法》，要求政府（单位）在住房领域实施社会保障职能，向具有本市非农业常住户口的最低收入家庭和其他需保障的特殊家庭提供租金补贴，或者以低廉租金配租的具有社会保障性质的普通住宅。在 2004 年 3 月 1 日正式施行的《城镇最低收入家庭廉租住房管理办法》中，对廉租房制度的原则、对象、标准作了更为明确的规定。简单地说，一是城镇最低收入家庭廉租住房保障水平应当以满足基本住房需要为原则，人均保障面积标准原则上不超过当地人均住房面积的 60%；二是城镇最低收入家庭廉租住房保障方式以发放租赁住房补贴为主，实物配租、租金核减为辅；三是保障对象的条件和保障标准由市、县人民政府按当地情况制定。有这样几条，廉租房的保障力度和覆盖范围就是极为有限的。尤其是将保障范围和标准交由市县政府确定的做法，实际上等于否定了政府在廉租房保障领域的强制性责任。2007 年“国 24 号文”出台后配套出台的《廉租住房保障办法》，这一问题依然没有解决。《办法》只是规定，市、县人民政府应当在解决城市低收入家庭住房困难的发展规划及年度计划中，明确廉租住房保障工作目标、措施，并纳入本级国民经济与社会发展规划和住房建设规划。目标是市县政府自己确定的，这就意味着可以为自己确定责任的大小。很难说，该办法会形成一种有效的制度。

现有的研究往往聚焦于经费不足、补贴方式、廉租房的房源之类的问题上。笔者认为，这些问题都不是最关键的。廉租房制度要真正惠及低收入大众，设计合理而具有法律上的强制性的制度乃是根本。所谓强制性，针对的是作为责任主体的一级政府。如果推进廉租房制度的责任主体确定为县市政府，那么，就必须规定在一段合理而相对较短的时限内完成其使命，而不能将目标和进度指标的确定权交给这一级政府。任务应该是硬性的。以廉租房为核心的住房保障，其地位应该与一个社会的养老保障、医疗保障和义务教育具有同样的法律地位。当然，上级执法在住房保障领域的责任同样应该明确。例如，对于那些财政确实困难的城市，在怎样的条件下，应该通过转移支付给予怎样的支持，也应该有明确的规定。

至于制度设计的合理性，无非指保障对象和保障水平的合理界定，如廉租房的保障对象为最低收入家庭中人均住房面积不足一个城市平均住房面积 60% 的家庭。无论如何，其界定必须符合我国当前国情。但一旦明确，就应该得到完全执行。

笔者不同意那种将廉租房制度得不到有效执行的原因归结于政府财力不够的说法。无论如何，诸如英国和德国这样的国家能够在二战的废墟上，从战后立即开始大规模的公房建设以满足社会需求，我国当前的国力与之相比还要说不够，是完全说不过去的。观察当前的豪华奢侈之风，更容易理解这种说法的不合理性。笔者也不能同意那种因为政府财力不够而主张市场化方式的观点。在住房保障中，利用市场机制是必要的。但前提是政府不能回避其责任，更不能允许那种政府在有利可图时就试图包揽垄断，无利可图时就以市场化为借口推卸责任的倾向。只有政府的责任明确了，才可能正确利用市场。

城市居民的廉租房制度相对还是较为简单的。如果将进城农村人口考虑进来，住房保障制度需要应对的使命会复杂得多，艰难得多。

近年来，我国已开始涉及所谓外来务工人员的住房保障问题。大致的情况是，政府关于住房保障的文件明确规定经济适用房和廉租房是面向具有本地户籍的城市低收入家庭的。同时，政府已越来越明确地提出外来务工人员的住房保障问题。在正式场合，温家宝总理多次提及要解决外来务工人员的居住问题，甚至体现于政府工作报告中。也就是说，针对外来务工人员的住房保障措施，基本上还停留在“口头”层面。但至少，这已经纳入了中央的考虑之中。

推动关切城市外来务工人员住房问题的，主要是两种动力。一是对外来务工人员境遇的关怀，作为我们的政府和社会关心弱势群体的一个方面。二是出于对劳动力供给的稳定性的关注。自 2004 年以来，沿海发达地区“民工荒”一直存在。大量企业开工不足。熟练工人队伍难以稳定。其中原因，除工资收入水平外，住房其实是相当重要的因素。为此，不少地方政府和企业有了改善工人居住条件的动力。

但是，仅仅从这两方面考虑外来务工人员住房问题还是不充分的。如前文所述，必须将推进城市化进程及其增强我国经济发展后劲的作用考虑进来。即使外来务工人员本身，其住房问题造成的影响也远远超过人们的直观印象。农民工的根在农村。对其中的大多数人而言，他们只是城市的过客，生活在一个用自己的青春年华换取收入的地方。许多人对所在城市没有归属感，这是工人队伍不稳定的重要原因。很多女工成家之后，就会呆在老家不再复出，甚至男性也是如此。这种现象则造成了严重的人力资源浪费。要解决此类问题，最根本的手段就是让人们在城市成家立业，扎下根来。从根本上讲，这其实是通过工业化拉动城市化进程的基本方式。以产业工人为主，加上其他具有种种条件能够在城市立足的人们，构成了城市化的主力。

但是，无论产业工人也好，其他进入城市寻找更好生活的人们也罢，只要不是农村中的富裕阶层，住房都是其进入城市并融入城市的巨大障碍。这一点，其他发展中国家和发达国家的快速城市化阶段也同样如此。正因为如此，国外一些学者甚至强调贫民窟的重要性，理由是农村人口之所以舍弃宽敞的家园挤入城市的贫民窟，乃是后者提供的生活质量要高于前者。所以，对于刚进入城市的人们而言，他们需要的低成本的立足之地，是一块能够让他们通向城市社会的简陋跳板。而对于城市来说，存在此类低成本的居住区，意味着获得了廉价简单劳动力的来源。

对于坚守社会主义公平正义原则的我国来说，贫民窟是不能接受的，这一点完全正确。但是，由此对我国提出的要求是拿出合理的替代品，拿出能够低成本的，同时又能够让低收入人群，无论是城市的原住民还是来自农村，获得虽然是基本的，却是有尊严的居住条件。以此为出发点，需要探讨几个至关重要的问题。

3 构成有效的住房保障责任分担体系

在现有廉租房和经济适用房的供给体制下，住房保障也许只能长期停留在口头承诺上。一个基本的事实是，如果要在未来30～40年初步完成我国的城市化进程，那么每年属于净迁入并且需要低成本居住条件的人口规模应该在1000万以上。加上城市原本存在的保障对象，现行体制是无法承担的。因此，需要更宽阔的视野，更强有力的制度，更大范围内的资源配置，来克服诸多难点。

虽然完全取消户口与住房保障之间的联系并不现实，但适度松动是必要的。该体系向外来人员的延伸，可以区分为几种情况。第一类人群是单身进入城市的打工者，应该拥有正式的劳动合同。此类人员的居住需要可以主要依靠用人单位解决。或单位为之提供宿舍，或提供住房补贴。对此需要有相关的规定。地方政府提供宿舍型的集约化住宅或“外来务工人员廉租公寓”，供这些单位不能提供宿舍的员工居住。第二类人群是进城务工人员中拖家带口的部分，其务工者同样获得单位的住房补贴。此类人员的家庭生活需求应该得到尊重和安排，因此应该纳入廉租房制度的覆盖范围。第三类人是农村进入城市创业并拥有营业执照的，他们或凭一技之长，或凭微薄资产，试图在城市立足，但没有努力购置房产的。对于他们，可以规定在若干年内享有廉租房的待遇。

应该说，上述三类人群的住房保障，我国的部分城市已经在不同程度上进行了尝试。一些城市规定，连续3年（或5年）获得居住证的外来人员，如果其收入水平符合要求，可以享受购买当地经济适用房和限价房的权利。在《重庆市经济适用住房购买暂行办法》中，首次把进城务工农村家庭和外来常驻人员，以及驻渝部队等，纳入经济适用房的保障体系中。至于廉租房体系，尚未有城市进行此类尝试。

将廉租房乃至经济适用房制度延伸至符合某些条件的进城农村人口，其可行性是受到质疑的。许多人会担心地方政府的承受能力。其实，这并非问题的关键。即便没有这样的延伸，现制度架构下地方政府也没有完全解决城市社会住房保障的能力。所以，最为重要的是两个方面，一是尽可能拓宽并优化配置可用于住房保障的资源，二是为此建立相应的治理结构和责任分担体系。

住房保障的用地始终是个重大的障碍。笔者认为，进城农民的闲置宅基地是解决这一难点的出路。对于那些举家进入城市，其主要劳动力拥有正式用工合同或开业执照的，并打算长期在城市生活的农村家庭，在其自愿的前提下，可规定他们如果将宅基地让渡给国家的土地平衡机构，则可以优先享受其进入城市的廉租房或经济适用房待遇。当然，国家还应该给予相应的经济补偿。

农村家庭进入城市，其中的多数只拥有微薄的资源。因此，如果其土地权益能够以合理的价格折现为资金，对他们可能是具有吸引力的。除宅基地外，自留地、承包田和山林等也可以让渡。例如，耕地和山林以30年的租金总和计算。如此，人们在进入城市后就有了初步的资本，其立足会相对容易。

对于人们让渡的这些土地资源，处理方式分为两方面。宅基地应该由国家收购，按照其区位优劣打折，然后按迁入人口数量将土地指标分配给人口净迁入城市。值得指出的是，这样做是节约土地资源的，能够有效缓解因城市化和工业化导致的土地流失。我国过去之所以出现大规模的耕地损失，主要是两个原因。一是工业用地效率过低，二是农村人口进入城市后依然保留在农村的宅基地。不难理解，后者造成的土地浪费甚至会远远超过前者。

从责任分担体系考虑，由于农村人口向城市的迁移可能是跨地区和跨省市的，因此，居住用地的这一重新配置需要由中央政府承担。

廉租房的另一重要资源是我国大量存在的城中村、城市近郊农村和工业发达地区农村。这些地区的共同点，是聚集了大量的外来人口，其密度甚至为户籍人口的十几倍，几十倍。数倍于户籍人口的聚落则相当普遍。

此类聚落的原住民一般已失去耕地，或完全离开了农业。作为原先的农村，它们并未融入城市，甚至还被归入“农村”。其劳动力通常已不愿意从事农业，通常也不愿意进入工厂打工。于是，大量农户转变为依赖房屋出租为生的特殊阶层。长期以来，各地方政府对城中村、近郊农村和工业发达地区农村的农户房屋出租一直处于进退两难的境地。此类农户多已失去土地，即使还保留小片土地，以此致富也是不现实的。因此，禁止他们出租房屋，显然是不现实的。但放任这些区域的房屋出租，则导致问题丛生。在许多此类聚落，违章建筑林立，人口超高密度聚集，居住条件恶劣，基础设施近乎空白，污水横流，垃圾抛洒。

如果就事论事地整治，城中村现象确实很难治理。但笔者认为，如果将城市近郊和城中村的出租房纳入廉租房保障体系，也许能够取得一种多赢的局面。在廉租房保障制度中，廉租房与货币化租赁补贴应该是两个独立的体系。其中，廉租房定向出租给低收入者，租赁补贴则是直接发放给合乎资格的援助对象。租赁补贴可以用于支付租借廉租房的房租，更要鼓励去到住房市场上自行租房。

换言之，廉租房制度中政府承担的使命是两项。一是对廉租房的供给负责，二是保障租赁补贴的发放。但所谓对廉租房的供给负责，并不意味着政府的直接生产和提供。如果社会上有其他来源的，合格的房源，纳入廉租房体系不仅是可行的，而且也是应该的。只有这样，廉租房的房源才能够得到保证。

但显然不是所有城中村类型的私房都能够进入廉租房的范围。对此，政府相关部门可以考虑采取以下步骤。其一，为此类私房的出租制定合理的标准。农户自行建设的房屋不能以城市建筑的标准要求，相对较低但能够保证居住安全的标准更为合理。其次，应该对此类房屋的居住条件提出相应的规范，包括厨房、卫生、上下水等方面。此类规定无须攀比城市住房，而只是基本要求。符合这些条件的，在住房所有人自愿的前提下，政府可以认定为廉租房。与此同时，政府对城中村和近郊农村的其他出租行为应该加强管理，尤其要消除违章建筑，阻止过密居住，对不符合卫生条件的出租房加以整改。

应该承认，直接利用农村住宅作为廉租房在操作上会有许多问题。一种可能更为有效的途径是，鼓励城市近郊农村集体利用闲置的集体建设用地和农民的闲置宅基地，以合作经济的方式建造高密度公寓，政府认定为廉租房公寓，并在税收等方面给予优惠。这里，所谓的合作，指的是资金来源为集资、村集体出资，以及政府的支持如贴息贷款。土地来源包括农户闲置的宅基地，原集体经济用地中已闲置的，或效益低下的、产生污染的项目用地。当前，工业发达地区和大城市近郊农村的原住民已经大量进城居住。其留在村落的房屋，主体上用于自行出租。但也有少量宅基地是闲置的。更有许多农户获得了新宅基地后并未上缴老宅基地，其老住房或破败倒塌，或养猪堆物，利用效率很低。在上海这样的大城市近郊，原有的养殖业已基本退出，曾经遍地开花的小工业，由于其中部分属于“15 小”范畴，部分效益不佳，其整体上数量也在减少。由此腾出的土地用于廉租房用地，既增大了保障用地的来源，同时也为集体经济的生存和发展提供了新的空间。

总之，在很大程度上，扩大廉租房和经济适用房的供给以满足庞大的需求，其核心问题是土地的供给。只要土地能够得到保障，经济适用房和廉租房是可以得到快速发展的。本文认为，过去之所以政府在扩大经济适用房和廉租房方面作为很有限，根本的原因在于住房保障用地的瓶颈。其原因在于，城市发展过程中获得的用地指标对地方政府而言是极为稀缺的关键资源。如果用于普通商品房和高档商品房建设，就不能用于住房保障。在中央从严控制城市建设用地的条件下，地方政府确实面临着艰难的选择。

问题的根本，是我国将城市住房保障、土地保护、城市化等有机联系的领域割裂了。在这样的体制下，农村宅基地和集体建设用地的大量浪费和闲置，耕地资源的大量流失，和城市建设用地尤其是住房保障用地高度紧缺，几个重大问题奇特地并存。要打破这一困局，必须从城乡统筹的立场出发，在充分考虑农民利益的前提下，在全国范围内优化配置土地资源。在更为宏观的层面上，这还意味着将住房保障、确保城市和工业对劳动力的需求得到满足、培育和维持我国经济发展后劲等重大目标整体推进的可能性与必要性。

如此，住房保障就不应该仅仅是地方政府的责任，而应该形成合理的责任分担体系。相关的问题过于复杂，不是本文所能完成的。但总体上，依据城市化的实际，将已经进城并有能力长期在城市生活的农户愿意放弃的土地，通过给予适当补偿的方式重新配置，以同时满足耕地保护和城市住房保障的用地需求，其责任应该主要由中央政府承担。应对农村空心化的趋势，以农村各类生产要素的优化配置为导向推动新农村建设，优化村镇体系，并承担相应的转移支付，其责任主要应该由省级政府承担。在上述两类过程中，能够有可观的建设用地节约下来。在此基础上，城市应对住房保障的能力会从根本上得以增强。

社会主义新农村视野中的农村住房建设

张乐天　朱　敏

【摘要】社会主义新农村建设使农村住房问题首次引起了政府与民间的关注。这几年来，针对农村仍然存在的住房问题，各级政府积极推进住房建设，取得了一些成绩。但是，中国农村的住房建设还任重而道远，解决农村住房问题需要坚持五大原则。

【关键词】社会主义新农村　农村住房　政府　农民

Abstract: The rural housing problem has for the first time attracted attention from government and civilian in the new socialist countryside with Chinese characteristics movement. In recent years, governments at all levels has put forward housing development to solve rural housing problems, and achieved some successes. However, housing development in rural China still has a long way to go, and we must stick to the five principles.

Key Words: socialist countryside; rural housing; government; peasant

1　社会主义新农村建设与农村住房

2005年10月，党的十六届五中全会通过的《中共中央关于制定国民经济和社会发展第十一个五年规划的建议》中首次提出，“建设社会主义新农村是我国现代化进程中的重大历史任务，要按照生产发展、生活宽裕、乡风文明、村容整洁、管理民主的要求，坚持从各地的实际出发，尊重农民意愿，扎实稳步推进新农村建设。”“要搞好乡村建设规划，节约和集约使用土地。培养有文化、懂技术、会经营的新型农民，提高农民的整体素质，通过农民辛勤劳动和国家政策扶持，明显改善广大农村的生产生活条件和整体面貌。”

社会主义新农村建设是党中央在新时期解决“三农问题”的新举措，包含着十分丰富的内容。其一，坚持“多予少取放活”，加大各级政府对农业和农村增加投入的力度，建立以工促农、以城带乡的长效机制。这意味着，我国将通过政府干预的办法改变长期以来的资源流向，真正实现工业反哺农业，城市支援乡村。同时，国家还将进一步采取各种灵活的政策措施，推动农村经济的发展。其二，各级政府要扩大公共财政覆盖农村的范围，强化政府对农村的公共服务。与城市相比，广大农村地区的公共事业十分落后，在社会主义新农村建设中，各级政府有大量工作要做，例如，要办好义务教育，使适龄儿童都能入学并受到基本教育；要实施新型农村合作医疗，使农民享受基本的公共卫生服务；要加强农村养老和贫困户的社会保障；要统筹城乡就业，为农民进城提供方便。其三，具体来说，社会主义新农村应该包括新风尚、新农民、新环境、新设施、新农舍。要加强精神文明建设，发展农村文化设施，丰富农民精神文化生活，倡导健康文明的社会风尚。要加强村级自治组织建设，引导农民主动有序参与乡村建设事业；要移风易俗，提倡科学、文明、法治的生活观，使农民具备现代化素质，成为有理想、有文化、有道德、有纪律的“四有农民”。要建设好道路、水电、广播、通信、电信等农村基础配套设施，改善农民的生活环境，使农民不仅享有自然美丽、生态健康的田园生活，还能享有现代社会的信息文明。最后，要因地制宜地建设各具民族和地域风情的居住房，按照“节约型社会”的要求统一规划，全面实施，在较短的时间内真正解决全体农村居民的住房问题。

安居才能乐业。小康不小康，关键看住房。因此，改善农村居住条件是新农村建设的应有之义，规划农村建房、

作者：张乐天，复旦大学社会学系教授
朱敏，复旦大学社会学系博士研究生

整治村容环境成为新农村建设的抓手之一。调查显示，在很多地方，农民基本上按照城市的样子，规划自己心中的新农村，他们普遍希望“统一规划住房，集体安排教育”，“能集体供暖、自来水入户，物业、门卫、娱乐、文化设施等一应俱全”。有些基层干部认为：“搞新农村建设，农民盼改善生活，同时农民也怕折腾，政府不做规划，说不定哪天修马路搞开发区就把我们新建的楼房圈进去了。”也有基层干部认为，“社会主义新农村首先应当是节约型新农村，要吸取不搞规划或不科学规划，造成轮番拆建、浪费惊人的教训。要保护好耕地，不能盲目上项目，否则要付出沉重的代价，无法向子孙后代交代。”

当然，农民心中的“安居”也包括乡村的居住环境。许多农民盼望国家在农村电网改造、生活用水和交通、通信等基础设施建设上加大投入，切实解决农民的交通、用水、用电、排污、灌溉等生产生活问题，“水、电、路通到家门口”。他们希望农村能“像城市那样，社会公益事业不要群众出钱、出力，让农民也能享受到政府提供的这项服务”，“生活环境再美些、污染再少点”。他们希望新农村建设在加快经济发展的同时，更要注重环境保护。大邱庄村民李珏忠说：“搞新农村可不能拿生命代价去换取金钱，你挣钱为了啥？挣钱是为了更好地活着的。结果呢，你挣了钱以后再去看病，甚至看不上病，把命搭上了，没有意义的！”

2 中国农村住房的历史与现实

解放以前，全国各地大多数农村居民的住房都十分简陋。解放以后，随着农村经济的逐步好转，在自然条件良好、农业收入相对较高的地区，从 20 世纪 60 年代中期以后，开始了农村的“第一次建房（平房）运动（1963 ~ 1983 年）”。① 在长三角地区，“第一次建房运动”大大改善了农村居民的住房。以浙北的陈家场为例。在土改时期，陈家场 54 户，187 人共拥有住房面积 4530m²，户均 84m²，人均 25m²。截止 1982 年陈家场 51 户，178 人，共有住房面积 6300m²，户均住房 124m²，人均 35.4m²，与土改时期相比，户均居住面积增加了 48%，人均居住面积增加了 47.5%。与此同时，大多数农户的住房质量也有了很大的提高。陈家场以前的住房大多是泥墙草壁，年久失修，冬天刮风风刺骨，春天下雨屋漏水。第一次建房结束时，陈家场所有的房屋都建成了青砖平房。②

与长三角地区的农村不同，在广大自然条件相对较差的地区，土地改革以后的农业集体化运动虽然也推动了农村经济的发展，改善了农民的生活条件。但是，十分有限的农业增长部分被城市吸纳，部分被更快增长着的人口所消耗。解放以后 30 多年来，农村经济一直维系在“糊口经济”的低水平上，不少地方甚至连肚子都吃不饱。在这样的生存条件下，除了极少数家庭可能翻建住房外，绝大多数农民依然只能住在十分简陋的屋子里。

另一方面，改革开放以前，中国处于“短缺经济”状态，建筑材料十分紧张，通常由国家控制，配给供应。例如，国家每年把有限的木材、竹料、石灰、水泥、砖瓦等物资通过人民公社系统分配到每一个生产队，生产队首先满足集体生产或者建房的需要，余下的按照一定的原则分给农户。即使在像陈家场这样的经济发达的半经济作物地区，假如单等国家建筑物资的配给，没有一个农户可能建造新房！其他相对落后的农村地区就更不要说了。那时候，城市居民的住房由国家分配，20 世纪 50 年代末，上海建设竣工的漂亮的工人新村曾经引起举国上下的高度关注。后来，工作单位供给住房成了惯例。但是，农民的住房却一直只靠农民自己解决。

综观全国农村的住房情况，从总体上说，直至 1978 年底中共十一届三中全会召开之前，乡村居住形式变化不大。在此期间农村住房主要是农民自建的简易草房或土地改革中分得的地主的房产。1978 年，中国农村家庭调查组抽样调查了全国 14 个省市的农民住房情况，调查资料③显示。1978 年我国农村住房总体上是泥土草房居多，很少一部分农村居民住简陋的土砖瓦房。

1978 年中国农村家庭住房样式调查表　　表 1

地　区	草（土）房（%）	砖瓦房（%）	楼房（%）	其他（%）	样本数
哈尔滨市	75.9	21.8	0	1.3	560
吉林省	76.9	1.8	0.2	1.1	448
天津市	90.1	7.7	0.2	2.0	494
河北省	32.2	66.1	0.2	1.5	417
四川省	54.2	20.1	0	25.7	443
山东省	60.0	38.6	0.2	1.2	417
上海市	0.6	91.4	5.9	2.1	489
浙江省	56.3	21.0	22.5	0.2	481
江苏省	43.3	55.7	1.0	0	492

① 参见曹锦清，张乐天等著．当代浙北乡村的社会文化变迁．远东出版社，1992. 295.
② 同上．296.
③ 刘英．当代中国农村家庭——14 省（市）农村家庭协作调查资料汇编．社会科学文献出版社，1993. 120.

续表

地　区	草（土）房（%）	砖瓦房（%）	楼房（%）	其他（%）	样本数
福建省	26.2	29.6	22.1	22.1	425
广西省壮族自治区	3.5	80.5	2.7	13.3	482
贵州省	38.5	13.0	7.7	40.8	453
安徽省	94.5	3.0	0.2	2.3	474
湖北省	67.2	29.2	0.2	3.4	476
合计	52.9	34.7	4.4	8.2	6653

（注：此表根据《当代中国农村家庭——14 省（市）农村家庭协作调查资料汇编》的相关表格制作。）

1958 年，毛泽东主席说“还是人民公社好”，国家描述了一幅社会主义新农村的美好图景，“楼上楼下，电灯电话”成为亿万农民向往的新生活。但是，20 年以后，农村住房的情况几乎让人难以置信！如上表所示，截止到 1978 年，大部分调查省市的草房率均高过半数以上，安徽省草房率竟高达 94.5%，城市化程度较高的天津市草房率也达到 90%。建国以后，农民虽然实现了“居有定所”，但是，许多“居所”之简陋不如长三角地区农民家的猪羊圈！绝大多数农村的住房条件还远没有达到“安居”的标准，农民的住房安全没有得到保障。

改革开放后，农民收入迅速增长，增收后的农民把改善居住条件作为头等大事。农村掀起了第一次建房热潮。砖瓦房成为当时的主要住房样式，部分率先致富的“万元户”开始住进楼房。中国农村家庭调查组的资料（资料来源同表 1）表明，在 1978 至 1986 年间，我国农民的草房率迅速下降，其中安徽省的草房率下降 70% 强，砖瓦房率提高近 70%。农村建房质量显著提高，农民的住房条件大为改观。

1986 年中国农村家庭住房样式调查表　　表 2

地　区	草（土）房（%）	砖瓦房（%）	楼房（%）	其他（%）	样本数
哈尔滨市	44.2	53.2	1.0	1.6	575
吉林省	63.6	35.6	0.6	0.2	472
天津市	26.4	72.8	0.6	0.2	522
河北省	12.0	86.6	0.7	0.7	543
四川省	26.3	45.7	5.0	23	499
山东省	32.6	65.7	0.2	1.5	475
上海市	0	42.6	53.6	3.8	509
浙江省	41.7	16.7	41.4	3.7	509

续表

地　区	草（土）房（%）	砖瓦房（%）	楼房（%）	其他（%）	样本数
江苏省	6.1	82.5	11.2	0.2	498
福建省	13.8	29.2	23.2	33.8	448
广西省壮族自治区	3.5	78.0	23.2	13.3	482
贵州省	14.3	25.2	8.8	51.7	488
安徽省	24.1	68.9	2.0	5.0	498
湖北省	39.0	55.0	2.8	3.2	498
合计	24.8	54.6	11.1	9.5	7024

（注：资料来源同上表。）

1978～1986 年中国农村草房变动情况表　　表 3

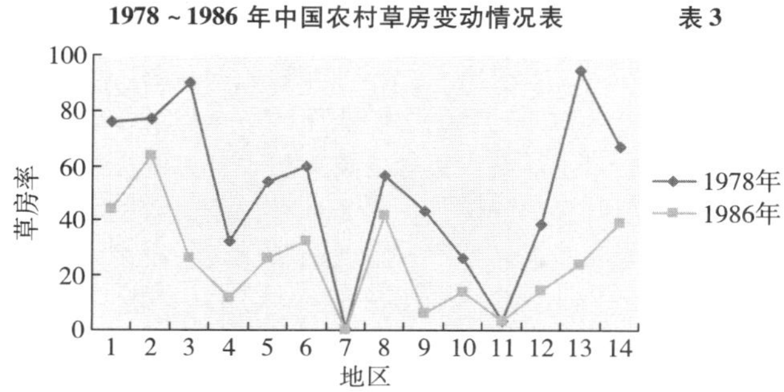

20 世纪 80 年代后期，东南沿海地区的乡村工业迅速发展，农民从工业生产中获得的收入远远超过了传统的农业。20 世纪 90 年代后期，随着农村集体企业的转制，更有一批农村乡村企业家成长起来，他们掌握着大量的财富，甚至可以一掷千金。农民富裕了，农民们发财了，他们首先想到的当然是建房。中西部地区的情况有所不同。当地少有工业，恰恰是东部的繁荣与城市的发展给他们提供了“打工”的机会。民工潮出现了。成千上万的农民追随着发财的梦境，义无反顾地离开熟悉的家乡，来到城市，来到沿海农村。他乡的生活并不如意，发财之梦也难以成为现实。但是，亿万农民工任劳任怨的努力也有所收获。2005 年 10 月 23 日上午，世界银行扶贫协商小组（CGAP）在京举办“中国农民工汇款问题研讨会”，会上发表了一份由中澳两位博士主持调查浙江、四川、湖南三省，耗时一年的《中国农民工国内汇款服务问题报告》。这是有关主题的第一份研究报告，报告谈到，和其他国家移民相比，中国的农民工总体上将其收入的更大部分寄回家，农民工汇款占收到汇款家庭的总收入的 20% 至 50%。报告估计，每年农民工汇回家的款项总额，2004 年在 1690 亿元到 3000 亿元人民币之间，2005 年在 1910 亿到 3300 亿人民币之间，预计在未来 5～10

年内还会有增长。①

上世纪90年代到本世纪初，全国农村家庭的收入大大增加了，这引发了改革开放以来农村地区的第二次建房高潮。在长三角、珠三角以及东南沿海地区，农民大多建了新型的楼房。在中西部地区，农村的住房也大都翻新。农村砖瓦房开始升级换代，砖混楼房成为农村的主要住房样式。到2005年底，钢筋混凝土结构的住房已占到39.4%。②“楼上楼下”成为富裕起来的农户的标志。

我国农村改革开放以来的二次建房热潮明显改善了广大农民的居住条件。但是，我国农村住房问题特别是困难群体的住房问题仍然突出，村居规划与村容整治依然任务艰巨，农村住房建设中的政府职能还没有到位。

其一，我国贫困落后地区陈旧房屋多，危房比例大。据新华网报道，在吉林省广袤的农村大地上，存在着大面积的泥草房，夏天漏雨、冬天透风成了居住在泥草房中的农民的心病。据初步统计，2007年以前，吉林省有泥草房住户74万户，部分村屯的泥草房比重超过90%。农村泥草房户主要集中在贫困县，这些农户基本没有能力筹措泥草房改造资金。③ 江西省的一项调查显示，农村困难群体的住房困难主要体现在房屋年久失修，或者居住条件过于简陋。全省有住房困难户40万户，占农村总户数的6.46%，其中危房户7万户，占困难户数的7%。④ 在经过了二次建房高潮以后，目前农村的住房困难户或者是在市场中失去了机会的农户，或者是因灾因病而陷入困境的农户，或者是残疾人、老年人等等，其中有不少特困户和五保户，他们没有经济能力去改善自己的居住条件，只能任凭风雨飘摇，失去最起码的住房安全。

其二，农村住房支出过大，造成农户建不起房，或借贷建房，债务缠身。据测算，1990年的建房支出是1985年的2.55倍，1993年又是1990年的1.32倍。到1996年，农民生活用房中的砖木和钢筋混凝土结构房屋比重达到74.4%，比1985年的50.8%增加23.6个百分点之多。同期，乡村居民住宅房子的每间价值由465.75元增至2565.81元，后者是前者的5倍多。⑤ 建房单价的提高限制了一些低收入户的建房能力，使一些建房户“有钱买马，无钱备鞍”，只求房子的外表，对房子内部的配套设施无力顾及。更值得关注的是，长期以来，农村建房一直没有得到金融政策的支持，农户没有机会获得金融机构的贷款，农民建房的资金全部靠个人积累和民间借贷。在很多情况下，农户的房子建好了，却背了一身私人债务；农民的居住条件改善了，生活质量却下降了。

其三，农村建房缺乏规划，存在私建、乱建、多建现象。由于缺乏整体规划或不遵守规划，农村居住分散化的问题一直没有得到很好的解决，而是愈演愈烈。由于大部分农村都没有形成中心村，农户居住基本以组、以姓氏为单位。走进农村，就会发现住房布局杂乱无章，五花八门。有的地方以小公路、河流为主线，逐水而居，沿路而建，呈“一条长蛇阵”；有的农户以历史形成的原宅基为中心散落而居，房屋造型各异，布局横七竖八；也有的农户以“朝向”、“风水”、“田地”等为标准，呈“天女散花”式分布。农房布局分散，尽占好田好土，不仅影响了土地的集约利用和农业的规模经营，而且也影响了农村基础设施建设和服务业的发展。

由此造成的另一个后果就是超标占地，土地浪费现象严重。国家长期以来实行“一户一宅”的私人宅基地政策，农民大多各自修建庭院式住房，主房和生活用辅助房分开布置，占地面积较多；虽然有关法律明确规定了宅基地使用面积最多一户0.18亩，但实际上农村超标建房、违章搭建现象十分严重，有的住户占地达1.2亩，少数占地还达2亩以上，群众戏言“前有广场，后有操场”。不仅如此，有些农户还多占宅基地，据北京市房山区的一项调查表明，全区拥有二处以上住房的户数达到9%。⑥ 另一些农户则通过分家来多占土地，美国三一学院的文贯中教授看中国的统计资料时提出一个问题，从1999年到2002年，中国农村农户数量增加了1.1%，但农民数量下降了1.6%。他问，这是为什么?

其四，城乡有别的住房保障政策。长期以来，城镇居民一直享受着国家提供的各种形式的住房保障。改革开放以前，单位职工居住在单位提供的住房中，虽然住房面积小，但是，不用担忧，不需操劳，人人享有，而且租金十分低廉。这样的住房福利至今仍有许多人怀念。城市住房政策改变以后，单位工作的城市居民享受着“住房公积金”，他们可以用来自己购房。同时，政府还每年为经济困难的城市居民建设经济适用房和廉租房。与城市居民相

① 方华．农民工汇款报告显示农民工收入回流主要靠汇款．金时网·金融时报，2005-10-27．

② 从农村住房建设看农村新变化．经济日报，2007-11-27．

③ 为百姓圆上安居梦——吉林统筹实施城市和农村住房改造工程纪实．http://www.youth.cn，2008-1-10．

④ 山西农村住房解困工程．5年将解决7万特困户住房．山西日报，2008-06-06．

⑤ 进入21世纪的中国农村住房．www.tragri.gov.cn/uploadImages/2005517153．2005-05-17．

⑥ 农业普查系列分析．房山区农村地区住房情况现状．http://www.bjfsh.gov.cn/zwgk/tjfx/61425.html．

比，农民从来没有享受过真正意义上的国家住房保障。自从1958年成立人民公社以后，由于土地的集体化，集体为没有基本生活保障的“五保户”提供最简单的住所，其他的所有农户都必须自己解决住房问题。即使在沿海发达地区，农村都有一些经济困难的家庭因没有能力建房而“娶不到媳妇”。在中西部农村，更有大量农村男青年因没有房子而成为光棍。这种情况从来没有引起有关部门的关注。更不合理的是，近十多年来，数以亿计的农村劳动力到城市“打工”，他们为城市面貌的改善贡献了力量，为城市经济的繁荣做出了牺牲，但是，只是因为他们没有一纸城市居民的户口，他们没有资格享受住房公积金，常常也没有条件在银行贷款购房。

3 政府推进，农民参与，建设宜居新农村

从本世纪初以来，特别是中央提出建设社会主义新农村以来，各级政府都开始注意农村的住房问题，不少地方把解决农村的住房问题当做社会主义农村建设的重要抓手，做了许多扎扎实实的工作，开展了一些有益的探索。同时，许多地方还制订了中长期乡镇发展规划，提出了相关的政策建议，以求理性、科学地解决农村居民的住房问题。综合起来看，三件大事值得引起关注。

其一，农村住房建设的第一件大事：“居者有其屋”。

1948年通过的《世界人权宣言》指出，拥有适当住房是享有适当生活标准这一权利的一个有机组成部分。为确保实现住房权这一项基本人权，世界各国都采取了相应的措施来解决和改善中低收入者的住房问题，建立住房保障制度。所谓住房保障制度，就是以政府为主体，通过政策手段，对社会中买不起或建不起房子的人进行住房援助，以保证他们能够获得起码的居住条件。简单地说，住房保障制度就是政府提供“公共产品”，保障人人有住房。这是一个多数人受益，实现“居者有其屋”基本目的的制度。

长期以来，我国农村居民住房一直没有得到政府的政策保障，“制度缺位”是造成农村困难群体“住房难”、“住危房”的主要原因之一。实现“居者有其屋”，保障农村困难群体的住房安全，是解决农村住房的首要问题。近些年来，一些省市自治区开始在农村地区实践住房保障政策，做了不少工作，也有了良好的效果。

“减灾型”住房保障。我国是自然灾害频发的国家，台风、地震、山体滑坡和泥石流等灾害经常发生，为保障灾民灾后能快速重建家园，居有定所，一些地区利用商业保险等形式，为灾民及时提供住房救助。浙江省是台风灾害较多的省份，每年因台风、洪涝等自然灾害给政府和农户带来巨大的压力和损失。为缓解政府压力，减少灾民损失，浙江省以“农户自愿参保、政府补助推动、保险公司市场运作”为原则，探索出一种“政府+市场”的新型农村救灾机制。浙江省是全国第一个开设农村住房保险的省份，这一制度在农村灾后重建中发挥了有效的作用。福建省由省级财政全额承担农村住房保险费，大大提高了农民抵御自然灾害的能力。新疆则采取群众自筹、政府补助和银行贷款相结合的办法改造和重建地震多发区的民房，提高其抗震标准，从而确保地震多发区的减灾能力，确保住房安全。

“安居型”住房保障。“安居型”住房保障是近几年在农村广为实施的民生工程，旨在解决农民住房困难问题，改善村容村貌，建设社会主义新农村。全国各省市政府普遍开展调查研究，针对实际情况出台相关的政策措施，组织力量走村串户，切实有效地解决农村贫困户、低保户、重点优抚户和分散供养的五保户的居住条件。2007年，黑龙江省提出用5年时间消灭农村危草房，让农民告别低矮、简陋、不安全的草房，告别“进门是锅台，进屋就是炕”的民居老格局。江西省一方面对农村低保户进行财政补助，帮助困难群体维修房屋，另一方面通过农村信用联社向农村建房户发放建房贷款，缓解农户建房的经济压力。2008年年初，山西省委政研室、省建设厅与省民政厅组成联合调研组调查了全省农村住房情况，发现全省农村各类住房困难户共有31.62万户，占农村总户数的5.1%，急需解决的住房特困户7.1万户。农村住房困难的情况引起了省委省政府的高度重视，他们提出，本届政府的目标是分批解决7万户危房问题，为农村人民群众的生命安全提供基本的保障。到2020年，全部解决农村困难群众住房问题，实现农村困难群众住有所居的目标。省委省政府还根据实际情况提出了实现“安居工程”的策略：“统筹规划，分期分批推进；因地制宜，分类分户解决；先易后难，满足安全居住；政府主导，社会多方参与；节约用地，坚持一户一宅的原则，根据群众的意愿，采取新建、改建、修缮、置换或其他方式，结合新农村建设，按照‘安全、经济、实用’的标准，为生活在农村贫困线以下的群众构筑起一道住房安全网。”①

流动人口的住房保障。哈佛大学教授怀特·珀金斯（DwightPerkins）在“中国发展高层论坛2008年会”上指出，将流动人口排斥在外的城镇住房保障体系蕴藏着巨大风险。中国每年有1000万~2000万的人口由农村流向

① 山西省住房保障体系逐步由城市向农村扩展延伸. http://www.sxgov.cn，2008-07-30.

城市，由于中国至今没有建立针对流动人口的统一公共住房体系，无住房保障的流动人口可能成为影响城市社会稳定的潜在因素。当前确立的以廉租房为主的城镇住房保障体系在各个城市执行时，都将“户籍”列入享受住房保障的必备条件。这项政策的潜在假设是，流动人口享受非原始居住地区的保障性住房，是对该城市居民福利的一种侵占，因此，农民理所当然要被排斥在流入地的住房保障范围之外。我国的相关政策规定，为农民工提供住房的主体是用工企业，而不是政府，这样，农民工无论在乡村还是在城市都没有机会享受到政府的住房保障。

如何解决大量的“两栖人口”的住房问题，既是农村问题，也是城市问题，更是城乡统筹发展过程中必须面对的现实问题。目前解决流动人口的住房问题，各地所采取的措施可分为两类：一类是将流动人口住房产品单独列出，与城市住房保障体系并立，以用工单位提供为主，地方政府适当配合，建设集体居住的流动人口住房；另一类是向流动人口完全开放城市住房保障产品，从而让流动人口也享受城市居民的住房保障福利。例如，重庆等地就允许流动人口购买当地的经济适用房。目前，住房和城乡建设部正在进一步研究制定相关的政策，其目标是以城乡统筹的方式解决流动人口进城居住问题。这就是说，农村流动人口进城以后的住房安排，必须与他们在农村的房屋、宅基地等住房产品统筹考虑，统一安排。

其二，统一规划与农民集中居住。

“采菊东篱下，悠然见南山。”“枯藤老树昏鸦，小桥流水人家”。诸如此类的诗句给人们留下了许多想像的空间，留下了许多自然村落的错觉。也许，曾经有过这样理想的村落，自由、天然、朴素而宁静，村庄上空漂浮的炊烟，游弋于村边的牛羊，夜晚围拢在大树底下的回忆……构成了一幅人与自然和谐的诱人画面。

但是，这种过分浪漫的遐想也早已被乡村社会本身的演化打得粉碎。农村人口的大量增加，农业新技术的不断引进，农民经济收入的提高，农民消费方式的改变……，这一切使传统村落内部争取优越地位的竞争变得更加激烈。农民争相占有好的宅基地，千方百计扩大住房面积，有的甚至不惜七八年就重新翻建一次新房。这种情况导致了宝贵的土地资源的浪费。例如，目前江苏省近4000万农村人口分布在近25万个自然村里，农村人均建设用地达186m^2，是城市的两倍。① 不仅如此，农户建房时只考虑自家房屋的内部环境，忽视周围环境的整治，“各人自扫门前雪，莫管他人瓦上霜”。不少人家把垃圾、污水随意倒在家门之外，弄得村里到处都是生活垃圾和生产垃圾。结果，房子是新的，村落环境却日益恶化。晴天一身灰，雨天一身泥，村落中没有诱人的美景，有的只是“脏、乱、差”。

从某种意义上说，社会主义新农村建设的最直接目标就是建设一个个环境整洁的、宜居的新村。要实现这一目标，需要教育农民，改变农村中存在的盲目的建房竞争，改变农民长期以来形成的不注意环境卫生的生活习惯。但是，更重要的是需要对农村建房进行统一规划，并严格执行。

20世纪70年代起，一些农村地区做过乡村建房规划，这些规划在村落发展的过程中起过好的作用。但是，以前乡村规划的主要内容是民居布局，较少有综合性的区域发展规划；更重要的是，以前的规划缺乏必需的法律地位，所以，往往规划有了，却束之高搁，没有执行。现在，农村居民的工作与生活方式都已经发生了极大的变化。很多农民像城里人一样每天外出上班，因而，他们需要交通的便利；很多农民像城里人那样消费，由此产生出大量的生活垃圾，因而，需要考虑垃圾的处理；很多地方的农民喝上了自来水，因而需要安全的水源和输送管道；电网已经通到了农村的千家万户，宽带与网络也是农民们的期待，因而需要布置电缆等相关设施；等等。农村生活的这一切变化都提示我们，在社会主义新农村建设中，统一规划具有特殊重要的意义。今天，富裕起来的农民确实可以自行建设豪华的楼房，但是，单个的农户却很难解决道路、水、电、宽带、垃圾处理等等问题，难以为自己提供一种现代的生活，更难以创造现代的村落环境。因此，解决农村住房问题现在不只是简单地让一户户的农民去建造一幢幢住宅，而且涉及相关的设施配套。这需要处理区域内部与外部的关系，合理利用资源，协调城市、城镇与村落的关系。因此，建设社会主义新农村，首先要有一个科学的、城乡统筹的规划。

统一规划并不等于农民集中居住，农民集中居住却不能没有统一规划。在社会主义新农村建设中，“农民集中居住”近几年正被越来越多的地方加以推进。2006年，江苏省建设厅制订了江苏省镇村布局规划，规划设计，在未来20年中，江苏省将把25万个自然村合并成4万多个农村居民点，从而节约土地约400多万亩。江苏省这几年的经验证明，在经济相对发达的农村地区，实行农民集中居住有利于促进农村生产发展，改善农民生活环境，增加

① 参见中共中央党校学习时报社、中共镇江市委社会主义新农村建设联合课题组．“从镇江看新农村建设之路”．学习时报，2008-07-21．

农民收入，提高农业效率，从而有效推进社会主义新农村建设的进程。

江苏的经验证明，在实施农民集中居住的过程中，政府起着主导作用，也需要有相关的配套政策和措施保障。“首先，政府应科学规划、合理布局，修建和完善路、水、电、气、通信等基础服务设施。其次，以民为本，提高农民生活质量。实行合理的购房政策和费用开支。适当增加农民购房补贴、奖励费，提高拆迁安置费、征地补偿费等，对物业管理费、水、电费等应实行低于城市居民的收费标准，减轻农民的经济负担。再次，不断完善可持续发展的养老、医疗、失业等社会保障机制，减少农民的后顾之忧。最后，实施社区化管理。”① 为农民创造宜居的生活环境。

其三，农村住房建设的第三件大事：明晰产权。

我国农村房屋实行的是有限的产权制度。《宪法》第十条第四款规定：“土地的使用权可以依照法律的规定转让。”而《土地管理法》第六十二条规定：“农村村民一户只能拥有一处宅基地，农村村民出卖、出租住房后，再申请宅基地的，不予批准。”第六十三条规定：“农民集体所有的土地使用权不得出让、转让或者出租于非农业建设。”国务院发布的《关于深化改革严格土地管理的决定》（国发［2004］28 号）也明确规定：“禁止城镇居民在农村购买宅基地。”这种房屋所有权和土地使用权的分别设置限制了房屋的变现交易，使农村的空房、闲置房得不到有效利用，农村造房无法贷款，农村房屋无法交易。农民省吃俭用攒钱盖起的房子变成了“死资产”。现在，全国有超过一亿的农民外出打工，他们大多数是年轻人，许多人为了结婚不得不回家乡盖房，结完婚，人就走，今后是否回农村也说不清。于是，空置的“新房”成了中国农村的特殊现象，由此造成的浪费难以计数。因而，明晰农村房屋的产权，是发展农村住房市场，赋予农户交易资格的先决条件。

我国农村宅基地产权制度改革的时机已基本成熟。《中共中央国务院关于促进农民增加收入若干政策的意见》（中发［2004］1 号）中明确指出，应当“积极探索集体非农建设用地进入市场的途径和办法”。清华大学人文科学院教授蔡继明认为，可以让在农村有宅基地和住房的进城农民，以公允的价格将自己在农村的房屋出售或出租，转而为其在城市买房或租房提供帮助。这样既帮助解决目前农村的“空心村”问题，又可以使进城务工的农民有笔资金在城市里解决住房问题。

这里存在一个所谓“小产权”房问题。小产权房就是乡产权房，它是指在农民集体土地上建设的房屋，未缴纳土地出让金等费用，其产权证不是由国家房管部门颁发，而是由乡政府或村政府颁发。所以，小产权房又叫做乡产权房。这种小产权房的上市交易现已被国家叫停，原因在于，这种交易可能导致城市资本侵占耕地，从而触及国家的土地保护政策。但是，目前国家有关农村房屋的产权政策导致村民住宅只能在村民内部进行简单转让，无法真正解决村民、集体、国家以及社会经济发展的利益分配关系。如何解决小产权房问题，将是一场体制、政策和民生的艰难博弈。农村住房问题是否能通过产权界定得到解决还有许多法律和政策层面的问题需要进一步讨论。

我国部分地区已开始房屋产权制度改革的试点。首先是进行房屋产权登记，在不改变宅基地所有权的前提下，采取有偿、有限期的出让，即集体组织将集体土地使用权在一定的年限内出让给土地的使用者，由土地的使用者向集体组织支付土地使用权出让金。二是建立城乡统一的房屋产权流转制度。农村房屋产权流转的范围包括依法取得的集体建设土地上的建筑物及构筑物，主要包括农民自建房屋、乡镇企业房屋、农民集中居住区房屋（含新居工程、农村新型社区），这项改革旨在推动农村房屋产权自由流转，包括买卖、赠与、作价入股、抵押、租赁等，逐步实现城乡房屋同证、同权。目前成都市正在进行农村房屋城乡同权、公共住房城乡覆盖试点。这些政策可以盘活农村住房的闲置资产，但是，农村房屋产权改革是一项十分复杂的工程，其中涉及的问题远远超出产权本身，需要谨慎试点，逐步推广。

4 讨论：解决农村住房问题的几个原则

社会主义新农村建设使解决农村住房问题提上了议事日程，这几年来，各地政府纷纷开展试点工作，积累了不少经验。问题已经提出，但是，问题的解决却还需要做出艰苦卓绝的努力，其中，具体的措施是重要的，更重要的却是掌握原则，看清方向。这里提出解决农村住房问题的几个原则，以供参考。

其一，因地制宜。

在东南沿海和其他经济发达地区，农村人口众多，耕地相对稀缺，集中居住成为解决这些地区的农村住房问题

① 参见中共中央党校学习时报社、中共镇江市委社会主义新农村建设联合课题组．“从镇江看新农村建设之路”．学习时报，2008-07-21.

的基本趋向。在建设社会主义新农村过程中，一些地方把村民集中起来搬到村里新建的楼房里居住，认为这样既有利于改善村民的居住条件，也有利于集约使用土地，改善农村公共设施。

但是，我们在调查中发现，尽管不少地方政府对于建设集中居住的农民新村有很大的热情，农民的积极性却并不高。有的农民憧憬于世世代代居住的地方，他们不愿意离开；有的农民喜欢单家独院，喜欢宽敞的大房子，认为集中居住以后"住房太狭窄"；有的农民偏爱现在的村落生活，认为集中居住以后"不知道怎么过日子"；有的农民认为，只要在做农业，就需要一家一院，便于放置农具或搞家庭副业；等等。除了农民的意愿以外，农民集中居住还面临另外的三个问题。其一，在经济方面，集中居住不仅涉及有没有经济能力的问题，还涉及大量投入以后是不是真的让农民"过上了好日子?"其二，农民的宅基地是依照法律规定批给农民家庭长期使用的，农民在他自己的宅基地附近往往还有承包地，农民集中居住就需要变动宅基地和承包地，地方政府的操作必须符合法律的程序和相关的政策与法规。其三，农民的居住方式与生产方式有很大的相关性，居住要方便农民的生产和生活。一些地方建了集体公寓，让农民坐电梯上下楼，拿着镰刀、锄头，就很不方便。由此可见，集中居住也不是一好百好，各级地方政府一定要因地制宜，切实根据各个地方的实际情况解决农民的居住问题，既倾听农民的意见，也需要进行教育与引导。

在思考农村住房问题时，确定某地农民居住格局的原则是因地制宜，不仅如此，因地制宜也涉及根据各地历史文化的特殊性来制订村庄规划。长期以来，农民住房建设存在"惟城市化"的倾向，农民们都按想像的城市风格建设住房，结果，走遍大江南北，看到的竟然是千篇一律、单调乏味的"火柴盒"！农村住房不仅与中国的锦绣河山不相匹配，也让绚丽多姿中国文化因之而失色！这种现象不能再继续下去了。新村规划要与河流、山脉、田野相协调，突出乡村特色；要保护好具有历史文化价值的村落和古民宅。住房设计应根据农民的生活实际，提供各种户型供农民自主选择。在建筑风格上，农村住宅要反映地方特色，这和特色是历史的表现和文化的积淀，不同的地域、环境、民族有着不同风俗习惯和审美观，它们在建筑上形成的建筑语言应以一定的方式保留下去，以使农村民居呈现出丰富多彩、特色鲜明的地方风格。

其二，循序渐进。

中国农村有8亿农民，解决8亿农民的住房问题怎么可能一朝一夕？中国农村不仅人数多，而且，存在着许多的不平衡。一是各地农村经济发展水平不平衡，有些地方经济十分发达，尽管还保留着农村的行政建制，但实际上已经没有一寸农田，"农民们"也都在从事非农职业；有些地方则穷山恶水，靠天还难以吃饭，只有依靠着国家的救济度日。二是同一个地方，农民现有的住房质量、农民收入状况以及集体经济发展也十分不平衡。富的人住着富丽的楼房，开着豪华的轿车；穷的人甚至揭不开锅。三是各地农村的历史文化不平衡，有些村落有着十分悠久的文化传统，如何保留这些村落成为住房建设的一个难题，有些村落则是改革开放以来新建的，新建村落的千脸一面如何解决？这些都是当前农村的现实，面对着这些现实，又是"百姓百姓百条心"，农民们对解决农村住房问题有着许多不同的看法。因此，政府解决农村住房问题不可能一蹴而就，不可能一步到位，更不能搞"一刀切"，必须依照各村的经济发展水平循序渐进，在实践中摸索出一套适合当地情况的、切实可行的办法。当前最重要的是解决农村困难群体的住房问题，并适时改善农村的住房环境，完善农村的基础设施配套建设。

其三，生态优先。

随着乡村工业化和农村消费主义的盛行，工业污染和生活垃圾成为威胁农村生态环境、农民生活环境的重要污染源。过去，农民和农村集镇上的居民可以经常到河沟里洗澡、摸鱼，河里的水清澈见底；现在的河沟里虽然有水，但漂满了各种生活垃圾、玻璃瓶、动物死尸等，每到夏季或阴天，散发着刺鼻的恶臭。中国经济几十年来的迅猛增长已经对中国的城市环境造成了严重污染，如果不能得到有效整治，任由中国的乡村环境被生活垃圾所污染和破坏，那么若干年后，也许我们赖以生存繁衍的中华大地，可能真的会没有一片净土。① 目前，农村生活垃圾基本上是无人管理、不加处理的污染源。一些工艺落后、设备陈旧的乡村工业混杂于居民区，更造成住宅区环境恶化。乡村农业过分依赖的无机肥料以及禽畜粪严重地污染着乡村的水源。近年来，我国经济发展迅速，工业化和城镇化步伐加快，城市生活垃圾也随之迅猛增加。由于城市现有垃圾处理能力有限，乡村，特别是城乡结合部的乡村，往往成为城市垃圾的中转场和堆放地。据国家统计局统计，2005 年我国城市生活垃圾清运量为 15576.8 万吨，

① 陈文胜，王文强. 农村生活垃圾的环境污染问题与对策. 湖南社会科学，2007（4）.

生活垃圾无害化处理率仅为51.7%。① 大量未经无害化处理的生活垃圾转移到了农村，一些郊区和农村甚至成为城市生活垃圾的存放地，城市生活垃圾占用和毁损了大量的道路、土地，污染了空气和水源，成为农村环境最大的污染源之一。

这种情况再也不能继续下去了。建设社会主义新农村为我们提供了机会，在解决农村住房问题时，一定要坚持生态优先。乡村要走出先污染后治理的怪圈，从一开始就要严控污染。要统筹城乡的环境治理政策，大大加强对乡村工业污染源的监控和治理，减少工业污染下乡。要把乡村生活垃圾的无害化处理纳入乡村建设的统一规划中，统一规划，统一实施。要发展农村绿色能源如沼气，以解决农村禽畜粪便污染的问题。当然，生态优先不只是治理，还需要创造。要充分考虑地方的民居特点，吸收传统民居依山傍水的优良传统，建设人与自然环境融为一体的怡人新农村。

其四，多方合作。

解决农村居民住房问题是一项史无前例的大工程，需要政府、金融业、农村集体以及农民个人的共同努力，协调合作。其中，政府扮演着领导、推动、调控、协调、教育、规范等多重角色，有许多重要的政策、措施有待制订和实施。例如，政府需要通过界定房屋产权，确认农民的产权主体资格，实现农村房屋产权的有序流动，以便尽可能活跃农村的房屋产权市场，同时为农民创业和职业流动提供启动资金；又如，政府还应减免涉农建房的税费，降低农民建房的隐形成本。金融业、特别是遍布乡村的信用合作社的介入与支持可能为农民建房提供资金支持，为农村困难群体提供必要的信贷，帮助其解决建房资金的短缺问题。据辽宁省的统计调查，2001年全省农民建房，银行、信用社提供的建房资金不足总资金的3%②，建房资金基本上由农户个人自筹，由此可见，农民建房迫切需要农村金融机构的支持。农村社区、特别是集体经济相对发达的农村社区，应从集体收入中拿出一定比例的资金改善农村社区的基础设施，在可能的情况下，也可部分支持农户改善住房。最后，农民改善住房，主要还是依靠自己的力量。农民个人应从收入水平出发，量力而行，建设适合居住、功能配套的住房，不应贪大求洋，互相攀比，建设超出个人经济承受能力和使用水平的住房。

其五，农民自主。

农村建房，只有农民才知道最需要什么，从这个意义上说，解决农村住房问题的一个重要原则是农民自主。农民自主在双重意义上对解决农村住房问题有特殊的价值。一方面，惟有充分发挥农民大众的积极性、主动性和创造性，农村住房才可能真正得到圆满的解决。另一方面，在社会主义新农村建设中，特别在住房规划与推进农民集中居住的过程中，只有广泛听取农民的意见和建议，尊重农民的利益与权利，接受农民的监督，才可能有效地避免“面子工程”和“形象工程”。当然，坚持农民自主原则，并不意味着做农民的尾巴；恰恰相反，只有正确地组织与引导，农民的自主才可能得到有效的发挥，才可能有正确的方向。许多农村地区的实例说明，如果在建房问题上放任自流，那么，农民，特别是富裕了起来的农民的非理性行为可能会给农村社区带来不良的后果，可能妨碍农村的可持续发展。因此，要解决好农村的住房问题，建设社会主义新农村，重要的问题是教育农民！

① 别让城市垃圾污染农村环境. 人民日报，2007-02-09（16）.

② 辽宁省2001年农民家庭住房情况统计. 辽宁统计年鉴2002.

论中国住宅私有化进程中住宅权的实现[①]

金 俭

【摘要】中国住宅私有化进程在改变中国财富存在的形式以及人们的生活观念、生活方式的同时，也形成了严重的两极分化。作为人类赖以生存与发展的基本条件，获得住宅权利是每一公民的基本社会诉求。因此，住宅权既是公民一项重要的财产权，也是公民的一项基本人权。住宅权就是公民有权获得可负担得起的适宜于人类居住的，具有良好的物质设备和基础服务设施的，具有安全、健康、尊严的并不受歧视的住房权利。每一个人与家庭均有获得适当住宅的权利。树立"住宅确保"的法律理念，保障公民住宅权的实现不仅是政府的一项基本职责，更是政府应尽的法律义务。

【关键词】住宅私有化　住宅权　实现

Abstract: China's residential privatization has changed wealth form and Chinese people's life and ideas, way of life, at the same time, has also created a serious polarization. As a basic condition of human's survival and development, the right to adequate housing is every citizen's basic social demands. So, the right to adequate housing is not only an important property right of citizens, but also a fundamental human right. The right to adequate housing is the right of citizens to get suitable affordable for human habitation, with good material equipment and basic service facilities, with security, health, dignity and no discrimination. Each individual and family has the right to get an adequate housing. Establishing "ensure housing idea", protecting citizens, housing rights realization are not only the basic responsibility of government, but also a legal obligation.

Key Words: residential privatization; the right to adequate housing; realization

1 引言

中国的住宅私有化无疑是改革开放成果中结出的最诱人的成果之一。住宅的私有化进程，改变了中国财富存在的形式以及人们的生活观念、生活方式，在影响中国经济增长方式的同时，也产生了激烈的社会阶层分异，重组了社会的阶层结构，形成了严重的两极分化。因此，在住宅的私有化过程中，如何保障公民公平住宅权的实现，不仅是一项关系到我国宪法所赋予公民基本人权的实现问题，更是关系到社会长治久安、社会和谐发展的重大社会问题。

2 住宅权确保理念

住，自古以来就和衣、食、行并列，是人类生存和发展所不可缺少的重要物质条件。今天，住宅问题不仅在中国，在世界范围内也都受到各国政府的普遍关注。各国政府无不把解决住宅问题作为维护社会稳定，促进经济增长，改善居民生活的大事来抓。1981 年 4 月在伦敦召开的国际住宅和城市问题研讨会上，通过了一部具有重大影响的《住宅人权宣言》。"居住在良好环境并适宜于人类的住所"被确认为"是所有居民的基本人权"。联合国《世界人权宣言》也规定："人人有权享受为维持本人和家属的健康和福利所需的生活水准，包括食物、衣着、住房、医疗和必要的社会服务；在遭到失业、疾病、残废、守寡、衰老或在其他不能控制的情况下丧失谋生能力时，有权享

① 基金项目：国家社会科学基金项目（07BFX027）《不动产财产权行使自由与限制研究》。

作者：金俭，南京大学法学院教授，博士研究生导师，南京大学住宅政策与不动产法研究中心主任

受保障。”住宅权是每个人应享有的基本人权。一些发达国家如美、英、法、荷、日等纷纷制定相应的住房法律与政策，以实现“居者有其屋”这一目标。日本在1977年通过的《神户市民福利保护条例》中提出了“住宅确保”的理念。[1]该条例23条规定：必须完善必要的条件，以确保所有市民能享有良好的环境和优质的住宅。在日本第一次以法律条文形式将市民的住宅权利肯定了下来。今天，住宅权已被国际法承认并为国际社会所接受，住宅权应受到法律保护的观点已成为人类的一项共识。现在各国政府要承担比任何时候更多、更明确的责任去尊重、增进和实现住宅权，并承认获得足够、安全、舒适和健康的居住条件是一项基本人权，其地位等同于其他那些传统的人权，如言论自由权、宗教信仰权等。一批人权机构已经开始将住宅权和其他人权同等看待，甚至将侵犯住宅权与酷刑或政治性屠杀并列。[2]在法律史上，第一次一些政府被列入了侵犯住宅权的名单。一些非政府组织已经就有关国家对住宅权义务的违反向国际人权机构提出了正式的法律诉讼。法院也越来越多地将住宅权问题放入正式司法框架内处理。无论是在国际还是各国国内各个层面上，与住宅权相关的领域都正发生着令人鼓舞的巨大变化。[2]我国政府已于1997年10月签署《经济、社会、文化权利国际公约》(以下简称《公约》)。①《公约》第11条规定：“本公约缔约各国承认人人有权为他自己和家庭获得相当的生活水准，包括足够的食物、衣着和住房，并能不断改进生活条件。各缔约国将采取适当的步骤保证实现这一权利，并承认为此而实行基于自愿同意的国际合作的重要性。”第9条规定：“本公约缔约各国承认人人有权享受社会保障，包括社会保险。”我国作为公约之成员国，将遵守公约的规定，负担起国家的国内与国际义务，积极地采取适当措施以保证我国公民住宅权的实现。十届全国人大会议就现行宪法修改增加了尊重和保障人权，保护公民私有财产权。人权与公民私有财产权第一次被写进宪法，足见我国政府对人权与公民财产保护的重视。

3 住宅权内容的界定

住宅权(the right to adequate housing)就是获得适当住房的权利。住宅权对于每一个人、每一个家庭、每一个社会群体的健康与安宁都是十分重要的。尽管由于个人、家庭和社会群体的需要和偏好不尽相同，很难准确地描述“适当住房”的内容，但住宅权究竟包含哪些内容应当有一个较为具体明确的范畴。

在界定住宅权是什么以及它所包含的内容时，必须明确以下两个前提：一是对住宅权的理解不应做狭义或限制性的解释，例如不应将住宅等同于仅仅是人们头顶上盖有屋顶的房屋，或者仅仅将住宅看作是一件日常生活用品。它应被看作是人们一种安全、平静、有尊严地生活在某处的权利[3]。二是我们不能仅仅考虑住宅的物理结构、空间大小，还应考虑到生活在其中的人和家庭的负担与感受。住宅必须为需要居住的人们所负担得起，并且所处的地点应安全并健康，具有生活、就业等生活、学习所需的必要设施。因此，作为基本人权的住宅权应包含下列因素或权利：

3.1 可居住性——居住权

人们为了生存，首先必须有一个能挡风避雨的生活场所，这是作为一个人的最低的生存权利。适足或适宜的住宅必须是可以居住的，可以保护居住者免受寒冷、潮湿、炎热、雨、风或其他危害健康的威胁，能够保证居住者人身安全。居住权是公民住宅权中最基本的权利，只有“安居”，才能“乐业”，没有住房，一切权利都无从谈起。

3.2 安全健康的住宅与适宜的地点——安全与健康权

为确保本人与家庭的安全与健康，人们有权要求住房的质量符合安全标准，住宅应建在安全与健康的地点。住房的质量直接影响着居住者的生命与财产安全，住宅的自然通风、阳光以及人均居住面积等同样直接影响到居住者的健康。缺乏适当的自然通风与阳光以及居住过于拥挤都将有碍于健康。在美国，为了保护公共安全，在《住房条例》(Housing Code)中要求每一栋用于租赁的房子都必须有防水的屋顶、烟囱、防火通道、通风设备、倒垃圾设备等等。[4]

适宜的住宅应建在一个清洁卫生的地方，可以供人们居住、生活、抚育孩子并保持健康的生活，而不应建在危害居民健康的受污染地方或紧靠着污染源的地方。较高的死亡率与发病率往往与不健康、不安全的住宅环境和生活环境相联系。适宜的住宅地点还应包括便于就业选择，具有卫生保健服务、入托、上学和其他社会服务设施等。

① 《经济、社会、文化权利国际公约》于1966年12月16日由第21届联大通过，并开放给各国签署、批准和加入，并于1976年1月3日生效。它是继《世界人权宣言》之后国际人权宪章体系的第二个文件。

3.3 获得物质设备和基础服务设施的权利——基础设施享有权

一处适当或适宜的住宅应当享有必要的社会服务设施，这些设施包括市政设施与社会公共服务设施，例如便利的饮水、烹饪的能源、供暖及照明、卫生洗涤设备、食品储存、垃圾处理设备、排水设施和紧急情况下的服务机构，例如火警和急救车等。

3.4 在费用上可负担得起并可获得与实现的权利

适宜或适当的住宅要为人们所能负担得起，其费用应当不会威胁或在事实上剥夺其满足自身其他基本需求的能力。个人或家庭中与住宅有关的费用应达到这样的水平：在获得适足住宅后，其他基本需要的获得和满足不因此而受到威胁或挤占。贫困人群经常被迫居住于城区边缘或公路旁边，因为只有在那里他们才能够负担得起廉价甚至免费的居住场所。住宅权必须是人们能够实现的，而非仅仅是一种口号或理想。政府应当提供给人们尤其是弱势群体充分的住宅资源，确保老年人、儿童、残疾人、艾滋病毒携带者、长期病患者、精神病人以及自然灾难的受害者等获得住宅的权利，及其在无家可归时要求适当安置的权利。

3.5 占有权的法律保障——住宅救济权

居住者对住宅的占有权应得到法律保障。尽管占有形式多种多样，如所有人占有、租赁人占有以及其他善意人占有等，但无论哪种方式，法律都应保障合法占有者的权利。住宅在被强制征收、被驱逐或受到其他威胁时，占有者有获得法律救济的权利与途径。这种对占有的保障权不仅所有者应当享有，承租人或善意占有人也同样享有这一法定的权利。

3.6 不受歧视的公平住宅权——公平权

在住宅权面前，应不分性别，不分民族、宗教信仰，无论是否有残疾等，在住宅买卖、租赁、贷款等方面都应一视同仁，禁止任何形式的对少数民族、不同宗教信仰者、妇女、残障人士、老年人、难民、贫困人士、单身人士、无家可归者以及同性恋者等人群的歧视。美国 1968 年颁布了《公平住宅法》（Fair Housing Act，1988 年经修正），该法禁止居民在住宅方面由于人种、肤色、性别、国籍、年龄、宗教、残疾人和有孩子的家庭（主要指单亲家庭）等原因而受到歧视。该法的覆盖面非常广，不论是否有政府资金参与，覆盖所有的民间与公共住宅。规定在住宅销售或出租时不得以残疾或家庭状况为条件，或不得在签约条件、服务的提供、设施的利用等方面有歧视行为。

总之，住宅权就是每个公民有权获得可负担得起的适宜于人类居住的，安全、健康、尊严，有良好的物质设备和基础服务设施的并不受歧视的住房权利。

4 住宅私有化进程中住宅权保障存在的问题

中国住宅的私有化经历了一个曲折而复杂的历史过程。1949 年新中国成立后开始了对私有住房的公有化改造，确立了住房公有制为主体的住宅分配体系。改革开放后，面对住房福利分配体制的种种弊端，从 1980 年开始对公有住房制度进行改革，实行住房的自有化。随着改革的深入，住房所有权与使用权性质发生了质的改变——公民完成了从拥有住宅有限产权到住宅部分产权再到住宅全部产权的实质性转变。公民住宅自有化向住宅私有化的过渡，使得住宅私有化率大幅度提高。而国有与集体所有的住房所占的比例大幅减少。今天，私有住房占城镇住房总量的比例已高达 82%。[5] 以住宅私有为主，多种住宅所有权形式并存的格局已基本形成。① 然而，在住宅的私有化进程中，住宅权保障问题开始凸现，具体表现为：

4.1 公有住房出售，住房的公平性受到挑战

公有住房的出售实际上就是对过去福利分房的公有住房的出售。由于以往的公房分配办法存在严重的不公平现象，而出售公有住房在某种程度上将这种不公平状态以合法的手段加以固定。因此，公有住宅的出售并没有也不能解决那些缺乏社会资源的社会弱势群体的住房问题。由此，住房的公平性受到挑战。

4.2 住房商品化加重了低收入者的负担

实现住房商品化无疑是必要的。对于那些有财力、经济上负担得起的购房者来说，住房的商品化可以改善自身的居住条件与生活水平，并实现其拥有自己住房的梦想。但是，取消福利分房，全面实行住房商品化，对于贫穷者和社会弱势群体而言，无疑是雪上加霜。他们无力通过自身的财力在市场购买到住房，住房的商品化也使得住房租赁市场价格上涨，而公房出售后，他们承租公房的可能性

① 多种形式包括公民个人和家庭私有住房、国家公有住房、集体所有住房以及中外合资合作等性质的住房。

也大大降低。住房商品化无疑加重了低收入与弱势群体的住房负担与压力。

4.3 住房价格过高，多数人难以承受

实行住房分配货币化以后，绝大多数城镇居民必须通过市场购买商品房来解决自身的住房问题。这就产生了居民购房能力与房价之间的矛盾。虽然近些年居民的收入提高，还有住房货币补贴，但商品房价格长期居高不下，居民的购房能力虽然提高却远远跟不上房价的飞涨。2004年广州市住宅交易均价为4618元/m²，到2007年，广州市全年成交均价为8599元/m²；北京市2005年全年商品住宅期房预售均价为6725元/m²，2007年商品住宅预售均价为13913元/m²；上海市2002年商品住房均价为4803元/m²，而2007年上海成交商品住宅平均销售价格8253元；南京市2003年新建住宅的均价为4378元/m²，至2007年，商品住房平均价格9400元/m²。居高不下的房价与居民的购房能力发生冲突。市区一套公寓动辄几十万，甚至上百万，加上购房后需要装修等设备添置，一般工薪阶层很难承受，即便靠银行贷款买下，每月的还贷仍将是一个沉重的负担。如果居民购房的承受力与现有住宅高价间的冲突不能得到适当的解决，势必将产生严重的社会问题。一方面，大量的拆迁户与住房困难户需要住房，而另一方面，市场所能提供的商品住宅他们又购买不起；一方面房屋空置，另一方面又无房可住。针对房价上涨过快的现象，2005年年初，国务院作出了对房地产市场进行调控的决策。国务院办公厅下发了《关于稳定住房价格的通知》，提出了八条具体措施，建设部等七部委也发出了《关于做好稳定住房价格工作的意见》。政府虽在此方面有所作为，加大了调控力度，但效果并不十分理想。

4.4 对弱势群体关注不够，住房的社会保障制度尚未完善

社会弱势群体是指创造财富、聚敛财富能力较弱，就业竞争能力、基本生活能力较差的人群。具体如残疾人、失业人群、城镇贫困人群、较早退休的人员、部分老龄化人口、少数遭遇灾害的人群等。根据国家民政局统计，我国城镇享受最低生活保障的人数为1598万人，这一数据实际上还并未包括那些因扶贫基金的限制未计入其中的贫困人群。[5]他们无法靠自身的能力在市场上获取住房，其住房问题只有依靠国家和社会帮助解决。住房保障制度的产生是有条件的。只有当把“住宅权”作为“生存权”被人们普遍认可后，才会有保护者的呼声；也只有当住房成为人类“生存必需品”时，才会有住房保障之说。市场机制在解决住房配置效率的问题上无疑是有效的，但居民的住房需求能否得以满足则完全取决于其个人收入水平。然而，如果听凭市场配置，弱势群体依靠市场机制则根本无法解决其自身的住房问题，因此，需要政府建立住房保障制度对市场运行作出某种调整。而现有国家住房政策对于弱势群体都不十分有利，具体表现在：

4.4.1 住房公积金覆盖率低

截至2006年6月，我国住房公积金覆盖率仅为62.04%，有的省份还不足40%，究其原因，一是在经济结构调整和国企改革改制中没有考虑为职工缴存住房公积金的资金来源，全国有近1500万个人住房公积金帐户处于封存状态；二是少数城市政府担心影响招商引资，对建立住房公积金制度态度不积极；三是宣传力度不够，职工维权意识不够强。与覆盖率低相关联的是住房公积金的使用效率不高。截至2006年6月，我国住房公积金个人贷款率仅为45.83%，低的省份只有12%，个别公积金中心和分中心甚至没有发放过个人贷款。公积金政策至少到目前为止将四部分人排除在外：一是没有参加公积金的集体企业和个体企业的职工；二是相对困难企业的职工（相当一部分下岗职工）；三是没有单位的城市居民（包括个体从业者）；四是在城市工作的农民工。后三部分就是目前的弱势群体的主体。

4.4.2 安居工程（经济适用房建设）住宅价格偏高

安居工程的主要目的是解决中低收入家庭的住房困难问题，逐步建立具有社会保障性质的住房供应体系。然而，安居工程的最终房价并没有按最初设计的1000元/m²左右的价格销售，而是以5000～6000元/m²的价格销售。这样的价格虽然比市场价低，但在客观上同样将弱势群体排除在外。因为即便是这样的价格低收入者也难以承受。

4.4.3 住房贷款排斥弱势群体

目前的住房贷款往往与商品房开发相关联，而购买商品房对于低收入的弱势群体而言是根本不可能的。住房贷款需要资产抵押，这对于弱势群体同样不利，因此，住房贷款对于弱势群体而言基本上是无意义的。

4.4.4 廉租房的建设远不能满足需求

目前我国廉租房体系在整体的发展态势上与居民的期望和长远目标有较大的距离。虽然我国廉租房体系自起步以来已经取得了一定的成效，但在运行中依旧存在一些问题。一是缺乏明确的目标和长远规划，更没有可操作性的具体安排。二是可用于廉租的房源太少。许多城市的双困难（收入低、住房困难）家庭，通过排队等形式很难在短时期内获得住房。利用旧有公房作为廉租房显然是杯水车薪，只有开拓其他渠道，例如国家建造一批廉租房以增加

廉租房源才能解决当前的燃眉之急，或者通过在商品住宅开发中给予开发商一定的税收优惠，让开发商返还一定比例的商品住宅作为廉租房。同时，也可借鉴国外的经验，国家通过补贴租房租金的办法让低收入者通过市场承租住房。可根据其收入确定一个补贴标准，并定期根据其收入与住房状况的改变来决定补贴的发放。一些拥有房源者由于政府直接将租金支付给房东，房东将消除疑虑愿意将房屋出租给廉租家庭。这样做，一方面可解决低收入且住房困难者的住房问题，另一方面也可以启动与发展我国的住房租赁市场。三是目前廉租房建造的地点大都在城乡结合部，大都是公共交通设施较差，就业机会较少的地方，原本收入就低的贫困者即便获得住房，生活成本反而会提高，收入相比反而更低。

5 政府的责任与住宅权的实现

每一个权利都存在与之相对应的承担义务或责任的主体。住宅权的实现，政府、社会与个人都承担着重要的义务与责任。

5.1 国家与政府的责任与义务

住宅权作为一项基本的人权，将受到国家或地区的自然资源、经济发展水平、政治、文化以及个人与家庭收入等诸多条件的制约，特别是对于低收入而又没有占有资源的人群而言，仅凭自身的努力并不能完全实现住宅权。因此，国家有义务与责任采取一定的措施来帮助公民实现这一权利。住宅商品化后，虽然住房的很大一部分是由城市居民或农村村民自己建造、购买予以解决的。但是，由于政府是城市居住条件得到实质性改善所必需的资源的惟一持有者，尤其在发展中国家以及实现土地公有制的国家。国家有给社会低收入者提供住房帮助的义务，已为世界各国政府一致的共识，美国、英国、德国、法国、日本均通过其住宅法给社会低收入者提供住房补贴或提供公共住房等，使低收入者可以在市场上购买到或租到其可负担得起的住房。实行低收入者住房保障制度是以社会公平与福利为出发点的，社会低收入者可避免因住宅市场的风险、昂贵的房价以及低收入等因素而丧失对住宅的享有权，从而保证公民住宅权享有的稳定性。

5.1.1 承担国际法的义务

我国批准签署的《经济、社会、文化权利国际公约》第 11 条规定："本公约缔约各国承认人人有权为他自己和家庭获得相当的生活水准，包括足够的食物、衣着和住房，并能不断改进生活条件。各缔约国将采取适当的步骤保证实现这一权利，并承认为此而实行基于自愿同意的国际合作的重要性。"第 9 条规定："本公约缔约各国承认人人有权享受社会保障，包括社会保险。"为这些权利的实现，《公约》第 2 条第 1 项规定："本公约缔约国承允尽其最大资源能力所及个别采取步骤或经由国际援助与合作，特别在经济和技术方面的援助和合作，采取种种步骤，以便用一切适当方法，尤其包括通过立法措施，逐渐使本盟约确认之各种权利完全实现。"为此，我国政府承担着保证住宅权的法定义务，具体包括：

（1）立法及相关措施

所有缔约国有义务立即开始采取种种步骤以便公约包含权利之完全实现。尽管《公约》规定相关各种权利的实现是可以逐渐达成的目标，但只要缔约国承诺了此文件下的义务就必须在较短的时间内采取积极的行动。根据《公约》的规定，仅仅通过立法措施尚不足以实现《公约》设定的义务，还应包括其他"适当方法"。"适当方法"包括立法、行政、司法、经济、社会和教育等方法。因此，为实现公民住宅权，我国政府除应积极制定住宅保障相关法律，从法律上确立住宅权保障外，在司法、行政以及在经济、社会等方面也应采取相应的措施，以确保公民住宅权的实现。所谓尽其资源能力所及包括：①无论其经济发展水平如何，各国政府都有义务确保对所有人最低生存需要的尊重；②资源既包括其本国领域内的资源也包括通过国际合作和国际协助从国际社会取得的资源；③确定已经采用了所有适当方法以及资源是否得到公平和有效的使用；④在资源分配上应当地优先用于公约确认的各种权利的实现，并关注保障满足每一个人的生存所需要提供基本服务的需要。当然，由于各国经济、社会和文化等因素的不同，'尽其资源能力所及"在很大程度上是由一国之经济地位决定。由于各国资源能力的极端不平衡，《公约》也赋予了各国很大的自由裁量权。但这种自由裁量权并不是完全没有限制的，而是要求政府"设立基准或标准，以确定在其国内实现公约所确认的每一项权利的最低需求。"这就要求政府在提交报告时作为一个尺度将国内的现状（比如关于住宅权实现方面）与之进行比较。同时，为了防止各国专断和随意地为自己决定其在何种水平上承担公约要求之义务，明确授权负责监管公约的国际机构就此事项对各国进行仔细核查。这样做也使得确认国家住宅权政策适当性的任务较之从前更为明确，同时还可以为政府指明道路，使其能够为实现住宅权而更加合理地分配投资和资源。

（2）履行《公约》的义务

《公约》要求缔约国权宜行事以实现这些权利，但在任何情况下这都不能被解释为暗示国家有权无期限地拖延权利实现的努力。相反，所有缔约国有义务立即采取种种步骤实践其在《公约》下的义务，比如《公约》第2条第2项禁止歧视的规定：不因种族、肤色、性别、语言、宗教、政见或其他主张、民族或社会阶级、财产、出身或其他身份而受到歧视。同时，逐渐实现义务的存在不依赖于资源的增长，而要求对现有资源的充分有效利用。

5.1.2 履行国内法上的义务

现在，越来越多的国家在其宪法中开始规定各种经济、社会和文化权利，包括住宅权。我国十届全国人大会议就现行宪法修改提出了增加尊重和保障人权以及保护公民私有财产权的规定。人权与私有财产权被第一次写进我国的宪法，足见我国政府对人权与公民财产保护的重视。《宪法》第13条规定："公民的合法的私有财产不受侵犯。"第39条规定："中华人民共和国公民的住宅不受侵犯。禁止非法搜查或者非法侵入公民的住宅。"第45条规定："中华人民共和国公民在年老、疾病或者丧失劳动能力的情况下，有从国家和社会获得物质帮助的权利。国家发展为公民享受这些权利所需要的社会保险、社会救济和医疗卫生事业。"获得物质帮助，其中包括住宅帮助。2007年10月1日实施的《物权法》，用大量的篇幅与条文对公民私有的不动产财产权特别是房屋所有权（建筑物区分所有权）作出规定与保护。同时，《物权法》第42条还规定："征收单位、个人的房屋及其他不动产，应当依法给予拆迁补偿，维护被征收人的合法权益；征收个人住宅的，还应当保障被征收人的居住条件。"保障居住条件，就是要在公民住宅被征收后保证其住宅权不受影响。由此可见，政府承担保护公民的住宅权是政府应承担的国内的一项法律义务。当住宅权问题上出现"公益"与"私益"发生冲突，或者由于客观情况即便通过自身努力也无法解决居住时，政府首先应该把住宅权问题当作一项基本人权来考虑，树立"住宅权确保"的理念。政府有责任与义务确保公民住宅权的实现。尽管目前在实践中，在住宅权问题上个人尚无法通过司法程序主张自己是此项权利未能实现的受害者，但根据《公约》规定的标准，仍然可以通过国内法律的制定和解释发挥其重要作用。我国应尽快制定《住宅法》，以确保公民住宅权的实现。

国家、政府在实现公民住宅权方面的责任与义务可具体概括为：①制定公民住宅保障的法律法规，包括经济适用房、廉租房、住房补贴等住宅社会保障性法律或条例，制定法律、法规规范商品住宅市场行为，包括住房买卖、租赁、抵押等交易行为，以保证住宅权的实现；②采取有效措施限制土地和住房投机，以保证全社会公民公平地享有住房权益；③保证在全社会成员充分参与的情况下，广泛讨论优先采取的住房保障政策；④调查汇总反映未满足住宅权的状况，制定政策并采取紧急的措施明确对包括社会上最贫穷人的住房的优先考虑；⑤实行公开、公平的住房财政支持政策；⑥制定法律与采取政策措施保障公民在住房方面免于歧视，以及在住宅土地占有和使用方面的合法保障；⑦制定使公民能够获得可居住的、可负担得起的住房政策。在实施住房政策时，应充分认识到每一个人都享有获得适宜生存的环境的权利，特别应关注那些处于不利或弱势地位群体的住房需求。

5.2 个人与家庭的责任与义务

住宅权是"人人有权享受的……为其本人及家属……住宅权……"这一措辞直接引自《世界人权宣言》第25条之规定。可见，享有住宅权的主体包括个人与家庭。

5.2.1 个人

人人享有住宅权，这里人人指的是国家的一个公民，即具有一国国籍的人。应不分性别、种族、肤色、语言、宗教、政治和其他见解、社会出身、财产或其他身份，每一个人均享有住宅的权利。住宅权的享有与实现主要是针对本国的公民，对非本国公民可根据各国的经济状况决定保护的程度。尤其对于一国政府的住房社会保障制度更是如此。

5.2.2 家庭

住宅权的主体主要是个人，同样也包括由个人组成的家庭。家庭就是由婚姻关系、血缘关系或收养关系而发生的亲属间的社会生活组织。[6]每一个家庭在社会上都享有住宅权。住宅权是针对个人与家庭而言的，这就排除集体或任何组织享有住宅权。住宅权保障的是个人与家庭的权利。

个人与家庭均享有住宅权，那么个人与家庭是否有义务促成住宅权之实现，这是一个势必引发争论的问题。《世界人权宣言》第29条第1项规定："人人对于社会负有义务，因为只有在社会中他的个性才可能得到自由和充分的发展。"而《非洲人权公约》（AFCHPR）中同样概括了个人义务。根据该公约，个人有义务努力推进和遵守住宅权。此项义务不单是相对于个人而言，同样对其所属之社会也要承担。这些义务包括尽其个人与家庭所能，解决其居住问题。因此，对于中高收入者应从住房市场上通过购买或租赁以解决自身的住房，有不占用未经批准利用之土地、财产或住宅等义务，不为投机增值之目的而将土地闲置的义务，一般而言不得从事投机活动的义务以及许多其他义务。

5.3 国际社会的责任与义务

除了国家和公民个人、家庭在住宅权领域的法律责任外，国际社会同样必须承担一系列义务，尽管在此方面的规定还不十分明确。这些机构包括诸如联合国、联合国人居委员会、国际货币基金组织和世界银行等国际金融机构，还有区域性合作组织等。这些机构对住宅权的实现承担的义务有些是基于法律而产生，而更多的是基于社会、政治等因素。目前国际和政府间组织对于实现住宅权负有的义务主要包括：①不得强迫一国通过其所采取的政策违反住宅权责任的义务；②在适当的时间与地点在所有各个层面上制定有关住宅权的政策并充分重视其存在的义务；③在发生天灾人祸，住宅或人居条件遭遇破坏或受影响的情况下，提供金融和其他帮助的义务；④不允许通过或批准意图或在事实上贬低住宅权的法律文件的义务；⑤不得容忍任何导致住宅权受到否认和剥夺的军事行动的义务；⑥为因为干旱、战争、饥荒等原因而产生的难民提供庇护处所或住所的义务。

6 结语

住房社会保障制度是一项政策性、社会性强，涉及面极广的系统工程，不仅是政府的一项责职，更是政府的一项法律义务。为此，一方面，应建立与完善住房商品化、市场化住房机制；另一方面，应当在我国建立与完善住房社会保障机制。“居者有其屋”既是公民住宅权的最终目标，也是公民住宅权的最低法律底线。公民住宅权的实现既是维护公民基本生存权的重要内容，也是宪法与相关法律的重要内容。

参考文献

[1] 杜建人. 日本城市研究. 上海交通大学出版社，1996.

[2] Rajindar Sachar. The Right to Adequate Housing. UN New York and Geneva，1996.

[3] J. David Hulchanski，Scott Leckie. The Human Right to Adequate Housing——1945～1999. COHRE (Centre on Housing Rights and Evictions) February 2000. （内部资料，无出版社）

[4] 李进之等. 美国财产法. 法律出版社，1999.

[5] 陈伯庚等. 城镇住房制度改革的理论与实践. 上海人民出版社，2003.

[6]《法学词典》编辑委员会. 法学词典. 上海辞书出版社，1980.

URP城乡规划 URBAN RURAL PLANNING

住房·政府·法律
——我国面向中低收入家庭住房保障的几点思考

李信仕　张　萍

【摘要】通过对住房问题的社会属性及目前突出矛盾的分析，明确住房保障的责任主体是政府。在住房保障的法律法规是住房保障制度得以实施的前提和依据下，着重探讨了目前我国有关的立法状况及主要问题，以及在住房保障中如何规范政府行为。

【关键词】住房保障　中低收入家庭　政府　法律

Abstract: After analyzing the social attribute and current major contradictions of housing problems, it's shown that the government bears the responsibility for housing support. As laws and regulations for housing support are the basis of carrying out housing guarantee system, we discussed the status of legislation, major problems and government behavior standardized on housing guarantee.

Key Words: Housing guarantee, low and middle-income families, government, laws

1　住房问题的社会性特征（社会属性）

1.1　获得适宜居住的住房是每个居民的基本权利

住房作为人类生存不可替代的必需品，人人都应享有合适的居住设施的观点已经得到社会普遍认同。1981 年 4 月在英国伦敦召开的“城市住宅问题国际研讨会”上通过的“住宅人权宣言”指出：“一个环境良好、适宜人的住所是所有居民的基本人权。”2004 年 3 月 4 日十届全国人大二次会议通过宪法修正案明确规定：“国家尊重和保障人权”以及“国家建立健全同经济发展水平相适应的社会保障制度”。由此可见，住房保障是现代社会每一个公民享有的基本权利。

住房问题关系到千家万户，是人民群众切身利益之所在，特别是解决城镇中低收入家庭住房问题是广大群众的强烈呼声，也是让全体人民共享改革发展成果，促进社会和谐稳定的迫切需要。

1.2　目前的突出矛盾

随着我国经济的高速发展和城市化建设步伐的加快，城镇常住人口和非常住人口迅速增加，广大中低收入居民家庭的住房支付能力与具有适宜住房标准的住房价格之间出现巨大的落差。近年来，在我国的大中城市和沿海经济发达的城市，房价上涨过快。以广州为例，2006 年新建商品房住宅均价约为 6352 元/m^2，中心区商品房实时签约均价已连续数月突破 7000 元/m^2，而同期城镇居民人均月收入约为 1660 元。普通居民要倾其所有积蓄，或者背负数十年的巨额银行贷款买房，极大加重了生活负担，这将最终导致贫富差距加大，影响社会公平，危害整个社会的安定和谐。

由此可见，住房问题不仅是一个经济问题，更是一个重大的社会问题。

2　住房保障的责任主体——政府

虽然，住房保障是现代社会每一个公民享有的基本权利，然而，由于土地资源的稀缺性及房地产开发的市场属性及其伴生的缺陷，以中低收入者为主体的弱势群体难以依赖市场机制来解决自身的住房问题。因此，政府作为社会经济宏观调控者和管理者，担负着促进社会全面进步和保障全体居民基本权利实现的职责，理应成为构建住房保

作者：李信仕，西安建筑科技大学博士，高级规划师
张萍，同济大学博士后，高级规划师

障体制的主体。尤其是在城市化快速发展而中低收入居民家庭出现全社会性住房紧张的情况下，没有政府的干预，就不可能有效地缓冲以致解决尖锐的住房矛盾。同时，住房保障的程序是复杂的，必须以政府的权威和系统组织能力来实施，只有政府有能力调动全社会的资源去应对。

政府建立住房保障制度的根本目的，应该是帮助中低收入的社会弱势群体，使他们在市场经济为主的住房供给体系中获得基本的居住权益。中低收入家庭在任何地区、任何时期都存在，国内外的实践证明，这一阶层居住问题的解决，需要得到政府的帮助，因为依靠他们自身的力量，根本无法跨越其收入水平与住房市场价格之间的鸿沟。

3 住房保障的法律法规是住房保障制度得以实施的前提和依据

综观世界各国社会保障制度建立和发展的历史，无一不是立法在先，法律健全。但从我国的立法现状看，目前还没有一部统一的社会保障法，这与我国社会保障发展的客观需要很不适应。作为社会保障重要组成部分的住房保障制度就无法通过统一立法加以确定，这在一定程度上影响了住房保障在内的各项工作的实施效果。

《社会保障法》和住房保障的相应立法，应对居民拥有适当住房的这一权利加以规定和保护，明确规定居住权是公民权利的重要组成部分，保障居民的基本居住条件是政府职能的基本体现，从而不仅为建立住房保障体制以及相关政策措施的采用提供法律依据，而且也对居民享受有关住房保障待遇以及由此形成的其他财产权利与非财产权利给予法律保障和支持。

为保证住房保障目标的实现，应以法律形式具体规范住房保障职能机构的设置、职能、责任和工作程序；国家、企业、个人等保障主体之间的权利和义务；住房保障给付标准的确定和调整；住房保障的管理与投资运营等内容。通过制定相应的政策法规，从微观上明确住房保障的对象、住房标准、保障水平、保障资金的来源、专门管理机构的建立和权限，以及对骗取保障行为的惩罚等，从而划分中央与地方、各种专门机构之间的权责，既能使政策法令更具可操作性，还可以避免各部门之间出现互相推诿等现象，以达到权责分明、各负其责、措施有力、提高效率、落实得当的目的，使住房保障的运作制度化和规范化。

4 目前我国有关的立法状况及主要问题

国务院2007年8月公布了《关于解决城市低收入家庭住房困难的若干意见》（简称24号文）后，又相继颁布了行政法规——《廉租住房保障办法》和《经济适用住房管理办法》。这表示，对于解决中低收入人群住房问题的政策倾斜度力度加强。从24号文开始，国家政策目标非常明确：2008年底前，所有县城对符合条件的低保家庭要基本做到应保尽保；十一五期末，全国廉租住房制度保障范围由最低收入扩大到低收入。特别是24号文和新办法中，将廉租房资金来源中土地出让金的5%提升至10%，如果真正落实，这对廉租房的推动力度将是非常大的。

尽管《廉租住房保障办法》和《经济适用住房管理办法》都对住房保障的相关内容进行了具体规范，包括中央政府和地方政府的职责、保障方式、资金来源、房屋来源、申请核准的程序、监督管理等等，但从住房和城乡建设部公布执行的情况来看，相关法规文件实际执行的效果并不理想。

一方面是相对比较贫困的中西部地区，本身靠财政吃饭，土地出让金很少，因而执行困难。对此，新近国家出台的办法明确了对这些地区的支持，今年中央财政安排了49亿元人民币用于廉租房建设。

另一方面，经济适用房也好，廉租房也好，特别是廉租房，是需要地方政府从当地财政中拿钱出来，如果没有监察部门的介入，地方政府的重视程度就有可能打折扣，执行起来确实会有困难。

鉴于此，由国务院九部委组建的联合调查小组于2007年12月赴全国各城市进行房地产专项调查。调查重点之一是了解各地落实加强廉租房建设的力度，以期改变过去执行落实不够的问题。此次由于有监察部门的介入，从另外一个角度是给地方政府一个信号——中央政府把权力下放给地方政府，地方政府要根据各地情况制定更细的细则，具体操作中地方政府还是需要监管的。

综上所述，在住房保障制度建设中，制定相应的法律法规是必要的前提和依据，不仅中央要制定法律法规，各地方政府更要结合各地社会经济发展需要的实际情况，制定进一步的实施细则。但实践证明，只讨论立法是远远不够的。可以看到，地方政府是住房保障建设的实施主体，其执行是关键，而目前的突出问题之一就是地方政府的执行问题。因此，对政府的主体职责不能进行简单化理解，需要深入分析地方政府的角色及其内在的价值取向，据此在立法上、特别是监督环节上进行有效的制度化规范，而不单单依靠中央调查组对地方的监督行动。

5 几点思考

5.1 地方政府角色及其价值取向的质疑

5.1.1 政府职能及其价值取向的理论

根据马克思主义的国家观，政府作为国家上层建筑的核心部分，它必然发挥包括经济、政治、文化、社会等多方面的职能，以反作用于经济基础，维护特定的阶级统治和社会的生存运行。① 其中，政府的经济社会职能是政府众多职能中最基本的组成部分，正如恩格斯所说：“一切政治权利起先总是以某种经济的、社会的职能为基础的。”②

现代经济学普遍认为，政府有权干预社会经济活动，必须具备一个理论假设：政府是社会利益（Social wearfare）的最佳代表，政府行为的最终目标是实现社会利益最大化。③“政治统治到处都是以执行某种社会职能为基础，而且政治统治只有在它执行了它的这种社会职能时才能持续下去。”④换言之，政府只有在代表着社会利益时才是合法地行使权力。我国宪法第二条也规定：“中华人民共和国的一切权力属于人民。”政府的社会经济管理者身份及相应的权力是人民所赋予的，是以它能代表全体人民的需要和社会利益需要为前提的。因此，维护和实现社会利益是政府权力干预社会经济生活的理由之一。⑤ 其实，正是基于自由市场行为给个人、集体和社会可能带来损害的潜在倾向，以及给整个社会带来“负的外部效应”，为了维护社会利益，政府才被赋予干预社会经济的职能和权力。这时我们再度审视，会发现其根本症结就在于：政府代表社会利益的前提假设受到了挑战，现实中政府行为往往容易偏离通向实现社会利益最大化的行为规范。

5.1.2 住房保障中政府价值取向的质疑

市场经济条件下，住房保障中地方政府的基本工作就是面对和解决城市的公共问题，指向服务公众、特别是弱势人群的社会目标。

基于以上关于政府职能的理论，政府行使住房保障职能的一个理论假设就是——政府应该代表城市中低收入人群的利益，并保障这一社会利益的实现。

然而，在我国实际开发建设中，社会公共利益受到侵害和政府维护社会利益失败的事例却不胜枚举，面向中低收入人群的住房租赁和建设没有落实到位。显然，地方政府关注的中心问题还不是中低收入弱势人群的社会利益问题，尽管目前这一问题已经引起地方政府的高度重视。“在中国社会向市场经济转型的时期，市政府关心的中心问题只有一个：城市的经济发展（包括扩大城市经济总量以增加税收，增加就业岗位以减少失业，投资城市建设以改善市容）。”“为了显示政绩，在一定程度上说，所有的市政府都是短视的，只有在本届政府任期内能完成的项目，才是市政府真正关注的中心。”“在有限的时间、有限的资源条件下做出政绩，是市长们的主要压力。”⑥ 这样看来，在住房保障的建设过程中，地方政府会时常偏离实现社会利益最大化的目标，而那却是一个更接近真实的政府。

5.2 政府角色职能的“委托—代理”分析框架——一种现实的理解

委托代理理论在当前有关现代企业制度的研究中，是一种被普遍采用的分析工具。例如，股份公司的产权安排和治理结构就可以用一种两级制的委托代理关系（Relationship of Principal-Agent）来理解（P 代表委托方，A 代表代理人）：

股东 P—A 董事会 P—A 经理

---

① 关于政府的职能，在中国还要注意这样的事实和特色：由于国有经济在整个国民经济中居于主体地位，政府还是大部分经济资源和自然资源（如土地）的所有者。因此，政府在发挥经济管理职能的同时，也发挥着公有财产所有者的重要职能。

② 转引自蒋学模主编. 高级政治经济学——社会主义本体论. 复旦大学出版社，2001. 118.

③ 刘俏. 经济学中的政府. 21 世纪经济报道，2002-04-02.

④ 《马克思恩格斯全集》。第 20 卷，第 195 页。转引自孙笑侠。法的现象与观念。北京：群众出版社，1995，第 144 页。

⑤ 事实上，在计划经济时代一直是把国家利益作为权力干预的惟一理由，从而造成权力过分干预个人自由、个人权利，甚至侵入到社会利益领域的现象。例如，在城市房地产市场中除了各种类型的、具有独立法人资格的开发商，还有一些政府部门机构办的开发企业，特别是计划、土地、建设、规划等与土地开发关系密切的政府机构，这一现象本身就是对房地产市场经济秩序的破坏。当然，以社会利益作为权力干预的理由也不是没有限制的。孙笑侠在《法的现象与观念》一书中认为，对权力的社会利益理由也应有限制措施，如因公共利益征用土地，或因紧急状态干预个人权利而造成损失，应当给相对人以补偿。

⑥ 这是张庭伟在《构筑规划师的工作平台》（城市规划 2002 第 10 期）一文中，对当前我国地方政府和市长对于政绩的关注以及所受到的压力的阐述。关于政府政绩的考核标准一直是社会讨论的一个问题。龙永图主张，考核政府政绩主要看就业率和税收，而不是 GDP。而另据报载，浙江省的地方政绩考核标准已经从总产值考核、GDP 考核，再到目前的财政收入考核。因为，总产值和 GDP 仅反映了经济运行盘子的大小，财政收入才反映经济运行的内在质量。企业做实了，地方经济的基础就实了。其实，无论是财政收入和税收考核，还是就业率考核，都是为了促使政府多一些远期行为，少一些急功近利。

即：第1级是股东（委托人）和董事会（代理人）之间的资本权利关系。第2级是董事会（委托人）和经理阶层（代理人）的资本权利关系。

在委托代理关系中存在着两个突出的问题和特征。其一，委托人和代理人之间的利益不一定完全一致，存在代理人背离委托人目标的问题。因为经理不是资本的所有者，因此他们追求的首要目标并不一定是利润最大化，而可能是自身的金钱、名誉、社会声望、稳定、舒适等不同于所有者的多重目标。正如亚当·斯密（Adam Smith）在《国富论》中所指出的，管理他人财产的董事或经理（代理人）是不大可能具有资本所有者（委托人）那样强烈的经济利益激励的。其二，委托人和代理人之间存在着"信息不对称"。这既表现在委托人和代理人掌握有效信息的能力不一样，也表现在委托人不可能充分掌握有关代理人努力、行为、工作绩效等信息。在信息不对称的条件下，代理人就有机会隐瞒不利于自己的信息或者制造、发布虚假的、扭曲的信息；代理人就有机会利用私人信息优势，为增进个人利益，而不惜损害委托者的权益。这种行为特征就是代理人的"以权谋私"、"损人利己"。①

假设政府作为代理人（Agent）而存在，是对政府管理职能一种现实的理论解释，也是基于实践反思对"帮助之手"的理论假设的修正。现代社会中，人民赋予政府管理社会和社会资源的权力，人民和政府之间实质上就形成了一种委托人—代理人的关系。作为代理人，政府行为的目标往往并不会完全与全体选民的意愿一致，而是在西方代表着支持其当选的利益群体的特别利益；在中国，则实质上往往指向其对于"政绩"、"地方经济发展指标"等自身利益需要。因此，完全相信并依赖政府实现经济活动的最优化和社会利益的最大化会是不现实的，也是不可能的。于是，在"看不见的手"和"帮助之手"两种学说之间，委托代理理论因为更贴切、更准确地解释和描述了政府的职能而日益被人们所接受，经济学中的代理人问题也就存在于政府行为之中。在委托代理人的分析框架下，作为代理人的政府往往容易为满足自身的或某些利益集团的特殊利益，而采取偏离社会利益目标的政策和行为。

把政府作为代理人来理解的意义在于，能够深刻理解政府决策的背后过程，还原一个具有自身利益需要和其他集团利益压力的真实的政府，而不仅仅停留在对"为什么没有代表社会利益、社会弱势群体的利益决策"的理想政府的拷问。正如刘俏所认为的，把政府作为代理人来理解，有双重意义："一是它能帮助人们理解现有游戏规则的形成——现有规则只不过是和政府有千丝万缕联系的利益集团博弈的结果；二是有助于理解应该怎样入手，改变现有游戏规则，设计新的规则。"②

基于以上理论，来理解我国住房保障建设中的地方政府行为，就能获得全新的研究思考视野——把地方政府作为代理人来理解的核心问题，是公众、特别是中低收入人群如何使政府的行为符合他们的利益和社会利益的目标。

5.3 住房保障中如何促使政府行为符合社会利益取向

从经济学的委托人—代理人理论上看，其核心问题是委托人如何使代理人的行为符合委托人的利益。因为，代理人往往是根据自身利益的最大化，而不是委托人利益最大化来进行选择和决定付出的努力水平。如果委托人能设计出一种"机制"，使代理人的利益与委托人的利益尽可能一致，从而使代理人的主观努力和行为比较符合委托人的利益，这就被称为"激励机制设计"。③ 经济学上的"激励机制设计"原理对控制住房保障中的政府行为方面有意义的启发和原则在于：在许多情况下，委托人的利益不仅仅取决于代理人的努力水平和行为，还受到其他外部不确定因素的影响（如店主的收益除了与店员的努力程度有关外，还与整个市场的不确定因素有关）。尽管如此，委托人的利益还是与代理人的行为呈现高度的正相关关系。基于此，设计有效的激励机制和法律保障可以关注三条原则：其一，尽量改善委托人和代理人之间信息不对称的状况；其二，尽量减小和限制外部不确定因素的影响；其三，代理人要承担所有的不确定性的风险。④

在企业制度和经济关系中，委托人就是产权所有者，他可以依据具有法律效力的合同，主动制约代理人的利益倾向，制定激励机制以促使代理人的利益与其自身的利益尽可能一致。在全体市民（包括中低收入人群）和地方政府所形成的委托人—代理人的关系中，尽管全体市民作为

① 蒋学模主编. 高级政治经济学——社会主义本体论. 复旦大学出版社，2001. 140～143.

② 刘俏. 经济学中的政府. 21世纪经济报道，2002-04-02.

③ 伍柏麟，尹伯成. 经济学基础教程. 复旦大学出版社，2001. 155～161.

④ 经济学上对这一机制的具体设计是以数学函数关系，通过详细分析委托人的纯利润和愿意付出的代价情况，代理人的努力程度、报酬和成本诸要素，以及它们之间的函数关系来进行的。实践证明，用纯数学思路分析社会因素并不完全适用，但这一机制设计的几条原则却对解决市民和政府的委托—代理人关系中的核心问题有借鉴意义。

名义上城市资源的所有者而成为委托人，但是他们实际上并不拥有真正意义上的主动制衡权，没有“具有法律效力的合同”保障市民可以要求政府应该干什么、不应该干什么。但另一方面，地方政府所拥有的行政权力却具有单向、强制的属性，并且是一种法律确定的权力，如果没有有效的激励和监督，这种权力的行使就可能不仅不代表全体市民的利益，而且可能立足于地方政府自身局部的利益，甚至立足于权力行使者的利益。因此，在法律所调整的住房保障利益关系中，政府是与其他主体一样具有自身的利益需要，并且其决策可能受到其他利益集团的影响而发生转向。

政府行政权力的行使需要进行有效的控制。

基于以上委托人——代理人关系中的激励机制设计原则，住房保障中为了促使政府行为尽量与中低收入弱势人群的利益一致，保证国家的住房保障政策在地方执行到位，在相应制度改革及立法保障上可以从三个方面入手。一是在住房保障中确立中低收入人群、市民、社区组织参与住房保障规划和建设的权利，包括知情权、发言权和保障合理建议被采纳的权利；二是在住房保障的各类利益相互关系中，能够影响、甚至改变政府规划决策的因素主要是开发商这一强势利益集团，相关立法要对这一倾向进行适度制约；三是如果政府背离了中低收入弱势人群的利益取向，执行中打折扣，就要为此承担所有后果和风险。

首先，如果要改善住房保障建设过程中市民和政府之间的信息不对称，加强公众参与的权利，理论上立法就应该秉持“公开”和“公平”的原则。公开原则就是要向市民提供更多的资料和规划信息，让他们发表意见和进行讨论；公平原则就是确保在法定的制度下，在城市公共资源的分配过程中市民有公平的参与机会。但是在具体的制度设计中，还要考虑市民如何参与才能更有效的问题。总之，基于改善市民和政府之间的信息不对称状况，应立足于保证市民参与到建设过程的各个环节中，在立法上则应注意市民参与的权利和相应程序的规范。这既是为了保障市民参与的制度化途径，又是为了在增进公平的同时，不过度牺牲效率。主要办法就是在立法上规定这些程序的完成时限，以尽量减少延误。

其次，鉴于开发商赚取高额利润的利益需求和欲望是呈现强烈扩张的态势，并且会千方百计通过影响政府规划决策来扩大自身获益，甚至不惜损害住房保障中的弱势群体利益。因此，立法在引导其效率发挥的同时，必须加强对开发商行为的制约，即开发商在自己的权利范围内，可以从事“合法经营、生产利润和照章纳税”活动，但不能侵入到公共利益领域，其根本的原则就是开发商可能侵害公共利益和中低收入弱势人群利益范畴的开发行为必须纳入到规划刚性控制范围内，而开发商利益和其他利益的正常冲突和竞争则放在制度化的程序中去调整。具体来说，一方面住房保障中中低收入人群的利益内容必须在相关立法中明确，并作强制性规定，开发商的活动以及其他主体的需要（包括地方政府）不能违反这些刚性内容。另一方面，鉴于开发商作为市场经济的主体之一，除了“合法经营、生产利润和照章纳税”外，对社会并不承担任何其他的法律义务，没有责任去顾及其他主体的利益。因此对开发商行为进行制约，就是要设计公开的法定程序，让其他利益主体参与进来，与开发商通过对话、竞争达成妥协或者相对一致。而且，通过相关立法对开发商进行制约的手段要善用利益制约——没有开发商不关注自身的利益增损，如果按相关法律处罚规定，因损害住房保障建设而造成的利益损失大于其他经营行为所带来的获利，那么开发商还有什么理由去那么干呢?

再次，如果政府背离了保障城市中低收入人群住房需求的社会目标，必须承担相应后果和风险，核心是如何从法律上强化和督促各级政府认真履行公共管理与社会保障职能，要通过相配套的制度设计，把地方政府住房保障职能与政绩考核标准、重大责任领导负责制等挂起钩来。同时，通过中央政府对地方政府和市民对地方政府两个层面，加强对地方政府的制度化监督。

我国房地产泡沫及其土地制度肇因研究

陈　鹏

【摘要】房地产泡沫产生的根源是房地产市场的低效性和非完全竞争性，城乡二元的土地公有制作为我国特殊制度环境的重要组成部分，加剧了房地产市场的非理性发展，无疑对房地产泡沫的形成与复杂演变起到了推波助澜的作用。进一步改革征地制度和招拍挂制度，以缩小房地产市场的寻租空间，并将政府来自土地的收益从完全依赖出让转变为以增值为主，以激励政府在土地管理职能上的根本转变，最终实现土地产权明晰化和供给市场化，将有助于我国房地产市场的健康稳定发展。

【关键词】房地产泡沫　土地制度　土地出让　招拍挂

Abstract: The root cause of real estate market bubble is low efficiency and imperfect competition in real estate market. Public ownership of land with dual urban-rural structure, which is an important part of China's special institutional environment, has aggravated the irrational development of real estate market, and contributes to the formation and complicated evolution of real estate bubble. To further reform the Land Requisition System and the Bid Invitation Auction and Listing System can reduce the space of rent-seeking, and change the land revenue from depending on entirely land grant fee into mainly value added. Transformation of government functions of land management, clarity of land property right and market-oriented supply under the reformation will eventually promote the healthy and steady development of China's real estate market.

Key Words: real estate bubble; land institution; land leasing; bidding, caution and listing

作者：陈鹏，城市规划博士，中国城市规划设计研究院注册规划师

1　前言

早在2002年上半年，我国的房地产泡沫之说就已经出现　进入2004年后，随着房地产价格持续攀升，对泡沫的争论也日趋白热化。这场争论中，房地产管理部门、房地产商和一部分学者认为目前中国的房地产市场繁荣是有真实需求支撑的，所以不存在泡沫，而另一部分学者则认为现在的房地产价格远远超出了消费者的支付能力，出现了很严重的泡沫，并且泡沫即将面临破灭。但自从2008年下半年部分地区尤其是发达地区中心城市的房价开始出现明显下跌，尽管各界对房地产泡沫的严重程度和覆盖面仍有争议，但对于是否存在房地产泡沫似乎已不再有人质疑。日益脱离大众实际购买力的房价，也引发了社会各界对住房市场化改革方向的反思，保障性住房重新回到各级政府的重要工作议程。

笔者以为，我国房地产泡沫的破灭是必然的，过程也会是痛苦的，关键是要理清泡沫形成的原因，尤其是制度性根源，才能对症下药，为将来房地产市场乃至整体经济的健康发展，为根本解决我国的住房保障问题并促进社会和谐稳定，奠定良好的基础。与国外相比，土地制度在我国房地产泡沫的形成与演变中起着特殊而举足轻重的作用。

2　我国土地制度的特殊性

2.1　土地市场的一般特性

土地本身所具有的特性导致土地市场也有诸多不同于其他要素市场的特征，主要表现为以下几个方面（毕宝德，1994）：

①权利的主导性：由于土地位置的固定性和不可移动

性，土地交易仅是土地产权的流转或其再界定。②交换客体的异质性：由于土地自然禀赋的异质性和区位的差异性，土地交易只能个别估价、个别成交，而没有固定统一的市场价格标准。③强烈的地域性：由于土地的不可移动性，也造成不同市场供需圈的土地难以互相替代，因此市场的分割也比较严重。④供求关系的特殊性：土地作为不可再生的稀缺自然资源，自然供给无弹性，经济供给弹性有限，因此地价主要取决于市场需求。⑤不完全竞争性：由于土地供求关系特殊，而土地又是几乎所有经济活动的空间载体，并且土地的利用后果具有较大的社会影响，因此政府出于各种目的对土地市场多有干预，再加上土地利用方向不易变更，即其利用方式对价格变化的适应性调整相对滞缓，导致其竞争受限制。⑥较大的投机性：由于土地资源稀缺造成人地永恒的矛盾，投资增加极易导致级差地租上涨，土地因此具有不断增值的特性，从而成为投机的主要对象；再加上有关土地的价格信息往往传递缓慢导致过时并且可比性较差，也助长了土地投机。⑦中介机构的参与性：由于土地交易的金额高，专业性强，复杂性大，因此一般需要银行和其他中介机构的参与。

总之，土地交易的实质是土地产权交易，并且只能个别估价、个别成交。土地市场是一种信息不完全、不对称，具有空间固定性和时间滞后性，地域性、投机性较强，供求关系特殊，并常常受公共目的等非经济因素干扰的、相对低效率的不完全竞争性市场。

2.2 我国土地制度的特殊性

2.2.1 以公有制为基础的土地二元结构

我国现阶段的土地制度是以社会主义土地公有制为基础和核心的土地制度。在宪法第十条的基础上，《中华人民共和国土地管理法》对我国土地制度作了进一步的规定，核心内容是：中华人民共和国实行土地的社会主义公有制，即全民所有制和劳动群众集体所有制。全民所有，即国家所有土地的所有权由国务院代表国家行使。任何单位和个人不得侵占、买卖或者以其他形式非法转让土地。土地使用权可以依法转让。国家为了公共利益的需要，可以依法对土地实行征收或者征用并给予补偿。国家依法实行国有土地有偿使用制度。但是，国家在法律规定的范围内划拨国有土地使用权的除外。

国外均为私有与公有混合的土地所有制，而且除有特殊原因之外（比如加拿大地广人稀，新加坡为城市国家且注重社会平等，以色列长期处于战备状态国土安全尚无切实保障），私有土地的比例一般大于公有土地。而且公有土地一般为市场价值不高的土地，如美国联邦政府所拥有的土地多位于阿拉斯加（该州96%的土地属联邦政府拥有或控制，占其土地拥有量的一半左右）和其他边远地区（绝大部分在最西部的11个州）。即使在奉行社会民主主义、倾向更多政府干预的斯堪的纳维亚国家，城市政府通过土地储备等方式拥有相当大份额的土地，如芬兰首都赫尔辛基，政府控制的土地也只在一半左右。而且从1990年代以来，随着普遍的政治右倾化、地区间竞争加剧和有效公共资金减少带来的财政压力，注重私人投资、弱化公共控制的“房地产导向”的开发有所增加（利维，2003）。

各国土地所有结构一览表　　表1

国家	土地所有结构（%）		
	私有（其中个人）	公有（其中中央政府）	说明
美国	59	39（32）	印第安人保留地2%
日本	65（57）	35	
英国	84.6（65.5）	15.4（2.6）	
瑞典	60（40）	40（30）	
加拿大	11	89（41）	
新加坡	20	80（53）	
以色列	5	95（77）	18%为国民所有

（资料来源：柴强，1993年；毕宝德，1994年）

事实上，各国私有与公有土地的比例一直在随经济发展和社会需要而变化，公私转化成为一种调节土地利用的杠杆。同时很重要的一点是，公有与私有在法律面前是平等的。

2.2.2 依赖出让的国有土地收益模式

在西方国家，城市土地以私有制为基础，政府从土地获取的收益主要源于土地增值所带来的税收收入。因此，政府政策措施的核心在于如何使尽可能多的城市土地尽可能多地升值，并且以尽可能节省、有效的手段解决城市发展中的问题并便于规范管理。

而在我国，由于城市土地产权国有以及政府垄断土地一级市场，政府可以通过大量出让土地而轻松地获取土地收益，加上目前土地增值税或不动产税微乎其微，甚至还未全面开征。因此，政府政策措施的核心在于如何更加有利于大规模出让土地，而很少考虑土地出让之后的增值，从而形成主要依赖土地出让的政府收益模式。

我国的土地市场由一级（出让）市场和二级（转让）市场构成。城市政府以征用的方式将农村集体土地转为国有土地，并将国有土地的使用权通过行政划拨或有偿出让的方式交给用地者。土地使用权的出让包括协议、招标、拍卖三种方式。据估测，以 2001 年价格计算，我国的国有土地静态价值高达 25 万亿人民币左右，占全部 35 万亿国有资产总值的大半。

2002 年 5 月 9 日国土资源部 11 号令公布《招标拍卖挂牌出让国有土地使用权规定》，规定自当年 7 月 1 日起，商业、旅游、娱乐和商品住宅等各类经营性用地，必须以招标、拍卖或者挂牌方式进行公开交易。2004 年 3 月 31 日国土资源部、监察部联合下发了《关于继续开展经营性土地使用权招标拍卖挂牌出让情况执法监察工作的通知》，即“71 号令”，要求各地在 2004 年 8 月 31 日前将历史遗留问题处理完毕，对 8 月 31 日后仍以历史遗留问题为由，采用协议方式出让经营性土地使用权的，要从严查处，即国家土地管理部门有权收回土地，纳入国家土地储备体系，这就是房地产业界所谓的“831 大限”。

2004 年上半年，全国协议出让土地的平均价格为 10.88 万元/亩（1 亩约等于 666.67m^2），而招标、拍卖、挂牌出让土地的平均价格分别为协议出让价格的 4.32 倍、6.03 倍和 3.34 倍。由此可见，行政划拨与有偿出让的“双轨制”供地以及有偿出让的不同方式，形成千差万别的土地成本，是造成我国土地市场复杂与混乱的重要原因。

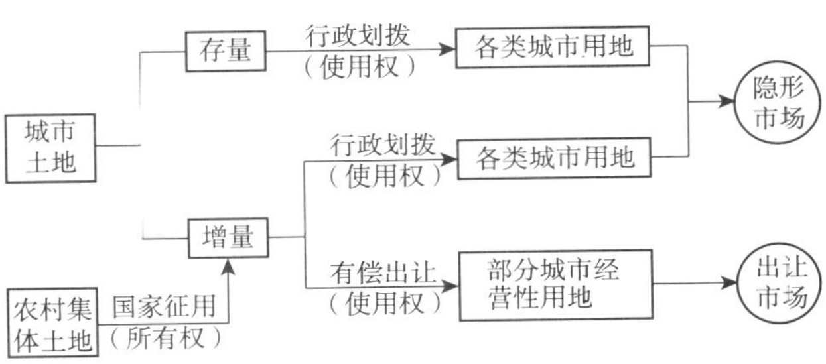

图 1　我国土地市场基本模式示意

2.3　城市国有土地的制度缺陷

学术界对我国不公平的二元土地制度作了很多有价值的思考，对征地制度导致的诸多弊端已有很多详尽的阐述，相关政策也得到越来越多的重视和改良。但事实上，即使国有土地制度自身也有许多不完善的地方。

2.3.1　所有权主体缺位

城市土地国家所有，作为产权所有者的“国家”主体虚置，即国有土地缺乏人格化的产权代表。一方面，引起中央与地方政府以及政府各管理部门之间的利益博弈，大大增加了城市土地资源配置的管理成本或组织成本；另一方面，城市土地“国有制”实际上演变为一种以审批权限为基础的地方官员“任期所有制”，为作为国家代理人的各级政府的违规行为大开方便之门，各级政府为解决拮据的财政经费问题和为追求招商引资的政绩往往大量低价出让土地，造成土地供应规模、用地结构失调。

2.3.2　产权结构分离，权责不统一

国家拥有名义上的土地所有权，但只有相对较弱的处置权；通过行政划拨获得土地的用地者有使用权和一定的收益权，但没有转让权；通过有偿出让获得土地的用地者，尽管有使用权、收益权和转让权，但无最终所有权而受使用期限的限制。这种产权分离的结果就是权责不统一，有收益权无所有权的人就会拼命追求收益而不顾及资源的损耗，有所有权无收益权的人就不会认真寻求提高收益的方法，从而导致土地资源过度利用与浪费并存，总体效率低下。

2.3.3　产权关系混乱，内容残缺

一方面，土地使用“双轨制”造成产权初始配置不一，由于土地使用权利的不平等，即资格条件完全相同的土地使用者，若以划拨方式取得土地使用权的，无需向国家支付土地使用权出让金，且使用权是永久的；而以有偿出让方式取得土地使用权的，使用期则有从 40 年到 70 年不等的年限限制。不明晰的土地产权以房地产转让的方式合法流转，混乱了土地市场的产权关系，而土地资产增值的特性进一步加剧了这种混乱，这是因为很难确定自然增值与投资增值的界线。这实际上在制度上为土地市场的“寻租”空间提供了机会，导致违法批地、钱权交易、幕后操作等腐败现象，也造成土地供应总量失控，土地资源极大浪费。另一方面，目前城市土地的使用权，并没有明确其上下空间的范围，对依附于土地上产生的许多权利也没有相应的设置和界定，影响城市土地的高效利用和土地市场的健康发展。

2.3.4　土地使用权出让年限的弊端

我国城市土地 40～70 年的使用期限，也容易导致包括短期行为在内一系列弊端的产生，主要包括：①抑制了投资者受让土地使用权以及投资于房地产和土地质量改善方面的积极性。一方面，越是快到期的土地，越是加速利用，但不予投入，有可能导致建筑土地的供给和房屋供给过少，而建筑地段需求和房屋需求过旺，使建筑地段和房屋价格居高不下；另一方面，使得民间缺乏足够动力营造可以流芳百世的经典建筑，导致城市的民用建筑景观平淡无奇。②住房土地的使用期为 70 年，按照终止期地上和附着财产要收回国有的规定，这种制度安排为以后剥夺私人财产，将消费资料和投资资料实行公有制改造埋下了制度性的伏笔（周天勇，2003），也构成一种潜在的不稳定因素。③建筑物作为房产的物质实体与其他商品一样在使

用过程中会不断的磨损、减值，即使不使用的建筑物，由于风雨侵蚀、功能不足等原因，价值也会降低。比如，钢筋混凝土结构的非生产用房耐用年限为60年，残值率为零。所以，通常所说的房地产的增值，其实是指土地的增值。因此，土地使有权的年限对房地产价格具有重大影响，而且很可能在交易过程中对房地产市场造成一定的混乱。

3 我国房地产泡沫之辩

3.1 房地产泡沫及其危害

3.1.1 前车之鉴：日本泡沫经济时期的牛市神话

现代的经济学研究通常将“泡沫”定义为资产价格对其基本价值的持续性偏离。世界上迄今最著名的房地产泡沫无疑产生在20世纪末的日本。20世纪80年代后期至90年代初，日本城市土地价格急剧上升，全国土地资产总额甚至是美国的2.5倍，而后者的人口是其两倍，土地面积更是其25倍。

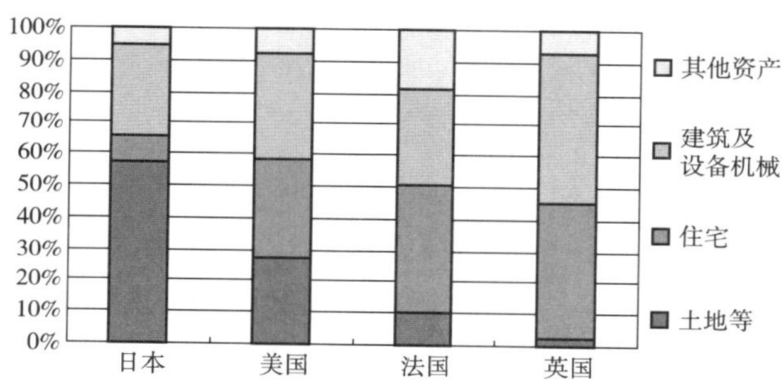

图2 固定资产的国际比较
（资料来源：笔者根据刘武君（1994年）数据绘制）

这次以东京为中心，波及日本各城市的地价上升主要有四个方面的直接原因：①1987年的《第四次全国综合开发规划》与上次的分散、田园规划思想相逆而行，在实质上推行了东京一极集中；②中曾根推行的城市文艺复兴，即1983年开始的为“调动民间资本进行城市开发”而推行的城市土地利用控制标准的放松和国家所有的土地、公共所有的土地公开投标，以及政策上对民间开发者的各种优待等，导致了城市开发的超速；③日本企业家和财团对房地产的投机；④日本民族长期相信的“土地神话”，以及由此而存在的独特的社会、心理原因。日本人长期以来认为土地是永恒的资本，只会涨价不会降价，以及日本经济社会中一直以土地、房产为最可靠的资本的观念等等。

日本的泡沫经济始于1985年的“广场协议”，到1990年泡沫开始破灭结束，五年时间里全国城市地价上涨了56.3%，东京、大阪等六大都市的地价上涨了168.6%。而我国从2000年底到2004年，全国平均住宅用地价格指数在不到四年的时间里上涨了44.2%，部分城市的地价上涨更为惊人，天津、上海、南京、重庆等地上涨均超过50%，杭州甚至超过了170%。虽然我国土地的绝对价格与日本相比还有较大差距，但上涨幅度并不亚于日本当年，部分明星城市的表现更有过之而无不及。到2005年，上海市区商品房的平均单价和每套售价分别达到了东京地区公寓式住宅的1/3和1/2，而上海的人均收入仅为东京的1/15。并且，日本的住房购买者拥有所占土地的产权，而我国房价中仅包含70年的土地使用权。从1998年全国房价出现稳步上扬开始，房屋价格与租赁价格之间的背离呈现越来越大的趋势（许小年，2005），目前国内的房屋价格远远高出中等收入消费者的承受水平。因此，越来越多的观点倾向于认同中国出现了房地产泡沫，分歧主要在于这种泡沫是局部的还是全局性的。

泡沫的出现扭曲了市场价格体系，会导致资源的无效配置。泡沫持续时间越长，资源误配的效率损失越大。日本1993年度《经济白皮书》总结之前的房地产泡沫时，深刻指出“泡沫经济有百害而无一利”，“资源配置向不动产和股票投机倾斜，降低了国民经济总效益”，“土地等价格暴涨暴跌对实体经济的长远发展留下了巨大的负遗产”（袁征，1994）。土地投机的危害还甚于股票投机，因为后者作为一种虚拟经济尚不影响实体经济的运作，而前者让土地这一基本经济要素价格扭曲、配置失当，是对社会财富的极大损耗和市场运行的巨大破坏。土地价格非理性上涨会过度增加投资实业的成本，造成实业资本的挤出效应，从而导致实业空心化与城市竞争力的下降。日本自1991年房地产价格达到最高点后已经连续十余年下跌，跌幅高达40%以上，而且日本经济长期难以从房地产泡沫破裂产生的阴影中走出。

3.1.2 我国当前房地产市场的两难境地

在笔者看来，我国的房地产泡沫正处于“欲破还撑”的濒临状态，房地产市场也面临何去何从的两难境地——房价继续快速上涨，固然会带来相关产业的持续繁荣、开发商源源不断的暴利、地方政府的GDP和土地出让收入，以及有房阶层的财富梦想；但同时也带来了对众多实体经济的“挤出效应”，加剧了行业间冷热不均的经济结构失衡，以及有房与无房阶层之间的社会财富分配不均等问题，也制造了一大批“啃老族”和“房奴”，消耗和套牢了大量的社会财富，其实质是消费需求的结构转移和提前透支，因此是不可持续的。房价如脱缰的野马，还使得越来越多的人（不仅是中低收入人群）“望房兴叹”，为防止住房问题从一个经济问题演变为一个政治问题，对住房保障制度的重视程度也日益提升。但过高的房价会产生数量过于庞大的无房人群，任务之艰巨远超过政府财力所及。

但当前初现端倪的房价回落，由于其多米诺骨牌效应所导致的不可控前景，似乎又是很多人所难以忍受的：开发商尤其是前几年高价抢地的开发商自不必说，地方政府面对锐减的土地出让收入而倍感财政压力①，中央政府在全球经济危机中“保增长”和防范金融风险的压力下也对调控房价投鼠忌器，大量潜在的“负资产阶级”也将成为令人不安的社会不稳定因素。而且，随着地方政府财力的锐减，提供保障性住房的能力也将大幅降低，政府恐将心有余而力不足，住房保障问题难以得到有效解决。

总而言之，房价过快上涨或者过快下跌（后者是前者的必然结果），都会对经济、社会带来诸多危害，落实住房保障也无从谈起。只有保持房地产市场的相对平稳发展，加上政府对弱势群体必要和适当的扶助，可能才是惟一可行的道路。

3.2 我国当前房地产泡沫的实质及根源

房地产市场之所以容易形成泡沫，其一，是土地资源稀缺，供给弹性小；其二，是信息不完全、不对称和滞后性，容易引发盲目投机和过度炒作；其三，是缺乏短线交易和对冲机制，导致房地产价格难以自然回归到“均衡水平”；其四，是房地产作为一个资本密集型产业，房地产多数可作为抵押品，因此其泡沫的形成在金融支持下会加速和放大，并导致金融泡沫的产生；其五，由于以住宅为主的房地产具有投资品和消费品的双重特性，因此政府对房地产的干预比其他市场都要多得多，也更容易导致政策失效。

一般认为，中国房地产价格的上涨有四个主要原因：一是基本面的支持，即中国经济的快速发展、90年代末住房改革和城市化进程，居民收入的增长、中产阶级的壮大以及进城农民的增加，提供了源源不断的住房消费或升级需求。二是高储蓄率和有限的投资渠道，中国居民储蓄欲望强烈，主要原因是社会保障体系的不健全和人口结构的变化；在银行存款实际负利率和股市先天不足的现状下，储蓄需求被迫转化成对房地产的投资需求。三是投机或投资性需求，包括国内资本以及人民币升值预期下境外资金的流入。四是调控政策偏重抑制供应但未能有效控制需求，客观上提高了价格上涨的预期。

在上述四个理由中，只有第一个是相对真实和可持续的有效需求，但即便如此其中也存在虚假夸大的成分。

一是收入增长中的泡沫：这主要因为我国近几年的经济增长过分依赖政府主导投资拉动的扩大内需和出口增长。一方面，由于高税收使得社会财富从民间向政府转移，政府主导投资使得利润从竞争部门向少数垄断部门集聚，导致部分高薪阶层收入快速增长，尽管多数居民实际可支配收入的增长远低于GDP增长速度；另一方面，由于美国实际利率是负数，中国最近几年源于出口剧增的收入增长被美国的消费泡沫所夸大了。许多买房子的中国人以过去三年的收入来推断收入的增长，但其实都是难以持续的（谢国忠，2005）。

二是购房需求中的泡沫：由于过去排队等候福利分房的人群，年龄段跨度在25～50岁左右，即近几年旺盛的商品房需求是这一庞大人群被压抑多年的住房消费需求的集中释放。但这种现象也不可能长期延续，在住房分配市场化过渡期结束后，26～30岁左右刚就业有了收入来源以及组建家庭的群体，将成为住房消费稳定的主力人群。我国这一年龄段的人口约1亿人，其中城镇人口约4000万，即每年住房消费主力人群数量大约为800万。而2003年完成商品房建筑面积近3亿m^2，可以解决约1200万城镇人口的住房问题。综合考虑城市化进程中民营经济繁荣因素、经营农民因素和主力人群购房能力限制因素等，如果商品住宅消费没有新的推动力量，当时的供给能力将存在300万～500万消费人群即25%～40%左右的过剩（冯燮刚，2004）；此外，政府通过旧城改造与拆迁带动的被动需求属于强制性消费，以及开发商炒作所带来的恐慌性需求，也都提前释放了居民的预期消费能力。

三是购房能力中的泡沫：我国大多数城市的房价收入比都远远超过10倍，之所以能够承受并继续攀升，主要源于目前的购房者以中高收入人群为主，普通城市居民的原有住房由于房价跟随上涨产生一定的财富效应，在贷款利率水平过低的条件下，部分也有能力进行住房消费升级。根据人民银行统计数据，2002～2004年，全国个人住房贷款增长迅猛，年度增加值分别为2670亿元、3528亿元、4072亿元；个人住房信贷余额也呈强劲上升势头，分别达到8258亿元、11779亿元、15922亿元。从上海地区看，国有独资商业银行和股份制商业银行全年新增个人

① 2008年全国土地出让总收入9600多亿元人民币，相比2007年近1.3万亿元已大幅减少，2009年土地市场降温更加明显，如1月份上海150余幅土地出让流标，仅成交一幅土地。

住房贷款占各自新增人民币各项贷款的比例分别高达49%和79%。贷款高度集中于房地产，信贷结构风险已不容忽视。只要收入增长、购房需求和购房能力中任何一项中的任何一个环节出现断裂，都会改变目前房价运行的方向甚至形成反向推动，加速房地产泡沫的破灭。

此外，人民币币值的低估促使大量外汇涌入中国，进一步推动房产价格的上扬，市场力量调整人民币币值低估的一个后果就是国内通货膨胀，尤其是资产价格的恶性膨胀。而以政府为主导的、缺乏透明度的土地市场，以及人为限制土地供给，都会扭曲了房产市场，加剧房地产行业的泡沫成分（梁红，马宁，2005）。

从经济学理论的角度来看，在一个充分竞争的市场经济环境中，由于资本等经济要素的自由流动，各个行业的边际利润率大致相同，即使偶然因素（比如技术或组织创新）导致某些行业暂时的兴旺或衰退，但很快各个行业的边际利润率在资本涌入和流出的效应下将重新趋于一致，或者更接近现实的结果是：各个行业之间的利润率与进入该行业的成本（包括资金、技术、权力门槛）成正比。换句话说，一个行业的平均利润率长期高于社会平均利润率，只可能出现在非完全市场经济中。导致这一局面的原因主要包括：人为造成的垄断，使进入该行业的门槛过高或根本无法再进入；信息不充分，包括市场不完善造成价格传递机制的失灵。而在中国，在其他多数行业景气周期偏短的宏观环境下（主要由于行政干预下的过度竞争），“房地产热”却能经久不衰，即房地产业的平均利润率长期高于其他行业①，并吸引了大量社会资本源源不断地涌入，而且产生了越来越严重的泡沫，许多地方的房价已远远偏离当地的经济与收入水平，这不能不说是一大“奇迹”。但许多本应投入实业的资本流入进行房地产投机，造成了局部经济的畸形繁荣和整体经济环境的恶化。这其中固然有我国城市化加速的因素，但这不足以解释全部的奥妙，因为这种供需预期可以很快被市场所消化掉，而且也无法说明何以在城市化加速的长期过程中却经历了几次房地产业的“脉冲式过热”。

笔者认为，住房作为一种特殊的商品，尤其是交易频率过低，使其价格严重滞后于真实的供需状况，是房地产行业容易产生泡沫的普遍性经济原理。而追逐行政垄断下的土地产权和利用方式转变的巨大利益，以及由于土地成本相对低廉导致过大的资本“杠杆效应”，则是我国房地产热经久不衰的根源；脉冲式过热的原因主要在于国家宏观政策的调整转变；而一部分政府官员与开发商在寻租过程中结成利益同盟，是助长和延续房地产热并形成泡沫的既得利益集团。如果没有切实有效和稳妥的应对措施，随着上海等热点城市房价的日益疯狂并演化为“外部人的游戏”，可以预见，近年来中国城市的房地产泡沫很可能在人民币升值高峰以及密集诞生一个个城市“地王”，并且在房价节节攀高但却日益“有价无市”的过程中不可避免地走向破灭。值得重视的是：与西方国家不同，中国特殊的土地制度在房地产泡沫中还扮演了十分关键的角色，这也使得我国房地产泡沫的表现特征和治理措施都有其独特之处。

4 房地产泡沫中的土地制度角色分析

4.1 中国房地产泡沫中的非市场因素

笔者认为：土地市场固有的特殊性即低效性和非完全竞争性，是诱发地产泡沫的市场因素，各国皆然。负的实际利率、人民币升值预期和对土地供给的制约性政策，则是形成和加剧当前我国房地产泡沫的主要原因。但对于转型时期的中国而言，非市场因素更是房地产泡沫形成的不变的主题，它向前推动了土地投机等市场因素直接发生作用，向后则拉动权力寻租并使得自身得到进一步强化。

非市场因素主要包括三个方面：一是前述政府为实现自身目标而进行的市场干预行为，比如垄断性的城市经营与土地储备、强制性的旧城改造与拆迁、不顾风险的过度借债等等，都人为扩大了房地产需求，加剧了泡沫成分。二是所谓的“政府失败”，主要由于土地供应的“双轨制”，政府对土地市场干预过多和计划干预的失灵，市场主体结构不合理即国企比重过大，存在政企不分、国有企业预算软约束等因素所致。三是土地市场上的寻租活动，主要表现为地方政府的圈地和“以地生财”，各部门越权批地、多头批地，开发商与官员之间的“人情地”、“关系地”等；权力寻租严重破坏了市场经济的公平竞争原则，使市场的资源配置功能扭曲和丧失，导致土地市场“劣币驱逐良币”现象盛行（谢经荣等，2002）。

中国房地产泡沫中还有一项特有的不容忽视的非市场因素就是：土地制度的内在缺陷。许多学者从不同的角度出发得出了这一共同的认识。

赵燕菁（2001）认为中国的地产泡沫从本质上讲，是土地产权不明晰约束条件下，市场主体各方博弈的结果。比如海南土地资源博弈的主体是开发商和政府，珠海是地

① 普遍在10%以上，中高档房地产的平均利润更高达30%~40%，远高于其他行业及国际上5%的平均利润水平。

方政府和中央政府，宝安则是农民和政府。以宝安为例，由于管理操作上的实际困难，最初的违规操作被认可，使农民们得到了一个信号：土地是可以通过各种办法侵占的公共财富。于是“圈地运动”便成为农民取得原始资本迅速致富的最佳手段。由于农业用地的价值过低，使得失去耕地的机会成本极小，即使推而不用，闲置土地的潜在价值也远在农业用途之上。加上存在政府以极低价格征用土地的潜在风险，这一切都鼓励农民不顾一切推平土地。这既可以解释为什么在当地有大量土地闲置的同时却保持着厂房高达90%以上出租率这一现象——因为对农民而言，土地的产权是模糊的，可能是国家，也有可能是自己的，推平的越多属于自己的可能性就越大；工厂的产权则肯定属于自己的，没有人来就是浪费。

周天勇（2003）认为城市土地产权不清即“国有”权利实际上由多个相关部门代表和行使，因此政府各部门、各环节据地权随意安排土地分配和管理中的收费性设置，是推高中国房地产价格的一个重要的制度性因素。据估计，在地价和房价构成中，政府各部门的规费占1/5～1/3，这些收入的流向有各级财政、各部门收入甚至成为部门福利、住房、奖金的资金来源。

朱秋霞（2004）认为，现行农村土地制度的准国家土地所有制特征决定了农民不能够与用地单位直接进行土地交易，这就从根本上排除了市民向农民直接购买土地建房的可能性。只有少数大开发商能够在国家土地批发市场通过招标取得土地，这就形成目前大房地产公司对住宅市场垄断的格局。这种市场垄断是中国近几年房产价格居高不下的根本性制度原因。而在大部分发达国家城市化的过程中，由于不存在国家对于土地所有权的垄断，房基地价格从长期来看是上涨趋势，但是从每个具体时期来看，房基地价格与社会商品总价格存在一个稳定的比例关系，不可能出现暴涨和由此产生的炒地产现象。根本的制度因素是，城市居民在向房地产公司购买房产的同时，也可以向农民直接购买土地建房。市民住宅用地供给多元的竞争市场是城市化过程中抑制房地产价格暴涨的重要因素。

冯燮刚（2004）认为1998年以来住房分配市场化引致的消费需求和非市场力量主导的基建投资需求的快速扩张，为近年来的中国经济增长提供了强大动力，也较为成功地抵御了亚洲金融危机。并且对于追求政绩的各级地方政府而言，通过基础建设投资创造GDP是可以选择的主要手段，也是立竿见影的手段。但由于项目决策权力被政府所垄断，缺乏有效的监督与制衡机制，经济主体的行为也缺乏刚性的市场约束，政绩追求与寻租利益的重合很容易导致基建投资需求的非理性膨胀。而确立土地资源配置的市场机制，建立土地使用权交易市场，一方面，可以为农业资本的积累创造条件，推动农村城市化并解决进城农民被边缘化的社会问题；另一方面，农村土地的市场定价也将废除非市场圈地的前提条件，抑制基建投资的非理性、低效率扩张。因此，土地资源配置的市场化，是防止或消化基础建设投资需求泡沫的重要环节，其要点就是建立产权明晰、多边参与、竞争性的土地使用权市场。

4.2 招拍挂：房地产泡沫的罪魁祸首？

在当前房地产泡沫的一个焦点争论是：招拍挂是否产生房地产泡沫的罪魁祸首？

赞成者认为，目前城市土地使用权招拍挂制度的本质是政府利用垄断权，强行取得收入。这种制度的参照系是香港和新加坡的土地制度。理论上来说，香港和新加坡都是城市地区或国家，其土地制度只是世界土地制度的一个特例，不具有一般性。任志强（2004）甚至认为，最近几年的房价剧烈增长来源于土地供给制度的变化，即土地供给从协议出让向招拍挂转变，房地产投资高增长也主要源于政府土地收益的推动力。其理由主要有：

（1）从2004年上半年全国土地出让情况看，招标的土地价格增长为2.32倍，拍卖的土地价格增长为3.25倍，挂牌的土地价格增长为1.8倍，而协议出让是负增长；招拍挂出让只占全部土地出让中的28.78%，但其土地收入的比重已占到了全部土地出让价款的61.6%；因此，实行招拍挂是土地价格短期内大幅上涨的根源。由于地价占房价比例偏高的长三角地区也是房价攀升最快的地区，因此地价是房价上升的主要原因。

（2）尽管现有市场中70%以上的土地是用协议出让的方式供给的，但当少量用招拍挂方式供给的土地大大地提高了土地的价格时，不管用什么方式取得的土地都会向市场中的高房价看齐。也就是说，只要一部分的地价及房价提高，就会带动全部的地价及房价提升。

（3）政绩工程、形象工程都需要加大旧城的改造与拆迁，而通过招拍挂获取高额土地收益更加大了政府的推动能力。保守估计土地收入中50%以上转化为新的征地与拆迁的补偿安置费用，并转换为新的购房消费能力。平均每拆除$1m^2$的旧房，大约需要购买$2.5m^2$的新房增量，自然就加大了市场的需求。这种政府投资行为带动的强制性消费，提前释放了居民的预期消费能力，成为了推动房价增长的另一重要动力。

（4）地方政府的投资来源越来越依赖于土地的经营收入，而非适应于当地经济发展的税收收入。其一是地方政府通过大量的征地、拆迁，以征地、卖地获取差价收益，以拆迁制造房屋需求；其二，地方政府可以用土地招拍挂的预期收益将土地变相抵押给银行，换取土地开发储备的资金，靠政府借债提高投资增速；三是政府将土地的收益转换为城市基础设施的建设资金，并换取其他投资。我国从1998～2003年间土地收益约15000多亿元，远高于国债总量9300亿元，意味着土地收益的投资转换能力远远大于国债对投资的拉动能力，成为近年来投资高增长的主要来源。

笔者认为：招拍挂不构成产生房地产泡沫的罪魁祸首，但现有招拍挂制度的不完善对房地产泡沫形成起着推波助澜的作用。

就前者而言，“地价推高房价”逻辑的本身就是错误的。土地是要素，房产是最终产品。经济学的原理告诉我们，市场对要素的需求是一种“派生需求”，是由市场对最终产品的需求派生出来的，因此要素的价格主要由最终产品决定，而不是相反。也就是说，招拍挂确实造成了地价的整体上扬，但仅靠地价并不能推动房价上涨。因此可以看到，在经济增长强劲、房地产需求旺盛的地区，比如长三角的许多城市，招拍挂能够不断地创出价格新高；但在经济增长乏力、房地产需求疲弱的地区，比如在全国房地产市场已经趋于火爆的2004～2005年间，也有少数城市的土地招拍挂，大多数地块基本反映市场正常价格，有的地块甚至在底价不高时出现多次流拍的现象。

就后者而言，尽管理论上招拍挂只是将土地市场价值充分显化，使土地价格回复到真实的市场水平，并不是由于招拍挂方式本身抬升了地价。但由于现有以国有资产保值增值和满足政府财政需求为目的的土地使用权招拍挂制度，只是政府垄断下土地供给手段的市场化，并非依靠市场机制甚至不是按照市场需求去供给土地，并非真正意义上的市场化配置，必然造成地价的单边上扬；甚至没有做到土地供给信息的完全公开透明化，往往只是每次只公布一次或一批的土地供给情况，缺乏系统长期的土地供给计划和充分透明的公示制度，因此极为有限的局部信息很容易导致非理性的投机行为，助长了地价的攀升。而在处于卖方市场的房地产价格上升阶段，地价上涨不仅可以被开发商轻易地转移到房价，而且常常被其利用作为制造投机氛围的工具。

此外，由于政治体制改革的滞后，并没有真正实现从权力控制向市场化配置的转变，因此也无法从根本上解决制度中的腐败问题，招标的评标、拍卖的敲钟、挂牌的底价评估之中均可能出现腐败。

5 结语

房地产泡沫产生的根源是由于房地产市场的低效性和非完全竞争性，在资本逐利本性推动下资产价格的过度膨胀，这在市场经济国家是必然存在的现象。但在国外，房地产泡沫往往与经济景气周期有关，而在我国，特殊的制度环境使得房地产市场更加复杂多变。正如图3所示：房地产价格从理论上讲应该是长期上升的趋势，实际体现为螺旋上升的过程，即价格波动是必不可免的，但过于剧烈和频繁的波动却会对经济的健康发展造成较大伤害，尤其不利于社会的长期稳定。因此，政府的职责之一应是适当平缓市场波动。但我国GDP财政至上的政绩观、任期制的短期行为效应、激烈的诸侯竞争格局，都使得地方政府偏好于推高价格曲线的上行斜率，从而导致曲线波动的加

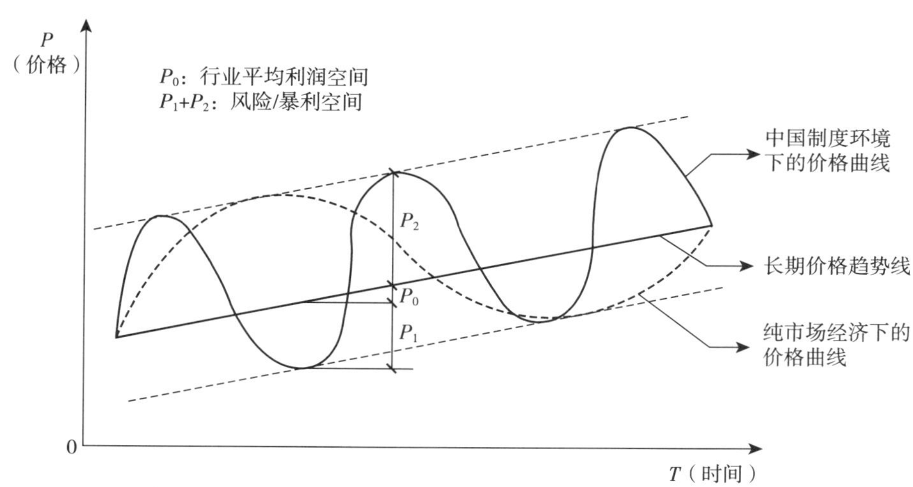

图3　不同条件下的房地产价格曲线比较示意

剧。而我国特有的二元土地公有制又创造了巨大的房地产寻租空间，起到了波动幅度与频率双重放大的效应，从而使房地产泡沫的形成不一定与经济景气周期完全吻合（这次的房地产泡沫正好与经济周期相吻合，这无疑会加剧泡沫破灭的负面影响）。也就是说，土地制度对于我国房地产泡沫的形成，尽管不是其核心的本质因素，但却作为我国特殊制度环境的重要组成部分而起到了推波助澜的作用。

除了改革政治体制和财政体制，在经济上尽早和有步骤地使货币的价格（即利率和汇率）和土地的价格更多地由市场来决定，是缩小泡沫和减轻泡沫破灭危害的关键举措。只有进一步改革征地制度，改良招拍挂制度，以缩小房地产市场的寻租空间，并将政府来自土地的收益从完全依赖出让转变为以增值为主，才能从经济方面激励政府在土地管理职能上的根本转变，即从垄断土地产权以尽可能多的“圈地”和“卖地”并打击“非法违规出让土地”的土地运营管理模式，向注重提供城市公共产品以提高土地资产价值并促进土地市场公平活跃发展的土地运营管理模式转变，也才能真正实现土地产权的明晰化和供给的市场化，最终促进房地产市场的健康稳定发展。同时，政府的职责范围要严格限定在保障市场健康发展和提供市场所不能提供的产品（比如面向缺乏市场购买力的低收入家庭的“廉租房”），切不可因为市场暂时的不足而越俎代庖，阻碍房地产市场的自我修正与完善并必然导致其畸形发展。

参考文献

[1] 毕宝德. 中国地产市场研究. 北京：中国人民大学出版社，1994.

[2] 柴强. 各国（地区）土地制度与政策. 北京：北京经济学院出版社，1993.

[3] 马燮刚. 资本和土地配置的市场化与中国经济增长——在当前形势下对中国经济发展政策的研究. http://www.ncer.tsinghua.edu.cn/lunwen/paper2/wp200407.doc，2004.

[4] （美）利维 J.M. 现代城市规划（第五版）. 张景秋等译. 北京：中国人民大学出版社，2003.

[5] 梁红，马宁. 中国房地产泡沫即刻破灭论的错误. http://business.sohu.com/20050228/n224460803.shtml，2005.

[6] 刘武君. 土地制度与公共干预. 城市规划，1994（4）.

[7] 任志强. 中国现行土地制度下的房产价格变化. http://house.focus.cn/newshtml/80448.html，2004.

[8] 谢国忠. 中国在变化莫测的海洋中航行. http://www.chinavalue.net/news.asp?id=2637，2005.

[9] 谢经荣等. 地产泡沫与金融危机：国际经验及其借鉴. 北京：经济管理出版社，2002.

[10] 许小年. 走入迷途的中国房价. http://www.qglt.com/bbs/ReadFile?whichfile=10669089&typeid=14，2005.

[11] 袁征. 中国经济发展与地产市场. 北京：改革出版社，1994.

[12] 赵燕菁. 机制与对策：深圳宝安的土地闲置. 城市规划，2001（2）.

[13] 周天勇. 土地制度的困境与其改革的框架性安排. http://business.sohu.com/20/13/article211691320.shtml，2003.

[14] 朱秋霞. 论现行农村土地制度的准国家所有制特征及改革的必要性. 中国社会科学评论（第四卷）. 北京：法律出版社，2005.

保持经济增长背景下住房保障模式选择的经济学分析[①]

宋博通

【摘要】在当前我国加强住房保障和促进经济增长大背景下，本文通过构建四市场住房过滤模型，从住房市场运行机理角度，对二种典型住房保障模式进行分析，解析了模式适用条件及实施效果，为我国当前住房保障政策选择提供参考。

【关键词】住房保障　低收入阶层　住房过滤

Abstract: Based on the background of promoting economic growth and strengthening the housing policy of P. R. China, this paper establishes the "Four-Market Housing Filtering Model", and analyze the effect of the two kinds of typical housing policy from the perspective of the mechanism of housing market. Finally, this paper makes suggestions for the choice of housing policy of P. R. China by analyzing the two kinds of policy conditions and results.

Key Words: housing policy; low-income household; housing filtering

当前，世界范围经济波动对我国经济产生一定影响，但同时，国内很多城市住房价格仍处高位，低收入阶层住房消费能力依然不足。为加强住房保障和保持经济增长，2008年11月5日国务院出台了“国十条”，将保障性住房建设排在首位。一直以来，我国典型住房保障模式基本分二类：补贴建设环节的“补砖头”模式，补贴消费环节的“补人头”模式。各地由于经济和市场化条件不同，采用的政策类型也不尽相同，在取得良好的效果的同时，也有差强人意的不足。在当前应采取何种住房保障模式，既可保障低收入者住房需求，同时也能促进经济发展、平抑房价，皆需给出理性解答。本文拟采用四市场过滤模型，分析二种政策的实施效果，为政策模式选择提供参考。

1 “过滤”原理

住房“过滤”（filtering）是均衡住房市场中普遍存在的一种自然现象。[②] “过滤”理论最早是由美国城市经济学家伯吉斯（Burgess）在20世纪20年代初期解释芝加哥住宅格局时开始提出的。但直到20世纪60年代，经济学家劳瑞（Lowry）才给出了较权威定义：过滤就是在统一价格指数下，某一已存在住房的实际价值的变化。此定义清晰、简单，但较抽象。而通俗地说，住房“过滤”是在住房市场中，最初为较高收入房客建造的住房，随着时间推移，住房发生老化，新建住房供应增加，导致房价降低，较高收入房客为了追求更好的居住条件，放弃现有住房，较低收入房客接续使用该住房的过程。[③] 可见，“过滤”描述了住房在其整个生命周期中使用全过程，可在住房一、二级市场联动条件下，考虑不同收入阶层和不同等级住房间的供求关系，较好地从微观机理上反映住房市场运行内在的规律，适用于住房政策分析。因此，自创立至今，在西方发达国家已被广泛地应用于住房政策的研究，取得了满意效果。

① 本文系国家博士后科学基金项目（批准号：2002032159）和教育部人文社科项目（批准号：03JD790024）

② John F. McDonald. Fundamentals of Urban Economics. New York：McGraw Hill，1997.

③ 宋博通．从公共住房到租金优惠券——美国低收入阶层住房政策演化解析［J］．上海：城市规划汇刊，2002（7）。

作者：宋博通，深圳大学土木工程学院副教授、副院长，深圳大学房地产研究中心常务副主任，同济大学建筑与城市规划学院博士后

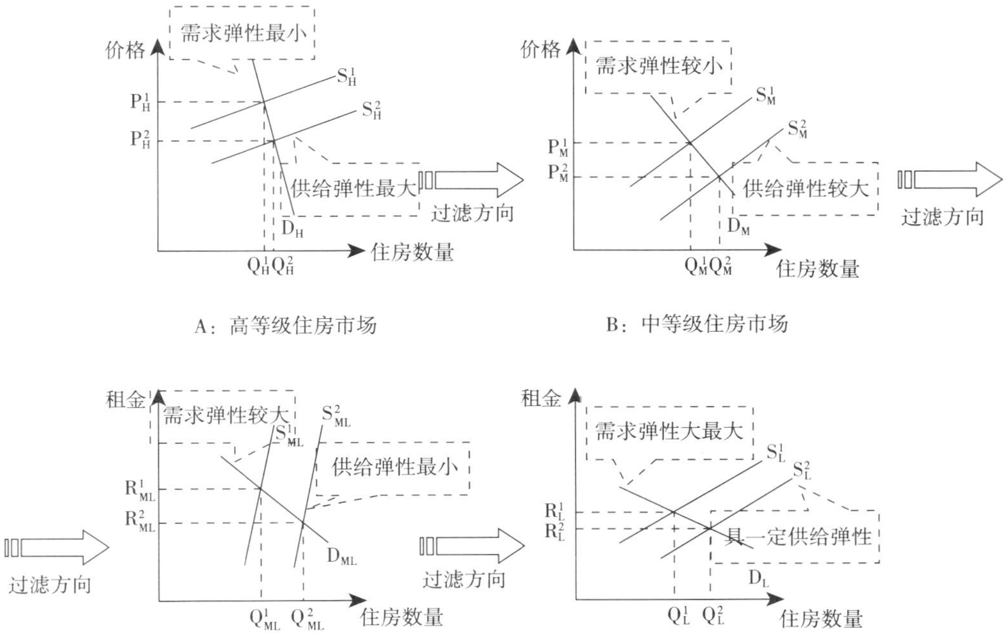

A：高等级住房市场　　B：中等级住房市场

C：中低等级住房市场　　D：低等级住房市场

图 1　四市场过滤模型

本文借鉴麦克唐纳德（McDonald）的住房“过滤模型”（filtering model）①，并放松其封闭城市假设，经改进建立“四市场过滤模型”，根据我国城市现阶段人口及住房市场状况，对住房市场建模，假设如下（见图 1）：

（1）所有住房以质量从高到低等级排列，整个住房市场分高、中、中低、低四个等级子市场。

“高等级市场”（见图 1A）处于所有子市场最顶端，房源主要以大户型住宅及豪宅为主。该市场房价最高，开发商利润率最高，建房积极性最高，房源供给弹性最大。

“中等级市场”（见图 1B）处于所有子市场次级，房源主要以普通商品住房，以及“高等级市场”过滤（淘汰）下来的存量旧房为主。该市场房价较高，开发商利润率较高，建房积极性较强，供给弹性较大。

“中低等级市场”（见图 1C）处于所有子市场第三级，房源主要以开发商兴建的公寓、宿舍等，以及由“中等级市场”过滤（淘汰）下来的存量旧房为主。可以假设，该等级房源是城市居民适宜居住的“最低质量”住房。该市场中租金较低，开发商利润率也较低，建房积极性不高，因此房源供给弹性最小。

“低等级市场”（见图 1D）处于所有子市场末端，房源主要以“中低等级市场”过滤（淘汰）下来的处于衰败状态的存量旧房，以及城中村内一些不完全产权破旧农民房、违章建筑等组成。由于住房本身老旧衰败、小区环境脏乱差等，可以假设，此类房源已低于城市居民最低居住质量标准，需要质量升级才能满足居民的基本居住需要。另外，该市场中租金最低，开发商建房往往无利可图，无建房积极性。然而，由于新建不完全产权住房、违章建筑等回避了土地价格、税费等成本，出租方在低廉的租金水平下，仍有一定利润空间，此类新建房源仍具一定供给弹性。

（2）城市居民按收入水平，分为高、中、夹心、低收入阶层四个等级。

在城市化大背景下，当前，城市中进城务工人员、新移民、新参加工作的大学毕业生等已占相当比例。考虑我国城市人口组成实际情况，“低收入阶层”一般由大量低收入进城务工人员、城市户籍低收入户构成。“夹心阶层”一般由具一定收入水平，但资产积累水平较低的新移民、新近参加工作的大学毕业生等组成。“高、中收入阶层”，则由具有高、中收入水平的户籍或非户籍居民组成。

（3）房客消费的住房等级与其收入呈正相关关系。

现实情况是，一般高、中、夹心、低收入阶层分别居

① John F. McDonald. Fundamentals of Urban Economics. New York：McGraw Hill，1997.

住在高、中、中低、低等级四个住房子市场中。其中，高、中收入阶层购买高、中等级商品住房居住；夹心阶层虽有一定收入，但积蓄有限，一般以租赁形式租住中低等级商品住房；而低收入阶层是政府保障对象，在住房市场中租住低等级商品住房，部分符合条件的居民（现状主要以户籍居民为主）申请租购保障性住房。

(4) 住房市场具有调节作用，可将每个房客分配到与其收入相适应的住房中，并同时决定不同住房租金(房价)。

(5) 不同子市场间并无明确界限，在某种程度上子市场中住房可相互替代。

(6) 较高收入者居住的住房，因折旧、过时等原因，逐渐“过滤”（淘汰）给较低收入者使用，最后拆毁。

在图1，高、中、中低、低等级市场初始供应函数为 S_H^1、S_M^1、S_{ML}^1、S_L^1。初始需求函数为 D_H、D_M、D_{ML}、D_L，则初始均衡房价（房租）为 P_H^1、P_M^1、R_{ML}^1、R_L^1，初始住房消费数量为 Q_H^1、Q_M^1、Q_{ML}^1、Q_L^1。在“四市场过滤模型”中，可以认为，住房保障政策目的，就是要有效提高低收入者住房消费质量等级，使其能够居住到中低等级住房市场的住房。

为说明“四市场过滤模型”工作原理，可在完全市场条件下，模拟开发商兴建高等级住房时的市场反应。假设住房市场已处于供求均衡状态，此时开发商若建造高等级住房，高等级住房存量便增大到 Q_H^2，如果高收入阶层住房需求没变，则房价降为 P_H^2，一部分住房因维修费等的减少，折旧幅度加大，加速“过滤”到中等级市场，导致中等级市场住房存量也进一步加大，至 Q_M^2。与高等级市场一样，中等收入阶层需求也没变，房价水平降为 P_M^2，多出来的维护不善的住房进一步“过滤”给中低等级市场。同样，夹心层需求也没变，租金水平降为 R_{ML}^2，存量增加到 Q_{ML}^2。多出的维护不善的住房进一步“过滤”给低等级市场，该市场住房供给函数变为 S_L^2，租金水平降为 R_L^2，低收入阶层的住房消费提高到 Q_L^2。

可见，在完全市场化下，由于供大于求，短期内，低收入阶层的支付能力（R_L^2）、住房消费数量（Q_L^2）似乎都能得到提高。但市场对低等住房的供应是缓慢的，其中一部分低质量住房因过于破旧要拆毁，同时，高、中、中低等级市场内开发商因房价（房租）水平下降，也将减弱建房积极性，最终供应又将回到均衡状态 S_H^1、S_M^1、S_{ML}^1、S_L^1，租金水平恢复到 P_H^1、P_M^1、R_{ML}^1、R_L^1。因此，从“四市场过滤模型”推演可知，完全依赖市场作用，并不能有效解决低收入阶层住房消费不足的问题，需要保障政策的积极介入，这与几十年以来西方发达国家的实践是吻合的。①

下面应用住房“过滤”原理，对“补砖头”和“补人头”两种典型保障模式进行分析，着重研究其实施效果及适用条件。

2 “补砖头”模式

该模式指政府面向保障性住房建设环节的补贴政策，目的是为符合申请条件的低收入者提供适宜居住的新建住房。模式又可分为政府直接为低收入阶层建造、补贴开发商建设两种模式。

假设在政策实施前，整个市场达到供求均衡，如图1均衡状态所示，低等级住房市场中住房质量低下，低收入房客需要提升居住质量，达到中低等级住房市场质量水平。

政策实施后（图2），先看“低等级住房市场”情况。由政府提供新建保障性住房，是完全独立于住房市场之外的非市场行为。因此，政策的实施，相当于将申请居住保障住房的低收入者，从低等级市场中抽出了，需求曲线由 D_L^1 变为 D_L^2，租金水平降为 R_L^2，包括农民房、违章建筑等不完全产权房所有者的出租积极性减弱，住房供应数量降为 Q_L^2。同时，在提升了一部分低收入者居住质量基础上，由于租金降为 R_L^2，也使未获政府保障的其余低收入者受益。

再看“中低等级住房市场”联动效应。正常情况下，一部分中低等级住房由于维护不善、折旧、过时等原因，质量下降，租金水平也相应下调，当接近低等级住房的正常市场租金水平 R_L^1 时，则会“过滤”到低等级市场，由低收入阶层继续使用。但当低等级住房租金下降至 R_L^2，那些本应“过滤”下来的中低等级住房，由于价格相对于 R_L^2 偏高，往往不能正常“过滤”给低收入阶层使用，继续窝在中低等级住房市场中。这相当于该等级住房供应量加大了，供应曲线由 S_{ML}^1 右移为 S_{ML}^2。同时，由于租金下降，开发商将减弱建房积极性，最终租金由 R_{ML}^1 降为 R_{ML}^2。可见，由于租金水平降为 R_{ML}^2，也使夹心阶层受益。

再看“中等级住房市场”联动效应。由于中低等级住房市场租金水平降至 R_{ML}^2，本应过滤给中低等级市场的中等级市场房源，由于价格相对于 R_{ML}^2 偏高，也不能正常“过滤”给夹心阶层使用，继续窝在中等级市场中，相当

① 宋博通．从公共住房到租金优惠券——美国低收入阶层住房政策演化解析［J］．上海：城市规划汇刊，2002（7）．

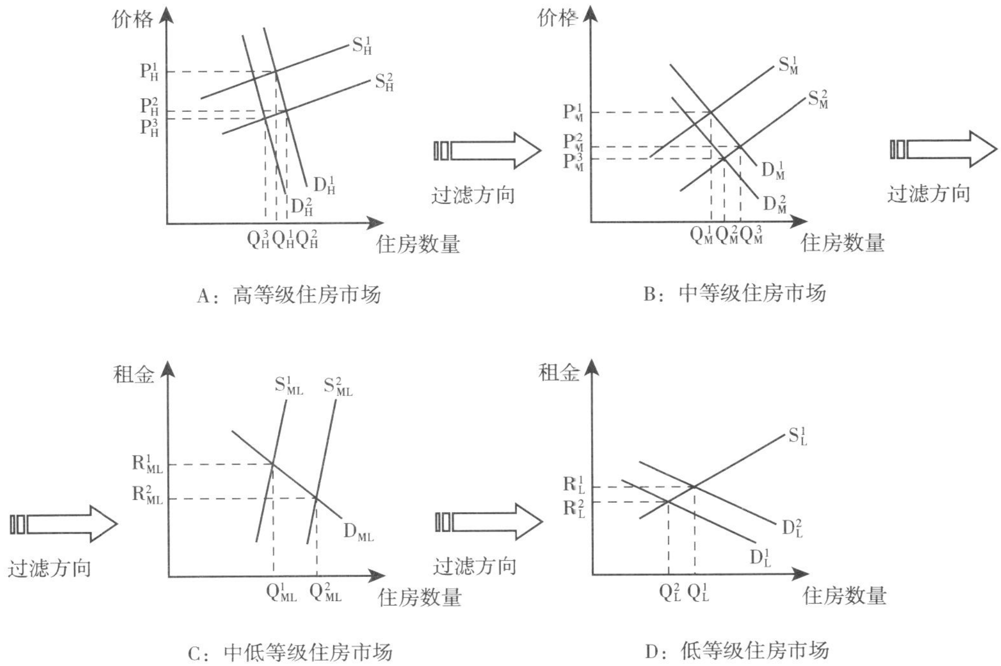

图2 “补砖头”模式四市场过滤模型

于中等级住房供应量加大了，供应曲线由 S_M^1 右移为 S_M^2，房价水平由 P_M^1 降为 P_M^2。同时，中等收入阶层由于找不到下家（夹心层）出租自己的旧房，无法回笼资金，因此购房能力减弱，需求曲线降为 D_M^2。最终导致房价水平由 P_M^2 降为 P_M^3，开发商建造中等质量的住房积极性也降低了。由于房价水平降为 P_M^3，也使中等收入阶层受益。

同理，高等级住房市场中的房价水平，也因中等级市场房价的下降而下降至 P_H^3，同样导致高等级住房建造停滞，并使高等收入阶层房客受益。

可见，政府“补砖头”模式的效果是：

（1）从保障效果看，鉴于低收入阶层住房质量低下，短期内，即可使低收入保障对象（如符合申请条件的户籍低收入居民）的住到合适质量的新建保障性住房，提升了居住质量；同时，未接受保障的低收入者（如进城务工人员），也因房租降低而受益。因而，从整体上能够提升整个低收入阶层居住福利，这在住房市场短缺时效果尤其明显。

（2）从各阶层居住福利看，由于过滤作用，导致中低等级子市场租金以及中、高等级子市场房价均下降，相当于提升了房客住房面积消费能力，各阶层居民均提升了住房福利。

（3）从保持经济发展看，在房地产市场层面，由于“补砖头”模式打破了住房供应链条连续性，减弱了开发商兴建中低、中、高等级住房的积极性。经济稳定时，易降低住房市场活力。但在政府投资层面，政府兴建或补贴开发商兴建保障住房，又可带动全社会投资，有利于经济低迷时拉动经济发展。

（4）从对住房市场价格影响看，“补砖头”模式可抑制各子市场房价（房租）水平，对平抑房价泡沫有一定作用。

（5）从社会总成本看，由于直接给低收入者提供“最低质量”（满足政府规定的最低居住需要）新房，随着社会和经济发展，这些新房往往还未到生命周期就很快过时，因不能再向下“过滤”，结果不得不提前拆毁或挪作它用，造成社会资源极大浪费。

（6）从政府支出成本看，“补砖头”模式包括政府直接兴建保障住房，以及补贴开发商兴建保障住房两种模式。政府直接兴建政策支出成本较高，而补贴开发商兴建政策较节约，相同投入则受惠人群更多。

3 “补人头”模式

“补人头”模式是面向需求者的住房补贴政策，目的是为提升低收入阶层住房支付能力，通过政府给与低收入者一定房租补贴来实现。可以分为发放住房券的“住房券

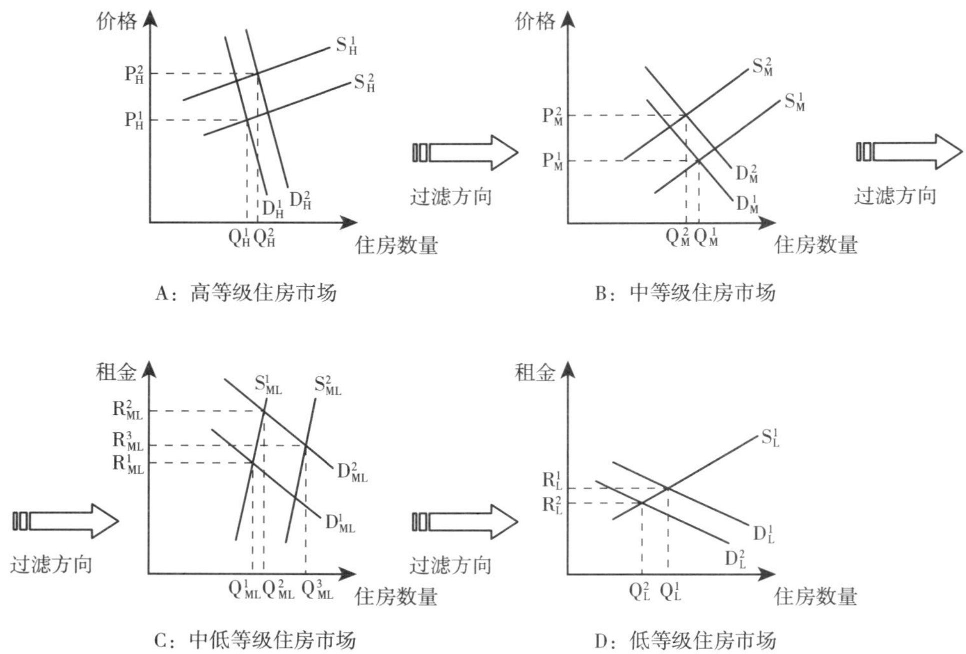

图3 “补人头”模式四市场过滤模型

补贴”、直接发放津贴的“货币补贴”2 种形式。一般来说，由于住房券仅能用于住房消费，避免了挪作他用的可能，使住房保障效果更好。①

政策实施前，均衡状态如图 1，低等级住房市场中住房质量低下，低收入阶层支付能力低，需要将低收入阶层提升至中低等级住房市场居住。

补贴实施后（图3），接受补贴的低收入阶层（如符合申请条件的户籍低收入居民）支付能力提高，转入中低等级市场寻租住房，相应的，中低等级市场需求曲线提高为 D^2_{ML}、低等级市场需求曲线下降为 D^2_L。

在“低等级住房市场”，假设短期内住房供应并没有变化，仍为 S^1_L，则市场中的租金水平降为 R^2_L。

在“中低等级住房市场”，因需求提升为 D^2_{ML}，短期内当房源供给依旧为 S^1_{ML} 时，租金水平提升至 R^2_{ML}。但同时，因低等级市场租金下降，阻碍了中低等级房源向下过滤，相当于房源增多至 S^2_{ML}，租金水平逐渐向 R^1_{ML} 回落，降至 R^3_{ML}，但往往仍高于 R^1_{ML}。由于房价水平升为 R^3_{ML}，增加了夹心阶层住房负担。

再看“中等级住房市场”，由于中低等级市场房租提升，中等级住房加速向下“过滤”，导致住房存量减少，供应曲线由 S^1_M 减少至 S^2_M；同时，中等收入阶层由于向夹心阶层转让（出租）自己旧房，回笼了资金，购房能力增强，需求曲线升为 D^2_M。最终房价水平由 P^1_M 上升为 P^2_M，开发商建造中等质量的住房积极性提高，但同时增加中等收入阶层房客负担。

与中等级市场类似，“高等级住房市场”中的房价水平上涨到 P^2_H，刺激开发商兴建高等级住房，同时也增加了高收入阶层住房负担。由于中、高等级市场利润率较高，开发商兴建集中于此，从长期看，高、中等级住房供应曲线将逐渐恢复到 S^1_H、S^1_M。

可见，政府“补人头”模式的效果是：

（1）从住房保障效果看，短期内，可提升低收入保障对象（如符合申请条件的户籍低收入居民）的住房支付能力，住到适宜居住的最低质量住房，即中低等级房源中；同时，未接受保障的低收入者（如进城务工人员）也因房租降低而受益。因而，与“补砖头”一样，从整体上较好提升低收入阶层居住福利，但前提是夹心层等级市场有充分房源。

（2）从各阶层居住福利看，由于中低、中、高等级子市场租金（房价）均有所提升，减弱了房客住房消费能力，降低了上述三阶层住房福利。

（3）从保持经济发展看，在房地产市场层面，“补人

① Scott Susin. Rent vouchers and the price of low-income housing. Journal of Public Economics 83，2002. 109～152.

头"模式保证了住房供应链条的连续性，由于房价（租金）普遍上涨，刺激发展商兴建除低等级外各个等级住房，在经济稳定时可有效拉动经济增长。

(4) 从对住房市场价格影响看，除开发商不参与建房的低等级市场外，"补人头"模式导致了几乎所有子市场房价（房租）增长，不利于抑制房价泡沫。

(5) 从社会总成本看，该模式是基于市场机制框架，在中低等级市场中充分利用过滤下来存量房作为保障房源，物尽其用，节约了社会资源。

(6) 从政府支出成本看，"补人头"模式较"补砖头"模式中的政府直接兴建方式更为节约。

4 保增长背景下的住房保障策略

通过上述对两种保障模式的分析，为加强住房保障和保持经济增长，保障模式选择策略如下：

(1) 在提升目标人群住房福利同时，应重视政策模式对其他阶层影响。由于政策集中在低端市场，对尚未纳入保障的非户籍低收入阶层、以及夹心阶层住房福利影响较大。两种模式都能提升未纳入保障的低收入阶层居住福利，但"补砖头"模式可使夹心阶层受益，而"补人头"模式则相反。

(2) 应重视政策模式对经济增长影响。"补砖头"模式易减弱开发商投资积极性，但政府兴建或补贴开发商兴建保障住房，又可带动全社会投资及消费，有利于经济低迷时拉动经济发展，可作为经济低迷时刺激增长的调控手段。基于当前促进经济发展背景下，2008 年底国务院出台的"国十条"即体现这一思路。"补人头"模式可刺激开发商兴建除低等级外所有住房，有效拉动经济增长，在中低等级房源较为充足时，较适宜经济回暖时采用。

(3) 应重视政策适宜条件及对市场房价的影响。"补砖头"模式可短期内即解决保障性住房不足问题，抑制各子市场房价（房租）水平，对调控房价泡沫有一定作用，适宜于房价高企、政策性房源紧缺的城市采用。而"补人头"模式会引致中低、中、高子市场房价（房租）增长，不利于抑制房价泡沫，适宜于中低等级房源较充足、且房价较为平稳的城市采用。

(4) 为降低政府乃至全社会保障成本，长期来看，应充分发挥存量房在保障中的作用。一方面，在国内一些老城市，质量尚好的旧公房占相当比重，完全可作保障房源。应降低旧房交易成本，鼓励中等收入居民转让（出租）旧房给低收入者，发挥过滤机制作用提升低收入者居住质量。另一方面，为避免"补砖头"模式所新建保障性住房很快过时乃至清拆，在户型设计时即应预留改进、提升冗余，当全社会低收入阶层居住水平整体提升时，可整修后继续发挥效能。再者，当中低等级房源逐渐充足后，政策应向"补人头"模式过渡，此方面发达国家已作了有益的实践。发挥存量房作用，对我国政府财政尚不充裕下的住房保障，尤具现实意义。

（感谢同济大学建筑与城市规划学院陈秉钊教授予本文的指导）

参考文献

[1] John F. McDonald. Fundamentals of Urban Economics. New York：McGraw Hill, 1997.

[2] 宋博通. 从公共住房到租金优惠券——美国低收入阶层住房政策演化解析［J］. 上海：城市规划汇刊，2002（7）.

[3] Scott Susin. Rent vouchers and the price of low-income housing. Journal of Public Economics 83，2002. 109～152.

国内外住房保障制度的模式演进与借鉴

王新军　敬　东　苏海龙

【摘要】伴随着建国以后我国的住房制度主要经历的四个阶段，住房保障制度也经过了福利保障、初具轮廓和逐渐转型的三个阶段，面对新时期经济、社会发展的新趋势和构建和谐社会的新要求，文章分析了我国住房保障制度的演进与现状存在的问题，总结了国外住房保障制度的模式演进特点，提出了对我国住房保障制度改进的路径借鉴意见和对策。

【关键词】国内外　住房保障制度　模式演进　借鉴

Abstract: Along with the founding of our country, housing system went through four stages. Housing security system has also gone through three stages, welfare security, preliminary outline and gradual transition. In the face of the new era of economic and social development's new trends and building harmonious society, this article analyzes the evolution and current problems of housing security system. By summing up the evolution of the model of foreign housing security system, this article puts forward improvement methods and countermeasures for China's housing security system.

Key Words: housing security system; evolution of model; evolution

前　言

以胡锦涛同志为核心的党中央在2007年党的十七大上提出了以科学发展观统领经济、社会各项发展，要求更好地保障人民权益和社会公平正义，推动建设和谐社会，通过健全廉租住房制度，加快解决城市低收入家庭住房困难。这是历届党代会报告中第一次专门提及住房保障制度，并明确谈到保障对象和保障方式。① 2008年1月1日开始施行的《城乡规划法》中明确“近期建设规划应当以重要基础设施、公共服务设施和中低收入居民住房建设以及生态环境保护为重点内容，明确近期建设的时序、发展方向和空间布局”。② 2006年4月1日起施行的《城市规划编制办法》规定，在城市总体规划编制中要“研究住房需求，确定住房政策、建设标准和居住用地布局；重点确定经济适用房、普通商品住房等满足中低收入人群住房需求的居住用地布局及标准”。③ 一系列的战略、政策、法律和制度表明，住房保障制度将在未来成为国策的重要组成部分。因此，为了更好地制定、完善和实施这一制度，我们有必要对国内外住房保障制度的模式演进进行理性的探讨，以资形成对我国的借鉴。

1　住房保障制度

1.1　住房

住房作为一种特殊的商品，是市民的基本需求，价值大并且使用周期长，构成政府国家制度和公共政策的重要内容，制度与政策的设计应当满足大多数市民的住房需求（购买或者租赁），同时还需要保障弱势群体的住房。因

① 摘自十七大报告。

② 摘自《中华人民共和国城乡规划法》第三十四条，2007年10月28日第十届全国人民代表大会常务委员会第三十次会议通过，自2008年1月1日起施行。

③ 建设部令第146号，《城市规划编制办法》第三十一条十二款。

作者：王新军，复旦大学教授，复旦规划建筑设计研究院院长
敬东，复旦规划建筑设计研究院副院长，高级规划师
苏海龙，复旦规划建筑设计研究院副院长，高级规划师

为，在市场机制作用的背景下，虽然住房制度改革进程的加快改善了多数人住房条件，但也存在一部分中等偏下和低收入家庭①难以依靠自身力量通过市场解决住房困难的状况。根据建设部会同民政部对全国城镇最低收入家庭住房情况进行的详细调查，截至2005年底，全国人均建筑面积10m^{2}以下的城镇低保家庭400万户。另据建设部对全国城镇低收入家庭组住房困难状况测算，目前全国城镇低收入家庭中约有住房困难户近1000万户，占城镇家庭总户数的5.5%。② 因此，政府必须通过对公共住房建设，特别是对低收入阶层居民的廉价公共住房提供扶持。可以认为，作为一位低收入者的个体，是没有能力考量并影响有关自身的制度和政策，只有作为一个群体，当他们的生存状态成为问题并关乎到其他阶层生存安稳的时候，才被另一个阶层所关注。③

1.2 制度与政策

关于制度与政策的定义有多种解释，对于制度（institution），普遍认为制度有广义和狭义之分，广义的制度是指在一定条件下形成的政治、经济和文化等方面的体系，如政治、经济制度等，狭义的制度是指一个系统或单位制定和共同遵守的办事流程和行动准则，如作息、财务制度等，住房（保障）制度同时具有广义和狭义的内容。而对于政策（policy），则是指国家机关、政党及其他政治团体在特定时期为实现或服务于一定社会政治、经济、文化目标所采取的政治行为或规定的行为准则，是一系列谋略、法令、措施、办法、条例等的总称。可以看出，制度与政策在概念方面具有相似性，有时是很难分开的，它们都是某种决策产物和某种规则。同时，作为规则的总称，制度包含了作为操作规则的政策，同时为具体问题的决策提供了平台。

1.3 住房制度与住房保障制度、住房政策与住房保障政策

住房制度是国家在解决居民住房问题方面制定的基本原则和方针，住房保障制度是住房制度中特别针对低收入困难群体在住房问题方面的关于住房投资、住房供应方式、分配方式和经营管理方式的基本方针。住房政策与住房保障政策则是落实这些方针的具体方法和措施。

通过住房保障制度提供的住房称为保障住房。由于这类住房传统上是由政府拨款建造，是一种排他性的公共产品，因而称为公共住房（public housing）。从形成过程来看，公共住房是以直接或间接方式接受公共支持的一种住房计划形式；从形成结果来看，公共住房是向低收入阶层居民提供低于市场价格的同等质量住房。尽管现在保障住房的范畴已经不再局限于政府拨款兴建的住房，保障住房已经不完全属于公共产品，但沿袭习惯，本文也把所有通过住房保障制度提供的住房称为公共住房。

公共住房在不同国家和地区有不同的名称，比如法国的社会住宅、瑞典的公益住宅、日本的公营住房和公团住房、新加坡称的组屋、美国的可承受住房（affordable housing）、香港的公屋（包括廉租屋和居屋）。我国的公共住房细分为房改之前分配的公房、经济适用房、廉租房。其中公房分为售后公房和非出售公房（出租公房），经济适用房分为一般狭义的经济适用房和广义的经济适用房，广义的经济适用房包括集资建房和合作建房；廉租房分为实物分配租房和租金分配租房。

2 国内住房保障制度的演进与存在的问题

2.1 住房保障制度的演进

2.1.1 1949年前——住房保障制度缺位

新中国建立前，我国实施的是与西方旧住房制度相同的住房制度，住房私有，住房的供给任凭市场调节，居民解决住房问题，全靠自己的收入，相应地也就没有住房保障政策。由于贫富、地位悬殊，因而社会上有许许多多无家可归者，弱势群体的住房保障无从谈起。

2.1.2 1949～1978年——住房福利分配制度

建国后至1978年，我国城镇实施的是基于公有制基础的住房实物福利分配体制，是一种依赖于政府和单位、覆盖面广、福利不均衡的住房保障制度。这种住房制度扼杀了住房市场，加剧了住房供给与需求之间的矛盾。到1978年为止，城镇居民人均住房面积仅为3.6m^2，较1949年的4.5m^{2}反而下降了20%④，国家财政也陷入了困境。

---

① 根据国家统计局的城镇家庭收入分组方法，将城镇家庭依户人均可支配收入由低到高排队，按10%，10%，20%，20%，20%，10%，10%的比例依次分成：最低收入户、低收入户、中等偏下收入户、中等收入户、中等偏上收入户、高收入户、最高收入户等7组，总体中最低5%的户为困难户。

② 建设部课题组. 多层次住房保障体系研究. 中国建筑工业出版社，2007：3.

③ 海螺行动［J］. 建筑与文化，2008（1）：18～19.

④ 包宗华. 住宅与房地产. 中国建筑工业出版社，2002：147.

2.1.3　1978～1992年——住房制度改革开始

在邓小平1980年4月提出了"出售公房，调整租金，提倡个人买房建房"的总体房改思路后，我国住房制度改革开始起步。1980年代伴随着市场经济步伐的加快，开始了提租补贴、公房出售、个人自建住房等多项改革。1982年按照《关于在全国城镇分期分批推行住房制度改革实施方案》要求，将住房制度改革在全国城镇内分期分批推开，第一步由"折旧费、维修费、管理费、投资利息、房产税"共同构成成本租金计租，并促进个人购房；第二步逐步把住房消费纳入工资，计入企业成本，逐步增加工资并将住房成本租金逐步提高到商品租金水平，进一步实现住房商品化。全国城镇人均住房建筑面积由1980年的7.2m^2提高到1989年的13.5m^2，年均增长0.7m^2。①1991年按照《国务院关于继续积极稳妥地进行城镇住房制度改革的通知》要求，提出了分步提租、交纳租赁保证金、新房新制度、集资合作建房、出售公房等多种房改思路。并最终在1992年取消了福利分房制度，开始实行住房分配货币化改革。

2.1.4　1992～2006年——住房保障制度初具轮廓

这个时期的主题是"停止住房实物分配，逐步实行住房分配货币化，并初步建立了我国以经济适用房制度和廉租房制度为核心的住房保障制度"。

1994年国务院发布的《关于深化城镇住房制度改革的决定》中第一次提出在全国范围内建立新的住房供应体系，强调"房改的目标是建立和完善以经济适用房为主的住房供应体系"，同年，建设部和财政部联合发布了《城镇经济适用房建设管理办法》，经济适用房制度②正式确立。在《国务院关于进一步深化城镇住房制度改革，加快住房建设的通知》（国发1998年23号）中提出"建立和完善以经济适用住房为主的多层次城镇住房供应体系，针对最低收入家庭的需求，由政府或单位提供廉租住房"。1999年建设部发布《廉租住房管理办法》，2004年建设部和财政部等部门又发布了《城镇最低收入家庭廉租住房管理办法》，进一步明确了廉租住房保障标准、保障方式和保障对象，廉租房制度③也基本确立。

在2003年《国务院关于促进房地产市场持续健康发展的通知》中强调"坚持住房市场化的基本方向，调整住房供应结构，逐步实现多数家庭购买或承租普通商品住房。"由于2003年以后全国房价持续上涨，房地产业逐渐成为国家和地方的支柱产业，国家开始了以"抑制房价过快增长"为核心的调控之路，标志性文件是2005年3月《关于切实稳定住房价格的通知》（国八条）和2006年5月《关于调整住房供应结构稳定住房价格意见的通知》的出台，强调"大力调整住房供应结构，严格控制被动性住房需求，正确引导居民合理消费需求"，强制性规定"凡新审批、新开工的商品住房建设，套型建筑面积90m^2以下住房（含经济适用住房）面积所占比重必须达到开发建设总面积的70%以上；要优先保证中低价位、中小套型普通商品住房（含经济适用住房）和廉租住房的土地供应，其年度供应量不得低于居住用地供应总量的70%"，住房政策开始向保障性住房倾斜。

但是，由于经济适用房制度和廉租房制度缺乏强制力，到2004年，还有近半数的大中城市没有建立廉租房制度，保障的覆盖范围不足0.5%；而经济适用房不仅数量少，而且大多数实际上成为一般商品房，开发投资也仅占全部住宅投资的5%。④

2.1.5　2007年至今——住房保障制度的转型

2007年是我国住房保障制度发展的里程碑，"保障性住房"被提到了前所未有的高度，并开始了从"重市场轻保障"向"市场与保障并重"的目标调整。2007年2月，温家宝总理在十届全国人大五次会议开幕会上的讲话指明了2007年房地产市场调控的工作重点是"解决低收入家庭的住房问题"，并且在2007年8月《国务院关于解决城市低收入家庭住房困难的若干意见》中首次明确提出把解决低收入家庭住房困难工作纳入政府公共服务职能，对保障性住房的服务对象、建设标准作出明确界定，并将廉租住房建设提到了全新的高度，进一步建立健全城市廉租住房制度；新建廉租住房套型建筑面积控制在50m^2以内；经济适用住房套型标准，建筑面积控制在60m^2左右。11月建设部等部委又相继颁布了《廉租住房保障办法》和《经济适用住房管理办法》，分别对两种保障性住房的保障对象、准入和退出管理机制、建设管理、价格管理、监督管理等方面进行了阐述，使多层次住房保障体系建设真正得到落实。同时，廉租住房取代经济适用房成为保障性住房的主体。

① 建设部课题组. 多层次住房保障体系研究. 中国建筑工业出版社，2007：13.
② 经济适用房的定义：由相关部门向中低收入家庭的住房困难户提供的，按照国家住房标准而建设的，价格低于市场价的普通住房。
③ 廉租房制度主要有三种具体保障形式：租金减免、租金补贴和实物配租，各大城市大多以租金补贴为主。
④ 李剑阁. 中国房改现状与前景. 中国发展出版社，2007：47.

我国现行保障性住房政策一览表　　表1

廉租住房①	
保障对象	城市低收入住房困难家庭（应由户主向户口所在地街道办事处或者镇人民政府提出书面申请）
保障方式	货币补贴和实物配租等相结合，主要通过货币补贴的方式，发放租赁补贴
保障资金来源	年度财政预算安排的廉租住房保障资金；提取贷款风险准备金和管理费用后的住房公积金增值收益的全部余额；土地出让；净收益中安排的廉租住房保障资金（不得低于10%）；政府的廉租住房租金收入；社会捐赠及其他方式筹集的资金
保障住房来源	政府新建、收购的住房；腾退的公有住房；社会捐赠的住房；其他渠道筹集的住房
建设用地	在土地供应计划中优先安排，并在申报年度用地指标时单独列出，采取划拨方式，保证供应
建设方式	采取配套建设与相对集中建设相结合的方式，主要在经济适用住房、普通商品住房项目中配套建设
建设标准	单套建筑面积控制在 $50m^2$ 以内
供应计划	政府应在解决城市低收入家庭住房困难的发展规划及年度计划中，明确廉租住房保障工作目标、措施，并纳入本级国民经济与社会发展规划和住房建设规划
经济适用房②	
概念界定	政府提供政策优惠，限定套型面积和销售价格，按照合理标准建设，面向城市低收入住房困难家庭供应，具有保障性质的政策性住房
保障对象	具有当地城镇户口的城市低收入家庭
建设用地	以划拨方式供应，纳入当地年度土地供应计划，在申报年度用地指标时单独列出，确保优先供应
建设标准	单套建筑面积控制在 $60m^2$ 左右
价格管理	以保本微利为原则，房地产开发企业实施的项目利润率按不高于3%核定；市、县人民政府直接组织建设的经济适用住房不得有利润
住房管理	购房人拥有有限产权，在取得完全产权以前不得用于出租经营；购买不满5年，不得直接上市交易；满5年，购房人上市转让经济适用住房的，应按照届时同地段普通商品住房与经济适用住房差价的一定比例向政府交纳土地收益等相关价款，政府可优先回购，购房人也可以按照政府所定的标准向政府交纳土地收益等相关价款后，取得完全产权
供应计划	政府在解决城市低收入家庭住房困难发展规划和年度计划中，明确经济适用住房建设规模、项目布局和用地安排等内容，并纳入本级国民经济与社会发展规划和住房建设规划

（资料来源：乐芸. 近期住房政策导向的梳理与介绍. 理想空间，2008（26）：7～8.）

2.2　存在的问题

（1）住房保障制度建设滞后于经济的发展，经济适用房和廉租房的覆盖面小，保障功能缺乏，缺乏稳定的资金来源。政府提供住房保障责任的相关职能和作用还明显缺位，忽略了住房对保持社会稳定的作用。

（2）中央政府与各级地方政府在住房保障制度制定和落实过程中存在博弈，2007年开始的从“重市场轻保障”向“市场与保障并重”的目标调整无形之中减少了地方政府在土地出让方面获得的收益，并需要财政投入建设经济适用房和廉租房，使已经不对等的中央政府和地方政府在财权和事权上的博弈日益显化。

（3）我国正处于快速工业化和城市化的时期，每年城市化率增加约1%，有1200万人进入城镇，并对住房产生需求，目前事实上的住房政策导向有利于满足以提高居住水平和质量为主的住房需求增长，面对收入差距扩大带来的多样化和多层次的住房需求，对中低收入家庭、棚户区居民、旧住宅区居民还有大量的农民工及城市暂住人口需要的保障性住房供给不足。对于我们这样一个发展中国家，面临经济发展积累和保障范围迅速扩大在同一个时间段高度重叠的矛盾。

（4）我国城市发展很不均衡，经济实力差别很大，既有处于工业化前期的城市，又有处于工业化中期和后期以及信息化时期的城市，而住房保障制度的落实必须有强大的经济实力作为支撑，目前“一刀切”的保障制度和政策在某些城市面临难以操作的问题。

（5）目前各地按照国办发［2006］37号文件要求编制的住房建设规划，主要是依据建设部提出的一些基本原则要求组织编制的。其内容侧重于空间的落实，在对具体的住房需求状况、住房供应模式与供应结构的结论上缺乏比较系统、深入的调查分析，在与相关的市政和公共服务设施的衔接上缺乏比较有效的协调。同时，由于没有统一、明确的编制要求，提出的规划成果也缺乏基本的规范。

（6）与住房保障制度相关的法律、法规还存在缺位现象，《住房保障条例》亟待出台，并缺乏住房保障专门管理机构和明确的目标和规划，因此难以形成系统的保障政策。

① 由建设部、国家发展和改革委员会、监察部、民政部、财政部、国土资源部、中国人民银行、国家税务总局和国家统计局联合颁布的《廉租住房保障办法》（第162号）文件整理。

② 由建设部、国家发展改革委、监察部、财政部、国土资源部、中国人民银行和国家税务总局联合颁布的《经济适用住房管理办法》［2007］258号文件整理。

3 国外住房保障制度的演进与借鉴

3.1 制度的起因

住房保障制度和公共住房概念源于西方1930年代经济大萧条时期，基本目标是为低收入家庭解决住房问题。在20世纪之前的旧制度下，住房私有，住房的供给任凭市场调节，居民解决住房问题，全靠自己的收入。从20世纪初开始，西方一些发达国家，如英国、美国陆续地"扬弃"旧住房制度而建立现代住房制度。当时的社会背景和改制的原因主要有：

3.1.1 住房供需矛盾尖锐化

19世纪初，西方国家的快速工业化和城市化进程导致广大农民过快地涌入城市，使得城市人口急剧膨胀，城市的住房问题变得十分突出。19世纪上半叶，英国政府对住房问题基本态度是放任自流，直到19世纪中叶，伴随着1848年的《公共卫生法》(The Public Health Act）颁布，相关的住宅法规逐步建立起来。① 英国1919年颁发的《住房和城镇规划法》导入财政补贴，首次承认解决住房问题属于公共事务②，提出政府对公共住房建设提供财政支持的承诺。美国公共住房的建设始于1937年，第二次世界大战造成房荒，1948年杜鲁门总统向国会提出住房建设的一揽子方案，标志着联邦政府对住房建设进行干预的开始。日本是在战争废墟上发展公共住房的，于1951年颁布了《公营住房法》，着手建造大量低标准的公营住房，调控住房的供求。因此，可以说各国住房保障政策的初衷都是为了解决住房短缺问题。

3.1.2 民主化发展、政府注重民意的推动作用

随着资本主义社会经济的发展，也不断发展着社会民主化，从而推动政府采取措施去改善。英国在20世纪20年代，对于住房问题，尤其是居民住房困难、受高房租盘剥等问题，引起了社会通过舆论对政府的不满和抨击。而政府（执政党）往往把社会的"中坚"作为政治筹码，每一时期社会"中坚"的住房问题解决得如何，往往影响到政府的声誉。因而民主化进程和媒体的监督成为政府改革旧制度、建立新制度的一个强大推动力。

3.1.3 经济发展的基础作用

住房问题的解决程度归根结底取决于国家的经济发展，西方国家到20世纪初才陆续建立现代住房制度，英国是第一个建立现代住房制度的国家，其主要原因是19～20世纪，英国的工业生产、科学技术和经济发展，都居于西方国家的领先地位，使英国政府领先具备了介入住房问题的经济实力。

3.1.4 国际团体、组织的促进作用

在1996年6月，在伊斯坦布尔召开的"国际人居"大会上，国际社会就开始致力于全面积极地实现中低收入家庭享有充分住房的权利，并把"人人享有适当住房"确立为《人居议程》的核心目标。2002年4月启动的联合国居住权计划（United Nations Housing Rights Program，UNHRP），把保障住房问题推到更为重要的位置。计划的宗旨是："在可能的条件下，各国政府应该采取适当的措施，促进、保护并确保公民获得足够住房的权利"。保障公民的居住权已经由最初的社会经济发展的客观要求、政客执政的主观需要上升为各国政府应尽的责任和义务，住房保障政策不断得到补充与完善。

3.2 制度模式

3.2.1 美国的住房保障制度

美国住房政策的中心是"为全体美国人民提供合格的、安全的、能负担得起的住房"，包括四个方面的要点：①鼓励公民买房；②政府资助低收入居民租房；③以住房建设促进社区发展；④保障住房的公平。

美国住房政策的演进经历了三个阶段（张庭伟，2001），第一阶段，政府重点解决住房短缺问题，代表性政策是1940～1960年的公共房屋建设；第二阶段，政府认识到住宅建设对国民经济的拉动作用，住房政策的重要目的是以房地产业促进经济增长，但是忽视了住房社会性和保障性的一面；第三阶段自1970年代起，住房政策综合考虑住房建设的经济、社会功能，重视住房保障制度的建设，把住房建设作为促进社会稳定的手段，比如政府以社区发展基金资助社区住房建设，并以此介入社区发展，这是美国住房政策和住房保障制度走向成熟的标志，并通过《合众国住房法》、《国民住宅法》、《开放住房法案》等法律提供制度保证。

另外，美国住房保障制度强调联邦政府、地方政府、银行和非营利性机构的多方合作，既有联邦性的住房保障政策——著名的租金券方案，也有地方性的住房保障政策，如1991年爱达荷州博伊西（Boise）市的经济适用产权房计划（Affordable Home Ownership Program），在该计划中，博伊西市与U.S.银行合作，为符合条件的家庭购买城市内空地、建造经济适用房提供低息贷款③，银行

① Paul Balchin and Maureen Rhoden, Housing——the Essential Foundations, 2～3.

② Paul Balchin and Maureen Rhoden, Housing——the Essential Foundations, 6.

③ Michael A. Stegman, State and Local Affordable-housing Programs: A Rich Tapestry, 1999, 26.

提供建房贷款，市政府提供买地贷款，受助家庭有210户。再如1998年威斯康星州密尔沃基市社区的步行上班计划（walk—to—work Program）就属于单位级的。在这计划中，一个非营利性民营机构与该社区内的雇主达成协议，雇主为其雇员购买公司步行范围内的社区住房提供资助，其形式可以是一般贷款、免还贷款、预付工资或资金赠予。作为条件，雇员必须购买离公司较近的指定范围的住房。①

3.2.2 欧洲国家的住房保障制度

欧洲国家大多属于发达资本主义国家和福利型国家，较强的经济实力和全民福利的社会政策，使得这些国家在住房发展上都有较大的投入，建立了较好的住房保障体系。英国是世界上第一个福利国家，在撒切尔夫人倡导的私有化浪潮中，政府出售了150多万套公房，住宅的私有化率从55%上升为67%，同时，英国政府扶持非营利组织兴建的普通住宅和对低收入者的租金补贴，一直保持在占GDP的2%以上，占政府公共支出的5%左右。

欧洲主要国家的住房政策和制度　　表2

国家	主要住房政策
英国	战后地方政府大规模建造公房； 1980年推行了“民有其屋”计划，实行住房私有化； 政府为非营利组织提供低息贷款，发展出租住房，并以转移支付方式为低收入者提供住房补贴
法国	合同住房储蓄贷款制度； 低租金住房建设机构HLM
德国	住房储蓄制度； 向中低收入家庭提供政府支持兴建的社会住宅和住房补贴
荷兰	住房建设补贴与租金补贴政策； 住房发展融资与担保系统； 住房协会继续发挥积极作用，公共租赁住房仍保持重要地位。
瑞典	鼓励发展住房合作社； 为低收入者提供住房补贴； 为私人建房购房提供利息补贴

（资料来源：陈淮等. 国际大都市建设与住房管理，中国发展出版社，2007：15.）

3.2.3 日本的住房保障制度

日本战后制定了适应本国国情的住房政策和住房保障制度，先后制定了《住房金融公库法》（1950年）、《公营住宅法》（1951年）、《日本住宅公团法》（1955年）、《城市住房计划法》（1966年）、《地方住宅供给公社法》等，从二战结束到1996年，日本建造住宅约5115万套，其中公共住宅占45.7%。政府提供公共住宅的主要方式有三种：①通过“住宅金融公库”向建造或者购买住宅的个人提供长期低息贷款；②地方政府在中央政府的补贴支持下为解决低收入者建设公营住宅，国家在财政、金融及技术上给予援助，同时还制定了最低居住标准、平均居住标准和诱导居住标准，其中公营住宅是由国家拨款补助地方政府兴建的住宅，用于向低收入家庭出租，约占住宅总量的7.6%；③中央政府设立“日本住宅公团”为大城市的工薪阶层提供住宅及宅基地。

3.3 制度的特点和借鉴

3.3.1 政府十分重视住房问题的解决

政府通过法律、规划、财政、金融、税收等多种手段保障中低收入阶层“居者有其屋”，并在不同的经济、社会发展阶段调整住房保障政策的侧重点。美国和日本代表了国外发达国家干预住房市场的两种典型方式，美国主要运用法律手段和经济杠杆对住宅发展予以扶持，基本形成了住宅供求以市场机制为主、政府参与为辅的住宅制度，在保持私人资本主导地位的同时，国家也拿出一部分资金建造公共住宅，向低收入阶层廉价出售与出租，但所占比例很低。日本政府则在住宅建设中干预较多，由中央政府、地方政府和开发商在住宅建设中各负其责，其中，中等收入以上家庭住房在市场机制的作用下解决，由民间私营房地产商按照市场供求原则提供住房，中央政府负责解决中等及中等偏下收入家庭的住房问题，地方政府住宅局则负责提供低收入者、单亲家庭及有特殊困难的家庭和个人的住房。

英国住房支出占政府财政支出和GDP的比重　　表3

	1973年	1974年	1976年	1979年	1983年	1986年	1989年	1991年	1994年	1995年	1996年
政府住宅支出占GDP（%）	3.3	4.3	4.2	3.3	2.3	2	1.8	2.4	2.4	2.3	2.1
政府住房支出占财政支出（%）	7.6	8.8	9.0	7.4	5.1	4.7	4.7	5.8	5.6	5.3	5.1

（资料来源：陈淮等. 国际大都市建设与住房管理. 中国发展出版社，2007：158.）

① 钱瑛瑛. 市场化条件下的住房保障政策选择研究，同济大学博士学位论文. 2004，25.

3.3.2 住房保障形式多样化

以纽约市为例，住房保障的形式有：第一，地方政府利用自有土地建房，出租或出售给符合条件的低收入家庭，对于无能力一次购买的家庭，可以先租后买，或先购买10%的产权，再逐步购买剩余产权；第二，通过奖励容积率和免税等措施鼓励开发商提供一定比例的低价住房出售或出租给低收入家庭；第三，对低收入家庭实行货币补贴（发放住房券），由其到市场直接租赁住房。伦敦通过财政支持和抵押贷款免税措施，帮助低收入居民购房。东京对低收入者的住房保障形式有“公团住宅”、“公营住宅”和住宅金融公库提供低息购房贷款等，也是租售补贴并举。① 另外，在供应低收入住房的方式和供应低收入住房的社会过程方面也有阶段性的选择。

（1）供应低收入住房的方式

① 从早期提供完全实体住房到提供不完全实体住房的过程；

② 从提供实体住房到赋予能力（低收入者自身解决住房）的过程，包括提供高质量的用地、基础设施、提高收入与稳定的收入来源。

（2）供应低收入住房的社会过程

① 从提供国际式产品到个性化产品；

② 从单纯的政府行为到鼓励公众参与的过程；

③ 从提供物质实体到满足深层次社会文化需求的过程；

④ 从不可持续性发展到实现生态与社会和谐的可持续的探索过程。

3.3.3 制度与经济社会发展水平相匹配

从国外的经验看，随着人口的增长，城市化、工业化和民主化的进程，住房保障从无到有，经历了萌芽、成长、不断完善的发展历程。

任何一种制度都是和当时的经济、社会发展水平密切相关的，过度超前和严重滞后都将影响社会的整体发展，国外住房保障制度的建立也都经历过从无到有、逐步完善的过程，这个过程既是工业化、城市化逐步完成的过程，也是国家经济实力逐渐增强的过程。

这些国家抛弃了对市场的直接干涉，代之以对市场的间接调控，特别是加强了面向中低收入家庭的住房保障制度的建设，主要通过制度、政策的制定和实施，通过土地、财政、税收等手段，控制住房售价和租价，利用税收杠杆对消费的不同结构给予调节，利用住房补贴支持中低收入家庭购房或租房，利用金融政策调节住房市场的筹资、投资渠道等。

4 我国住房保障制度未来的路径探讨

4.1 目标

住房保障制度的目标是解决住房困难，提高人民的居住水平和居住质量，保障公民居住权利。居住水平和居住质量一般以三个指标来衡量：①人均住房数量（面积或房间数）；②住房质量，包括住房本身的质量和住房周边的设施环境质量；③住房支出占收入的比重。争取到2020年，使我国达到小康社会住房标准，住房从满足生存需要，实现向舒适型的转变，基本做到“户均一套房，人均一间房，功能配套，设备齐全”。

4.2 改进的原则

4.2.1 效率和公平

同任何一种经济活动一样，政府制定和实施住房保障制度本质上也是一种经济行为，必须以效率为优先。所谓住房保障制度的效率性是指所采取的政策在多大程度上实现了预期的目标。效率原则要求住房保障制度的设计尽可能有利于住房等相关资源的有效配置，尽可能使保障制度不影响市场中各房地产子市场的相对价格，保证保障对象之外的住房消费主体的住房消费行为不受或少受影响。

4.2.2 成本最低

住房保障制度有着强烈的国民收入再分配色彩，利用财政手段、税收手段、产业政策手段等将资源从公共部门向私人部门转移。在这一过程中必定要耗费一定的资源，为使社会资源得到更有效的配置，就应该使这部分成本最小化。

4.2.3 持续性和稳定性

无论从效率角度还是从公平角度，除非出现重大的政治、经济和社会体制变化，新老制度之间应该具有持续性和连贯性，即制度应该坚持稳定原则。新制度应该是老制度的改进，这样可以使施政对象有合理的预期和理性的行为，防止经济、社会或政治的波动。

4.3 改进的路径

4.3.1 政府牵头，整合资源，共担使命

首先，由于社会保障和收入再分配主要是中央政府的

① 陈淮等. 国际大都市建设与住房管理. 中国发展出版社，2007：229.

职责，因此住房保障首先是中央政府的责任，但是同时，由于住宅是不动产，不具有空间上的流动性，因此其作为准公共产品的属性体现为区域性的准公共产品，地方各级政府对其负有当然的责任。因此，应当通过立法途径，在法律上明确各级政府在住房保障方面应承担的责任和义务。将住房保障政策划分为全国性、省市级乃至社区级和单位（营利组织或非营利组织）级的住房保障政策。如我国目前实施的经济适用房政策属于全国性的住房保障政策，上海的重大工程配套房则属于地方性政策；我国的住宅合作社就是非营利组织，其住房保障政策和计划则属于单位或社区级。

其次，对于满足大多数低收入家庭住房建设的巨大投入，仅仅依靠政府的力量是很难实现的，这是导致目前公共住房供给不足的主要原因。PPP（Public-Private Partnerships）是公共部门与私人机构的合作模式，是指政府、营利性企业和非营利企业基于某个项目而形成的相互合作关系的形式。在我国可以有以下几种形式：①政府组织，私人机构参与经济适用房和廉租房的建设；②现有私有机构开发项目中调整为经济适用房或廉租房；③私人参与的改建、维修和物业管理。

4.3.2 明确事权，确保资金，配套政策

（1）平衡中央和地方政府的事权和财权

中央政府和地方政府的灰色博弈将导致资源配置效率损失，必须对此做出最佳的权衡。将中央和地方政府的事权和财权划分进行平衡，现在的状况是中央财权较大，占六成以上，而事权占四成，地方政府财权四成，事权六成。中央宏观调控无疑是正确的，但“分税制”一定程度上影响了地方可支配收入的增长；不断增长的地方政府提供公共服务的需求，要求政府有充足的财政收入。① 所以需要合理调节中央和地方的分配比例。一是适当调整中央、地方财税分配比例，增加地方政府财税收入分配份额，以减轻地方政府的财政压力；二是加大中央、省对市县的转移支付力度。

（2）将住房保障支出纳入公共财政支出范畴

财政政策是政府为了实现住房保障政策目标，选择和运用各种财政政策工具，或刺激经济适用房等公共福利住房的建造和消费，或鼓励私有房主将房屋出租给中低收入家庭，以解决中低收入家庭的住房问题。很多国家公共财政在住房保障方面的支出相当于 GDP1% 的水平，因此应当在政府财政预算中为住房保障设立专门的支出科目，使住房保障获得稳定而有保证的经费来源。

（3）完善金融和土地配套政策

住房保障的金融政策是指政府通过对货币信用的调控，运用各种金融工具，刺激经济适用房等公共住房的建造和消费，或鼓励私有房主将房屋出租给中低收入家庭，以解决中低收入家庭的住房问题。住房保障的金融政策包括提供低息贷款或贴息贷款，建立抵押贷款一、二级市场，政府设立或鼓励私营机构设立住房储蓄银行，政府提供或鼓励私营机构提供住房抵押保险业务，成立住房合作社等等。

土地政策是政府为了实现住房保障政策目标，在土地供给量、土地使用费或价格方面的优惠与调控，刺激或抑制经济适用房等公共住房的建造和消费，以解决中低收入家庭的住房问题。

4.3.3 突出原则，强化核心，灵活多样

（1）强化以廉租房制度为核心的住房保障制度

廉租房制度是政府直接介入住房供给，为低收入阶层提供住房保障的有效途径，在住房问题突出的城市由城市政府组建非营利性的公共住房机构或特殊企业，作为政府住房保障的执行机构，负责廉租房制度的运营实施和管理。同时，积极扩大廉租房制度的覆盖面，使在住房保障标准以下的家庭都成为廉租房制度的保障对象。

（2）住房保障形式灵活多样

在明确了各级政府在住房保障上的责任的前提下，具体的保障方式应当允许地方政府根据当地的实际情况进行因地制宜的自主选择，一般而言，在住房总量供需缺口较大、住房价格较高的地区，由政府直接提供廉租房更加有效，而在供求关系基本平衡、住房价格较低的地区，采用货币补贴的方式更有利于居民自主选择的要求，同时有利于降低行政成本。另外，还可通过低价销售、低价租赁、先租后买、半买半租、分步购买、贴租、贴息等多种形式对低收入家庭提供住房保障。

4.3.4 应对变化，研究标准，渐进改革

（1）准确把握国家经济、社会发展阶段和制度模式选择的关系

由于国家经济、社会背景与历史发展过程不同，住房保障制度一般可以分为自由市场经济下的住房保障制度、高福利下的住房保障制度和社会市场经济下的住房保障制度三种制度模式。

① 判断某个城市政府财力的一个理论化的公式：可支配财力 = 一般预算收入 + 基金收入 + 预算外收入 + 其他政府性收入 + 上级政府的转移支付 - 上解上级政府支出。

① 自由市场经济下的住房保障制度

自由市场经济下的住房保障制度主要在发达国家被采用。这些国家崇尚自由竞争，主张把国家对经济的干预减少到最低限度。美国就是典型的代表，政府提供的公共住房只占总量的5%左右，95%的住房完全由市场供应。

② 高福利下的住房保障制度

福利国家和地区的基本出发点是在市场经济的基础上，国家对经济有着广泛的干预，注重国民收入再分配，国家为所有人的福利负责，直接帮助受市场不利影响的人，减少社会震荡的程度，降低社会不稳定的程度。这些国家把住房补贴政策作为其推行福利政策的重要组成部分，住房的补贴高，限制少，覆盖面广。如荷兰的福利住房覆盖面高达36%，而被誉为亚洲四小龙的中国香港、新加坡公共住房的比例更高。

③ 社会市场经济下的住房保障制度

社会市场经济下的住房保障制度主张尽可能由市场力量自行调节住房市场，解决住房问题，同时在必要的情况下由政府进行某些干预。如统一之前的联邦德国，共建造1800万套住宅中，750万套属于“福利住房”，这些住房的租金不受市场价格波动的影响，房租只能按照政府规定的标准确定。其推行的是社会市场经济下的住房保障政策。通俗地讲，社会市场经济是：竞争的市场机制＋广泛的政府调节＋充分的社会保障，在市场经济的框架内，寻求效率和公正、个人经济性和社会平等之间的平衡。

（2）研究标准，渐进改革

我国住房制度改革之前的住房保障，不在这上述三者之列，属于高覆盖、低水平的全民福利住房保障。现阶段，根据我国既定的住房保障政策制度，对不同收入的群体实行住房分层供应体系，不具有高福利性，而应该是一种社会市场经济下的住房保障制度，远期可根据经济社会发展水平逐步过渡到高福利下的住房保障制度。

保障住房面积标准的确定具有很强的技术性、政策性和地域性，与家庭人口构成、住宅的结构形式、建筑形式、设备标准、区域气候条件等许多因素有关。在住房保障上应继续坚持“满足基本需求”的原则，组织相关多学科专家共同展开深入研究，严格控制保障面积标准，同时制定与低收入家庭支付能力相适应的补贴标准，原则上低收入家庭用于住房消费的支出控制在30%以下，逐步形成一个适合我国国情、适应不同地区发展阶段的周全而具有前瞻性的住房保障标准。

参考文献

[1] 陈淮等. 国际大都市建设与住房管理. 中国发展出版社，2007.

[2] 程遥. 大城市住房保障政策的效用分析. 现代城市研究，2008（1）.

[3] 郭玉坤等. 国外住房保障制度的共同特征及发展趋势. 城市问题，2007（8）.

[4] 何芳等. 土地市场化出让与住房保障制度的结合. 住房保障，2007（3）.

[5] 敬东. 我国大都市郊区化进程中城市土地利用控制研究. 同济大学博士学位论文，2005.

[6] 建设部课题组. 多层次住房保障体系研究. 中国建筑工业出版社，2007.

[7] 贾康等著. 中国住房制度改革问题研究. 经济科学出版社，2007.

[8] 李剑阁. 中国房改现状与前景. 中国发展出版社，2007.

[9] 李强. 我国城市中低收入群体住房保障问题. 中国建设报，2007-06-07（第1版）.

[10] 乐芸. 近期住房政策导向的梳理与介绍. 理想空间，2008（4）.

[11] 马光红等. 美国住房保障政策及实施策略研究. 房地经济，2007（3）.

[12] 潘海霞. 住房建设规划的政策与编制要求. 理想空间，2008（4）.

[13] 钱瑛瑛. 市场化条件下的住房保障政策选择研究. 同济大学博士学位论文，2004.

[14] 钱瑛瑛. 上海市住房保障政策体系研究. 财经界，2007（1）.

[15] 田一淋. PPP融资模式：中国住房保障体系的理性出路. 中国房地产金融，2006（3）.

[16] 于志光. 经济适用房标准问题研究. 同济大学硕士论文，1999.

[17] 姚琳珍. 中国公共住房政策模式研究. 上海财经大学出版社，2003.

[18] 全国人大常委会法制工作委员会经济法案等. 中华人民共和国城乡规划法解说. 知识产权出版社，2008.

[19] 赵婷. 借鉴香港经验完善内地住房保障制度. 财经界，2007（3）.

[20] 赵佩佩. 我国大城市社会保障性住房供给效用的若干分析. 现代城市研究，2007（10）.

[21] 赵路兴. 更加关注解决普通群众住房问题，建立符合国情的住房建设和消费模式——我国房地产发展趋势. 宏观经济，2007（3）.

美国旧住区重建机制及其对我国的启示

万 勇

【摘要】本文介绍了美国旧住区重建政策演进和土地征收基本情况，并通过分析美国加州旧住区重建的有关政策和机制，阐述了我国可以从中学习和汲取的经验和教训，提出政府、建设单位和居民等三种力量应有机协同，公开、公平、公正等“三公”机制应不断完善等基本启示和意见。

【关键词】美国　旧区重建　机制　启示

Abstract: This essay introduces the evolvement of America's reconstruction policy of old residential districts, and its land acquisition; analyzes the related policy and system in the case of California's reconstruction of old residential districts, and illustrates the experience and lessens China can draw; and advances the advice that the government, the construction company and the residents should work in coordination with each other, and the "Fair, Just, and Open" system be constantly improved.

Key Words: America; reconstruction of old residential districts; system lessons

1　美国旧住区重建总体情况

1.1　美国旧住区重建的历史演进

百年来，美国旧区重建（相当于我国的旧区改造工作）经历了市场控制、国家干预、企业化经营和国家再次介入的多个发展阶段，旧区重建目标也从单一的经济复兴，逐渐发展到社会、经济、政治、文化、环境等多重目标的复合。

1.1.1　市场完全控制阶段

19世纪末，深受亚当·斯密的经济自由主义的影响，联邦政府将清除贫民窟和解决社会住房问题交给自由市场，认为私人投资就可以胜任这项工作，从而使城市旧区的早期重建开始超出国家控制而自由发展。

1.1.2　国家直接干预阶段

1933年，罗斯福政府开始转向实行凯恩斯主义的国家干预政策，在城市中心日益衰落、人群日趋底层化、私营企业对挽救城市中心无能为力的情况下，联邦政府以为公共住房计划提供资金辅助和大力开展市政配套设施建设为开端，逐步介入旧区重建领域。

1.1.3　企业化经营阶段

1980年，里根政府拒绝由国家在旧区重建等方面扮演领导者角色，开始采取“国营事业民营化”政策，一些城市的当地企业开始提供资金，派专职人员协同社区工作者开展旧区重建工作，在注重经济和环境建设的同时，更加注重社会调和。

1.1.4　国家再次介入阶段

近年来，社会救助、关注弱势群体重新成为社会热点。在满足商业社会获取最大财富的同时，以维护社会公平为己任的政府再一次介入到旧区重建中来，开始着力推进困难群体的住房改善。

1.2　美国土地征收的基本情况

总体而言，美国土地征用（相当于我国的动拆迁工作）存在两种方式、三个要件、四大现象。

1.2.1　两种方式

在美国，土地的获取往往存在两种方式，一种是因公征用（可以简称为征地），另一种就是市场化收购（可以简称为购地）。征地，是指因公共目的，在正当程序原则下，以公平补偿方式获取土地。而购地，往往发生在开发商因商业开发计划需要向原业主购买土地房屋的情况下。美国在购地时很少发生冲突，因为这种收购是纯粹的买卖

作者：万勇，城市规划博士，上海卢湾区规划局副局长

美国旧住区重建机制及其对我国的启示

关系，按照市场规律，讲求自愿买卖、协商交易。发展商只要觉得可行，可能会付出高于当时当地市场价格的代价收购。如果私有土地拥有者坚持不放弃，发展商也无权强制收购。

1.2.2 三个要件

与商业购地情况不同的，是征地的施行必须符合三个核心要件。一是正当程序。强调征收的必要性。征收之前必须召开公众听证会，如有争议可向法院上诉。二是公共使用。强调征收的合法性。征收行为必须满足公众需要，使大众受益。三是公平补偿。强调征收的公正性。应由社会全体受益者对特定被征用土地者因公共目的做出的特别的牺牲进行合理补偿。一般采用公平市场价格对补偿进行量化。不能太高而透支纳税人的钱，也不能太低而损害权利人的权益。被征用者如果认为征用补偿不合理，可以寻求司法裁决。在坚持了正当程序、公平补偿和公共使用三要素的基础上，如果还不能获得土地，当局可以申请执行宪法第五修正案赋予的强制征用权。

1.2.3 四大现象

在旧区重建领域，当代美国存在逐步扩展公共性解释、屡屡使用强制征用权、普遍存在征收社会矛盾、动态平衡司法程序等等现象。首先，几十年来，美国法院逐步对宪法第五修正案中的“公共使用”进行扩展解释，将其诠释为公共利益、公共目的、公共需要、公共福利等等，彰显美国社会同样存在发展效率和社会公平之间的矛盾和困境。其次，美国公共性解释的扩展，导致强制征用权范围的扩大。据统计，仅1998年至2002年间，美国就启动了强制征用权1万余次。再次，由于公共性解释的扩展和强制征用权限的扩大，许多土地征用行为的合法性受到质疑，经常出现由征地引发的当局、开发商与居民之间的尖锐矛盾。在笔者参加的阿拉海姆市议会会议，以及听取有关该市音像资料中，经常可以发现有市民前往质询、投诉甚至抗议的情况。最后，规范有序的司法程序和微妙的司法动态平衡，为征地各方伸张意见留有余地，实现了规避过激反应、解决社会矛盾的目的。总体上，地方当局、开发商和居民在涉及征地的法律纠纷中各有输赢，形成了动态平衡的态势。

2 美国加利福尼亚州旧住区重建概述

由于美国各州法律存在巨大差异，在总体描述美国旧区重建情况之后，根据笔者在加州各市的参观考察，以及对美国加州社区重建法的认真解读，从九个方面简单介绍美国加州旧区重建有关情况。

2.1 旧住区重建的重要意义和主要内容

在美国加州，旧区重建是国家法律授权的城市发展重要手段，用以减缓老城区的衰落，促进老城区的重建和复兴。旧区重建往往由本地驱动，通过在地方政府和私人实体之间建立伙伴关系，增加社会投资，加强商务活动，振兴商业氛围，改善基础设施，增加开放空间，发展住房市场，新建可负担住房，恢复生机活力，创造就业机会，增加税收收入，美化社区环境，重塑市民归属感和荣誉感并获得社区居民的参与和投资。旧区重建主要手段有整合土地、利用税收增量并发行债券、建设基础设施、建设经济适用住房等等。其中，公共资金可起到杠杆作用，例如用于改善街道设施、公用事业条件和美化环境等等，以鼓励和吸引私人投资。

2.2 旧城“衰落区”的概念和界定

美国法律将那些处于不利的物质和经济条件的地区称为“衰落区”。所谓不利的物质状况，包括出现危险、老化、退化或低维修等情况的建筑物（有时也可能会穿插保养良好的建筑物），与周边地区使用功能不相容并阻碍社会经济发展的建筑和空间，容易遭受洪水和地震侵害等不利的地理和地质条件，被产权分割为小型或形状不规则的地块，土地空置或利用不足，过时和低效的布局、设计，出入交通和停车存在危险因素，不足或陈旧的公共基础设施以及混乱而低效的道路系统等情况。所谓不利的经济状况，包括下列情况：经济活动不足，商业契约少，失业率高；土地或建筑物严重不足或空置；物业价值严重折旧，发展停滞，投资下降；危险、废弃或具有其他不良环境条件；高犯罪率，酒吧、酒类商店等过分聚集；缺乏银行、药房、杂货店等便民设施；居住拥挤；等等。

2.3 旧住区重建机构的设定和权限

一方面，是机构的设定。加州社区重建法授权各县市，为复兴旧城区，可以成立重建机构，同时还详细规定了重建机构的职责和权限。社区重建机构是相对独立的公共机构，它对地方当局负责。加州大多数地方当局成立了重建机构。也有少数县市，重建机构由选举产生，是独立的、与地方当局平行的法人实体，对选民负责，可以任命工作人员和顾问，并制定和实施重建规划。通过重建过程，建立伙伴关系的公共机构和私营企业往往能够形成合力，采取一致行动，赋予不断衰败的地区以新的生命。一般来说，私人机构不能独立运作旧区重建。另一方面，是机构的权限。重建机构在制订并实施旧区重建规划中行使一般权力和特殊权力。一般权力包括通过重建预算，购买和出售物业，贷款或获得赠款，改善基础设施，改善、更新、巩固或拆除建筑物，协助中低收入家庭发展或修复房屋等。此外，重建机构还拥有三项特权，即有权购买私人物业并转售给另一个私人或私营组织，有权使用私人物产征用权，有权收取物业税“增量”以资助社区重建。

2.4 旧住区重建计划的编制和审批

加州有 400 多个县市实施旧区重建计划。该计划为开展项目建设、实施振兴活动提供法律框架。旧区重建计划的编制和审批过程，往往漫长而复杂，涉及公众的参与和文件的不断修改完善，通常需要 12 至 18 个月。首先，是计划的编制。该计划主要包括明确宗旨、目标和权限，编制技术文件，说明区位条件、土地用途、融资途径和具体举措等等。法律规定旧区重建计划必须与县市总体规划一致，其规划期限一般不得超过 30 年。其次，是计划的审批。旧区重建计划是以地方当局法令的形式通过的。通过该计划的前提，是规划委员会、重建咨询委员会的先行论证、审查。主要的法律步骤有：地方当局需要组织调查，以证实大部分社区居民能够得益于重建计划；在此基础上，规划委员会选择调查区中的合适地块作为重建项目区；规划委员会还将通过附有法律文件的初步计划，提交重建机构董事会审核，并让项目区所有业主和机构知晓该计划；初步计划通过后，重建机构需要着手准备一系列联邦法律规定的技术文件（如初步预算报告、重建计划草案和环境影响报告）并予以公布；重建机构需要与受影响的征税实体和社区进行协商；当地的理事机构就拟议的重建计划组织召开公众听证会以便于公众参与；各类文件获得批准后，重建计划和五年实施计划才能得以采纳。

2.5 旧住区重建项目区政策

重建项目区是指实施重建计划所涉及的区域。例如阿娜海姆市，就划分了 7 块重建项目集中区域，这些区域的划定以及重建活动的相对集中，为该市社会经济发展提供了好的条件。加州法律规定，在确定项目区之前，一般应首先针对重建项目的可行性情况开展调查研究。随后，由社区成员组成的重建咨询委员会进行评估，分析判断开展重建工作的必要性。根据这一评估，规划委员会将确定项目区范围、说明规划目标和具体举措。当重建机构确定项目区后，必须召开公众听证会，为该地区的市民和机构提供一个表达意见的机会。如果重建计划授权使用国家征用私人财产特权，并涉及一定数量的居住单元，可能导致社区居民存在流离失所的情况，则必须设立项目区委员会。该委员会由项目区成员代表组成，负责征求项目区居民、业主、企业主和社区组织的意见，提出社区需求，告知有关项目进程等信息，协商拆迁安置政策，审查重建计划草案，就是否应该采取重建计划，向重建机构理事会提出建议。因此，项目区委员会在项目进程中发挥关键作用，是社区和重建机构之间进行有效沟通的桥梁。

2.6 旧住区重建资金的筹集和运作

首先，重建经费主要来源于增量税收。税收增量的设定基于这样一个假设，即通过重建，项目区将创造更多的物业税。当一个重建项目区启动后，以项目区当前的物业评估价值为基准值，然后由产权变更或更新所导致的任何增加的物业价值，都要加以评估并增交税收（税收增量）。尽管重建机构没有权力设定税率或征收物业税。但随着时间的推移，如果重建活动得以成功实施，重建项目区内部和周围地区的物业价值将会由于物业出售、改善和新建而得以提升，环境的优化和基础设施的完善也将有效提升地区物业的市场评估价值。通常情况下，可以使用税收增量为杠杆，获得联邦政府、州政府的财政援助和私人的捐助。按照规定，增量税收中的 20% 将用于构成中低收入住房建设基金。其次，重建经费还包括贷款、赠款和发放税收分配债券等，其中最常见的融资手段，是发行税收分配债券。这些债券，不是向社区或一般纳税人筹款，而是向社会机构贷款。重建机构将以项目区增量税收偿还这些债券和贷款。换句话说，通过重建活动所产生的增量税收，将回流到项目区，以支付成本并刺激更多的发展。

2.7 旧住区物业征用权的动用和条件

强制征用权是政府为了公共利益，通过合理补偿，以取得私人物业的权利。重建机构可利用这一特权，将许多独立的小型土地集中起来，以满足减缓或消除该地区衰落状况的需要。然而，重建机构一般很少使用强制征用权，只在谈判机构和私人物业业主协调失败之后，不得已才为之。在大多数情况下，业主所获得的拆迁补偿非常明晰。如果偶尔使用强制征用权，一定是因为重建区中的居民或企业处于危险的居住和使用状况中，而强行拆除那些危险和破旧的部分。法律要求重建机构采取强制征用前必须召开公众听证会，按照市场价值合理公正地赔偿业主，按照法律规定为拆迁安置者提供福利和津贴。这一方式耗时长、成本高，因此只能是最后手段。在重建项目立项后，通过征用权获得物业的期限，一般不得超过 12 年。

2.8 旧住区重建的基本安置政策

安置是指企业或家庭由于征地和土地再开发而搬迁的行为。重建机构必须尽一切努力满足业主需求，并根据市场评估，支付充分合理的拆迁安置补偿费用。同时，法律规定被征地家庭或企业有权要求获得拆迁援助，包括帮助寻找新住处、支付搬迁费、支付租金上涨差异和额外支付其他某些费用等等。其中还包括因拆迁安置带来的生意损失（含商业信誉的损失）、小企业重建成本等等。此外，重建机构还会为异地安置居民提供搬迁和置换住房补贴。如果重建机构强行征用物业，还必须为被拆迁居民提供搬迁顾问。如果业主希望离开现居住地区，工作人员将与业主和租户一起，找到与现住房在价格、面积和便利程度等方面相匹配的替代住房。过程中，重建机构一般雇佣独立评估师评估物业的市场价值。如果业主不满意该评估价格，可以自己聘请评估师重新评估，然后双方就两个价格加以比较和协商。公平市场价值往往按当时的市场价格确定。

2.9 旧住区重建中的可负担住房要求

重建机构通过制定政策切实保障可负担住房供应。按照加州社区重建法的规定，重建机构必须在4年内为那些因重建而搬迁的中低收入家庭修复或兴建同等数量的替代住房。法律要求不低于20%的源自于重建项目的增量税收必须用于增加、改善、维护极低收入、低收入和中等收入家庭的住房供应。如果重建项目区无法提供中低收入居民可负担的住房，则必须使用该基金在别处建设两倍面积的可负担住房。除此之外，社区重建法还要求满足包含性住房需求，即任何一个开发项目，应至少有30%的新建或改建住房单元是中低收入家庭能够负担的住房，其中应有不低于一半的单元以极低收入家庭可以负担的价格供应。重建机构可以通过购买或资助购买已建住房作为长期储备，可以根据所收购的住房是否超出可负担成本来决定是否收购，但必须建立在召开公众听证会并提供真实数据说明类似住房单元很难收购的基础上。另外，可能采取的行动还包括通过财政援助改善现有居住条件或建设新住房，以及改善中低收入社区公共设施、市政基础设施条件和服务等等。

3 美国旧住区重建对我们的启示

美国旧区重建中有很多方面值得我们思考和借鉴，如三种力量的有机结合、“三公”机制的不断完善、重建资金的筹集和运作、司法程序的规范有序、旧区重建和可负担住房政策的相辅相成等等。下面重点围绕三种力量的有机结合、“三公”机制的不断完善两个方面，谈谈美国旧区重建对我国的启示。

3.1 三种力量的有机协同

地方政府是否介入、企业组织是否协同、社会力量是否参与，在美国旧区重建中起着决定性作用，是推动美国旧区重建的三种重要力量。受其启示，笔者认为，对我们开展旧区改造工作而言，就是要确立好“政府主导、市场运作、市民参与”的基本原则。

3.1.1 确立政府在旧住区重建中的主导性作用

总体而言，在美国旧区重建中，政府从制定和完善政策，给予经济资助，设立管理、经营和非营利机构等方式直接介入旧区重建，到越来越集中于维护社会稳定、促进住房保障、引导公众参与、营造健康环境、建设公共设施、提供就业培训和技术援助等等工作，实际上是为旧区重建起到促进、引导和协调的作用。对我们而言，在建设和谐社会、倡导科学发展、维护公民物权、住房保障刚刚起步以及房地产市场变幻莫测等因素的影响下，由旧区改造引起的社会稳定、资金平衡、房源供应、补偿标准等方面的压力激增。在这种情况下，政府部门可以站在一个全新的高度，审视社会形势，引导社会舆论，建立长效机制，量度资金实力，储备合适房源，建立适宜补偿标准等等。其中重点是做好旧住房改造和重大工程等社会公益性建设项目，同时兼顾好具有发展经济和改善民生双重功效的旧区功能性项目。

3.1.2 发挥开发商在旧住区重建中的建设性作用

在一定程度上，美国开发商资本弥补了政府在实施旧区重建项目时的资金不足问题，企业投资远远大于政府拨款，各种不同规模的开发商在其中起到非常关键的作用。据统计，截至1959年底（即处于旧区重建的国家干预阶段），在美国306项城市更新项目中，开发商和私人资本共占到全部投入的80%。与此同时，旧区重建受到开发商和垄断资本利益的影响，常常干扰政府在重建中为低收入阶层所做出的努力。对于我们各级政府而言，一些开发商曾经为各地方建设做出不可磨灭的贡献，我们一方面应维护开发商合理合法的利益，一如既往地支持、帮助他们，让相关建设项目始终走在良性循环的轨道上。另一方面，也要引导好这些企业，科学定位功能，严格手续办理，有序调度资金，适量储备房源，合理确定房价。要使他们怀着与当地老百姓共享建设成果的精神，平衡成本和收益，继续为当地发展做出建设性贡献。

3.1.3 尊重社会力量在旧住区重建中的参与性作用

纵观历史，美国旧区重建中对于社会面的关注逐渐加强，一方面是倾听社会的声音，特别是公众听证会等社会参与形式，使公众意见得到充分发表和满足；另一方面，是对社会弱势群体的关心，在基本住房保障、困难家庭生活保障、公建设施配套、创造就业机会等等方面，都营造了良好的社会氛围。对我国来说，适度扩大社会对旧区改造工作的参与面和参与度，部分有条件的建设项目可以引导老百姓参与进来，或征询居民代表的意见建议，一起共商发展改造大计。同时，要大力发展住房保障，减轻动迁补偿“就高不就低”的压力，分离市场型补偿和保障型补偿；延伸利益矛盾化解方式，在原有信访和裁决的基础上，将部分动迁矛盾引导到司法途径上来，真正形成依法办事（特别是物权法颁布以来）的氛围。归根结底，就是要让旧区改造在符合经济平衡原则的同时，使社会效应最大化，真正营造和谐社会的良好氛围。

3.2 “三公”机制的不断完善

要实现旧区改造工作的公开、公平、公正，就需要树立以人为本、公平正义的社会目标，为把旧区改造工作推向一个新阶段铺垫社会基础。

3.2.1 统一思想，明确界定“公共利益”

一方面，中美两国对公共性的解释既同中存异又异曲同工。我国物权法第四十二条的规定（“为公共利益需要”、“依法律权限和程序”、“依法给予拆迁补偿、维护被征收人的合法权益、保障被征收人的居住条件”）与美国宪法第五修正案中的公共使用、正当程序、公平补偿三要素很相似。只是，美国一开始采用“公共使用”，我国一开始采用“公共利益”，从字面上看，我们的适用面要宽一些。然而，随着时间的推移，美国法院为了避免使地方当局过多受制于“公共使用”才行使征收权，而对宪法第五修正案中的“公共使用”做了种种扩展解释（如前所述），这实际上已经与我国公共利益的解释十分近似。另一方面，笔者认为，旧区改造兼具“改善民生”和“发展经济”两个方面的功效，其本身具有社会公益性，特别是那些以土地储备方式开展的旧区改造项目（其实，这些项目的主要目的是改善旧区，而腾地只是其附带效果）。而对于那些以发展商为实施主体的功能性建设项目，虽然具有商业性特点，但只要有利于老城区经济发展和环境建设，有利于改善城市旧区居民居住条件，符合法定程序、实施公平补偿并在广泛开展征询后符合群众意愿，应视其为合乎公共利益要求。对于那些地处市中心旧城区而言，完全截然地区分功能性项目的商业性和公益性，实际上是很难的。功能性项目对于地区税收、环境改善、空间优化、功能调整等等的贡献，以及对那些危、破、旧住房的先期改造，其本身就是为老百姓造福。有鉴于此，对于各地方功能性项目而言，政府部门一定力度的介入，包括引导舆论、营造氛围、协调矛盾、维护稳定、实施政策托底和住房保障等等，都是十分必要的。这既是改善民生的需要，也是发展经济的需要，还是促进社会规范有序的需要。

3.2.2 树立诚信，从风气、机制和政策上完善程序公开

从程序公开角度而言，我们的建设项目自前期立项、土地、规划手续到拆迁许可证的发放，在程序上都严格遵照国家法律法规规定，需要程序公开，比如规划公示、设计方案公示、拆迁许可公示、行政裁决和强迁听证、拆迁补偿方案和标准公示（有些项目甚至尝试结果公开）等等，基本上都在努力实施，并在一定程度上取得了老百姓的理解和信任。但实际上的动迁补偿，是否在操作上真正做到诚实守信并杜绝了暗箱操作行为，是否在机制上真正规避了自由裁量过大的情况，是否在政策上真正分离了补偿标准中的市场面和保障面，还很难说。这些质疑也许就是“动迁难”产生的根本原因。这说明，动迁工作还不仅仅是是否公开的问题，从根本上来讲，还涉及社会风气、创新机制和完善政策等问题，需要在今后的工作中加以不断规范和完善。

3.2.3 市场和保障分离，实现动迁补偿中的公平公正目标

动迁补偿标准是十分敏感的事关群众最关心、最直接、最现实的利益问题。美国住房保障工作做得好，为旧区重建中采用“公平市场价格”进行补偿，为市场化征用土地和房屋打下了很好的基础。我国拆迁条例也规定采取市场化的评估和补偿方法，但由于我国还没有完全剥离住房困难家庭的保障因素，致使既“数砖头”又“数人头”的“就高不就低”现象的广泛存在。当前，我国也在大力开展住房保障和困难家庭生活保障工作，倡导建设廉租房和经济适用房，逐步探索分离市场型补偿和保障型补偿的机制。但由于住房保障基础薄弱、起步较晚，在现阶段还难以完全走出窘境。因此，今后一个时期，需要结合住房保陲工作的逐步开展，使动迁操作口径朝市场化方向迈进的同时，真正形成一个“市场补偿＋政策托底＋住房保障”的优化方案，从而真正形成兼顾旧城区各层次居民利益、多元化拆迁补偿安置的良好局面，为全面完成各城市“十一五”旧区改造任务做出应有的贡献。

当代北京城市住房发展的反思

张 杰 李 力

【摘要】作为我国首都的北京，其住房建设和体制改革集中反映了我国住房发展的主要特征和问题。本文结合我国改革后宏观的社会、经济形势发展演变，通过计划经济体制下的公房建设、市场经济体制下的商品房和保障性住房建设三条线索，对北京住房供给和分配的制度变迁、住房建设规划与空间布局两大方面进行梳理和反思，试图对北京30年住房建设和规划中的成就与问题有一个清晰认识。

【关键词】北京住房 住房制度 住房规划 居住空间布局

Abstract: The process of and the forces under the housing reforms and developments in Beijing present the best show case of China's housing changes since the Reform started in the late 1970's. This paper tried to build a panorama of this historic development by looking at the general social, economic transformation in the country. Firstly the paper reviewed the changing policies along the reforms. Focus are laid down in the following aspects: 1) housing constructions under the welfare housing policies in the period of the reform, 2) the market housing developments along with housing reforms, and 3) the emerging social housing programs in the market economy in Beijing. Secondly the paper examined the spatial results the above policy changes by analyzing housing planning and geography of housing developments. By so doing, the authors hoped to help the understanding of the achievements and problems in housing development in Beijing over the last thirty years.

Key Words: Beijing urban housing; housing policies; housing planning; housing development structure

改革开放后，作为国计民生重要方面的城市住房建设快速持续发展，新建住房数量之大前所未有，城市居民居住条件总体上有了很大改善。住房供给从过去的"福利制"分配模式向社会化、市场化迅速转变，市场化的供给模式在近十年成为城市住房供给的主导模式，住房私有化率大幅提高，导致各种住房供应问题凸现，矛盾激化。

作为我国首都的北京，其住房建设和体制改革集中反映了我国住房发展的主要特征和问题。本文结合我国改革后宏观的社会、经济形势发展演变，通过计划经济体制下的公房建设、市场经济体制下的商品房和保障性住房建设三条线索，对北京住房供给和分配的制度变迁、住房建设规划与空间布局两大方面进行梳理和反思，试图对北京30年住房建设的脉络有一个清晰的认识。

1 住房制度改革下的公房建设

1.1 住房福利制的改革

1.1.1 房改的宏观背景与思路

从1979年开始至1998年，在改革开放方针的指导下，我国经济进入了持续快速的发展阶段，经济体制改革在政策上逐步完成了从计划向市场的根本性转变。

改革初期的十年，国家提出了"放权让利"的政策，并逐步确立了社会主义有计划的商品经济体制，国有企业由政府的附属物逐步转化为自主经营、自负盈亏的商品生产利益主体。个体和私营经济大量出现，所有制也从原来国有和集体所有制转向多种经济成分并存的结构。这一阶段，居民平均收入也大幅增加，从1978年至1990年

作者：张杰，清华大学建筑学院教授，博士生导师
李力，清华大学建筑学院博士研究生

职工工资增长了近4倍。① 国民收入分配格局发生重大变化，从政府、企业、居民三个部门在国民收入中所占分额的变化来看，1978年政府、企业和居民最终收入分配比例为33.7%、11.6%和54.7%，至1986年，这三部门比例则变为22.6%、10.6%和66.8%。② 个人收入急剧扩大成为整个1980年代国民收入分配领域的基本态势。这一系列改革措施，一方面形成了很大规模的居民金融资产，但在当时泛福利的体制下，居民金融资产中用于生产性积累和诸如住房、养老、教育等长期性储蓄份额很低，而用于日常用品、耐用消费品和子女结婚的储蓄份额极高，是典型的近期消费主导型结构。这对宏观经济的稳定产生了不利影响，在一定程度上造成1980年代末通货膨胀的恶化及其后几年的持续性经济疲软；另一方面，由于政府的财政收入占国民收入的份额下降，而住房建设投资却持续增长，政府和企业对住房等福利补贴加大，这成为政府财政赤字连年增大的重要原因。据统计，1980年代住房建设投资占GNP的比重保持在3%以上，远高于1978年以前的0.78%。③ 经济建设与改革迫切需要财政资金支持，财政赤字成为当时我国财政的主要困境，这一情况直到1994年税制改革后才有所好转。

面对居民金融资产结构对宏观经济的潜在威胁，国家为回收居民手中的资金，摆脱财政补贴负担，改善居民金融资产结构，解决住房严重短缺问题，将房改作为经济改革的重要组成部分提上日程，试图通过推行住房私有化回收资金，使居民收入资本化。同时，围绕着住房改革目标模式这个中心，理论界的左令、张果、戚名琛、王育琨等学者开始对住房属性进行研究。研究引起了各界人士的广泛讨论，最终将住房从单一的福利属性认识转变为同时具有商品和福利两种属性，为住房出售打开了突破口。随后相关研究更深入地提出将住房分配放入初次分配范畴，使住房分配从实物福利逐步向货币工资转化。④ 经过一系列理论研究和实践探索，国家于1991年发布了《关于全面推进城镇住房制度改革的意见》，正式确定了城镇住房改革的目的和商品化的目标。

1992年邓小平南巡之后，改革进入第二阶段。随着社会主义市场经济体制的确立，房地产业快速发展，出现了短暂的泡沫式的繁荣，国家不得不于1993年下半年开始宏观调控，以此遏制房地产畸形发展和经济增长过热的态势。通过调控，1994～1997年期间国家财政盈余增长趋缓，经济发展实现软着陆。此后国家为应对1997东南亚金融危机的冲击，通过刺激内需，提高投资和消费水平来为维持经济高速增长，将发展的重点放在基础设施建设、高新技术产业和以住宅建设为主体的建筑业上，住宅产业开始成为新的消费热点和经济增长点。上述发展策略使国民经济和财政状况避免了大幅度的下滑，仍保持平稳的发展势头。这一系列政策也最终形成了1998年《关于进一步深化住房制度改革加快住房建设的通知》的房改文件，完成了住房制度改革，此后住房供给基本实现社会化和商品化。

1.1.2 住房私有化的几种改革尝试

前文对住房改革的思路进行了归纳，1980年代初房改思路确定后，优惠出售公房的实验首先被推出。1979年后，部分城市就开始进行少量试点售房，⑤ 之后逐步扩大到全国各主要城市，并在邓小平关于房改的两次讲话⑥的基础上发展出了“三三制”的负担方式。⑦ 北京由于集中了众多国有机关和企事业单位，传统体制延续的惯性较强，公房出售的探索出现较晚，除1980年从团结湖统建楼中拨出两栋楼出售给个人外，直到1984年才在丰台刘家窑新建住宅项目中进行了补贴出售给本系统职工的试点。1980年代中期，北京市政府出台了《北京市新建住宅补贴出售试行办法》，开始对公房出售进行硬性规定并

① 职工平均工资1978年为615元，1990年为2150元。见中华人民共和国国家统计局编《中国统计年鉴2007》，中国统计出版社，2008，表5－22。

② 杨鲁，王育琨．住房改革：理论的反思与现实的选择．天津人民出版社，1992：3.

③ 杨鲁，王育琨．住房改革：理论的反思与现实的选择．天津人民出版社，1992：54.

④ 相关研究比较有代表性的如左令的《住房制度改革的理论盲区》、《突兀而出的住房制度“两次调节理论”》，张果的《住房制度改革的理论和战略问题探讨》，戚名琛的《城镇住宅属性探讨中几个争论问题》及王育琨的《我国住房融资体制改革探索》等。

⑤ 1979年，国家有关部门选择西安、柳州、梧州、南宁四个城市进行新建住房向职工出售的试点，即由政府统一建房，以土建成本价向居民出售。

⑥ 邓小平同志于1978年和1980年就住宅问题两次发表重要讲话。他指出：“允许私人建房或者私建公助，分期付款。把个人手里的钱动员出来，国家解决材料……”“城镇居民可以购买房屋，也可以自己盖。不但新房可以出售，老房子也可以出售……”

⑦ 1982年，在总结按成本价出售试点的基础上，有关部门提出了国家、单位、个人三者合理负责的售房原则，选择郑州、常州、四平、沙市等四个城市作为新建住房“三三制”住房试点城市。所谓“三三制”，即地方政府、职工所在单位和职工个人分别负担1/3。

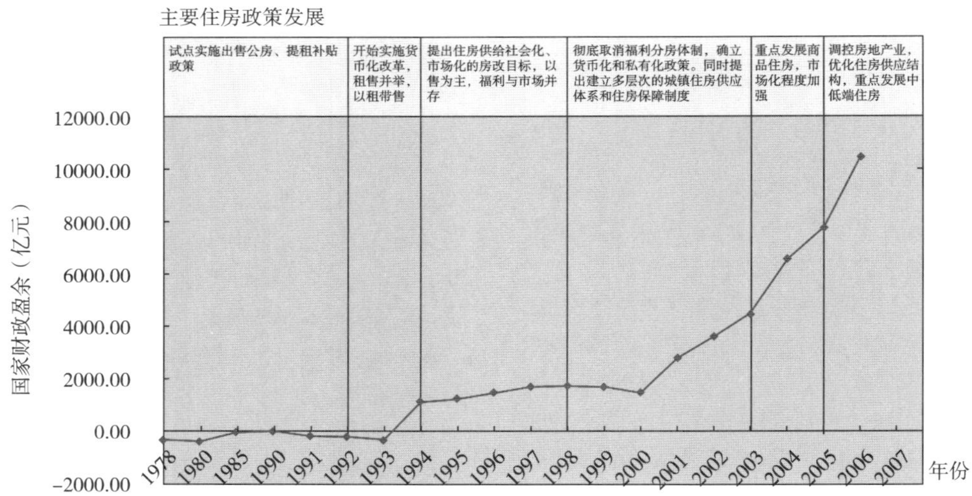

图 1　近 30 年国家财政盈余状况与住房政策发展

（资料来源：根据《中国统计年鉴 2007》数据制作。）

对其操作流程规范化。① 公房出售确实回收了部分建房资金，但政府和企业需承担的补贴量很大，仅北京市中心城区就有 8 万家国有单位，单位自建房资金多数无法自我循环。补贴售房未触及住房低租金制度，加之职工收入普遍较低，多数居民仍选择住低租金的公房，而不愿自己花钱购房，因此反对的呼声强烈。即便如此，国家为了从普遍性的住房福利困境中解脱出来，仍制定了各种策略推进住房私有化。1980 年代中后期，国家相继提出了以“提租补贴”和“以租带售”的房改新策略。北京也于 1990 年代初相应出台了以“售房起步，带动提租，售房给予优惠，小步提租不给补贴”为指导思想的房改方案，旨在通过全面提高租金促进购房，并针对既得利益群体拥有的存量住房提租困难这一弊端，强调实行新房新政策，避开存量住房提租的阻力，通过在外围实行增量房改，最终实现质变。但由于宏观经济波动，及北京各方既得利益群体的阻挠，直到 1999 年北京国有部门房租也只占家庭收入的 3.7%。②

1994 年《关于深化城镇住房制度改革的决定》和 1998 年《关于进一步深化住房制度改革加快住房建设的通知》这两个里程碑式的房改文件的出台，刺激了社会化的房地产业发展，并推动公有住房大规模出售，不仅新建住房全部按照成本价格出售给个人，旧房也全面出售。后者更是规定到 1998 年底停止住房实物分配，要求单位不再建房，不再买房，不再分房，从而结束了全国长达几十年的普遍性的传统福利住房制度，使我国住宅私有化全面推行，住房供给基本实现市场化。但北京的单位利益调整“水深难测”。据 1998 年底数据统计，北京的国家党、政、军机构有关家庭占城市总人口的 20% 以上，占有北京市城市住房人口的 48%。③ 而权力部门作为住房福利制的最大受益者，对结束福利分房尤为抵触。北京市政府只得采取现实主义的态度，国家原定 1998 年下半年取消福利分房的计划在北京因各方阻力拖了一年半之久。此间众多单位抢搭“房改末班车”，突击报建，突击购房（截至 2000 年底开工的住宅都算“老”房，可参加福利分配），大量新建住房再次进入旧有住房体制进行分配，出现了出售公房作价过低，不考虑级差地租，建筑成本缺乏必要的评估，与市场价差距过大等现象，造成国有资产的严重流失。

1.1.3　房改固化住房矛盾

1979 年后，“放权让利”的改革使住房建设投资来源由原来单一的国家基建拨款转变为政府财政拨款、企业自筹资金、信贷资金及个人投资等多种渠道。从全国总体情况来说，企业成为转移支付的主体，其自筹的住房投资占到住房总投资额的 80% 以上。根据 1990 年的统计，北京市各单

① 1984 年 12 月，北京市政府颁布了《北京市新建住宅补贴出售试行办法》，规定凡机关、团体、企业、事业单位新建的住宅，至少拿出 20% 出售给本单位职工，否则从第二年起市计划部门对其归属的区、县、局、总公司机关及该单位不安排建房计划。销售办法包括：公家补贴房价的 2/3，个人支付 1/3；有单位购买分给职工交房租；全价出售给个人。

② 高梁．住房制度改革和北京房地产市场的发展．www.neri.org.cn/workpaper/77gl.pdf.

③ 高梁．住房制度改革和北京房地产市场的发展．www.neri.org.cn/workpaper/77gl.pdf.

位自管房已占到住房总面积的近70%。① 在体制转换过程中，产权关系模糊，企业最关心的是如何扩大本企业职工的收入份额。在货币工资分配还受比较严格控制的前提下，扩展实物福利分配，特别是低租金的福利住房分配就成了企业提高职工收入的主要手段，企业自主建设住房的积极性空前高涨，这为大规模的公房建设带来了财力上的支持。大规模的公房建设使北京人均居住面积从1976年的4.57m^2提高到1990年的7.72$m^2$②，居住水平明显提高。

1990年代前北京住房建设总量和人均住房面积　　表1

年　份	住房建设规模（万m^2）	人均住房使用面积（m^2）
1976		4.57
1977～1983	2740.4	5.68
1984	437.7	5.92
1985	505.4	6.17
1986	532.6	6.46
1987	608.9	6.82
1988	623.5	7.17
1989	601.8	7.45
1990	573.0	7.72

（资料来源：北京市统计局，《北京统计年鉴1998》）

与此同时，各单位之间住房条件的差距也在不断扩大。国有机关和效益较好的企事业单位掌握了较多的权力和资金等社会资源，加上"软预算约束"和福利分房制度，使新建实物住房福利不断进入上述单位。这些单位不合理的住房需求不断提高，建房竞相攀比，由此推动了住房标准的一高再高，形成部分单位住房的过度消费、资源不合理分配和住宅投资的浪费。就北京来说，1988年建设住宅套内平均面积62.1m^2，远高于国家规定的34～37m^2的标准。与此形成鲜明对比，各种中小型全民企业、集体企业、街道企业等单位因掌握社会资源能力较弱，其职工住房状况日趋恶化。根据北京1990年代初对273个不同类型企业住房状况的统计，各种大中型全民所有制企业住房状况良好，职工人均住房面积都在8m^2以上，而集体企业住房条件比较恶劣，多数在人均4m^2以下。③ 此时的住房矛盾已经开始由数量短缺向结构性的短缺转变。

各单位的公房本身包含着过去福利分房时存在的巨大不公，单位职工因对社会资源把握机会的不同享受的住房福利存在较大差别。存量公有住房的私有化以当时的实际占有住户为基础，即谁住在什么样的房子内谁就有权买什么样的住房。这样一来公房出售就固化了既有的不合理状况。至2002年，北京市总计出售公房约6000多万m^2，110余万套，仅占当时城市家庭1/3左右。④ 大量在泛福利体制下没有分得住房的居民被推向市场，随着房价的飙升，原先有房户和无房户间形成巨大的贫富差别。另外，公房出租的逐步消失以及私房租赁市场发育的不充分、不规范，迫使刚参加工作的年轻职工承担了巨大的买房压力。

1.2　公房建设的空间布局

1.2.1　两种模式

改革后北京每年住房建设总量大幅提高，公房建设摒弃了文革时期分散建设的局面，再度恢复并强化了1950年代的"统建、联建"模式，并在此基础上进一步向综合开发方式发展。⑤ 至1987年全市已建立26个综合开发公司，统一开发建设的住宅比例从1980年代初期的20%提高到1980年代后期的50%以上。综合开发的住宅区一般由多个单位联合投资，而这些单位多是当时效益较好的企事业单位。政府的综合开发公司对新建地区和旧城成片改造地区从勘测、规划、设计到征地、拆迁、安置、土地平整，以及对所需道路、供水、排水、供电、供气、供热、通信等基础设施建设，进行一系列的综合安排和统一管理，住房综合开发后，再切块分给各单位。这种统建和综合开发模式有利于道路交通、市政、公共服务等设施的配套建设，也有利于成片成规模建设。在此背景下，1980年代开始出现了一些2万～3万人以上的居住区，其中劲松、团结湖和左家庄等居住区用地都在40hm^2以上，建筑面积超过50万m^2，可居住3万～5万人。随后规划的五路居总用地达到85.8hm^2，总建筑面积122万m^2，可容纳6.6万人。⑥ 综合开发使城市建设散、乱、差的局面开始得到改变。

另一方面，随着改革的推进，企事业单位成为住房投资的主体，单位自建住房的"大院"建设模式得到进一步发展，新建住宅逐渐成为很多大院内居住建筑的主体。大

① 见《房地信息》，中国房地产及住宅研究会，1991.8

② 见北京市统计局，《北京统计年鉴1998》，中国统计出版社，表5-5。

③ 见《北京市住房改革调查与研究》，转引自杨鲁，王育琨．住房改革：理论的反思与现实的选择．天津人民出版社，1992：113.

④ 高梁，《住房制度改革和北京房地产市场的发展》。2006年北京户籍城镇居民家庭为345.9万户。

⑤ 早在1980年国务院就提出"对新建小城市、卫星城、现有城市新建区和旧城成片改造地区，都应考虑组织开发公司试行综合开发。"

⑥ 北京建设史书编辑委员会．建国以来的北京城市建设，1985：179.

院建设模式最早出现在解放初期①，它与我国计划经济制度下的特殊产物——单位制紧密联系。单位作为国家政治、经济和社会结构的基本组成细胞和运行单元②，成为城市社会生活中被普遍采用的一种特殊的社会组织形式。单位根据其性质可分为国家机关单位、事业单位、企业单位、军事单位等等。而北京作为首都，党、政、军领导机关，中央各部委所属的机关部门及科研、文教单位、艺术团体、大型国有企事业单位众多。这些单位在解放初期根据其规模、行政级别等因素得到国家划拨的建设用地。单位大院一般用围墙把地围起来，形成一个封闭的院落。单位后来又在"有利生产，方便生活，就近居住"的原则指导下，在院内建设工作、生活等各类设施，形成各自为政的大院模式，例如东郊的国棉厂生活区、东南郊的垡头、东北郊的酒仙桥以及西郊的永乐、八角小区和百万庄、三里河小区等。许多单位在1980～1990年代又不断以原有大院为基础向四周"摊大饼"，大院范围也随之增加。到20世纪80年代，北京的各种大院已达2.5万个。2001年中心城范围内，仅在京中央国家机关单位就有1150家，其大院占地170km^2。③

1980年代到1990年代中后期，在北京的公房建设发展中，综合开发和"大院"建设是最主要的两种模式，占了住房建设总量的绝大部分，也正是这两种建设方式使北京迅速摆脱了住宅严重短缺的状况。

1.2.2 统建与近郊住宅发展

解放后，由于基础设施的缓慢发展，北京城市发展长期采取"以旧城为中心，向四周扩散"的方式，造成"摊大饼"的城市形态。1982年北京总体规划修订时，提出"旧城逐步改建，近郊调整配套，远郊积极发展"的建设方针，仍然维持了同心圆式的发展思路。统建和综合开发的居住区作为城市建设的重要方面，也按上述方式在空间上拓展。从建设位置看，由于受基础设施等因素的制约，这些居住区主要发生在二环路周围，并逐渐向三、四环等近郊区域拓展，形成了环绕旧城的一片片新住宅区。④ 据统计，在1980～1990年间建设的住宅中仅有9%位于旧城内，近77%位于二环外的近郊区，其余14%则在远郊区县。这种现象进一步扩大了"摊大饼"的范围。造成这种现象的主要原因有以下三个方面：

（1）在这一时期公房建设和分配仍然执行计划经济的福利制，建设用地都由政府划拨，并受到不同时期行政区划的影响。也就是说，市政府只能从其管辖的行政范围内划拨土地用于住宅建设。从1982年总体规划确定的市区范围看，西起石景山，东到定福庄，北起清河，南到南苑，约750km^2，其中城市建设用地仅占一半多，主要集中在四环以内的东城、西城、崇文、宣武和朝阳、丰台、石景山、海淀8个行政辖区。远郊的通县、顺义、昌平、大兴、怀柔和平谷直到1997年才陆续撤县设区。因此，政府掌握的土地限于8个行政辖区的城市建设用地范围内。另外，旧城内4个区可用于成片建设的用地极其有限，再加上改造拆迁成本高，公房建设不得不在旧城以外寻找发展空间。

（2）在建国后相当长的时期内，北京的城市基础设施投入欠账累累。改革前，城市基础设施投资占基本建设总投资的比重逐年减少，从1952年的18.4%下降到1960年的4.8%，"文革"期间更是下降到了2.9%。直到改革后，特别是国务院批复发布要求"大力加快城市基础设施建设"后，北京的基础设施投资占固定资产总投资的比重才开始增加，1984年为11.1%，1993年提高到的28%。⑤ 这期间，道路、管网等基础设施建设重点集中在二、三环之间，如"东厢"、"西厢"和"南厢"工程，使二环路交通得到极大改善。之后市政府相继对东三环和三环路其他路段进行多次改造，使近郊各区的可达性大幅提升。这一时期也是公房综合开发的黄金时期，很多大型的居住区也围绕着新建的基础设施选址，尽可能地利用设施建设较为成熟的区位，从而促进了住宅向近郊二、三环外"摊大饼"式的发展。

（3）众多国家机关、企事业单位广泛地分布在城八区内，约占其总用地的67%以上，这些单位为满足其干部、职工就近上班的要求，在北京市政府为其统一建设居住区时一般要根据这些单位的要求就近选址，因此形成新建居住区围绕单位布置的格局。这一时期最具有代表性的是位

① 从1950年开始，军队大院开始在北京西郊出现，如空军大院、海军大院、总后大院等。文教大院则在北京的西北郊聚集。国务院各部委的大院则主要聚集在三里河、和平里一带。当时，占据北京最好地理位置的大院是位于景山后面的总参地安门大院、沙滩后街的中宣部和文化部大院，以及位于府右街南口的统战部大院。见郭勉愈．大院与北京文化．北京师范大学学报，2005（4）．

② 李路路．论"单位"研究．社会学研究，2002（5）．

③ 北京市规划委员会，北京工业大学建筑与城市规划学院《中央办公用地规划布局研究》，2004。

④ 在这批新建住宅中，东郊有劲松、团结湖、小庄、二道沟、高家园、左家庄、香河园、十字坡、西坝河东里、新源西里以及垡头等。北郊、西北郊有塔院、蓟门里、西三旗、文慧园、魏公村、樱花园、五路居、双榆树、黄庄南、人大北路、万泉河等；西郊有古城、老山南、马连道、莲花河、西便门等；南郊有蒲黄榆、刘家窑、西罗园和方庄等。

⑤ 北京建设史书编辑委员会．建国以来的北京城市建设资料（第一卷城市规划），1995：97.

图2　团结湖居住区现状

（资料来源：作者自摄）

于丰台区东端的方庄小区。该小区于 1984 年规划，总用地 147hm²，总建筑面积达 300 万 m²，是北京当时为解决住宅分散建设，集中发展近郊新城的超大型项目。方庄于 1985 年开始投入建设，至 1990 年代初期初具规模，相继入住的居民基本是政府机关干部、职工。

1.2.3　密度不断加强的“大院”住宅区

与综合开发成片向外蔓延的住房建设不同，“大院”的住房建设在原有大院的基础上遍地开花，空间分布极为零散，而且总体规模巨大，其各自为政的大院建设模式使一些固有的城市问题加剧。在单位制的作用下，城市建设计划条块分割，建设实施分散，使城市规划面临巨大挑战。尤其在市政、道路和社会服务设施方面，城市难以做到统一协调。在北京二、三环之间，众多大院的存在造成这一地区路网密度远低于其他地区，道路功能混杂，交通组织难度大。

在房地产开发的热潮中，很多大院利用院内剩余的国有土地搞住宅开发，在一定程度上扰乱了正常的市场秩序。另外，某些单位大院在房改中钻政策的空子，在大院内建设住宅然后以经济适用房的价格卖给职工，这样的做法加速了大院房地产资源的流失。

1.2.4　统建与“大院”两种模式的解体

1990 年代后，在市场经济的背景下，股份制改革和现代企业制度的建立要求改变管理模式。这样单位不再像计划经济体制下，兼有生产、社会保障和社会管理等多种职能。单位制是统建和“大院”产生的内因，当传统单位制到了退出历史舞台的时候，统建和“大院”的建设模式也面临解体。随着住房商品化的推行，大院内很多原单位职工将私有化了的房产赠予子女居住，或是在过世后由子女继承或将房产转卖、租赁给其他非本单位的人，从而导致大院内的居住成分不再是清一色的本单位职工，居民成分社会化趋势日益明显。与此同时，房地产业的发展使统建住房和大院内的住宅建设在北京市住房供给结构中的比例日益缩小。1998 年停止福利分房后，我国开始走上货币分房的道路，统建模式也随之取消。从 1990 年代中期开始，国家为了加强对土地市场的宏观调控，颁布了《中华人民共和国城镇国有土地使用权出让和转让条例》、《城市房地产转让管理条例》等若干法规，以规范土地有偿使用和市场交易行为。在此背景下，单位如果想要利用土地搞住房开发，必须缴纳土地出让金，将大院的全部或局部用地市场化，从而使大院住宅建设模式走向末落。另外，单位的社会保障和社会管理等各项职能的逐步社会化，从体制上瓦解了作为小而全的社会细胞的单位大院。① 但近年来驻京的一些中央机关和部队，仍可以借助权力运作创造特殊的政策倾斜，建设大院内部福利性住房，而北京地方的规划部门却难以监管。②

① 2002 年，国家经贸委、财政部、教育部、卫生部、劳动和社会保障部、建设部《关于进一步推进国有企业分离办社会职能工作的意见》中明确指出：要加快分离企业办社会职能，减轻国有企业社会负担；要分离企业自办普通中小学和医院，将其移交给当地政府，如果有困难，可以组建独立的法人单位；分离企业自办的后勤服务等职工福利性机构，转变为自主经营、自负盈亏、独立核算的经济实体。

② 如北京积水潭地铁的新海苑、马甸桥附近的中直机关小区、广渠门的公务员住宅等。据了解，尽管周边商品房房价已高达 12000 元/m² 以上，新海苑小区、中直机关小区公务员每平方米仍只须交 1500 元左右，超标面积价格最高也只到 5000 元/m² 上下。见陶卫华. 房改十年，谁在异化市场. 中国社会导刊，2007（15）.

图3 方庄居住区现状

(资料来源：作者自摄)

图4 清华大学蓝旗营居住区现状

(资料来源：作者自摄)

2 商品住宅发展的得与失

2.1 迅猛发展的房地产业

2.1.1 房地产业初期的畸形发展

1980年代起，居民收入增长迅速，但这部分收入能否转化为有效的投资则取决于健全的金融体系和合理的消费引导。当时国家为鼓励居民合理消费，一方面采取出售公有住房，回笼建房资金，并通过住房货币化的工资改革①，提高居民的购房消费能力；另一方面积极筹备发展房地产业，使住房供给社会化。② 1987年深圳特区凭借政策优势，首先出让了一块国有土地，这标志着新中国房地产业的诞生。在此影响下，我国沿海省市房地产业迅速升温。

1990年国务院颁布了《城镇国有土地使用权出让和转让暂行条例》，对土地使用权出让、转让、出租、抵押和终止等问题作了明确说明，这为房地产市场的大发展奠定了基础。1992年初邓小平发表了南巡讲话，明确了发展社会主义市场经济的改革方向，在此影响下北京的房地产业快速发展起来。起初几年增长趋势明显，房地产开发投资的年均增长率达到73.4%，并在1995年各项指标达到最高点。但由于市场机制发育不良，房地产市场投机性突出，在很短的时间内就引发了经济过热，国有资产流失严重等问题。为了加强调控，中央政府于1995年颁布《中华人民共和国城市房地产管理法》和《关于严格控制高档房地产开发项目的通知》，对商业、旅游、娱乐、豪华

① 即把原来以实物形式分配给职工的住房，转变为工资形式分配给职工，不再分配住房实物，改为发货币形式的住房补贴。

② 1984年，国家计委敦促行政性开发公司尽快实行企业化。各地出现了城市综合开发公司。在沿海开放城市还正式成立了房地产开放企业，但主要是政府背景的企业。

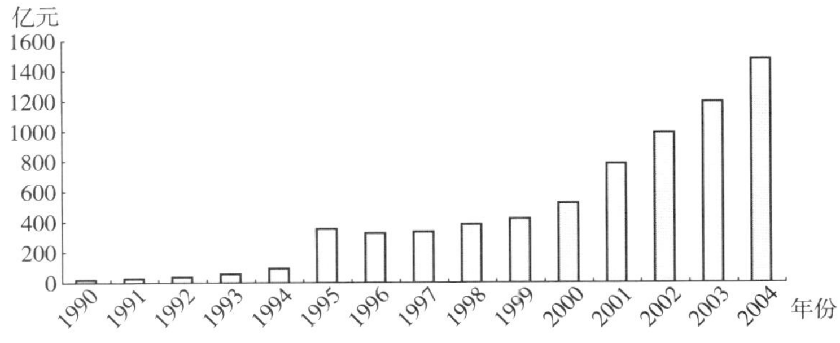

图5 北京市1990～2004年房地产开发投资额

（资料来源：北京市统计局，《北京市统计年鉴2005》）

住宅用地的协议出让制度作出了进一步限制，并严格规定高档房地产开发用地必须采用招标、拍卖方式获得。这一措施使此后两年房地产投资增长停滞，基本与1995年持平。

1998年之前，由于房地产开发和销售的市场化价格与较低的职工工资体制不相匹配，商品房的购买者主要是实力雄厚的国有或集体企业，而非广大居民，集团购买成为房地产的主要消费方式。而北京是全国集团购建房最集中的城市。据统计，1990年代北京连续多年住宅竣工面积维持在600万～800万m^2，① 扣除单位自建、自用和市政、拆迁的安置住房外，推向市场的纯商品房为180万～230万m^2，其中约70%～80%被团体购买。② 即使在中央要求停止福利分房的1998年，北京的个人购买住房也仅为30万～50万m^2，只占商品房市场的16%～20%，占全部住房需求的5%，而同期深圳个人购房则占住宅销售的83%，上海也占55%。③ 北京的集团购买强化了既有住房制度的不合理的方面，造成房地产的畸形发展。直到2000年，北京市住宅总销售额和销售面积中的个人购买比重才超过80%，上述房地产发展扭曲的情况得以好转。

2.1.2 对房地产市场的调控

1997年亚洲金融危机爆发后，本应继续加强宏观调控的中国政府为了规避这一地区性经济衰退，很快提出了积极的财政政策以刺激内需，拉动经济增长，住房被列为拉动内需的重要方面。国家通过1998年的房改政策④把居民推上房地产市场，试图以其有效的刚性需求刺激房地产业的发展，政府还通过启动经济适用房的建设，将中低收入阶层纳入有效需求群体。在此形势下，北京市于1998年开始启动经济适用住房建设，由于不能从中获得土地收益，经济适用住房建设的前5年，北京市累计减少政府财政收入约85亿元⑤，所以北京市政府难以大规模地推进经济适用房建设。经济适用房面临的现实阻力促使中央政府再次将住房政策向市场倾斜。2003年国家提出了“完善住房供应政策，调整住房供应结构，逐步实现多数家庭购买或承租普通商品住房。”⑥ 住房供给重点在某种程度上从经济适用住房转向普通商品住房，进一步加强住房发展的市场化。1998年后国家在房地产方面宏观调控的松动促使房地产投资持续增长，这一现象在北京更为显著。1998～2004年北京房地产开发投资的年均增长率为25.5%。从全社会固定资产投资结构中看，房地产开发投资在其中所占比重自1998年以来也处于不断上升的态势。从2001年开始，该比重一直保持在50%以上，比上海、深圳、广州等大城市也要高出10～20个百分点。土地出让的规模仍呈上升趋势，土地购置费用从1996年的15亿元增长到2004年的275亿元，占GDP的份额也从不足1%上升到近5%。

住房供给对市场的过度依赖在促成房地产大发展的同时，也带来了诸如房价高涨、住房供应结构不合理、居住用地扩张过猛等问题，这些问题在2004年后开始激化。为了控制和引导房地产市场，国家于2005年发布“国八条”，2006年再发“国六条”，试图在改革发展中稳定房价，合

① 北京市统计局，国家统计局北京调查总队．北京统计年鉴2007．中国统计出版社，2008．表5－5．

② 高梁．北京房地产市场的发展．北京房地产，2000（3）．

③ 中华人民共和国国家统计局．中国房地产统计年鉴2000．经济管理出版社，2001．

④ 1998年7月，国务院颁布了《关于进一步深化住房制度改革加快住房建设的通知》，宣布停止住房实物分配，单位不在建房，不再买房．不再分房，彻底切断了新建住房进入旧的住房体制这个源头，从而在全国结束了长达几十年的福利住房制度，标志着中国住宅私有化全面推行。

⑤ 刘新虎．北京经济适用住房建设过程中政府与开发商之间的博弈问题研究．北京大学硕士论文，2004．

⑥ 见2003年8月国务院发布的《关于促进房地产市场持续健康发展的通知》。

理用地，优化住房供应结构，进一步调控房地产业，促进其健康发展。这两个文件重申了建立多层次的城镇住房供应体系和住房保障制度的目标，确定了重点发展中低端住房的方针。2007 年出台的《国务院关于解决城市低收入家庭住房困难的若干意见》，要求地方政府以城市低收入家庭为对象，进一步建立健全城市廉租住房制度，改进和规范经济适用住房制度。此次《意见》通过“解困”这一保障类住房体制运作架构的细化，进一步完善了“政策＋市场”的双轨模式，以扭转过度市场化的住房发展趋向。北京市政府也相应出台了《住房建设规划 2006—2010》及《北京市“十一五”保障性住房及“两限”商品房用地布局规划(2006—2010)》，试图将中低价位、中小套型及保障性住房建设项目落地，调整住房供给结构。

2.1.3 住房供给过度市场化的弊端

受 1998 年房改和拉动经济的宏观政策影响，以及奥运经济的推动，北京的商品住房建设发展迅猛。“十五”期间，商品住房累计竣工面积 13523 万 m^2，在 2005 年更是达到年竣工 2841.4 万 m^2 的历史最高点。截止到 2006 年，北京居住用地总规模达到 356km^2，住房建筑总规模达到 3.6 亿 m^2，人均居住建筑面积达到 27m^2。① 这些在很大程度上提高了居民的居住水平。

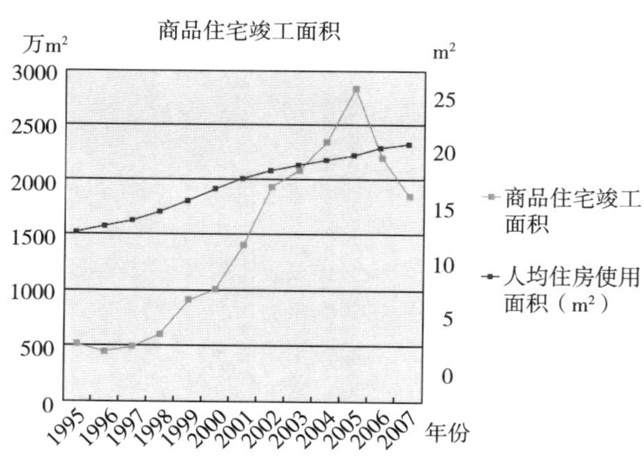

图6 1995 年后商品住宅建设总量与人均使用面积
（资料来源：北京市统计局，《北京市统计年鉴 2008》）

与此同时，北京城市居民的贫富差距随着市场经济的深入发展呈现不断扩大的趋势②，并由此形成了住房的多样化需求。住房供给在总量大规模提高的同时，住宅产品的类型也日益丰富，高级公寓、townhouse、独栋别墅等大量出现。由于房地产业的趋利性，其更倾向于提供高端的住宅产品，北京作为首都又吸引了全国乃至海外的高收入群体前来购房，如此互动，使住宅建设标准越来越高，单套面积越来越大。但这种以高端市场为目标的房地产发展形势却忽视了北京日益加深的贫富差距，导致了中低收入家庭住房难的社会问题。据 2007 年全年北京商品住宅供应统计，90m^2 以上的中、大户型全年累计供应套数占供应总量的 67%，90m^2 以下商品住宅仅占总量的 33%。住房供应结构性失衡的问题日益突出。③

房地产业的快速发展也导致房价的持续上涨与居民收入比悬殊。虽然在市场经济的整体改革中，国家初步建立了住房公积金制度，但长期推行的低工资制度致使公积金数额极低，相对于由市场主导的房价而言如杯水车薪，难以成为解决大量普通居民住房问题的主要资金来源。以 1999 年的统计为例，北京城镇居民家庭年均收入约 2.6 万元，当时商品住房平均售价约 5500 元/m^2，建筑面积 60m^2 的住宅售价在 33 万元左右，相当于居民家庭年均收入 15 倍。2004 年后，商品住宅价格年涨幅在 7%~12%。从 2007 年全年北京商品住宅成交价格看，低于 8000 元/m^2 的住宅仅占总量不到 40%④，而五环以内房价已达到 14000 元/m^2。高房价和结构失衡一方面造成中等以下收入家庭买不起房，另一方面使大量商品房空置。1999 年以来，北京市商品房空置面积增加较快，从 624 万 m^2 增至 2003 年的 1123 万 m^2。⑤ 2003 年后经过工资改革，北京居民收入有了较大提高，住房需求量增大，新建住宅供不应求，市场开始消化空置住宅，问题才有所缓解。

在现行的住房建设市场体制下，居住配套设施采取“谁建设，谁配套”的方式。政府将配套设施的责任甩给开发商，开发商受经济利益的驱使、购房者“挑剔”的要求及销售压力的影响，一般选取盈利性较强或具有一定广告效益的设施

① 北京市统计信息咨询中心. 2007 年北京市商品住宅市场. 北京房地产，2008（5）.

② 根据北京统计年鉴千户居民调查资料显示，1996 年北京城市居民 10%，最高收入户的人均可支配收入为 10%，是最低收入户的 2.7 倍，这个数字到 2003 年扩大为 4.7。

③ 住房短缺与住房的过度消费同时并存，从某种意义上来说，一部分住房短缺正是由住房的过度消费造成的。2007 年北京商品住宅市场回顾. 城市开发，2007（11－12）.

④ 从 2007 年 1～12 月北京商品住宅成交价格看，低于 8000 元/m^2 的住宅已比较少见，仅占总量不到 40%。2007 年北京商品住宅市场回顾. 城市开发，2007（11－12）.

⑤ www.bjinfobank.com.

先期建设，但对非赢利性的公益性设施的建设缺乏兴趣，尤其是教育设施与敬老、助残等设施，结果造成市场提供服务设施的失效。中国社会调查所的调查显示，63%的被访者表示自己所在的社区教育配套滞后。① 北京规划委员会曾对于敬老、助残设施的建设做过调研，结果表明1422个样本中仅30个样本点设有敬老院，11个设有残疾人康复托养所。从建设时序上看，公益设施建设不达标，以社区卫生服务站和社区卫生服务中心为例，1995～2002年和2003～2006年两个时段，项目的不达标率分别为16.7%和69.2%。②

2.2 旧城改造和郊区住宅发展

商品住房投资和建设规模的增长，极大地推动了旧城改造和新区建设，二者共同促进北京居住空间的不断向外拓展及空间结构的分异和重组。

2.2.1 大规模的旧城改造

1990年代之前的旧城改造限于体制和投资规模，仅在局部试点和小范围内进行。从1970年代末到1980年代中期，仅对前三门和官园等地区进行了成规模的“危房改造”，1980年代末又在菊儿胡同、小后仓、东南园3片进行试点。随着1990年代后经济体制的转换和房地产业的兴起，北京市公布的级差地租使北京旧城的价值凸显出来，旧城改造一跃成为有利可图的房地产投资“热点”。在此形势下，北京市开始推进一项大规模的“危旧房改造”计划③，并使之成为北京旧城改造更新的主要形式。1992～1994年底仅两年间，全市共有175片“危改区”立项改造，旧城改造成为住宅建设的重点之一。有资料显示，北京从1990年到1994年，5年投入危旧房改造资金70亿元，开工改造危旧房累计达85片，开复工面积666万m^2，动迁居民8.2万户，安置居民5.6万户。④ 1993年下半年国家宏观调控，“危改”随房地产业的调整而趋缓，并随着1997年亚洲金融危机走完了第一个发展阶段。这一阶段，旧城改造融资渠道单一，完全依靠房地产进行。为了利用市场改造北京旧城，北京市政府为开发商提供了各种优惠⑤，致使旧城内高档房地产项目过多，普通住宅严重不足，对古城风貌保护带来严重冲击。开发商为减少拆迁费用，提供给居民的外迁安置房也离市区越来越远，致使大量居民被迫迁往远郊区县。由于远郊区交通条件差，生活服务设施不齐全，给居民的生活带来了极大的不便。甚至有些开发商还提供一些质量较差、不好销售甚至是违章建设的房屋作为安置房，导致居民搬迁后长期面临房屋产权和住房质量等方面的一系列问题。⑥

1998年后，“危改”随着住房政策的演变再度兴起。2001年北京市“十五”计划提出全市危房改造工作以旧城区和关厢地区为重点，5年改造危房300万m^2，到2005年基本完成城区现有危旧房改造。北京旧城进入了前所未有的危旧房改造高潮。2001年作为“十五”计划的第一年，加上申奥成功，北京旧城拆除危旧房数量达到史无前例的水平，2001～2002年两年间拆除危旧房近350万m^2，创历史最高。⑦ 2003年后受“非典”及国家对房地产业采取宏观控制等因素影响，拆迁量逐年下降，结束了第二个发展周期。⑧ 这期间随着市、区政府经济实力的提高和居民购买力的增强，住房安置方式开始采取货币安置、异地实物安置及部分回迁安置等政策。同时市政府采取“市政带危改，房改带危改”的策略，使居民更多地通过市场获得新的住房。北京市自1998年以来建设了2000多万m^2经济适用房，解决了一部分旧城居民搬迁用房。市统计局的调查表明，至2004年有25.8%的拆迁居民家庭申请购买经济适用房，使上一阶段开发商主导的拆迁安置问题得到一定程度的缓解。

① 晋曝瑶，林坚等. 城市居住区公共服务设施有效供给机制研究——以北京市为例. 城市发展研究，2007（6）：96.

② 晋曝瑶，林坚等. 城市居住区公共服务设施有效供给机制研究——以北京市为例. 城市发展研究，2007（6）：96.

③ 1991年初由北京市房地产管理局牵头，对全市危旧房进行了调查，结果全市城近郊区共有危旧房4860万m^2。需要改造的三类、四类、五类房屋1362万m^2，其中危旧房相对集中成片的约有202片，建筑面积约为1000.7万m^2，占地1900多公顷，居民24万户，涉及92万人。

④ 李永浮. 北京城市住宅建设的郊区化研究. 和谐城市规划——2007中国城市规划年会论文集，2007：1293.

⑤ 如对“危改”用地实行“先划拨，后出让”的政策，允许承担危改的房地产公司通过行政划拨方式获得位于城市中心区的“危改区”用地，待完成房屋拆迁后再补办出让手续。同时还要求各主管部门在地价款、四源费、大市政费、电贴费、用电权费等方面给“危改”项目提供减免政策，各区、县政府也相应制定了如无偿提供周转和安置用房，减少代征用地，缓建市政配套设施等措施。

⑥ 根据方可的调研，当时在大兴的旧宫、和义小区、昌平的龙乡小区、丰台的角门小区等外迁居民反映，许多外迁小区都是开发商租用的单位联建房或农村合建房，有些甚至是占用基本农田兴建的违章房，居民根本拿不到产权证。而且在拆迁上一旦出现纠纷，市、区政府也往往为开发商“保驾护航”，并以“加快旧城改造”和“吸引外资进行经济建设”为依据，组织执法部门对居民实施“强制拆迁”。因此征地、拆迁引发的矛盾日益尖锐，影响到社会的稳定。方可. 当代北京旧城更新. 中国建筑工业出版社，2000：49.

⑦ 2001年拆除危旧房183.9万m^2，2002年拆除危旧房162.7万m^2。

⑧ 魏科. 1990～2004：北京两次大规模危改. 北京规划建设，2005（6）.

图7　1990 年代危改部分外迁区分布情况

（资料来源：根据谭英所绘图（谭英博士学位论文，1997）重绘）

总体来说，以“危改”为主要形式的旧城改造形成了因拆迁而出现的较大规模的居民住房需求，促进了新区的住房建设，有利于缓解中心城区的户籍人口压力。但在商业化的运作下，旧城中许多潜在开发价值高的地区往往被抢先改造，而地处僻街背巷，房屋破旧，道路、市政设施不足的地区往往无人问津。致使到目前为止，旧城中仍有大量家庭居住条件相当困难。

2.2.2　无序蔓延的新区住房建设

自 1992 年土地有偿使用制度确立后，北京房地产开发用地总量增长较快，各区县对土地出让的自主权扩大而市政府调控力度不足，加上中心城区地价的高涨迫使房地产开发机构向远郊区、县寻找便宜的土地，造成居住用地大规模向郊区拓展。从各区县 1992 ~2004 年出让用地总量看，朝阳、昌平、大兴、海淀位居四强，这四个区出让土地量占各区县出让总量的 52.7%。其中，朝阳出让用地量最高，为 3776.2 万 m^2，占到出让总量的 17.8%。

1992 年后，除在朝阳门外的 CBD 和旧城南部建设了部分商品住宅区外，三环路两侧到四环路、五环路等地区也成为商品房开发的主要地带，尤其是由三环和四环路形成的环状地带更是北京普通商品住宅的主要集中地带。北京市住宅的圈层式结构随着商品房的大规模开发而迅速改变，其特征主要表现在以下两个方面。一是三环路以外住宅建设速度加快，而三环路以内的区域出现了减缓甚至停滞的现象。根据张文忠在 2002 年的统计，三环路以外的住宅小区占住宅建设总量的 70% 以上。① 随着四环、五环快速公路的建成，轻轨 13 号线和 5 号线的通车，交通环境发生了明显的改变，其周边区域也就成为北京现在和未来住宅发展的主要空间。二是居住空间结构整体向北和向东拓展趋势明显。在这两个区域中，不仅位于四环路之内住宅开发的配套与环境相对成熟，四环到五环路，甚至五环以外的一些地区也都成为较好的住宅区位。与此相对应，南

① 张文忠，刘旺. 北京市住宅区位空间特征研究. 城市规划，2002（12）.

图 8　1992～1998 年住宅项目分布情况

（资料来源：北京市城建研究中心，《北京市房地产开发用地调查及预测研究 2005》，2005）

图 9　1992～2004 年住宅项目分布情况

（资料来源：北京市城建研究中心，《北京市房地产开发用地调查及预测研究 2005》，2005）

部地区居住空间扩张相对较慢。这样就形成了北京城市内部“同”字型的居住空间结构。

北京住宅建设区位变化比较　　表 2

区位	2001 年		2004 年	
	新楼盘数量（个）	比重（%）	新楼盘数量（个）	比重（%）
二环内	67	9	72	6.8
二、三环间	143	19.3	173	16.5
三、四环间	174	23.5	249	23.7
四、五环间	138	18.7	230	21.9
五环外	214	29.5	327	31.1
总计	740	100	1051	100

（资料来源：马清裕，张文尝．北京市居住郊区化分布特征及其影响因素．地理研究，2006（1）．）

这样的居住空间扩张模式使北京同心圆的城市结构在规模上越摊越大，但产业与就业发展的空间布局却缺乏与住宅建设格局的互相协调，大部分就业岗位仍集中在三环内。北京自 1990 年代以来在郊区新建的大型居住区功能十分单一，就业岗位少。相关研究显示，城郊大型居住区居民就地、就近就业的比例非常低，如天通苑本地就业比例为 3.8%，回龙观为 6.5%。① 大多数郊区居住区为“睡城”，这从根本上打破了计划经济时期形成的“职住接近”的城市空间布局结构。“职住分离”现象的大规模出现大大改变了居民的出行方式和居住空间结构。它加剧了业已存在的钟摆式的城市交通问题，交通状况的恶化使居民上下班出行时间大幅度增加。

2.2.3　社会空间的重构

住房供给市场化后，大规模的旧城改造和新区建设深刻改变着城市居住空间结构，形成分异的社会空间。特别是 1990 年代以来，居民收入差距拉大，社会阶层分化愈加明显，北京城市居住空间的阶层化特点越来越凸显。

在四环路以外，居住空间主要沿交通线布局，这一区域包括了为满足富裕阶层需要的别墅区、为改善中低收入阶层居民生活状况而兴建的大型经济适用住房居住区和比例较大的普通商品房住宅。大部分别墅区修建在建设用地相对较多、地价便宜的昌平、顺义和朝阳区等主要风景区、交通干线周边。在四环路以内，北京居住区社会空间呈现出由三个圈层构成的典型同心圆结构。最外一层为 1990 年代中后期建造的中高档住宅区，主要位于北城三、四环之间以及南城二环路与四环路之间。中间层主要是 1990 年代末以来兴建的高档公寓住宅区，主要分布于北城、东城二环、三环路沿线，重点集中区域为 CBD 周边、燕莎商圈、东直门商圈、西直门商圈、金融街以及中关村、万柳等地区。这两个圈层基本满足中、高收入群体居住。而最里面的区域是以四合院为主的旧城区，主要位于二环路以内，房屋年久失修，多数陈旧不堪。北京市划定

① 张永波．城市中低收入阶层居住空间布局研究．中国城市规划设计研究院硕士学位论文，2006：57．

的25片历史文化保护区以及第一批危旧房改造区大都处于这一区域，居住隔离和对立现象突出。由于北京城区内部地价高昂，导致城市内部地区新建住房价格极高。但在城市中心区从事较低层次的服务业工作的群体收入很低，又需要就近居住。这样，大量老旧的平房和新建住宅的地下室就成为这些低收入群体寻求租房的主要房源。城市内部地区缺乏低价位住宅的状况与城市中低收入阶层城市在中心区聚集分布形成鲜明对比，显示出住房过度市场化下居住社会空间的失衡。

3 保障性住房的发展

3.1 保障性住房制度的建设

3.1.1 从安居工程到保障性住房

随着1990年代后房改的深入，住房供给的社会化份额日益提高，市场逐步成为居民解决住房问题的主要途径。但是在经济体制改革中出现的“丁”字型社会结构，使绝大多数人成为中低收入群体。商品房房价大大高出普通居民的收入，市场难以满足社会上大量家庭的住房需求。为了解决这一问题，中央政府开始探索针对特殊群体的住房政策。中低收入家庭的社会保障性住房就是在这样的政策背景下酝酿提出的①，开始以安居工程为主要形式。安居房是由国家安排的专项贷款和地方自筹资金共建的，面向广大中低收入家庭，特别是对人均居住面积在$4m^2$以下的特困户，提供的销售价格低于成本价、由政府补贴的非赢利性住房。北京市紧跟国家政策，在社会保障制度研究中开始考虑建立社会性保障住房制度②，并于1993年制定了到1997年全部解决5.3万（不包括中央在京单位2.2万住房困难户）人均居住面积在$4m^2$以下的住房困难户的目标。据当时测算，要完成这一目标需建设安居住宅320万m^2，共需投入资金112亿元，平均每年要投入大约40亿元。而1995年国家划拨给北京市安居工程总投资额仅为7.5亿元，其余的32.5亿元建设资金需北京自筹。由于安居项目的用地一律采取政府划拨的方式提供，因此安居房建设不能获得银行的贷款③ 1990年代中期北京市仅有两个安居房专营公司，成立时间短，资金实力弱，又得不到贷款支持。而它们要完成北京市50%以上的安居项目，造成实施主体自有资金严重短缺，难以为继。另外，由于安居住宅地理位置较偏远，安居住宅小区服务设施不健全，一些购房单位或个人宁愿维持原状，不愿购买。这就使安居工程建设资金滞压，影响资金的良性循环，安居工程推进阻力重重。

1998年房地产行业进入第一次热潮后的调整期，加上1997年亚洲金融风暴对宏观经济的影响，国家为了刺激内需，拉动经济增长，出台了一系列政策，明确提出建立和完善以经济适用房为主的住房供应体系，以求在制度上保证各收入阶层的住房需求，实现“人人享有适当的住房”的目标，以此扩大住房的有效需求。④ 在国家房改政策的指引下，北京市建立了包括经济适用住房和廉租住房两部分的住房保障体系架构。其中经济适用住房主要面向中低收入的城镇居民及危旧房改造和大型基础设施建设搬迁的城镇居民，廉租住房主要是以租金补贴的方式提供给最低收入的城镇居民。从此北京市开始构建真正意义上的保障性住房和相关配套政策。⑤ 据统计，1998～2007年北京经济适用住房累计开工面积2200多万m^2，促进了房改的平稳过渡。期间，北京居民购买经济适用住房支出金额超过550亿元，为抵御亚洲金融风波、扩大内需、拉动经济增长起到了重大作用。

① 1991年国务院在《关于继续积极稳妥地进行城镇住房制度改革的通知》中提出：“大力发展经济适用的商品住房，优先解决无房户和住房困难户的住房问题。”1992年北京市形成《北京市住房制度改革实施方案》及7个配套办法，实行“五位一体”的房改实施方案，逐步实现住房商品化、社会化发展。对于中低收入家庭住房保障的问题也得到一定关注。《实施方案》中提出的建立住房基金、住房公积金等措施已经包含保障性住房的特点，并开始涉及住房困难家庭的解困问题，例如提出了“八五”期间解决人均居住面积$3m^2$以下住房困难户的住房问题等。

② 1993年北京市政府制定《北京市康居工程实施方案》，首次明确提出了“建立社会主义市场经济条件下具有社会保障性质的住房供给和分配体制”，将中低收入住房困难户的住房问题纳入政策范畴，此后北京市政府成立“北京市安居工程工作小组”组织建设安居房。

③ 《国家安居工程实施方案》中明确规定，安居工程贷款一律实行抵押贷款，而《北京市抵押管理办法》中明确规定，以划拨方式取得的土地使用权不能设定抵押。

④ 1998年《国务院关于进一步深化城镇住房制度改革加快住房建设的通知》第一次提出在全国范围内建立新的住房供应体系，包括高收入者购买商品房，向中低收入者供应经济适用房和向最低收入者提供廉租房三个层次。

⑤ 1998年建设部、国家计委、国土资源部、中国人民银行等相关部门相继联合下发了《关于大力发展经济适用住房的若干意见》、《关于进一步加快经济适用住房建设有关问题的通知》、《经济适用住房开发贷款管理暂行规定》、《住房公积金管理条例》等规范性文件，明确了支持经济适用房建设的土地政策货币信贷政策、税收政策、价格政策和房改政策。随后又对经济适用住房的建设和销售管理办法进行了完善。

3.1.2　保障性住房规模小，保障群体有限

保障性住房制度建立之初，建设经济适用住房的主要目标是促进住房制度改革，拉动经济增长，扩大内需，因此保障性住房政策制定和实施具有明显的趋利性特征。这就决定了保障性住房政策在实施过程中一旦与经济效益发生冲突，就会出现变相的让步。以住房供给来说，从1998年下半年开始，中央房改文件的核心精神是“建立和完善以经济适用住房为主的住房供应体系。”这无疑将对作为经济发展支柱产业的房地产业产生巨大冲击。众多房地产商于2003年上书国务院①，促成了2003年由建设部起草的《关于促进房地产市场持续健康发展的通知》的出台。该《通知》将房地产业定位为拉动国家经济发展的支柱产业之一，并将经济适用房由住房供应主体被改为“具有保障性质的政策性商品住房”。随着城市经济的高速发展，特别是奥运经济的契机，北京城市基础设施投资增长很快。“十五”期间北京基础设施投资总额达2244.2亿元，比“九五”期间增加62.3%。② 这导致了居住用地价格快速上涨，2001年后居住用地平均年增幅在3%～12%不等，高额的土地收益大大阻碍了政府划拨土地建设保障性住房的积极性。据统计，北京市保障性住房（主要是经济适用住房）每年的竣工面积在200万～300万 $m^2$③，仅占每年新建商品住房建设总量的8%～15%。

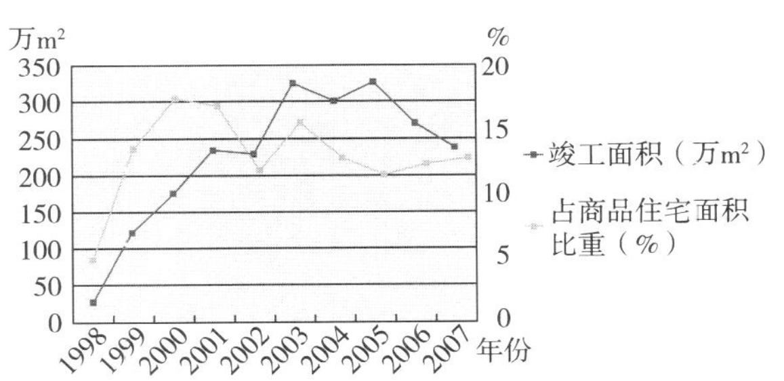

图10　北京经济适用住房建设量及占商品房建设比重
（资料来源：北京市统计局，《北京市统计年鉴2008》，2008）

以上种种原因共同导致了保障性住房供应规模不足，覆盖范围过小。《北京市“十一五”保障性住房及“两限”商品房用地布局规划（2006—2010）》将保障对象范围定位为城镇户籍比例的13.7%。这个比例远低于英国、日本、中国香港等国家和地区的公共住房覆盖率，甚至比强调住房市场化、住房自有率水平最高的美国的公共住房覆盖率（18%）还要低，而且实际保障性住房供给的覆盖面更窄。据统计，2005年底应享受保障性住房的家庭约45.7万户，但到2007年2月，经济适用房仅解决了19万户家庭的住房问题。另外受地价等因素的影响，经济适用房价格不断攀升，使很多符合准入标准的家庭也难以购买。事实上，在实际运作过程中新建经济适用房自2005年起就不再面向普通申购者，仅定向供应拆迁户，从制度上排除了一部分中低收入住房困难群体。这就造成经济适用房在相当程度上违背了制度设定的初衷。

再说廉租住房，根据北京市建委、民政局、财政局2005年进行的“北京市城市居民最低生活保障家庭住房情况调查”显示，截止到2005年10月底，全市共有最低收入家庭7万多户，71%以上集中在城八区。低收入家庭住房面积普遍紧张，在全部调查家庭中，户均建筑面积不到29m^2，折合户均使用面积不到22m^2；人均建筑面积9m^2，折合人均使用面积不到7m^2，远低于北京人均居住面积21m^2的平均水平。④ 然而至2007年，累计仅有2.6万户家庭享受了廉租住房解困政策，这与完全解决规模庞大的住房困难的最低收入群体住房需求相差甚远。

3.1.3　保障性住房标准高，结构性矛盾突出

北京的保障性住房由经济适用住房和廉租住房构成。但受到利益的驱使，政府从住房普遍性福利退缩到覆盖范围很小的特殊群体的同时，还将对这一群体住房供给的绝大部分交由市场完成，形成了以经济适用住房销售为主的保障性住房供给结构。至2007年底由开发商操作的经济适用住房总计约19万套，占了保障性住房的90%以上；而完全由政府财政投入的廉租住房则少得可怜，在约2.6万户家庭享受廉租住房解困政策的最低收入家庭中，绝大部分是通过租房补贴、租金减免，廉租住房的实物配租数

① 孙立平．中国进入利益博弈时代．政府转型与建设和谐社会国际论坛报告，2006.

② 北京市统计局，国家统计局北京调查总队．北京统计年鉴2007．中国统计出版社，2007：表5－6.

③ 截止到2007年产月底，全市批准集中建设经济适用住房项目52个，总规模2600多万 m^2，累计开工2197万 m^2，销售面积约2000万 m^2。白晨曦．北京保障性住房规划建设与布局政策研究//北京城乡发展报告（2007—2008）．社会科学文献出版社，2008：62.

④ 最低收入家庭中享受到廉租房政策只占极小部分。根据“北京市城市居民最低生活保障家庭住房情况调查”，最低收入家庭的住房来源和产权情况为，居住在已购公房占12.11%，居住私房占11.98%，自建房占3.53%，承租单位公房占14.65%，承租政府直管公20.06%，借住亲朋房屋占29.87%，享受廉租住房政策中租贴住房的占4.48%（2219户），实行实物配租住房仅占0.03%（16户）。

量微乎其微。① 也就是说，自1998年来北京市政府基本没有通过财政拨款直接建设保障性住房。这与同为超大城市的伦敦形成鲜明对比。在伦敦，由政府或下属非赢利性建房机构建设的可出租的社会住房占到保障性住房供应量的50%以上。②

正是因为开发商在经济适用住房的投资、设计、建造、销售等重要环节有关键的影响力，他们为获得更高的受益，尽可能将保障性住房套型面积做大，导致部分经济适用住房项目建设标准过高，造成较高单套总价与中低收入家庭的支付能力脱节。以2005年开始销售的天通苑社区为例，其户型建筑面积从$80m^2$、$90m^2$到200多平方米，主力户型在120~$140m^2$。按当时均价2650元/m^2计算，单套售价近40万元。而且开发商为促进销售，利用政府对经济适用住房的销售对象难以控制的漏洞，把一部分经济适用住房卖给高收入者。调查显示，天通苑的业主基本上不是贫民，绝大部分是机关干部、企业白领、医生、教师、小企业主等中等收入家庭。据统计，截至2001年初，北京购买经济适用住房的人群中26%为高收入家庭，其中很多是投资性购房。《2005年2季度中国房地产市场报告》③ 对北京经济适用住房的抽样调查表明，经济适用住房的自住率仅51.34%，经济适用住房社会保障功能的弱化可见一斑。

3.2 关于保障性住房规划的讨论

3.2.1 选址偏远，公共交通设施建设落后

1992年国有土地有偿使用制度确立后，土地出让金成为政府财政收入的重要来源。随着房地产的迅猛发展，土地资源的区位稀缺性突出，北京城市中心地区的地价飙升。而保障性住房建设用地要采取政府无偿划拨的形式，为减少由此带来的财政损失，北京市政府更多地将保障性住房项目选址在地价相对较低的城市外围地区。

据统计，在1998~2007年的75个经济适用住房项目中，只有9个分布在城区，55个分布在近郊的4个区，其余11个分布在远郊区。④ 位于四环内的楼盘数仅占不到30%，而且这些为数不多的楼盘，靠近地铁1号、2号、5号、13号线的楼盘数又只占不到一半，并且无一例外地都处于四环地带距市中心半径最大处。这导致80%以上的经济适用房使用者被“甩”到了交通可达性差的城市边缘地区。由于社区周边缺乏就业机会，迫使大多数居民不得不远距离到三环以内的城市中心区工作。⑤ 调查表明，天通苑、回龙观居民到城四区就业的比例都在20%以上，通勤出行距离接近20km，造成居民通勤时间过长，其中出行时间在1~2小时者达到60%~80%，远远超过北京30~50分钟的平均出行时间。而且回龙观、天通苑等经济适用住房社区居民公交出行比例较高，均占到一半左右。⑥ 但在2007年地铁5号线开通前，天通苑及周边地区现有公交线路23条，城市轨道交通线路1条，远不能满足实际居住在此的11万中低收入阶层居民的出行需求。公共交通工具的缺乏，使得居民不得不选择被政府严禁的黑车作为替代交通工具，进而造成“黑出租”、“黑摩的”在城铁出入口、社区中横行，不断引发交通事故与纠纷，进一步加剧了居民出行的交通困难。

3.2.2 公共服务设施拖欠严重，居民生活不便

由于开发经济适用住房的利润率较低，开发商为压低成本，千方百计地拖欠本应由其代建的服务设施，1998年以来经济适用住房社区仅发展了一些民办的教育和医疗机构，规模小，质量差，收费高，居民对其信任度低，而公办的教育和医疗机构数量严重不足。城市中低收入居民受自身能力和经济条件的限制，其社会活动空间相对狭小，对社区周边的公共设施提供的服务依赖性较高，而目前经济适用住房居住区的公共服务设施状况却使其生活更加困难。

就教育设施而言，以回龙观为例，幼儿园、小学、中学无论从数量还是各自的服务半径都无法覆盖整个经济适用房住区，随着居住人口的不断增加，上学难的矛盾日益突出。据报导，昌平回龙观小区三期在2003年年底就已经入住，加上前两期的业主，共约1.6万~1.7万户。可在这样一个庞大的社区里却只有一所只能容纳大约1000名

---

① 租房补贴家庭5081户，实物配租家庭359户，租金减免家庭约2万户。白晨曦. 北京保障性住房规划建设与布局政策研究//北京城乡发展报告（2007—2008），社会科学文献出版社，2008.

② 见《Mayor of London-the London plan 2008》，GLA

③ 报告由全国工商联住宅产业商会和中国城市房地产开发商策略联盟下属的REICO工作室于2005年发布。

④ 白晨曦. 北京保障性住房规划建设与布局政策研究//北京城乡发展报告（2007—2008）. 社会科学文献出版社，2008：63.

⑤ 回龙观和天通苑居民原居住地点的空间分布主要在上地—清河、西直门—阜成门、马甸、北辰—亚运村、立水桥—北苑以及西三旗—霍营等区域相对集中。工作地点主要集中在上地—清河、知春里—中关村、西直门—阜成门、复兴门—西单、东单—东直门、王府井—建国门、朝外—国贸—京广、马甸、清华园、西三旗等10个区域。李强，李晓林. 北京市近郊大型居住区居民上班出行特征分析. 城市问题. 2007（7）.

⑥ 天通苑达到51%，回龙观为46.5%。张文尝. 城郊居住区居民出行时空特征分析. 北京2005年世界华人地理学大会会议论文，2005.

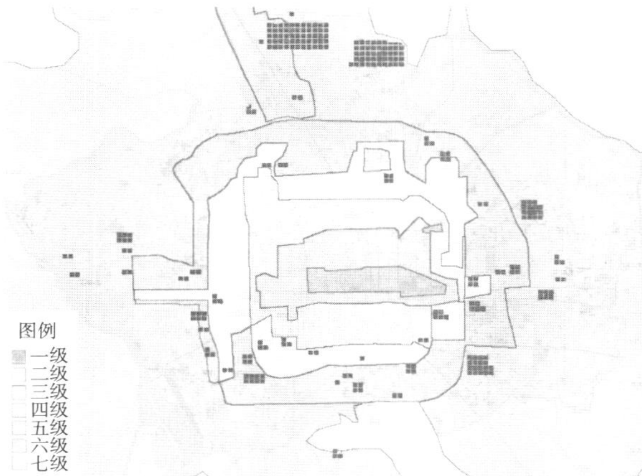

图 11 经济适用住房分布与城市土地价格关系
（资料来源：依据北京市国土局资料绘制）

图 12 天通苑早高峰拥堵情况
（资料来源：作者自摄）

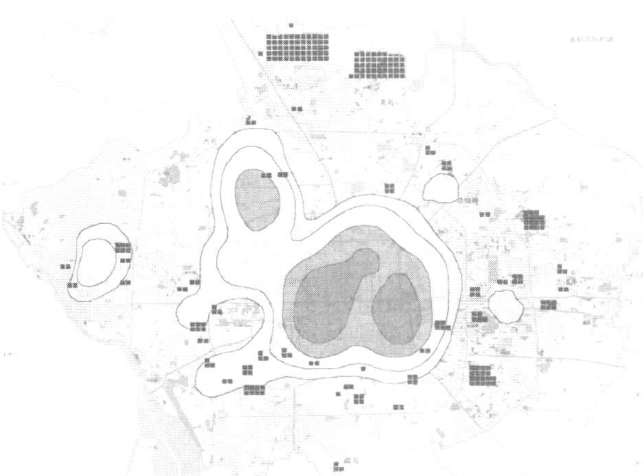

图 13 重点中学密度分区与经济适用住房布局关系
（资料来源：根据冯杰所绘图（硕士学位论文，2007）重绘）

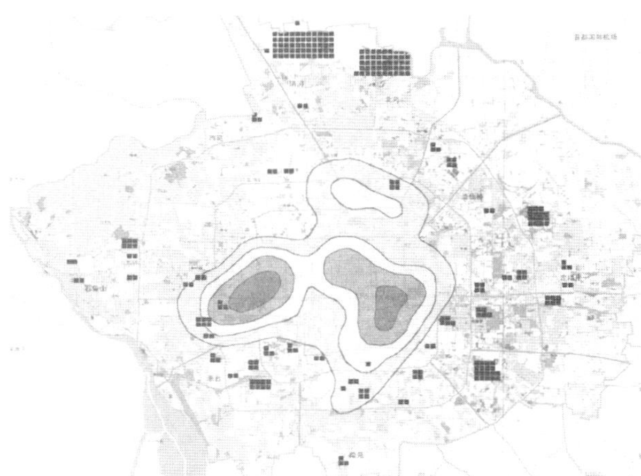

图 14 三甲医院密度分区与经济适用住房布局关系
（资料来源：根据冯杰所绘图（硕士学位论文，2007）重绘）

学生的小学——昌平实验小学。这个本来就不大的小学校在容纳一期和部分二期业主的孩子后就饱和了，教委和开发商也不能承诺新建学校何时竣工。① 经济适用房社区的优质教育资源（重点中学）更是严重不足，现有中、小学的教育质量与居民的期望有一定的差距。北京市重点中学密度最高的区域在内城的东、西二城区②，其次为海淀区的中关村、双榆树、海淀和燕园四个街道，这显然对于经济适用房分布较多的外围地区的服务不足，特别是城市北部回龙观、天通苑地区没有一所市区级重点中学。回龙观的许多居民由于担心昌平二中、回龙观中学等学校的教育师资力量，只得跨学区送子女至清华、北大、人大的附属中学等，甚至到更远的重点学校就读。有的家庭为方便子女在海淀名校就读，不惜就近另租一套住房。教育设施匮乏，质量低下的现象，不仅增加了居民的交通时间和生活成本，还加剧了人户分离的现象，给社区管理带来困难。

与教育设施配套缺乏问题类似，经济适用住房社区内医疗设施也明显不足。以天通苑为例，居住区内共有医院和诊所 26 家，其中二级医院 2 家（昌平中医院天通苑分院和北郊肿瘤医院），一级医院 2 家（天通汇仁医院和北京中汇医院），以上四家为基本医疗保险定点医疗机构，

① 新房不能住，只因上学难. http://news.tom.com/1006/20040301-713421.html.

② 冯杰. 北京中心城公共服务设施的可达性研究. 清华大学硕士学位论文，2007：82－83.

其余均为诊所，区内没有一家三甲医院。这无论从医院数量还是质量都无法满足十几万的社区居民需求，导致大多数居民处于“小病自己抓药吃，大病去市医院”的状态。从总体上看，北京的医疗设施主要集中在内城，尤其是在内城北部靠近二环的若干街道①，而经济适用住房项目分布较多的东、南三环和西、北四环之外的区域到各种医疗设施的可达性很差。

总体而言，经济适用房由于选址偏远，布局不合理，进而产生了住区内部基础设施配套落后，交通可达性差的问题，这给依靠城市公共交通的中低收入者的生活、工作带来了很大的困难。另一方面在开发商操作的建设机制下，政府缺乏有效监管和控制，使保障性住房的“适用性”仍然存在不小的缺陷。

4 结束语

改革开放30年来，私有化、市场化一直贯穿于北京住房发展的整个历程。在制度方面，住房建设与分配逐渐由公房福利制转变为以产权私有为主的住房市场制度。政府和社会明确了住房的商品属性，积极推动了住房市场的发展，有效发挥了市场在配置住房资源上的作用，使房地产及相关产业迅速发展，成为国民经济增长的重要动力。但在房改过程中，将整个社会住房问题的解决过度依赖于房地产市场，并以此带动整体经济的发展，引发了诸多矛盾。在住房体制转型过程中不同社会群体的利益失衡，普通居民住房消费能力与市场房价严重脱节，住房分类供给体系建设和调控不力，基本住房保障严重缺位，局部地区居住隔离和社会对立现象突出。所有这些都成为我们经济、社会发展中的不和谐因素。

在物质环境方面，巨大的住房建设规模使大多数北京居民的住房条件得到改善。但在建设过程中，由于过度依赖于市场，在新建居住区向城郊蔓延的同时，交通、市政、生活服务等配套设施和管理却发展缓慢，引发了很多严重的城市和社区问题。另外，在住房建设过程中，土地开发粗放，缺乏有效的统一规划和调控，致使北京的城市物质和社会空间都日趋片断化，威胁着城市的可持续发展。

北京30年的住房发展证明，完全通过房地产业的开发模式无法从根本上解决整个城市的住房问题，我们必须正视住房问题的社会属性。这就要求政府必须加大保障性住房的建设和管理，更好地调控和引导房地产市场，优化商品住房的供给结构，完善各种居住配套设施建设。另外，在新建住宅的同时，政府必须重视大量既有居住区的改善和提高，通过居民参与逐步解决过去30年间快速住房发展的遗留问题，使住房建设真正成为全社会和谐发展的重要途径。

参考文献

[1] 杨鲁，王育琨．住房改革：理论的反思与现实的选择．天津人民出版社，1992．
[2] 北京建设史书编辑委员会．建国以来的北京城市建设，1985．
[3] 方可．当代北京旧城更新．中国建筑工业出版社，2000．
[4] 吕俊华，彼得·罗，张杰．中国现代城市住宅1840—2000．清华大学出版社，2002．
[5] 贾康，刘军民．中国住房制度改革问题研究．经济科学出版社，2007．
[6] 张敬淦．北京规划建设五十年．中国书店出版社，2001．
[7] 北京市统计局．北京统计年鉴1998．中国统计出版社，1999．
[8] 北京市统计局，国家统计局北京调查总队．北京统计年鉴2007，中国统计出版社，2008．
[9] 中华人民共和国国家统计局．中国统计年鉴2007．中国统计出版社，2008．
[10] 郭勉愈．大院与北京文化．北京师范大学学报，2005 (4)．
[11] 李路路．论“单位”研究．社会学研究，2002 (5)．
[12] 陶卫华．房改十年，谁在异化市场．中国社会导刊，2007 (15)．
[13] 北京市统计信息咨询中心．2007年北京市商品住宅市场．北京房地产，2008 (5)．
[14] 晋晓瑶，林坚等．城市居住区公共服务设施有效供给机制研究—以北京市为例．城市发展研究，2007 (6)．
[15] 魏科．1990～2004：北京两次大规模危改．北京规划建设，2005 (6)．
[16] 张文忠，刘旺．北京市住宅区位空间特征研究．城市规划，2002 (12)．
[17] 张文尝．城郊居住区居民出行时空特征分析．北京2005年世界华人地理学大会会议论文，2005．
[18] 孙立平．中国进入利益博弈时代．政府转型与建设和谐社会国际论坛报告，2006．
[19] 李永浮．北京城市住宅建设的郊区化研究．和谐城市规划——2007中国城市规划年会论文集，2007．
[20] 白晨曦．北京保障性住房规划建设与布局政策研究//北京城乡发展报告（2007—2008）．社会科学文献出版社，2008．
[21] 张帆．单位大院的分解之路．北京规划建设，2006 (2)．
[22] 吴晟．成就、问题和启示——北京住宅建设四十年的回顾与展望//北京城市规划建设，1989．

① 冯杰．北京中心城公共服务设施的可达性研究．清华大学硕士学位论文，2007：82－83．

[23] 李强，李晓林．北京市近郊大型居住区居民上班出行特征分析．城市问题，2007 (7).
[24] 刘晓颖．北京大都市住宅郊区化的基本特征与对策．城市发展研究，2001 (5).
[25] 北京市规划委员会，北京工业大学建筑与城市规划学院．中央办公用地规划布局研究，2004．
[26] 北京市城建研究中心．北京市房地产开发用地调查及预测研究2005，2005．
[27] 刘新虎．北京经济适用住房建设过程中政府与开发商之间的博弈问题研究．北京大学硕士论文，2004．
[28] 张永波．城市中低收入阶层居住空间布局研究．中国城市规划设计研究院硕士学位论文，2006．
[29] 李成磊．边缘集团商业空间结构研究——以回龙观、望京、方庄为例．清华大学硕士学位论文，2006．
[30] 冯杰．北京中心城公共服务设施的可达性研究．清华大学硕士学位论文，2007．
[31] 北京市政府．北京市新建住宅补贴出售试行办法，1984．
[32] 国务院．中华人民共和国城镇国有土地使用权出让和转让暂行条例，1990．
[33] 国务院．关于继续积极稳妥地进行城镇住房制度改革的通知，1991．
[34] 北京市政府．北京市康居工程实施方案，1993．
[35] 建设部，国家土地管理局，国家工商行政管理局，国家税务总局．关于加强房地产市场宏观管理促进房地产业健康持续发展的意见，1993．
[36] 国务院．关于深化城镇住房制度改革的决定，1994．
[37] 全国人大常委会．中华人民共和国城市房地产管理法，1995．
[38] 国务院．关于严格控制高档房地产开发项目的通知，1995．
[39] 国务院．关于进一步深化住房制度改革加快住房建设的通知，1998．
[40] 建设部，国家计委，国土资源部，中国人民银行．关于大力发展经济适用住房的若干意见，1998．
[41] 国家经贸委，财政部，教育部，卫生部，劳动和社会保障部，建设部．关于进一步推进国有企业分离办社会职能工作的意见，2002．
[42] 国务院．关于促进房地产市场持续健康发展的通知，2003．
[43] 北京市政府．住房建设规划2006—2010，2006．
[44] 北京市政府．北京市“十一五”保障性住房及“两限”商品房用地布局规划（2006—2010），2006．
[45] 国务院．国务院关于解决城市低收入家庭住房困难的若干意见，2007．

北京保障性住房规划建设的回顾与思考

石晓冬

【摘要】 本文在把握国家保障性住房的大的政策背景之下，回顾了北京市近年保障性住房规划建设的基本情况，尤其是在温家宝总理的《政府工作报告》和《国务院关于解决城市低收入家庭住房困难的若干意见》（国发［2007］24号）等文件要求和指导下北京“住房建设规划”和“保障性住房规划”的编制情况。在分析整个住房供应体系的基础上，从保障与需求、供求信息、房价上涨、布局和存量住房等五个方面剖析了北京市保障性住房规划建设所面临的矛盾。最后提出保障性住房规划建设的建议，包括：加强人口、就业与居住的联系，做好人口的控制与引导；逐步改善外来务工人员居住条件，探索旧城拆迁与保障性住房联动政策；强化轨道交通引导，主动做好保障性住房土地储备；处理好集约与宜居的关系，提高居住质量。

【关键词】 保障性住房　人口调控　政策性租赁住房　土地储备　居住质量　北京

Abstract: In the context of upholding to the state policy of welfare housing, this article reviewed the general situation of the planning and construction of the welfare houses in recent years in Beijing, especially the compilation of "housing construction plan" and "welfare housing construction plan" of Beijing as required and guided by the *Government Work Report* made by Premier Wen Jiabao and *Some Advices on Resolving the Difficulty of the Urban Families with Low Income by the State Council* (State Issuance [2007] No. 24). Based on the analysis of the whole housing supply system, the conflicts faced by the welfare housing planning and construction in Beijing were analyzed from five aspects of guarantee and demand, supply and demand information, house price rise, layout and houses in stock. Finally the article offers the advices on the planning and construction of welfare housing, including strengthening the connection of population, employment and housing, better controlling and guiding the population; gradually improving the living condition for the migrant workers, exploring the policy linking old town removal with welfare housing, strengthening the guide of track transportation, positively make enough land reservation for welfare housing, handling the relationship between concentration and appropriate housing and improving the housing quality.

Key Words: welfare housing; population regulation; policy house leasing; land reservation; Beijing

1 北京保障性住房规划建设回顾

1.1 政策背景

党的十七大报告提出，要“加快推进以改善民生为重点的社会建设”，其中“住有所居”是社会建设的重要目标之一。报告提出，“加快建设覆盖城乡居民的社会保障体系，保障人民基本生活”；“健全廉租住房制度，加快解决城市低收入家庭住房困难”。

在这种高屋建瓴的精神指导下，结合我国改革开放特别是1998年以来的一系列住房制度改革政策，可以判断从国家层面我国住房政策的基本思路，即“运用市场机制和保障机制解决住房问题”。一方面，运用市场机制，发挥市场在配置资源方面的基础性作用，坚持住房供应的市场化、商品化方向；另一方面，以着力改善民生为目标，坚持政府的保障职能，加快推进住房保障制度建设，解决低收入住房困难家庭的住房问题。在一系列的住房建设政

作者：石晓冬，北京市城市规划设计研究院高级工程师

策体系中具有标志性的政策文件有三个：

（1）1998年，为适应建立住房新体制的要求，《国务院关于进一步深化城镇住房制度改革，加快住宅建设的通知》（国发［1998］23号文件）提出，建立以经济适用住房为主的住房供应体系，最低收入家庭承租廉租住房，中低收入家庭购买经济适用住房，其他较高收入家庭购买或租赁商品住房。国发［1998］23号文件要求停止住房实物分配，逐步实行住房分配货币化，标志着中国住房市场的基本确立。

（2）2003年，《国务院关于促进房地产市场持续健康发展的通知》（国发［2003］18号文件）提出，要强化政府对保障最低收入家庭基本住房需要和保持住房市场稳定健康发展的责任，逐步实现多数家庭购买或承租普通商品住房，加快建立廉租住房和经济适用住房制度。特别是在发挥市场配置资源基础性作用的同时，明确提出了房地产市场宏观调控的目标，要求做到总量基本平衡，结构基本合理，价格基本稳定，与经济和社会发展相适应，与相关产业相协调，促进经济社会可持续发展。始终以调整供应结构、稳定住房价格为重点，坚持供求双向调节，综合运用经济、法律和必要的行政手段进行调控。同时，调整和完善住房公积金管理体制，加大归集力度。

（3）2007年，《国务院关于解决城市低收入家庭住房困难的若干意见》（国发［2007］24号）提出廉租住房制度由最低收入家庭逐步扩大到低收入家庭，多渠道解决城市低收入家庭住房困难，进一步明确了对应不同人群的住房政策体系。

综合国家有关政策可以判断未来政策取向大致是：坚持“保障生存性需要，支持自住性需要，引导改善性需求，抑制投资性需求，遏制投机性需求”，低收入家庭主要通过廉租住房制度和经济适用住房制度解决，以廉租房制度为主；中等收入家庭根据各地实践可以采取限价商品房等办法解决；高收入家庭主要通过市场解决；同时，大力发展二级市场和租赁市场，形成多级联动的住房市场体系。

1.2 北京市保障性住房规划建设的基本情况

随着城镇住房制度改革的不断深化，北京房地产业总体上保持了快速健康发展的势头，成为首都经济发展的重要组成部分。自1980年代以来，随着我国城镇住房制度改革的推进，北京的住房制度改革经历了五个阶段。第一阶段：1988～1992年试点和扩大试点阶段；第二阶段：1992～1994年全面推进阶段；第三阶段：1994～1998年深化房改阶段；第四阶段：1998～2005年，进一步深化房改阶段，停止住房实物分配，实行住房分配货币化；第五阶段：2005年至今，商品住房市场的宏观调控逐步深化，住房保障体系初步建立，住房保障力度不断加强。截至目前，北京居住用地总规模达到约370多平方公里，住房建筑总规模达到3.6亿m^2。经过改革开放后较长时间的探索和发展，房地产业成为北京重要的产业之一，逐步确立了以政府为主导的保障性住房和以市场为主导的商品住房相结合的供应模式。多渠道、多主体参与住房投资与建设有效地解决了城镇化快速发展时期的城镇住房供应问题，对改善人民群众居住条件，促进经济快速增长和社会和谐发展起到巨大的推动作用。2001年以来，随着国家宏观经济形势和政策的变化，北京市的住房市场也经历了一系列的变化过程，主要体现在住房供应量先升后降，而住房价格持续上升。2002～2007年，商品住房累计竣工面积13239.7万m^2，年均竣工面积2207万m^2，商品住房累计销售面积12164万m^2，年均销售面积2027万m^2。在房地产业的带动下，全社会固定资产规模显著扩大。2002～2007年全市累计完成社会固定资产投资16665亿元，相当于1997～2001年的2.7倍，其中房地产开发投资总额为8906亿元，相当于1997～2001年的3.6倍。从2005年开始，房地产占全社会固定资产投资总额的比例开始下降，由2004年的58.3%下降到2007年的50.3%，宏观调控初见成效。

2004年北京市组织编制完成了《北京城市总体规划（2004年—2010年）》，2005年1月得到国务院正式批复。国务院批复明确了北京的城市性质与定位，指出“努力将北京建设成为经济繁荣、文化发达、社会和谐、生态良好的现代化国际城市”的发展方向，提出了“把北京市建设成为我国宜居城市的典范”的要求。

2006年，根据《国务院办公厅转发建设部等部门关于调整住房供应结构稳定住房价格意见的通知》（国办发［2006］37号）的要求，编制了《北京住房建设规划（2006—2010年）》。2006年11月3日经北京市政府审批，已报送建设部。2007年，为了进一步落实保障性住房的规模与布局，又编制完成了《北京市“十一五”保障性住房及“两限”商品住房用地布局规划》。2007年5月经北京市政府批准。规划提出了“到2010年，城镇人口人均住房建筑面积达到30m^2左右，人居环境和人民群众居住水平得到显著改善”的规划目标。“十一五”期间北京市新增住房建筑面积约1.23亿m^2，年均约2500万m^2；规划审批居住用地总量约90km^2，年均约18km^2。“十一五”期间住房供应结构为保障性住房所占比例约25%，商品住房约75%。

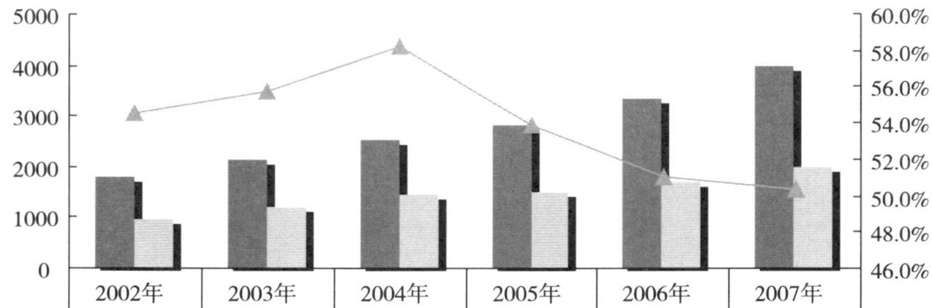

	2002年	2003年	2004年	2005年	2006年	2007年
固定资产投资（亿元）	1814.3	2157.1	2528.3	2827.2	3371.5	3966.6
房地产开发投资（亿元）	989.4	1202.5	1473.3	1525	1719.9	1995.8
房地产占比	54.5%	55.7%	58.3%	53.9%	51.0%	50.3%

图1　2002～2007年北京市固定资产投资情况

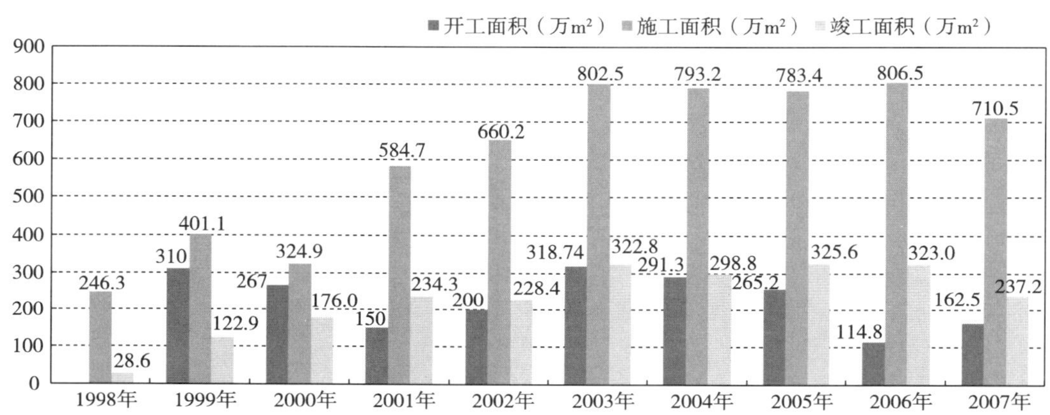

图2　1998～2007年北京市经济适用住房开竣工面积

用于实物配租的廉租住房建设规模约150万m^2，约3万套；通过租金补贴的形式解决其他“双困”家庭的住房问题；经济适用住房建设规模约1500万m^2，约21万套；享受经济适用住房政策的住房建设规模约1500万m^2；新建商品住房建设规模约9250万m^2，套数约为90万套。规划提出，确保“十一五”期间新审批、新开工的商品住房建设，从总量上保证套型建筑面积90m^2以下住房面积所占比重达到开发建设总面积的70%以上。通过在中心城沿轨道交通线划定控制区，以集中安排保障性住房及“两限”商品住房。

2006年以来，中央继续加强和改善宏观调控政策，对房地产和住房保障提出了更高的要求。温家宝总理的《政府工作报告》和《国务院关于解决城市低收入家庭住房困难的若干意见》（国发［2007］24号）等文件要求始终把改善群众居住条件作为城市住房制度改革和房地产业发展的根本目的，切实加大解决城市低收入家庭住房困难的工作力度，多渠道解决中等收入家庭、进城务工农民等群体的住房问题。根据国务院和北京市政府相关文件政策的要求，自2006年开始，北京市逐步调整了保障方式和结构，加大了保障力度。已经初步形成了由保障性住房、限价商品住房、商品住房三个层次构成的住房供应体系，人民群众居住水平和居住质量显著提高。截至2007年2月底，全市批准集中建设经济适用住房总规模2600多万m^2，解决了近20万户家庭的住房问题。全市累计约2.6万户家庭享受了廉租房解困政策，财政累计投入资金2.9亿元。

2008年初，北京市政府根据建设部《关于请督促做好住房建设计划和住房建设规划制订和公布工作的函》（建办规函［2007］740号）等有关文件要求，结合北京实际，又开始着手编制《北京住房建设规划（2008—2012年）》。规划的重点为：“加大住房保障力度，健全住房保障体系，加强和改善宏观调控，满足广大群众的基本住房消费需求，突出解决城市中低收入家庭住房困难，引导建立符合国情和住房建设和消费模式。”目前该规划已编制完成，对保障性住房的力度进一步加强，对房地产业健康稳定发展的指导作用进一步加强。

2 保障性住房规划建设面临的矛盾

近几年来，由于北京进入了城市化和工业化的加速期、体制转型期和奥运全面建设期，北京住房建设在取得很大成绩的同时，随着常住人口的持续快速增长，仍然存在着住房供应总量下降，供需矛盾仍然突出，房价过快上涨，中小户型、中低价位住房供应不足等问题。综合来看，表现出以下五个方面的矛盾。

2.1 住房保障体系与需求对象存在矛盾

随着住房保障力度加大，北京市户籍人口的基本住房需求分层次逐步得到满足，尤其是低收入住房困难家庭，按照《国务院关于解决城市低收入家庭住房困难的若干意见》（国发〔2007〕24 号）提出廉租住房制度由最低收入家庭逐步扩大到低收入家庭的要求。目前北京市城八区廉租住房准入标准由家庭人均月收入 580 元，人均住房使用面积 7.5m^2 等扩大到家庭人均月收入 780 元，人均住房使用面积 7.5m^2 的群体。①

按照北京市现行限价商品住房准入标准，即家庭年收入 8.8 万元（4 人以上家庭 11.6 万元）以下，人均住房使用面积 15m^2 以下，家庭总资产 57 万元（4 人以上家庭 76 万元）以下的群体可购买限价商品住房。

但是有部分“夹心层”群体②，难以通过经济适用住房或限价商品住房解决住房困难。由于住房市场价格的居高不下和不同收入群体住房支付能力的差别，“夹心层”群体将会在相当长的时期内动态地存在。此外一些特殊群

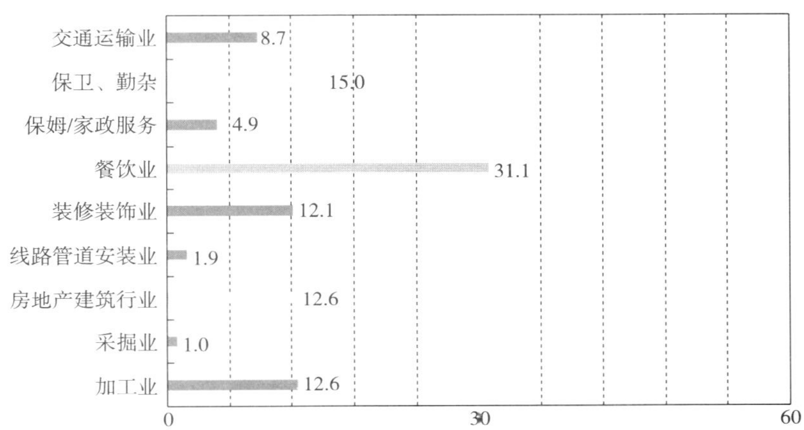

图3　外来务工人员从事行业分布（%）

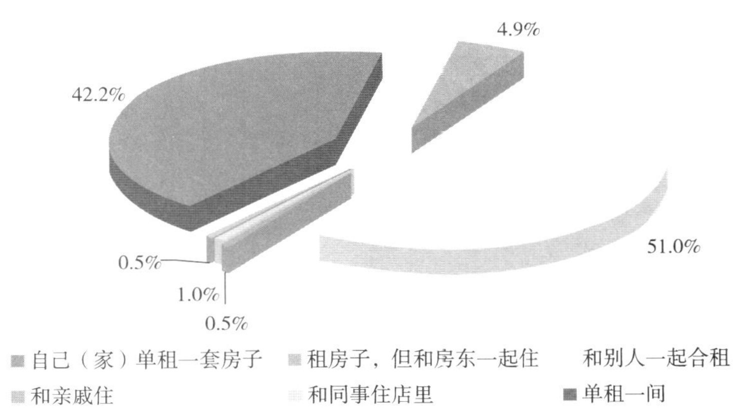

图4　外来务工人员同租人群结构比例

① 这一标准的确定是按照三口之家购买一套 60m^2 经济适用住房，按 20 年公积金等额还款计算，如具备最低购房能力，家庭人均月收入应达到 780 元左右。

② “夹心层”是指高于廉租住房准入条件但无力负担经济适用住房的低收入群体和无力购买商品住房（含限价房）的中等收入群体。

体，如刚刚就业的年轻人，也存在阶段性的住房困难问题。

在目前阶段，住房保障政策主要以保障户籍人口为主，外来人口特别是外来务工人员居住条件得不到有效保障。据统计，目前北京市共有216万外地农民工，约占全市常住人口的13%，其居住以租用平房为主，居住条件较差。从行业分布上来看，外地农民工多从事餐饮、保卫、勤杂、加工、建筑、装修等行业，以低端服务业为主。根据抽样调查，41.7%的单位对使用的农民工没有住房优惠政策，多采用提供职工宿舍的方式（36.4%）；多数农民工居住在平房（51.9%）和普通住宅楼（30.1%）中，10%住在楼房地下室中；近七成的农民工意愿租房居住且对租金的要求是800元/月以下。在未来户籍制度改革的大背景下，如何多渠道改善农民工居住条件，使其在城市中的工作、居住条件有所改善，是实现和谐社会，促进社会融合所面临的重要问题。

在北京，外省市人士和单位在京购房的需求高，是构成北京市总体需求的重要组成部分，对住房供给总量、结构与房价有重要影响。从2005年开始，外来人口购买住房面积所占比例一直稳定在35%左右，而这部分人群的收入水平高于北京市平均水平。根据相关调查，北京市约400多万套的存量住房中约30%的住房为外地人拥有。目前在本市的约540万流动人口中约30%购买住房，70%租房居住。而现行住房供应体系基于的需求测算很大程度上是因素叠加法和趋势外推法，首先考虑的是本市城镇居民各类的购房需求，对在京暂住人口和外来投资人群的购房需求难以准确把握。诸如“第二套房贷”等金融税收政策的出台对外来人口在京购房需求的影响是很大的。

2.2 供求信息不对称的矛盾

住房建设规划的编制，住房供应体系和保障体系中住房规模、结构的确定，乃至住房政策机制的制定与建立，都有赖于城市住房情况调查的清晰与缜密，居民住房需求信息的准确与及时，以及人口、用地、住房等基础数据的翔实。

目前我国尚未建立完善的个人征信系统，针对各类保障性住房家庭和各个住房需求群体的底数尚未完全摸清；市场动态监测机制还未建立，住房建设项目的土地出让、规划审批、项目开工、项目竣工、项目销售的全过程动态跟踪和监测还有所滞后，以至于决策的科学性和精细化管理力度不够。

比如，按照北京目前的经济适用住房准入条件，据初步估算符合经济适用住房准入条件的家庭约占整个城镇户籍家庭的8%。但就目前实际申报的情况和通过审核的情况看，比例是比较低的。造成这一现象的原因就在于居民的实际收入状况、财产情况、住房情况很难准确、动态地被统计和掌握，给政策、标准和规划的制定带来了很多困难。

2.3 房价快速上涨与居民可支付能力不足的矛盾

当前，大部分城市居民进入住房条件迅速改善期，中等收入阶层以上的社会群体、机关事业单位职工在房改之后主要依靠市场改善住房条件。相关研究表明，近年北京市城镇户籍居民的改善性需求始终占据总需求的30%以上。在这部分人群住房条件改善的推动下，近年来城镇人均住房面积的快速增长掩盖了另一部分低收入群体住房条件改善陷于停滞的状况，如北京2007年人均住房建筑面积达到27.1m^2，要实现2010年人均住房建筑面积30m^2和

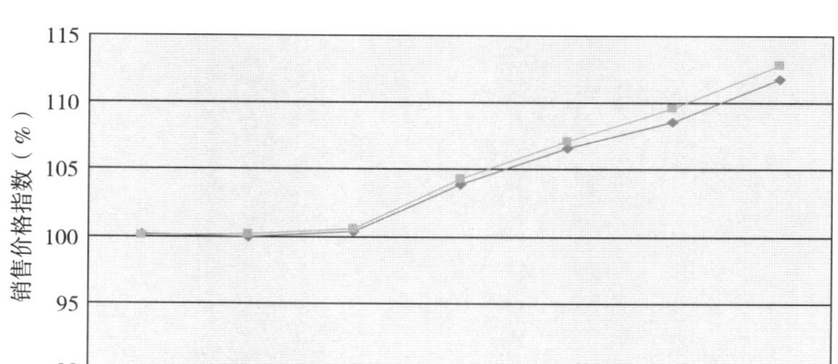

	2001年	2002年	2003年	2004年	2005年	2006年	2007年
新建商品房	100.2	100	100.4	103.9	106.6	108.6	111.8
商品住宅	100.1	100.2	100.6	104.3	107.1	109.6	112.8

图5 2001～2007年北京市商品住房销售价

2020 年人均住房建筑面积小康水平（35m²）的目标并不困难。但实际情况则是高收入阶层和部分外来人口购房比重很大，造成一部分人住房条件改善加速而另一部分人改善无望。市场“购销两旺”和“价格过高”现象的背后是面向中高收入的价格和中低收入群体可支付能力不足之间的矛盾。

2005 年以来北京市房价快速上涨，涨幅保持在 14% 以上。住房价格涨幅高于居民可支配收入和地区生产总值的增幅，大大超出市民的购买能力，居民消费意愿有所降低。2007 年北京市房价收入比迅速增长至 17:1，远远高于其他国际大城市水平。2007 年北京市城镇居民人均可支配收入为 21280 元，2007 年 1～12 月全市商品住宅均价为 11467 元/m²，说明即便是达到平均收入水平的居民，买房也有一定困难。在 2006 年开展的“北京市住房状况抽样调查”的购房价位意向分析显示，85.69% 的家庭希望购买 6000 元/m² 以下的住房。而到 2007 年新增商品住房平均房价已达到 10827 元/m²，很多北京市民只得到河北燕郊置业。

2.4 供应布局与需求意向的矛盾

由于北京中心城交通便利、服务设施完善、产业配套齐全，居民购房区域意愿集中在中心城，而城市可供建设居住土地储备资源则集中分布在新城与边缘集团（五环以外），住房供应区域结构与居民需求意向不匹配。同时，新城尚未形成“有城有业”的良性发展态势，就业与居住发展不均衡。

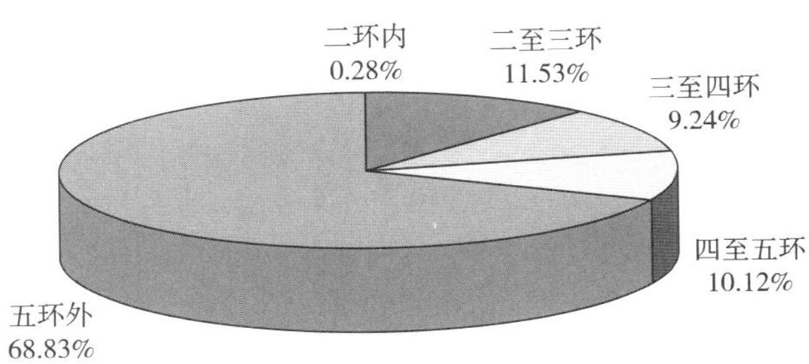

图 6 2007 年北京市各区域土地成交情况

2006～2007 年北京市新增成交土地集中分布在边缘集团，规模达到 938hm²，占新增总量的 42.5%，比 2005 年增加一倍多，且多分布于五环以外。现状储备开发居住用地主要分布在新城，规模达到约 2700hm²，占储备开发居住用地总量的 44.47%。“十五”时期，北京通州新城商品住宅竣工面积约占商品房总量的 87%，商业营业用房数量不足 5%，办公楼、写字楼比例更低，商品房的各类物业形态结构相对不平衡。这种发展结构不但制约了房地产业本身的健康发展，同时也影响着相关产业的提高，进而影响到通州区社会经济的协调发展。

据 2006 年的抽样调查，47.99% 的受访家庭希望在四环以内购房，36.78% 的家庭希望在四、六环之间购买住房，15.23% 的家庭愿意在六环以外购买住房。通过对 2007 年住房市场批准上市和预售登记的比较分析发现，四环以内供需基本平衡，四、五环之间供应比例明显小于需求比例，五环以外尤其是五、六环之间供应比例明显大于需求比例。

2.5 新增住房与存量住房的矛盾

截至 2007 年底，北京存量住房建筑面积约为 3.6 亿 m²，400 多万套。其中 1997 年以前所建住房基本为 42～90m²，总量约为 1.26 亿 m²；1997～2005 年新建住房面积约为 2.1 亿 m²。根据 2006 年的抽样调查，户均住房建筑面积在 90m² 以下的占 76.2%，90～120m² 的占 16.9%，120m² 以上的占 6.9%。

随着住房市场化改革的推进和市场交易秩序的规范，北京市的存量住房交易量持续增加，由 2003 年的 34703 套增加到 2007 年的 96833 套，并首次超过了新建住房的交易量，达到 1.13:1，低于美国等发达国家约 3:1 的比例。同时北京存量住房交易率近年来一直低于 3.3%，其中已购公房再上市率一直低于 2%，普遍低于成熟的二手房市场合理交易率（5%～8%）。这说明北京存量住房市场发育程度不高，尚有很大潜力。北京市存量住房市场活跃程度偏低的原因包括央产公房受多项上市限制政策影响，可上市交易量小；存量住房持有成本低，流通成本高；部分存量住房呈现“少有人住”或“只有很少人住”的现象。

与这种存量住房资源部分闲置的状况相对应的是新增住房的购销两旺，价格攀升。而保障性住房尚未形成内循环机制，同时也缺乏将存量住房转化为保障性住房的政策机制，目前保障性住房的供给除部分符合廉租住房条件的家庭依靠租金补贴外，其他均靠新建廉租住房和经济适用住房解决。根据北京市 2008～2009 年“住房建设计划”平均每年新建廉租住房 50 万 m²，经济适用住房 300 万 m² 以上，且大都位于中心地区以外，存量住房的资源尚未被利用。

3 对保障性住房规划建设几个核心问题的思考

保障性住房的规划建设涉及社会、经济发展的方方面面，同时又是政府的一项重要公共服务职能。做好保障性

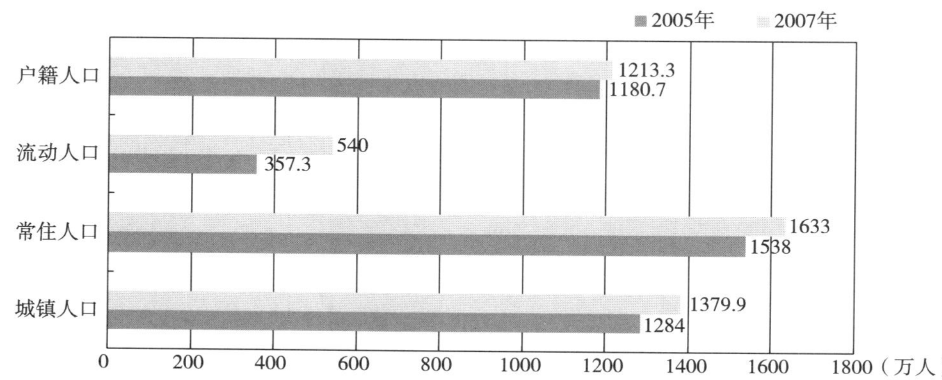

图 7　2007 年相比 2005 年北京市人口变化情况

住房的规划需要统筹与住房建设规划的关系，需要统筹城市人口、资源和环境的关系；需要统筹与房地产业健康发展的关系。笔者于此结合北京市实际情况，针对以下几个核心问题提出加强保障性住房规划建设的建议。

3.1　加强人口、就业与居住的联系，做好人口的控制与引导

近两年北京市人口规模进一步快速扩大。人口增长以外来人口和迁移人口为主，2007 年全市常住人口 1633 万，相比 2005 年增加 95 万人，人口增量中外来人口占 65.6%。人口分布主要在中心城及平原区新城集聚，平原地区的几个新城人口集聚态势相对明显，包括顺义、通州、亦庄、大兴、房山、昌平新城在内的城市发展新区常住人口的比重从 2005 年的 26.8% 增加到 2007 年的 27.3%，新增人口 34.6 万人，大大超出“十五”时期的增长规模和速度。同时，山区、半山区人口初步呈现疏解态势，包括门头沟、平谷、怀柔、密云、延庆等区县在内的生态发展区常住人口占总人口的比重从 2005 年的 11.3% 下降到 10.7%。另一方面，相对人口来说，产业与就业的聚集、基础设施的建设则常常滞后于居住用地的投放，或者与居住用地的投放在空间上不匹配。

应加快建立人、地、房监测系统，监测人口空间分布情况，进行定期评估判断人口空间的发展趋势，研究制定相关政策措施。加强对人口及布局的控制与引导，深化完善“以业控人，以房管人”政策。通过调整一些低端产业，加强对流动人口居住环境的管理和服务，规范出租屋管理，实现流动人口的有序控制。同时要加紧研究运用市场手段合理调控住房价格，加强对人口及布局的控制，逐步探索完善以户籍和市场两个手段管理人口的体制机制。提高新城人居环境，通过增强新城吸引力促进中心城疏解。要按照城市总体规划确定的城市空间布局调整的战略，创造性地处理中心城区和新城区的互动关系，切实扭转中心城人口进一步集聚的情形。通过促进新城有城有业发展，高标准、高起点搞好新城环境建设，加大新城吸引力，加速中心城人口功能疏解。

重点新城是承载中心城人口疏解的主要载体，重点新城建设也是保持后奥运时期首都经济社会平稳发展的重要举措。要实现新城发展的战略目标，就要处理好产业发展与住房建设的关系，创新政策机制，合理安排建设时序，实现由传统的卫星城向新城的转变和由单一的工业园区、卧城向综合性新城的转变。针对不同新城的功能定位加强分类指导，把握好“以产业优先发展引导住房建设”和“以住房建设优先带动产业发展”的市场规律，严格控制规划的用地结构，合理安排建设时序，最终实现新城就业与居住的动态平衡。

3.2　健全住房保障体系，探索政策性租赁住房制度

住房具有准公共产品属性，住房完全市场化必然存在显著的外部性。在坚持住房市场化的同时，政府要进行适当补充完善，以保障中低收入阶层的基本住房权利。一方面，要坚定不移地继续运用市场机制，发挥市场在配置资源方面的基础性作用，坚持住房供应的市场化、商品化方向；另一方面，应以着力改善民生为目标，坚持政府的保障职能，加快推进住房保障制度建设，解决低收入住房困难家庭的住房问题。加大政府保障力度，构建低收入住房困难群体应保尽保的住房保障体系。加强廉租住房建设配租力度，扩大廉租住房保障人群的范围，实现与经济适用住房保障人群的无缝衔接，通过实物配租与租金补贴相结合的方式逐步扩大实物配租比例，全面保障无力购房的低收入家庭的居住问题。加大经济适用住房供应总量，满足动迁家庭和中等偏下收入家庭的住房需求。实行经济适用

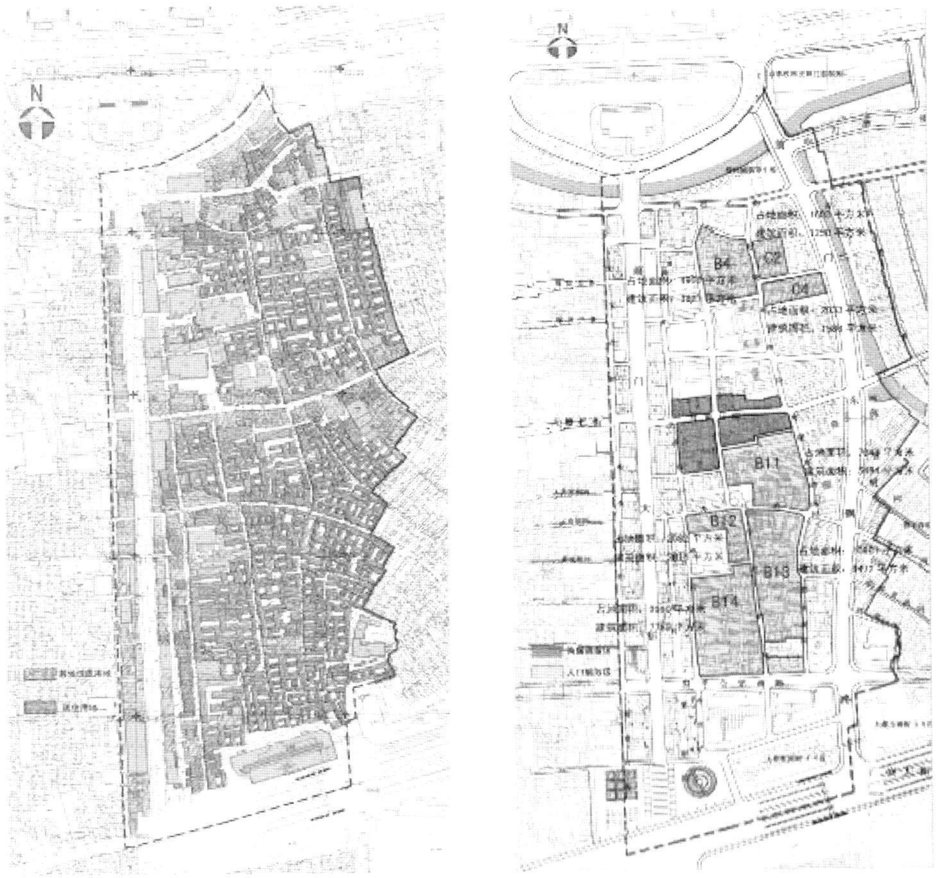

图8　前门地区西片现状及规划居住用地图

房的租售并举，将经济租赁住房作为住房保障体系的重要资源库，形成长期稳定的房源。

根据24号文件、《廉租住房保障办法》和《北京市城市廉租住房管理办法》规定，廉租住房保障资金来源包括五个渠道：一是市、区县财政预算安排的资金；二是住房公积金增值收益在提取贷款风险准备金和管理费用之后全部用于廉租住房建设；三是土地出让净收益用于廉租住房保障资金的比例不得低于10%；四是政府的廉租住房租金收入；五是社会捐赠及其他方式筹集的资金。现有的廉租住房资金渠道安排基本上主要依靠政府的资金，但要将廉租住房保障的覆盖面扩大，政府可投入用于廉租住房建设和补贴的资金则是有限的。因此，需要发挥金融机构的作用，推动完善国家和地方关于廉租住房建设的信贷政策和制度，引导金融机构参与和支持廉租住房建设。同时，由政府引导，引入民间资金投资保障性住房，并借鉴国外经验，更多地利用金融创新拓宽廉租住房建设资金渠道。通过对保障性住房支持政策的综合配套改革，加快将政府直接主导型融资方式转化为政府引导下的商业化运作方式，鼓励运用集合资金信托和银信理财计划、保障性住房贷款证券化、房地产信托投资基金（REITs）、项目融资和保障性住房建设公债等多种金融创新业务支持廉租住房建设。

探索建立政策性租赁住房制度，优先解决中等收入“夹心层”群体的住房困难，并将保障范围逐步覆盖到引进人才、处于婚育阶段的年轻人等群体。据初步统计，全市符合购买限价商品住房资格的家庭（未含符合廉租住房及经济适用住房资格的家庭）共约30万户，其中有相当一部分家庭无力购买限价商品住房，同时还有部分群体对于限价商品住房的需要只是临时性的过渡需求，没有必要通过购买解决。因此，应通过建立中等收入家庭租赁住房资源库满足这部分群体的居住需求。政策性租赁住房的房源获取方式一是收购二手房，二是新建。由于全市目前二手房均价已达到10000元/m^2，按此房价水平计算，即使采取优惠政策，月租金仍然偏高，因此政策性租赁房源的筹集主要通过新建方式。可将在建的经济适用房和限价商品房项目中区位、户型合适的由出售转化为出租，直接形成政策性租赁住房，尽快发挥作用。同时鼓励利用自用土地建设出租住房。目前国管局、中直管理局、国家发改委、住房和城乡建设部已印发《在京中央和国家机关新录用公务员周转住房管理办法》（国管房改［2008］88号），鼓励已出让项目将商品住房转化为租赁住房，可在出让金、规划等方面给予优惠政策，通过划拨或限价出让招标方式建设或配建政策性租赁住房，近期可以从经济适用住房、限价商品住房中转化一部分。目前，北京市已确定政策性租赁住房用地两块，分别位于顺义区站前西街和朝阳区立水桥，将建设政策性租赁住房5万m^2。

3.3 逐步改善外来务工人员居住条件，探索旧城拆迁与保障性住房联动政策

积极推进旧住宅区综合整治，对可整治的旧住宅区要力戒大拆大建。应以改善低收入家庭居住环境和保护历史文化街区为宗旨，遵循政府组织、居民参与的原则，积极进行房屋维修掩护、配套设施完善、环境整治和建筑节能改造。探索旧城拆迁与保障住房及限价商品住房联动政策，以微循环方式逐步实现旧城人口疏散。“十一五”期间城四区计划疏散居民11.83万户，按照8%的家庭符合经济适用住房购买条件的比例计算，约有0.95万户；按照40%的疏散家庭符合限价商品住房准入条件来计算，约有4.73万户；总计5.68万户，按户均70m^2计算，共需保障性住房约400万m^2。提倡微循环方式改造，充分考虑当地居民的意愿，居住、商业适度混合。如北京崇文区前门地区西片修缮整治规划中，通过商居混合、微循环的改造方式将地区人口由1.28万人减少为0.27万人。同时，拆迁安置应与住房保障联动，优先满足低收入拆迁群体购买或承租保障性住房。

逐步改善外来务工人员居住条件主要包括制定居住标准要求用工单位妥善解决，在工业区、开发区按照规划统一组织建设职工公寓，对外来务工人员聚集的地区进行环境整治等方式。在开发区内的工业企业工作的外来务工人员，通常由用工单位提供宿舍。可以通过企业自行建设或者由开发区管委会组织统一建设，按照工业厂房的一定比例向用工企业出租。建筑类企业可在工地内建设临时居住用房，并接受相关部门的管理和监督，保证居住质量。而美容美发业、餐饮业等服务业类企业规模小，位置分散，应主要通过雇主和外来务工人员双方约定，由雇主提供宿舍或由农民工自行解决。对于外来务工人员聚集的地区要加强环境整治，重点完善市政设施、配套设施和公共设施，改善城中村的居住条件。

3.4 强化轨道交通引导，主动做好保障性住房土地储备

充分考虑中低收入家庭生活对交通设施条件的需求，在轨道站点周边和公共交通沿线优先安排保障性住房、限价商品住房和中小套型普通商品住房建设。从国内外经验看，采取TOD（公共交通为导向）的发展模式，沿公共交通走廊集中安排住房建设有利于充分发挥公共交通的引导作用，提高出行效率，特别是可以有效地节约土地和能源。同时，考虑到中低收入家庭在收入水平的限制下对公共交通的依赖程度较高，从为中低收入家庭提供便利的交通出行条件，降低生活成本的角度，应在公共交通干线和站点周边优先安排廉租住房、经济适用住房和中小套型普通商品住房。

北京市通过在轨道交通沿线划定控制区及地铁站点周边综合开发利用等手段，重点保证保障性住房建设资源，根据建设需求纳入土地储备和土地供应。据初步统计，现状已建（M1、M2、M5、M10、M13、机场线、奥运支线和八通线）、在建（M4、M6、M9、M10二期、大兴线和亦庄线）站点周边共计有可改造开发居住用地15km^2，可建设住宅建筑面积约2500万m^2，成为保障性住房建设和限价商品住房建设的重点储备土地资源。

3.5 处理好集约与宜居的关系，提高居住质量

坚持从基本国情、市情出发，大力发展节能省地型住宅，引导实现追求居住面积到注重居住综合品质和整体性能的转变，要在较小的居住空间里创造较高的居住生活舒适度，实现“面积不大功能全，造价不高品质优，占地不多环境美”的要求。

3.5.1 大力提高住宅特别是中小套型住宅的规划设计与建设水平，提倡精细设计

中小套型住宅设计要注重改善使用功能，满足住户要求，合理布局卧室、起居室、厨房、卫生间等基本空间，合理确定住宅层高，保证住宅具有适宜的采光、日照、通风条件，增强住宅的保温、隔热、隔声性能。加强节能与可再生能源的利用、节水、绿色建材开发、改善室内环境质量、智能技术、绿色施工等技术的研究。

北京市明确提出了在全国率先实现建筑节能的目标。自1988年到1998年，先后颁布了以1980年为基准水平的节能幅度为30%和50%的北京市节能标准。到2007年2月，北京市又颁布实施了北京市地方标准《居住建筑节能设计标准》（DBJ-11-602-2006），将以1980年为基准水平的节能幅度提高到65%，在全国先行一步。在制定相关的绿色建筑评价体系方面，我国制定了一系列与绿色建

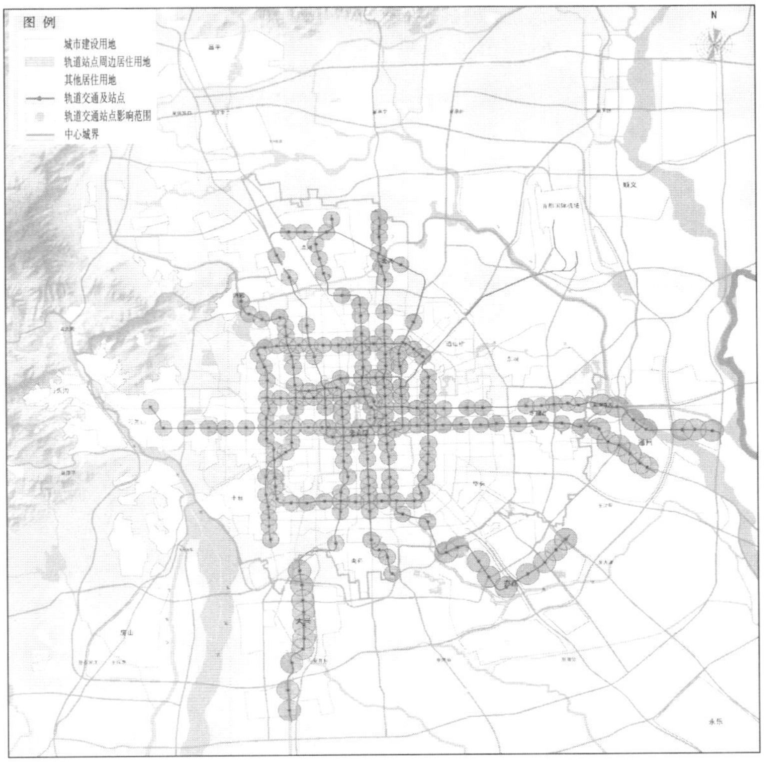

图9 近期轨道站点及周边居住用地分析图

筑相关的评价体系。自2000年始，建设部制定了《绿色生态建筑小区建设要点和技术导则》、《国家康居示范工程建设技术要点》；2001年，中国大陆第一个绿色建筑评估文件《中国生态住宅技术评估手册》及《商品住宅性能评定方法和指标体系》等也陆续推出；为配合北京2008年奥运会倡导的“绿色奥运”理念，在2003年08月颁布了《绿色奥运建筑评估体系》；2005年11月颁布《绿色建筑评估导则》；2006年03月，国家标准《绿色建筑评价标准》颁布执行；在此基础上，北京市也开始编制北京市地方标准《绿色建筑评估标准》。

3.5.2 大力发展高品质、宜居住区

居住区建设要体现以人为本，大力推进绿色宜居居住区建设，充分考虑并利用环境因素，体现地域特征和地方特色，加强居住区交通、公共空间、绿化、声环境、光环境的设计，减少热岛效应，降低环境噪声，提供人性化的公共空间和绿地，形成空气清新、环境优美、生态良好、健康安全的人居环境。

绿色生态居住区规划应从居住区的区位选址、交通、绿化、空气质量、声环境、日照与光环境和住区微环境等多方面进行综合设计，充分考虑并利用环境因素。通过规划设计减少热岛效应，对冬季风主导风向、太阳辐射、绿化、建筑外部空间环境构成等方面进行综合考虑，以改善小区的微气候环境，保证居住区内温度、湿度、风速和热岛强度等满足舒适、卫生、健康和节能的要求。利用绿地达到保水、调节气候、降低污染、降低噪声的目的，获得较高的住区绿地率，完善住区的居住休闲功能、生态环境功能和景观文化功能。对交通噪声，公用设备噪声，商业、娱乐、学校和建筑施工噪声，采取防噪、降噪、消声等成套技术，进行综合治理，确保居住区内环境噪声达标，减少各种噪声对住户的干扰。减少污染物的排放，居住区规划有利于空气流通，提高空气质量。空气飘尘、污染物浓度、微生物总数、异味排放等指标应符合相关要求。

3.5.3 提高居住区配套服务设施水平

加强对居住区建设配套标准的分类指导，针对不同的居住人群提出科学、合理、适宜的配套指标，保证居住公共服务设施合理配置和优先建设，提供便捷的居住生活服务。鼓励居住公共服务设施集中综合设置，在居住区交通便利地段建设社区综合服务中心。积极应对人口老龄化的趋势，充分考虑未来老年人的居住和配套需求。以廉租住房、经济适用住房、限价商品住房为主的居住区应尽可能安排在公共交通干线和站点周边，并鼓励和引导居民以公共交通方式出行。

居住目标的关注点应从单纯居住面积的增加向综合居住品质的提高转变。住宅建设应精心规划，精心设计，精心施工，节约能源，节约用地，节约用水，节约材料，积极采用成熟、先进、适用的新材料、新技术、新设备，不断改善住宅使用功能并提升居住区宜居水平。大力发展节约型居住区和节能省地型住宅，推广运用《节约型居住区指标体系》，积极推进节约、生态、宜居的居住区建设，积极引进和推广绿色建筑、生态建筑、可持续建筑，多渠道推进节能省地型住宅建设。加强对居住区建设配套标准的分类指导，针对不同的居住人群提出科学、合理、适宜的配套指标，加强设施保障。

参考文献

[1] 北京市人民政府. 北京住房建设规划（2006—2010 年）. 2006.

[2] 北京市规划委员会. 北京市“十一五”保障性住房及“两限”商品住房用地布局规划, 2007.

[3] 住房和城乡建设部政策研究中心. 北京住房发展方向研究——北京住房建设规划（2008—2012 年）专题研究, 2008.

[4] 北京世联房地产顾问有限公司. 北京住房需求分析——北京住房建设规划（2008—2012 年）专题研究, 2008.

[5] 北京零点市场调查与分析公司. 北京市居民住房需求及现状研究报告 ——北京住房建设规划（2008—2012 年）专题研究, 2008.

[6] 北京市城建研究中心. 北京住房现状情况调查分析及住房政策机制研究 ——北京住房建设规划（2008—2012 年）专题研究, 2008.

[7]（日）浅见泰司. 居住环境评价方法与理论. 清华大学出版社, 2006.

限价商品住房建设管理政策比较与思考①

冯长春　杜金锋　王　昊

【摘要】本文在分析限价商品住房政策提出背景的基础上，界定了其概念内涵，分析了其基本属性与功能作用，总结了我国一些城市限价房管理与实施的经验，进而分析了限价商品住房政策的管理模式、关键环节与存在的问题，针对限价商品房的销售对象、准入标准、资格审核、销售程序以及再转让等问题进行了深层次的思考，提出了相应的政策建议。研究结论可为地方政府因地制宜地制定和完善限价商品住房管理政策和实施办法提供科学依据。

【关键词】限价商品住房　社会保障功能　政策性管理模式

Abstract: Based on the implementation background of the Price-restricted Commercial Housing Policy, this paper proposes the definition of this new type of housing, analyzes its features and roles, concludes the management experience of local governments and gives a detailed analysis of the management model, critical questions and aspects of the Price-restricted Commercial Housing Policy. This paper provides a series of suggestions on the construction and management of the Price-restricted Commercial Housing by a detailed research on the target customer, access standard, approval and verification, re-transfer restriction and so on. The conclusion provides a theoretical basis for formulating and perfecting the Price-restricted Commercial Housing Policy for the local governments.

Key Words: price-restricted commercial housing; price-restricted commercial housing; policy-based property; management model

1　限价商品住房的提出及研究背景

城镇住房制度改革以来，我国绝大多数城镇居民的住房条件得到了较大改善。但随着住房商品化、社会化程度的提高，我国住房市场在快速发展中也出现了一些矛盾和问题。保障性住房建设滞后，住房保障体系不健全，城市中等及中低收入家庭解决自住住房面临诸多困难。特别是近年来一些大城市，房价持续非理性高速上涨，大大超过了中低收入家庭的支付能力，城市居民住房不仅成为全社会关注的焦点，也成为各级政府应考虑解决的重要的国计民生问题。为此，国家出台了一系列政策文件，加大了对住房市场的干预力度。2005 年 5 月 9 日，《国务院办公厅转发建设部等部门关于做好稳定住房价格工作意见的通知》（国办发［2005］26 号）要求“住房建设要以中低价位普通商品住房和经济适用住房项目为主”，“房地产主管部门会同有关部门提出住房销售价位、套型面积等控制性要求，并作为土地出让的前置条件，以保证中低价位、中小套型住房的有效供应。”这是中央政策文件针对住房供给的结构性矛盾，提出从“销售价位”和“套型面积”两个方面调控住房市场，并首次提出“中低价位、中小套型住房”的概念。2006 年 5 月 24 日，《国务院办公厅转发建设部等部门关于调整住房供应结构稳定住房价格意见的通知》（国办发［2006］37 号），要求“要优先保证中

① 本文为国家“十一五”科技支撑计划重大项目“村镇建设规划与土地规划关键技术研究”（课题编号 2006BAJ05A04）的研究内容之一。

作者：冯长春，北京大学不动产研究鉴定中心主任，北京大学城市与环境学院城市与经济地理系主任，城市与区域规划学系教授，博士生导师
杜金锋，北京大学城市与环境学院城市与经济地理系博士研究生，注册土地估价师
王昊，北京林业大学土木工程系硕士研究生

低价位、中小套型普通商品住房（含经济适用住房）和廉租住房的土地供应”，“土地供应在限套型、限房价的基础上，采取竞地价、竞房价的办法，以招标方式确定开发建设单位”，进一步肯定了利用“套型”和“房价”两个指标调控住房市场，并提出了“竞地价、竞房价”的组织管理方式。2007 年 8 月 7 日，《国务院关于解决城市低收入家庭住房困难的若干意见》（国发［2007］24 号），进一步要求“重点发展中低价位、中小套型普通商品住房，增加住房有效供应”。

限价商品住房的概念是根据 26 号文关于“中低价位、中小套型住房”要求，37 号文和 24 号文关于“中低价位、中小套型普通商品住房”建设要求，是采用行政干预措施，调节住房供给结构，落实中央宏观调控精神的过程中演化而来的。它是指政府在土地出让前，首先确定住房建设的套型面积、销售价格和销售对象等控制性指标，开发建设单位采取竞地价、竞房价的方式取得土地使用权，按照建设标准建设，并按政府规定的程序销售给符合要求的对象的中低价位、中小套型住房。它是具有社会保障功能的政策性商品住房，是保障性住房的有益补充。

“限面积、限套型”的限价商品住房宏观调控思路提出以来，各地结合自身实际开展了积极有益的探索，积累了有益的实践经验。但由于理论研究的不足，各地的限价商品住房管理政策有待进一步完善。本文在系统分析限价商品住房属性与功能作用的基础上，对比分析了各地实施管理经验，进而对限价商品住房政策实施管理模式、关键环节与重点问题等展开深入分析，旨在为各地政府制定和完善限价商品住房管理政策和实施标准提供理论依据。

2 限价商品住房的功能属性分析

限价商品住房作为一种新的住房供给类型，明确其功能属性及其在住房供给体系中的定位，是制定限价商品住房政策、设置各项管理环节的出发点和基本依据。研究认为，商品性是限价商品住房的基本属性，体现了其与一般商品住房的共性及其与保障性住房的差异性特征；政策性、福利与社会保障性体现了其与一般商品住房的差异性特征，是其突出特征；此外，阶段性和区域差异性体现了限价商品住房政策时空域特征。

2.1 商品性

根据马克思主义政治经济学观点，商品是用于交换的劳动产品。“劳动产品”和“用于交换”是构成商品的两个必要条件。同时，商品具有两个基本属性特征：价值和使用价值。从目前各地限价商品住房建设管理来看，限价商品住房具备商品的构成要件，是用于交换的劳动产品，都具有价值和实用价值的属性。而且，限价商品住房的开发建设均按市场经济运行的基本规律进行，其用地取得和房屋销售均由买卖双方通过市场按相互接受的价格自由交换实现，符合生产、分配、交换与消费等商品流通的四个基本环节。因此，限价商品住房具有商品属性。

2.2 政策性

国办发［2006］37 号文提出“在限套型、限房价的基础上，采取竞地价、竞房价的办法，来保障中低价位、中小套型普通商品房的供给”。这是我国土地参与国民经济与房地产市场宏观调控的重要方式，也是土地出让方式的进一步完善。限价商品住房建设主体在与政府签订土地出让协议时，需要接受政府对限价商品住房的开发建设工期、套型面积、销售价格、销售对象与销售流程等约束。购房者在成功申购住房后，还应自觉接受政府关于房屋的利用方式和再转让等方面的限制。因此，与普通商品房对比而言，限价商品住房具有明显的政策约束性特征。同时，为鼓励建设单位积极参与限价商品住房建设，政府采用招标方式出让土地，政府对限价商品住房土地出让金、土地增值收益和相关税费等方面存在一定政策优惠。因此，在限价商品住房建设管理过程中，较普通商品房具有政策约束与政策鼓励双重干预，体现了限价商品住房的政策属性。

2.3 福利与社会保障性

限价商品住房的用地在招标出让过程中，并非单纯考虑建设主体的报价，而是综合考虑了价款总额及付款进度、建设与销售方案、开发单位资质信誉与开发业绩等多种因素。相对于普通商品房的用地出让而言，政府存在一定出让金让渡，从而导致相关税费的减少，这实际具有政府财政转移支付的福利性特点。同时，限价商品住房的重要目标之一是为满足城市中低收入者的自住需求，尽管各地对限价商品住房销售对象的具体规定限定不同，但都是从户口、收入、资产、住房现状与拆迁户等特殊群体方面界定销售对象，以保障该部分居民能够解决自住住房和改善居住条件，缓解其住房紧张状况。因此，限价商品住房具有一定的社会保障性功能。

2.4 阶段性

世界各国各地区在应对住房市场问题时都会采取一定

的应急性、阶段性措施。香港在20世纪80年代末90年代初，由于住房价格持续高涨，影响了中等收入阶层的购房支付能力，使住房问题成为社会关注的焦点。为满足中等收入家庭满足住房自住需求，香港房屋协会于1993年起开始实施的"夹心阶层住屋计划"。后由于香港住房价格的下降和居民收入的提高，居民住房支付能力提高，该计划于1998年暂停实施。当前大陆住房价格持续高位运行，住房供需结构性矛盾突出，仍需加强对住房市场的调控，缓解中等收入阶层的购房压力。因此，限价商品住房具有一定的阶段性特征。

2.5 区域差异性

限价商品住房因各城市间的需求差异而导致供给、管理与定位等方面也存在较大差异。有些城市普通商品住房价格低、供给量大，住房价格与家庭承受力协调性较好，住房供需较为平衡，对限价商品住房的需求不迫切，如中小城市；而一些大城市和特大城市人口众多，住房需求旺盛，房价高，涨幅大，加之居民收入水平差距大，房价体系与居民收入体系的匹配性差，就出现夹心阶层（中等、中低收入）的住房需求得不到有效满足，阶段性的开发建设限价商品住房可以适当弥补这一空档。但限价商品住房销售价格的确定需要结合当地实际确定。从目前实施限价商品住房政策的城市来看，虽然普遍对销售供给对象做出限制，但具体管理模式、销售对象与审核流程等差异较大，较为典型的是成都和南京。成都市随着房地产市场供需状况的不断改善，限价商品住房具体管理办法也在不断调整，逐渐扩大了限价商品住房的销售对象。在基本满足无房户和住房困难户改善住房需求的基础上，允许符合条件的外来从业家庭购买限价商品住房，因此，该市限价商品住房的福利特征较为突出，而保障特征相对较弱。而南京市政府将限价商品住房定位为"特殊的保障性商品房"，销售供给对象为符合一定条件的拆迁户。

3 限价商品住房的主要作用

3.1 完善住房供应体系

我国目前住房供应体系主要由廉租房、经济适用房和普通商品房三层次组成。廉租房用于解决城市最低收入家庭住房困难；经济适用住房用于解决低收入家庭的住房困难；而普通商品房则对应的是中高收入家庭的住房需求；而低收入和中高收入之间的夹心层人群住房需求缺乏对应的供给，因此，现阶段推出限价商品住房，以满足夹心阶层的住房需求，可以形成梯次的住房供应体系。

3.2 满足中低收入居民住房自住需要

近年来我国部分特大城市和大城市的住房价格持续上涨，中低收入居民自主解决住房困难加大。限价商品住房的推出将以较低的价格向中等收入以下的居民提供更多的住房和更多的选择空间，以缓解当前住房供需紧张和结构性矛盾，满足中等收入以下居民住房自住需求。

3.3 调整住房供给结构，平抑市场住房价格

根据各地目前推出的限价商品住房项目来看，限价商品住房销售限价与周边普通商品房售价的10%~15%左右，对周边新上市商品房项目定价发挥了一定标杆作用。而据一些城市限价商品住房销售情况来看，限价商品住房项目推出销售之后，周边商品房出现降价销售的情况，有利于平抑房价过快增长的势头。同时，由于限价商品住房开发建设周期一般需要两年以上，限价商品住房项目用地出让时即确定房屋销售限价，确保了未来一定时间内房价保持平稳，为平抑房价、调控住房市场起到了一定的作用。

4 已推行限价商品住房政策城市的比较分析

选择已推行类似住房相关政策的7个城市进行比较分析，即上海、青岛、宁波、大连、成都、南京和广州。总结其具体管理办法的特点，归纳、比较如下（表1~表6）。

申购条件对比 **表1**

	上海	青岛	宁波	大连	成都	南京	广州
户口及取得年限	有	有	有	有	有	有	有
收入水平	有	有	无	有	无	无[1]	无
现有住房条件	有	有	有	有	有	无	无
有无购房经历	有	无	有	无	无	无[2]	有
年龄标准	无	无	有	无	有	无	有
婚否	无	无	有	无	有	无	无
优先供应措施	有	有	有	有	无	无	有

（注：南京市的中低价商品房目前对接拆迁户供应。
1：有拆迁补偿限制；2：有除拆迁房无他房限制。）

再转让条件对比 **表2**

	上海	青岛	宁波	大连	成都	南京	广州
取得产权证	有	有	有	有	有	有	有
持证年限要求	有	有	有	有	有	无	有
政府回购措施	有	无	有*	无	无	无	无
是否补交土地收益	有	无	有	无	无	无	有

（注：南京市的中低价商品房目前对接拆迁户供应；*号表示有条件。）

售价标准对比 表 3

城市	售价标准
上海	均价基本控制在 3500 元/m^2
青岛	均价基本控制在 5000 元/m^2 左右
宁波	基本限定在每平方米 3000 元左右（同比市场商品房价低 20%）
大连	原则上比同期同地段商品房市场评估价格低 20%，利润率和管理费分别控制在 10% 和 4%
成都	定价由市房管局联合市物价局共同制定，最初按低于市场价 10%，实际上定价远远低于市场价格（均价基本控制在 4000 元/m^2 以内）
南京	实行根据成本定价的方式，价格水平不得高于周边普通商品房价格的 80%，实际操作中定价还低于这一标准（均价基本控制在 4000 元/m^2）
广州	借鉴香港居屋政策的定价标准，销售价格原则上定于土地出让时同一区域、同一地段的同类型商品房市场价格的 70%

建筑标准对比 表 4

城市	建筑标准
上海	以建筑面积 70m^2 左右 2 室 1 厅为主要房型，适当配置建筑面积 50m^2 左右的 1 室 1 厅或者 2 室户，少量配置建筑面积 90m^2 左右的 3 室 1 厅。高层住宅房型设计的面积可适当放宽
青岛	小套型建筑面积不超过 65m^2，中套型建筑面积不超过 85m^2，大套型建筑面积不超过 105m^2
宁波	基本控制在 55 ~95m^2 之间，主流户型为 60m^2 左右的两居室
大连	户型设计按 70% 为中户型，辅助以少量的其他户型。中户型住房建筑面积控制在 85m^2 左右
成都	户型均在建筑面积 90m^2 以内；同时建设部分小户型住房供给单人户家庭
南京	户型面积 100% 在 90m^2 以下
广州	考虑满足中等收入家庭的自住型需求，套型建设面积不得超过 90m^2

销售对象对比 表 5

城市	销售对象
上海	优先供应给以重大工程为主的城市建设动迁基地中的困难家庭
青岛	本市城内四区的中等收入家庭
宁波	市区范围内人均住房建筑面积 18m^2 以下的中低收入住房困难家庭和无房户
大连	市内四区中低收入的住房困难家庭
成都	本市五城区住房困难家庭
南京	用于安置被拆迁选择货币补偿的家庭
广州	满足城市中等收入群体住房需求

销售程序对比 表 6

城市	销售程序
上海	按照公示房源、受理申请、审核条件、开具供应单、签订预（销）售合同的程序办理。配套商品房的具体供应对象和供应程序，由区县政府规定并公布
青岛	采取了申购者按家庭住房和经济条件排队的原则来进行销售。符合条件的申请人只能购买一套普通商品住房，已购买经济适用住房的申请人不得申购普通商品住房
宁波	实行申请、公示、准入制的程序。由市建设委员会向社会公示可供房源的地块及户型等情况
大连	按照申请、审核、公示、登记的程序办理
成都	实行申请、审查制度
南京	按照申请、审核、公示、开具购房通知单的程序办理
广州	分为预登记、确定顺序（摇珠）、审核、公示、签合同五步

5 国内城市限价商品住房管理经验总结

国办发 26 号文和 37 号文公布实施前，已有部分城市开展了类似限价商品住房的建设管理实践。上述两个通知下发后，为保证政策落实到位，尽快调整住房供给结构，抑制房价过快上涨，各地普遍采用“限价商品住房”的形式推广落实“中低价位、中小套型普通商品住房”政策。目前已正式出台相关住房管理政策的城市包括宁波、成都、南京、大连、青岛、上海等城市，总结国内实施限价商品住房城市的管理政策具有如下共同特点：

5.1 限制销售对象，制定准入标准

目前推出限价商品住房管理政策的城市均对房屋销售对象做出了限制，具体限制内容包括户口、年龄、家庭收入与资产状况和家庭住房现状等。南京、成都和广州等城市均限制具有本市户籍的家庭或个人才能购买限价商品住房。南京、成都要求具有本市城镇户口，而广州要求为本市户籍人口。同时，成都市限价商品住房供应量的增大，成都市逐渐放宽了限制内容与限制标准，该市推出的第三批限价商品住房允许夫妻在成都市五城区（含高新区）工作，两人在成都连续缴纳 2 年以上社会养老保险金，无自有住房的外来从业人员家庭购买限价商品住房，并将住房面积限制标准放宽。而南京市由于将限价商品住房用于安置拆迁家庭，还提出了拆迁补偿款的限制标准，并规定申请家庭无其他住房。广州市则力图将限价房销售对象限制为首次置业家庭或个人，并允许符合条件的特定对象享有优先购买权。

5.2 严格销售对象审核监督管理

在限定销售对象及其准入标准的基础上，为保证具体

销售政策的落实，需要严把销售审核管理。南京、成都和广州三城市均以各自的准入条件分别制定了严格的审核管理流程。例如，南京市限价房的购买资格审核工作依次由拆迁单位、区房改办和市“三房工程”建设工作小组负责操作，之后还有一次媒体公示；成都市限价房的购买资格审核主要采取区房管局和市住房保障中心两级审核的程序；广州市限价房销售则是由开发建设单位接受申请后，将申请者分类，然后报市国土房管局，由国土房管局借助其全市房改房登记系统、房屋产权登记系统和商品房预售登记系统等三个相对完备的房屋管理信息数据系统，利用基础数据库进行审核。

5.3 严格退出机制管理

由于限价房在上市时存在与周围普通商品房较大的价格差距，利润增值空间大，容易导致炒房、倒房的投机行为。南京市由于将限价房用于安置获得拆迁补偿款低于30万元且他处无住房的家庭，对限价房退出再转让等未作出限制。而成都市和广州市均对限价房的再转让退出机制做出了不同程度的限制。成都市规定：购房人在取得房屋所有权证，自住5年以后，方可上市交易，不得在5年限期内转卖或变相转卖，更不允许转卖或变相转卖“购房资格证”，否则，一经查实，收回“购房资格证”，开发商与之解除合同，按原售价收回该套限价商品住房，且购房人3年内不得申购成都市任何政策性住房。同时，成都市要求，申请限价商品住房的家庭应将原住房以评估市场价售予政府。而广州市除在规定再上市交易时限的基础上，还要求在规定时限后出租和转让的，仍须向政府补交土地出让金。

5.4 控制建设标准，限定销售价格

根据中央有关文件精神，限价房项目的建设标准均按照户型、面积等指标严格控制，房屋建筑面积严格控制在90m^{2}以内，再根据家庭人口结构设计不同户型，对房屋面积作不同安排。此外，各城市对于限价房的销售价格也均有比较严格的限定，房屋销售价格一般为其周边普通商品房售价的70%左右。南京市限价房项目土地供给实行带条件的挂牌出让方式，通过竞房价、竞地价的方式，最终确定土地出让价格，并综合参考中低价商品房指导价格和现时周边商品房折扣价格，按6%的开发利润率测算房屋销售价格，并在挂牌条件中明确。广州市限价房的最高销售价格，原则上按地块出让时同一区域、同一地段的同类型商品住宅市场价格70%的标准制定。

6 限价商品住房实施管理的关键环节

目前，社会各层面对限价商品住房性质的认识尚不统一，各地在限价商品住房建设管理中采取的措施也不一样。但应重点把握如下几个关键问题。

6.1 申购条件设置方面

虽然限价商品住房的本质属性为商品房，但在土地出让时政府让渡了部分土地增值收益，实际上是一种政府转移支付行为，存在政府的土地投入融入其中。因此，限价商品住房就不同于普通商品住房，而应该定位于带有社会保障功能的，政策约束性商品住房。那么在组织销售前就需要对准购人群做出限定，这样才能使限价商品住房真正起到政府推行的政策目的。

准购人群如何界定？购买条件如何设置？这个问题自然成为限价商品住房管理中的首要解决问题。只有先把这个难题处理好，较为准确、合理地划定受惠目标群体，限价商品住房的管理工作才能继续下去，接下来的操作环节才有意义。

6.2 资格审核方面

确定了申购条件之后，则需要对申购者的资格进行审核。在当前社会基础信息系统尚未健全，个人征信体系尚不到位，监管措施手段尚未完善的条件下，如何能够进行有效、准确地审核工作无疑成为摆在限价商品住房管理部门面前的又一大难题。

只有使审核工作落到实处，对申购者条件予以严格有效的审查，才能使限价商品住房真正供应给受惠目标人群，从而保证限价商品住房政策实施的有效进行。

6.3 销售程序方面

为保证限价商品住房可以顺畅、有序地组织销售，制定一套严格的销售程序是必不可少的。这就需要在具体销售管理中解决诸如销售管理主体及配合部门如何分工，是否规定优先供应对象及其操作办法，社会监督、协调工作如何进行等问题。

6.4 再转让方面

由于各地限价商品住房在土地供应阶段就已包含政府的大量投入在其中，带有明显的社会保障性质，又由于近年来国内住房市场价格涨幅大，住房供求状况较为紧张。若不对限价商品住房再转让做出限制，则会引发投机炒作行为，达不到其完善住房供应体系，平抑房价，解决本地居民自住需求的政策目的。

虽然理论上应该对限价商品住房再转让做出限制，但具体如何限制是个问题。是对再上市交易年限做出规定，还是对补交土地收益方面做出规定，或是二者兼而有之，这些问题都需要探讨。

7 限价商品住房管理实践中存在的问题分析

限价商品住房政策实施以来，各地结合实际开展了积极有益的探索，积累了丰富的住房建设与管理经验，但也存在一些问题，需要进一步加强经验总结与分析，以促进政策与管理实践的不断完善。

7.1 关于定价方式的问题

限价商品住房销售限价有多种定价方式，一是可以按成本定价，根据土地出让价格，考虑开发建设的成本、开发利润和物价上涨等因素，采用成本加利润的方式确定；二是可以采用比例参照定价，按照周边同区位、同类型、同品质普通商品房目前售价的一定比例（如70%~90%）确定；三是可以采用申报定价，根据限价商品住房项目土地招标中各投标单位报价确定，如取报价的平均值等。

同时，根据地价值还可以分为绝对定价和相对定价。目前，全国各地限价商品住房管理实践中普遍采用绝对定价的方式，即通过一定的方式在某一时点确定一个具体确定的价格标准。这种定价方式确定了一个明确、统一的价格标准，有利于实施管理，保证了定价的效力。同时，这种定价方式也存在缺乏灵活性，难以适应市场形式变化需要等问题。因此，还可以通过确定一个价格参照，通过确定价格优惠百分比的方式定价。如，选择与计划建设标准相似的普通商品市场的成交价格作为参照标准，确定一个价格限制百分比的方式定价。或者，通过对住宅市场的预测，判断确定限价商品住房项目建成后的相似普通商品住房的价格水平，确定一定的限价比例或限价幅度。

另外，实践中还存在限制销售价格上限值与限制销售平均值等不同限价方式。限制房屋销售价格上限值有利于政府管理，减少价格审核工作量；而限制房屋销售平均值的定价方式要发挥其应有的作用需要引入价格变化幅度限制变量，以保证现价商品住房项目的销售价格水平与政府设计目标一致，同时，也会导致增加审核工作量。

7.2 关于限价水平确定的问题

限价商品住房限价水平的确定直接关系相关各方的切身利益，是社会各界关注的焦点。具体价格水平的确定需要综合考虑居民收入水平、分化程度与消费结构，当前普通商品住房价格水平，房贷政策与利率水平，政府承受能力与开发建设主体利润收益等。限价水平的确定，需要从房价水平与收入水平匹配协调程度的角度，采用两种思路确定：一是通过设定房价水平，确定房价总额与贷款额度，根据利率水平与住房消费比例测算收入水平；二是设定家庭收入水平，根据基本生活支出与消费结构，测算房价承受水平。

（1）设定限价商品住房售价推测家庭住房承受能力

设定房价总额为 P，住房首付比例为 γ，利率水平为 i，住房消费比例为 a（据中国银监会2004年颁布的《商业银行房地产贷款风险管理指引》，其中明确要求各家商业银行“应将每笔住房贷款的月房产支出与月物业管理费与收入比控制在50%以下（含50%）”。

采用等额本息还款法计算年还款额，每年还款额再除以住房消费比例（50%），即为家庭的年收入水平。计算公式为：

$$V=\frac{R\times i\times(1+i)^n}{(1+i)^n-1};\quad R=\gamma\times P;\quad I=V/a$$

其中，V为年还款额，R为贷款额，n为贷款年限，I为家庭收入水平。

（2）设定家庭收入水平测算房价承受能力

设定家庭收入水平，将家庭生活支出分为基本生活支出与购房支出，基本生活支出包括户均固定支出与人均变动支出，家庭人数的不同，对家庭支出的数额与结构影响较大，因此，在限价商品住房准入标准的具体制定中，还应按家庭人口结构，分别制定相应的家庭收入和资产标准。具体测算如下：

$$家庭收入\ I=购房支出+基本生活支出$$

$$购房支出=\frac{p\times s\times C\times R}{10000};\quad I=\frac{p\times s\times C\times R}{10000}+基本生活支出;$$

$$P=\frac{(I-基本生活支出)\times 10000}{C\times R}$$

式中：p为房价；s为购房面积；P为房价总额；C为贷款比例；R为贷款1万元时的月均还款额。

7.3 关于定价时点的问题

目前，限价商品住房项目的销售价格一般在土地出让时就已确定。而从项目取得土地到开工建设和建成销售一般需要较长的开发建设周期（2~3年的开发建设周期），住宅市场和开发建设企业在此过程中面临的不确定因素众多。在住宅市场价格持续大幅上涨的情况下，建设主体开发建设限价商品住房项目的预期利润会远远低于开发建设普通商品住房项目的利润水平，其参与建设限价商品住房项目的积极性会降低；而在住宅市场价格持续大幅下降的情况下，先期确定限价水平如果高于建成后相似普通商品住房的销售价格，将使销售限价失去作用，而政府先期投入也难以发挥应有的作用。

如果项目建成销售时再确定销售限价，在确定价格水平时，政府同样面临如何选择确定价格参照与优惠比例的难题，优点是能规避市场周期变动的影响，便于及时把握市场情况。

7.4 关于预防投机的问题

按照限价商品住房设计目标，政府以低于市场同类建设标准的普通商品房的销售价格销售给特定人群，以帮助其实现住房自有。但是，低价格也容易诱发投机行为。因此，需要加强审查、监督，并对房屋使用与再转让等做出限制。

房屋使用方面，首先应对居住人员做出限制，应当禁止将房屋转租给他人。而且，还应规定申请人必须全部居住在所购现价商品住房单元内，以防申请人“借用”政府优惠群体的名义骗取住房。同时，还应对房屋用途做出限制，一般应禁止商业用途。

再转让限制方面，由于限价商品住房与普通商品住房存在一定价差，申购者购买限价商品住房后再出售，将会获得较高的回报。因此，限制现价商品住房的再转让是必要的。目前，各地实践中普遍的限制方式主要包括：限制再转让的时间、溢价分配、销售对象等。

一系列监督监管措施的落实，发挥应有的作用需要建立完备的监督与审查体系，综合考虑审核的成本与效率，注重可行性与威慑力。因此，需要建立健全社会征信体系，在加强监督检查的同时，注重发挥社会监督的力量。

8 对限价商品住房管理模式的思考与建议

通过比较国内7个已推行类似住房政策城市的有关管理办法，并结合北京市新的经济适用住房实施试点工作的管理办法，从限价商品住房组织管理的主要环节，笔者提出对限价商品住房管理模式的几点思考：

8.1 关于申购条件的设置

首先，来看7个城市关于申购条件的纵向对比情况(详见表1)。可以明显看出，各城市对于户口及取得年限的条件均有限制，尽管具体要求年限不尽相同，但都明确提出限价商品住房及其他类似住房用以解决本地居民自住需要。考虑各地限价商品住房组织建设中包含了政府的大量投入，以及市域内人口组成的复杂性，笔者认为限价商品住房申购条件中首先应该设置户口及取得年限的要求，建议要求申购者具有本地正式户口3年（含3年）以上，以此来保证限价商品住房满足本地居民自住的要求。

其次，就对收入水平的限制，7个城市中有3个设置，4个未设置。这主要是由于各个城市对限价商品住房的供应人群定位不尽相同，以及其各自对于收入审核工作开展的难易程度不同所致。基于推出限价商品住房的目的是为完善住房供应体系，填补中等收入阶层购房断层的需要，我们认为限价商品住房申购条件中应该设置收入水平限制项。

第三，对现有住房条件的限制，7个城市中有5个设置，2个未设置。考虑到南京市中低价商品房的供应对接市区内拆迁户，以及广州市限价商品住宅只供应首次置业家庭或个人的情况，说明各个城市对于住房条件的要求还是比较严格的。由于各地限价商品住房具有解决本市居民家庭住房困难，一定程度上改善居民基本住房条件的政策目的，因此，综合两方面原因来考虑，笔者认为现有住房条件的限制同样是有必要的。

第四，设置有无购房经历的条件，实质是限制首次置业，但在审核时需要相关的基础数据支持，对住房登记体系的完善程度要求较高。年龄标准和婚否的条件主要是针对单身申购者设置，目的在于限制单人户以及未达晚婚年龄的人群购买。笔者认为，限价商品住房申购条件中要不要涉及这些内容，主要需要依据①审核工作的准确、便捷度；②是否对单人户和家庭户区别对待这两点来考虑。从目前来看，由于房地产产权产籍信息不健全，加入这一条件，审核的难度和工作量较大，可以暂不作为必要条件，而作为充分条件考虑。

第五，关于优先供应措施。7个城市中有5个设置了优先供应对象，其中享有优先购买资格的主要是城区被拆迁人，住房条件紧张的困难家庭，以及以夫妻或家庭名义首次置业的人群。综合考虑近年来国内一些城市的市政重点工程、历史风貌保护等大规模公益性拆迁，笔者认为被拆迁户应被列入优先供应范围。尽快妥善安置好被拆迁家庭，也是社会稳定、和谐发展的一个必要前提。其次是考虑首次置业者；再次考虑住房面积小，急需改善居住条件的家庭。这样可以建立一个公平合理、依次轮候的秩序。

8.2 关于资格审核的验证

申购条件设置之后，自然就进入资格审核环节，并且审核工作的好坏直接影响到整个限价商品住房政策实施的效果，可以说是限价商品住房管理中的重中之重。基于各地当前的普遍情况以及前一环节中建议设置的申购条件来看，需要把握如下几个方面：

第一，户籍的审核。这点比较容易实现，可以通过身份证及户口簿来查实，必要时还可以通过公安机关户籍管理部门的户口转移登记系统来查证。同时，家庭人数亦可根据户口簿的登记情况来确定。

第二，收入的审核。这个在以前的经济适用住房购买资格审核工作中就是个大问题，并且一直没有一个比较周密的审核措施，其中的漏洞比较大。但在目前限价商品住房销售管理中确需对购买者收入状况进行审核，以此来限定政策受惠人群。那么，如何才能突破以前不完善的审核方式，什么才是有效、完善的收入审核措施呢？笔者认为，其一，需要改变目前单一依靠申请人所在单位或街道开具收入证明的模式，寻找更多可以证明其收入水平的途径。例如，可以尝试从住房公积金层面来考虑，利用申购者缴纳住房公积金数额来侧面反映收入水平。其二，可以考虑按不同行业平均收入水平依次划线，以此来辅助判别其单位开具的收入证明是否属实，在审核中尽量变被动为主动。其三，适当加大对隐瞒、虚报等不诚信行为的惩罚力度，逐步建立社会统一的个人征信体系。

第三，住房现状的审核。在目前部分城市房屋产权登记系统尚不完善的情况下，笔者认为入户调查可以说是判断申请家庭住房紧张程度的惟一有效办法。最新的北京市经济适用住房销售管理办法（试行），在陶然亭街道所作的试点工作也是以这种方式进行的。具体由街道居委会人员入户调查，组织评议，对申请家庭的住房现状得出结论。

8.3 关于销售程序的制定

限价商品住房销售程序制定的原则是：以尽量简化的形式，完成各个环节需要的组织工作，使政府能以最少的行政投入获得最大的社会收益。总结7个城市限价商品住房与类似住房以及北京市经济适用住房陶然亭试点的销售程序，笔者提出如下两种销售模式：

（1）“先审核再摇号”模式

该模式在审核程序上保持严格，但在审核条件上较之宽松。住房保障部门可采取三级审核、两级公示制度，有利于工作衔接，减少新增人员，提高审核效率。

审核程序设计按照申请、初审、复审、备案和分配房源的步骤依次进行，具体工作由下到上，即街道、区和市住房保障部门分别负责完成。销售管理办法按照发布房源信息、认购登记、摇号排序和选房购房的程序组织实施，中签家庭未在规定时间内选房或签订《购房合同》，视同放弃购房资格，须重新参加摇号排序；参加两次摇号且中签但未签合同者，视为自动放弃申请。整个管理工作主要由区级住房保障部门负责安排。

（2）“先摇号后审核”模式

该模式主要是针对限价商品住房的申请家庭数量巨大，各级住房保障部门审核工作量大、效率低的问题而拟定。其中，本方案的管理主体为市级住房保障部门，审核程序中分为申请、摇号、审核三个阶段，具体审核办法参照前一模式。摇号操作在全市范围内统一组织进行。可将拆迁申请家庭与普通申请家庭分开进行摇号的方式兼顾了对拆迁家庭的优先照顾问题。重点是在执行之初要将本办法在全社会公布，并明确违规者的严惩措施。

8.4 关于再转让的限制

从上述表2中可以直观地看到，7个城市中除南京市外，其余城市对于限价商品住房及类似住房再转让交易均有取得房屋产权证且持有一定年限的要求。这说明各地均考虑到在目前房价涨幅居高不下的状况下，防止购房后随即倒手出售的投机行为是至关重要的。那么，结合国内各大城市房价飞涨、房源紧张的实际情况，以及房地产市场周期比较长的特点，限价商品住房的再转让条件一定要严格限制。建议限制自取得房屋产权证之日起5年内不得出售或出租，甚至更长时间。

再转让交易后是否需补交土地收益金？其中，上海、广州、宁波三个城市提出了有关要求，具体做法为房屋转让后须向政府补交同地段普通商品住房与原购房差价的一定比例。补交土地收益金的办法可以比较有效地防止炒房、倒房等房地产投机行为，一定程度上弥补政府财政损失，进而保证稀缺的土地和房屋资源公平地分配给住房困难家庭。因此，笔者认为对限价商品住房再转让时提出补交土地收益金的要求是很有必要的，这直接关系到限价商品住房能否发挥其社会保障功能的政策作用。这里建议参考广州市限价商品住宅再上市补交土地收益金的限制条件。

9 结论

综上所述，本文通过对限价商品住房政策的探讨，得到如下几方面的结论：

（1）限价商品住房政策实施以来，尽管受到一些质疑，但其以相对优惠的价格为中和中低收入阶层提供了住房选择的机会，具有完善住房供给体系，满足中和中低收入居民住房自住需求，调整住房供给结构，平抑市场房价等多方面的积极作用。

(2) 限价商品住房具有商品性、政策性、福利与社会保障性、阶段性和区域差异性特征，属于政策性商品住房，是保障性住房的有益补充。

(3) 限价商品住房管理政策的制定需要从建设、销售、退出管理等方面实行全流程管理，重点把握销售对象、准入标准、审核方式、销售流程和再转让限制等关键环节。

(4) 当前限价商品住房的需求群体众多，而住房建设量有限，需要对准入对象设定优先次序，通过轮候，逐步解决居民的住房问题。

(5) 限价商品住房的建设量需要根据各地实际，综合考虑房价水平、居民住房支付能力和政府负担能力等因素，通过科学规划确定。

(6) 限价商品住房政策是一个阶段性的措施，随着住房市场的变化、居民收入水平的提高和差距的缩小可以适时调整。但要考虑保持政策的相对稳定性，以使住房市场可持续发展。

参考文献

[1] 国务院办公厅转发建设部等部门关于调整住房供应结构稳定住房价格意见的通知（国办发［2006］37号）.

[2] 上海市人民政府关于批转市房地资源局制订的《上海市配套商品房和中低价普通商品房管理试行办法》的通知.

[3] 青岛市普通商品住房管理办法（青岛市人民政府令第168号）.

[4] 青岛市人民政府办公厅关于经济适用住房和普通商品住房销售管理有关问题的通知（青政办发［2005］7号）.

[5] 宁波市人民政府关于印发《宁波市市区普通（限价）商品住房销售管理办法》的通知.

[6] 宁波市建设委员会关于印发《宁波市市区普通（限价）商品住房销售管理实施意见》的通知（文号：甬建交［2005］319号）.

[7] 大连市人民政府办公厅关于印发大连市限价商品房建设和销售管理暂行办法的通知（大政办发［2005］137号）.

[8] 成都市房产管理局关于印发《成都市限价商品住房销售管理实施意见》的通知.

[9] 成都市房产管理局关于印发《成都市限价商品住房第三批次销售管理实施意见》的通知.

[10] 南京市政府批转市建委关于中低价商品房建设与销售管理实施意见的通知.

[11] 广州市限价商品住宅销售管理办法（试行）（征求意见稿）.

[12] 北京市人民政府关于印发北京市经济适用住房管理办法（试行）的通知（京政发［2007］27号）.

[13] 冯长春．中国经济适用住房政策评析与建议［J］．城市规划，1999 (8).

[14] Feng Changchun, Du Jinfeng. Experience Reference of Sandwich Class Housing Solutions of Hong Kong. Proceeding of CRIOCM 2008 International Research Symposium on Advancement of Construction Management and Real Estate: 39－44.

[15] KWAN Pak-hong. "Sandwich Class housing scheme—Objectives, Implementation and Evaluation". City University of Hong Kong, 1996.

[16] Sandwich Class Housing SchemeLegCo Paper No. CB (1) 1644/98～99 (2). Legislative Council Panel on Housing 1998/99 Session Information Paper.

[17] Sandwich Class Housing Scheme LegCo Paper No. CB (1) 53/98-99 (9). Legislative Council Panel on Housing 1998/99 Session Information Paper.

[18] 魏建芳．关于发展限价房的几点思考［J］．经营与管理，2008 (1).

[19] 章鸿雁．限价房性质和发展方向研究［J］．建筑经济．2008 (8).

[20] 钟庭军．限价房的若干基本理论问题［J］．中国房地产，2008 (8).

[21] 刘晓君，任志胜．我国限价房政策实施中的问题及对策［J］．城市住宅，2008 (6).

[22] 章鸿雁．限价房性质和发展方向研究［J］．中国房地产金融，2008 (7).

[23] 张传勇．我国限价房政策思考［J］．中国房地信息，2008 (5).

[24] 茅于轼．限价房或让房价更贵［J］．中国市场，2008 (24).

[25] 姜吉坤，张贵华．解决限价房实施过程中存在问题的建议［J］．科技情报开发与经济，2008 (15).

[26] 朱萍，杨鸿．对我国"限价房"政策的几点思考［J］．中国房地产，2008 (6).

[27] 李晓敏．限价房能否实现"夹心层"的住房梦想？［J］．楼市，2008 (5).

[28] 张传勇．我国限价房政策思考［J］．中国房地产金融，2008 (5).

[29] 章鸿雁．限价房定价机制研究［J］．价格理论与实践，2008 (4).

[30] 王前福．部分城市限价房建设的发展状况［J］．中国房地产，2008 (2).

[31] 李小宁．"限价房"的市场功能［J］．城乡建设，2007 (9).

[32] 陈峰，王贤磊，史冬梅．对我国"限价房"实践的分析与探讨［J］．中国房地产，2007 (10).

[33] 章惠生，周丽君．以限价房催生社会住房保障体系［J］．城市开发，2007 (14).

[34] 陈本君．解析宁波市的限价房政策［J］．中国房地产，2006 (11).

廉租房制度的国际经验与中国建设

熊国平　朱祁年

【摘要】本文以国外廉租房政策支持为切入点，归纳在特定社会经济条件下选择廉租房补贴方式的标准，推导廉租房补贴方法的优选模型，以此甄别我国281个地级市的补贴方式。分析发现我国应以住房建设补贴为主要手段，现阶段以现金补贴为主导的方式无法切实保障我国城市居民的居住需求。在锁定我国廉租房补贴方式的基础上，继续结合国外经验探索我国廉租房制度在政策支持、资金运作和空间设计三方面的现存问题与发展意见，并分析了政府部门、开发商、非盈利组织、金融机构等职能主体在其中的作用。

【关键词】廉租房　补贴方法　优选模型

Abstract: Based on international experiences of affordable renting housing policy, this paper concluded different allowance strategies and standard for making choice under specific social and economic situation. By constructing optimization model, allowance strategies of 281 cities are estimated. It is pointed that more than 70% of the cities shall be guaranteed by provision of low-rent homes. The results indicate that provision of monetary subsidy, the presently main way, is not reasonable for the social economic situation in China. As locked the appropriate allowance strategy, the paper not only researched problems and options for affordable renting house in the prospects of policy, economy and space, but also the function of government, organizations, real estate developers and financial institutions.

Key Words: affordable renting house; allowance strategy; optimization model

廉租房（affordable rental housing）制度是指政府向无力按市场价格租房的家庭提供帮助，使家庭住房支出不超过家庭收入的可承受限度（周敏，1996）。简单地将廉租房等价于公共住宅（public house）是不恰当的，因为总结国外廉租房制度后发现，对低收入者的住房租赁补贴包括政府公房建设、住房建设补贴和住房租金补贴三类模式（梁绍连，2007；郑征，2005）。并且，几乎所有的国家在实现工业化、城市化，进而实现现代化的过程中，都会经历以上的三类模式，随着阶段递升，私营部门、非政府组织和社区团体参与程度也将越大（秦虹，1998）。

西方国家的经济周期超前于我国，各国廉租房制度既有共同的发展特征与趋势，也根据国情、文化、区域特征等发展出不同的模式，为我国廉租房制度构建提供了丰富素材。

与国际水平相较，我国廉租房建设运营存在立法保障、机构协调、政府角色、补贴标准、资金供给、制度配套等诸多方面的问题（陈劲松，2007；赵红艳，2007；唐黎标，2007）。因此，研究国外廉租房制度的理论与实践经验，对于我国正在展开的廉租房建设有非凡的意义。

1　国外廉租房建设的经验与教训

廉租房在国外的理论与实践经验丰富，比如美国租金优惠券证、英国的议会住房、日本的公团住宅等。各国廉租房制度既有共同的发展特征与趋势，也根据国情、文化、区域特征等发展出不同的模式。而中国由于社会经济转型特征的复杂性，不能套用发达国家的廉租住房保障模式。因此，下文将从政策支持、资金运作和空间布局三方面结构化地讨论国外廉租房建设的经验与教训。

作者：熊国平，博士后，东南大学建筑学院副教授
朱祁年，中国人民大学城市规划管理系博士研究生

1.1 政策支持

廉租房是一项以政府为主导的社会福利事业，因此本文在三个系统的分析中，更加注重对于政策支持系统的研究。政策支持系统中的核心部分是廉租房补贴对象、补贴方式、补贴标准、退出机制和法律保障五方面。

1.1.1 补贴对象

（1）补贴范围

补贴对象的范围是廉租房制度中最基本的问题，直接关系到廉租房制度的成本与效果。理论上说，廉租房制度覆盖更多的低收入人群，社会财富的转移支付更多，就更能实现社会经济的公平性；但从操作上来说，更多的补贴对象需要更大的财政补助、更有力的非赢利组织支持、更完善的房地产二级市场等支持系统。因此，补贴对象和补贴规模的确定需要联系国家经济社会发展的各项指标来确定，达到制度与现实的衔接。

世行提供的数据显示，美国对占其居民总数 18% 的低收入者提供廉租房；英国市政府公共租赁房的服务对象是贫困线以下的人口，约占总人口的 17%；新加坡对占其居民总数 8.5% 的最低收入者供应廉租屋；31% 的香港居民居住在香港房屋委员会提供的公屋；全法国大约有 1/4 的人住在廉租房里；日本廉租房占全部住宅的 4.7%；韩国政府 2003 年推出“100 万户国民廉租房建设计划”，准备在 10 年内建设 100 万户国民廉租房，将廉租房占住宅总数的比例从 2003 年的 2.4% 提高到 2012 年的 10%。

以此可以看出，廉租房的补贴范围并没有一个普适的标准，每个国家都是根据自身的经济、社会、政治特征来选择补贴范围与补贴规模的。根据新加坡、韩国、美国与法国四个国家的数据可以大致看出，随着廉租房补贴规模的升高，中央政府必须承担的社会保障支出将会呈二项式加速增长（图 1）。

廉租房的补贴规模与中央政府财政压力之间的关系是值得关注的问题。正是对这一点的缺乏考虑，导致了美国 1949 年《住房法》规定的年均 60 万套住房的建设如镜花水月，在 6 年期限即将到来的时候，没有任何一个公共住房项目竣工。

（2）对象界定

在确定了廉租房补贴规模之后，对于补贴对象也必须有明确的界定。在进行补贴对象的界定的工作中，应注意三点：

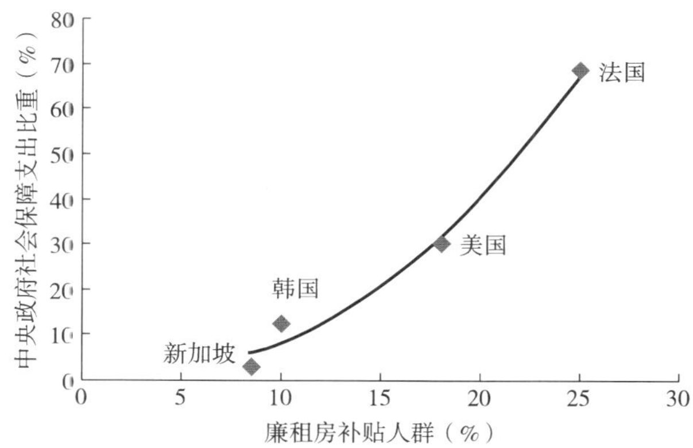

图 1　不同廉租房补贴规模下的社会保障支出
（数据来源：Communities and Local Government；World Bank Data）

第一，中央政府应在经济活动中严格界定对象。比如香港廉租房申请人须在香港住满 7 年并没有私人住宅物业，而且必须接受包括家庭收入和家庭资产的全面经济状况审查。房委会每年检查轮候者的收入及资产限额，以确保限额配合当前的经济和社会状况，并确保真正有需要的人才符合申请公屋的资格。以三口之家为例，申请人家庭每月最高收入不得超过 1.21 万港元，家庭总资产不得超过 30.5 万港元，总资产包括了存款、证券、汽车、固定资产等。申请人必须提交由雇主开具的《薪金证明书》，并签署收入证明。①

第二，地方政府应根据地方特点对标准作出适当调整。比如，美国政府通过税收来确定家庭的收入情况，每年公布低收入的标准一般为中等收入的 60%。但是美国各州各城市的标准就略有不同，如得克萨斯州首府奥斯汀的低收入标准为人均年收入 29000 美元，拉斯韦加斯是 35750 美元，波士顿为人均 46300 美元。②

第三，在对象界定的过程中，低收入是廉租房项目中的核心标准，但不是惟一标准。比如日本政府对于老人、残疾人、儿童等社会弱势群体的关爱。

1.1.2 补贴方式

梁绍连（2007）在总结国外廉租房制度后发现，国外对低收入者的住房租赁补贴包括政府公房建设、住房建设补贴和住房租金补贴三类模式，在选择补贴方式时以自身的社会经济特征为依据，下文将循此展开讨论。

① 吴佩佩. 借鉴香港公屋经验，完善廉租房准入与退出机制. 商业文化，2007（8）.

② 数据来源：HUD USER：Policy Development and Research Information Service.

（1）公房建设补贴

公房建设补贴出现于住房短缺时期，政府发挥土地资本等资源优势，在生产环节干预住房市场，直接建造住房提供给居民，从而在较短的时间内刺激住房供应总量的上升。美国联邦政府的公共住房（public housing）、英国的议会住房（council housing）、新加坡政府的公共组屋和我国香港的公屋都属于这种模式。

以英国为例，在“高福利”的基本国策支持下，从二战后到20世纪80年代的30余年中，英国平均每年建造14.3万套公房。1945～1980年英国全国竣工住房1000多万套，其中有半数是政府建造的。到1979年，地方政府建设了约650万套住房，约占当时国家所有住房的1/3。在20世纪70年代末，英国公营住房在住宅总量中大约占1/2。经过80年代以来的“住房私有化”浪潮后，到1996年，英国政府的公营住房仍占英国住房存量的19%。①

公房建设的优点是在短时间内快速解决低收入家庭的住房短缺问题，缺点则是给政府造成了巨大的负担。由于公房租金太低，普遍低于成本，政府每年都要拨出大笔资金补贴房租，给国家财政与地方政府财政造成很大压力。因而大多数国家都对公共住房政策进行了调整，以鼓励私人建造和拥有住房，缩小公共住房的比例。如撒切尔夫人执政时期英国面临的住房问题主要是由于公共住房租金太低，政府每年要拨出一大笔补贴资金，政府财政负担过重；其次由于连年政府经济困难，补贴资金不足，使一些公房存在失修失养问题，引起居民不满；再次是政府还需每年拨款建房，又会背上新的财政负担。于是政府调整住房政策，从20世纪80年代起，鼓励社会房东出租房与私有住房承担地方当局出租房的压力（图2）。

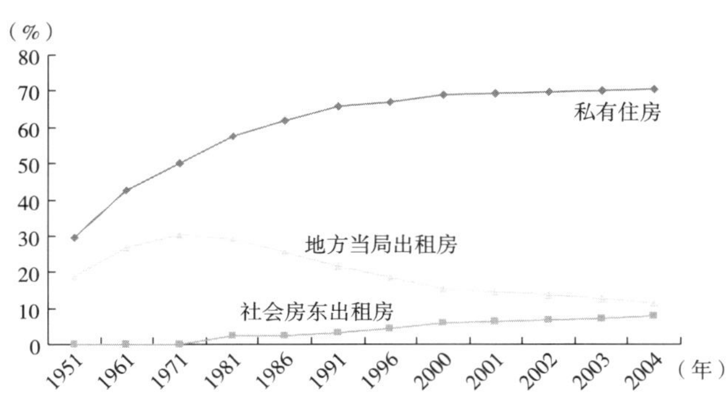

图2　英国房屋所有制结构流变
（数据来源：Communities and Local Government）

不仅是英国，其他国家的公共住房项目也往往达不到计划目标。比如美国1968年“住房与城市发展法”授权联邦政府在10年中新建2600万套住房，其中包括600万套低收入家庭住房。到1970年为止，连同之前的更新项目，所有计划、再建和竣工的公共住房数量才达到115.3万套，当年新建公共住房开工数仅为3.8万套。可以看出，一方面，租房补贴的新方法被推出，多样性选择对政府和低收入家庭具有更大的吸引力；另一方面，1968年住房法大规模的公共住房建设受挫，印证了单纯加大建设公共住房的力度，既不符合美国联邦财政的实际，也不可能从根本上解决低收入家庭的住房问题。②

（2）住房建设补贴

住房建设补贴是指由政府提供优惠贷款、补偿贷款利息等优惠政策，支持非政府机构发展低租金、低成本住房，同时对建成住房的出租作出限制，即通过优惠政策建成的住房必须按成本价出租给符合政策规定的家庭，从而间接干预住房供应。

① 补贴规模

如上文所述，公房建设补贴模式给政府财政能力带来了巨大的挑战与压力，并使廉租房建设计划无法达成目标。自20世纪70年代起，欧美各国政府开始实行对非政府机构建房的鼓励政策，以此减少政府一次性投入的巨额财政成本与管理成本。到20世纪80年代，政府对于生产者的补贴普遍超过消费者补贴，生产者补贴在各国政府的住房补贴中占大多数（图3），标志着住房建设补贴开始替代公房建设补贴。

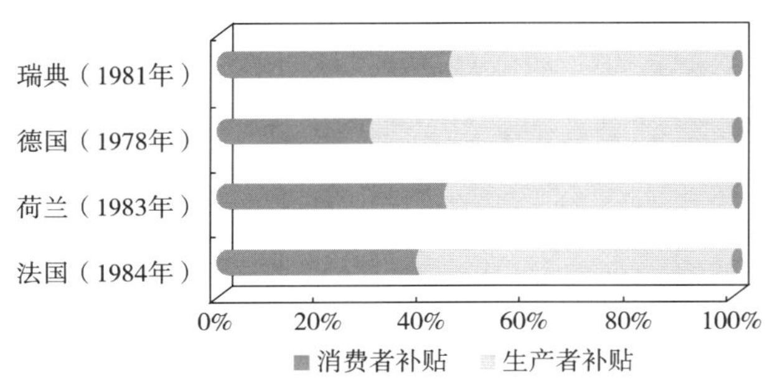

图3　欧洲四国政府住房补贴中消费者补贴与生产者补贴比较
（数据来源：E. J. 住房补贴的国际比较. 麦克米兰图书公司，1985：110～111.）

② 建设主体

在住房建设补贴模式下，廉租房的建设主体既可以是

① 数据来源：Tower Block. Modern Public Housing in England, Scotland, Wales, and Northern Ireland.

② 路军. 国外住房保障的实践及对我国的借鉴. 北京房地产，2007.

非盈利性机构也可以是盈利性房地产企业。如1968年美国的住房法案制定了住房新建补贴政策，为发展商提供低于正常市场水平的贷款利率，使其为中低收入者提供低于正常市场租金水平的住房。通过这项法案，在1970～1973年间，美国住房存量中新增了170万套补贴住房，为低收入家庭提供了低于正常市场租金水平的住房。① 又如德国通过1950年《住宅建设法》推出了“社会住房计划”，政府对纳入社会住房计划的非赢利机构项目提供投资补贴，在土地供应、税收、贷款等方面给予政策优惠，并把社会住房的租金控制在低收入家庭的负担能力之内。②

③ 补贴方式

政府主要通过税收、贷款两种方式为建设者提供补贴。

比较典型的是通过提供税收优惠鼓励私人机构建设廉租房的美国的低收入住房税收优惠证（low-income housing tax credit）。美国1986年《内部收益法》（Internal Revenue Code）的第42章提出联邦支持低收入家庭住房的低收入住房税收优惠证计划。获得税收优惠证的前提条件是，项目必须有一定比例的单元分给低收入家庭（至少20%的单元提供给不高于当地中等收入水平50%的家庭，或者至少40%的单元提供给低于当地中等收入水平60%的家庭），并且这部分住房的租金不得高于租户家庭收入的30%，出租年限至少为30年。此外，低收入家庭所支付的租金每年由住房与城市发展部（department of housing and urban development）根据不同地区的平均收入对住宅单元的户型予以审查，并结合不同家庭的人口规模予以分类。享受该计划的项目至少在18年内执行租金管制的要求，业主每年须对低收入租客的收入予以审查。目前，这一计划大受欢迎，每年信用配额供不应求，供求比例在1:3左右。③ 各州被授权向获得、改建、新建廉租房者提供联邦税收优惠证。房屋所有者可以用税收优惠证减少其他收入的税负，也可以将其出售给其他投资者为项目融资。税收优惠期为10年。优惠比例每月进行调整，在合法财产的4%或9%附近波动。由于9%的税收优惠是强有力的权益筹资机制，因而在大多数州，取得9%的优惠是很有竞争性的。近年来，低收入住房税收优惠证每年帮助建立约10万套廉租房，2006年提供了约13万套廉租房（包括新建房和存量房）。市场对其的认同度也越来越高，具体表现为，2004年向投资者出售1美元的税收优惠就会筹集到80～90美分的资金。④

以贷款利息补偿的方式补贴建设者的例子有德国和法国政府对非营利性建房企业所兴建的福利性社会住宅给予资助。由政府向土地所有者征购土地，租给建房企业建住宅。建房企业向城市政府提出建房预算并可获得政府提供的占建筑费用50%的无息贷款，偿还期为25年，这实际上是由国家支付贷款利息。企业具备25%的自有建房资金，即可获得75%的政府优惠贷款，并可获得减免土地税、所得税等方面的优惠。⑤ 法国无息贷款年限在25～30年，可贷款额一般占建房预算的50%～60%。其比例相当于整个项目成本的12.5%，如果该项目涉及的是生活特别困难的人，这项资助的比例可达20%。⑥

④ 存在问题

有学者认为住房建设补贴模式不利于“滤过效应”的进行，地方政府虽然有相当的自由选择房价标准，可地方财政机构很难有效地设计和管理这些资产。在英国租住私人与机构住房的群体中，有一半租户的房子与全家人口相比偏小，1/3的租户反映他们得到的服务与支付不相称。⑦ 其实这都是和住房政策相联系的，租户得到的补贴取决于价格的制定、租房收入帐目的构成和住房福利，这些都不是单个租户可以改变的，住房建设补贴制度歪曲了居民的使用选择。在20世纪80年代，有人研究了地方政府的住房管理服务规定所产生的效应。结果表明，财政补贴制度并不能提供一个广泛而有效的资源使用模式，即“滤过效应无法有效进行”。

（3）住房租金补贴

住房租金补贴是一种由政府向低收入者提供房租补贴的住房保障模式。补贴的数额是按一定根据住房标准的住房租金与家庭可支付租金的差额确定的，家庭可支付租金一般按本地区平均房租支出占家庭收入的比重确定。

在住房供应得到基本满足的条件下，住房租金补贴模式将取代住房建设补贴模式。

以美国为例，从20世纪70年代开始，住房供应不足的矛盾基本得到解决，取而代之的问题是低收入家庭房租

① 马光红，胡晓龙．美国住房保障政策及实施策略研究．建筑经济，2006.

② 郑征．三管齐下保证居民住房——国外中低收入家庭住房政策经验．中国投资，2005.

③ 闫妍．低收入住房税收优惠证：美国廉租房发展的金融激励机制．北京规划建设，2007.

④ Frank Narron. The Evolution of the Low-Income Housing Tax Credit and the Boom in Affordable Housing. Real Estate Finance，Dec 2004.

⑤ 巴曙松．廉租房融资的国际经验．世界华人，2006.

⑥ 钟键．法国：廉租房占总量20以上．中国地产市场，2006（9）.

⑦ 孟祥仲．英国住房政策改革给我们的启迪．世界经济情况，2007.

支付能力不够。1974年《住房与社区发展法案》第8条款中的存量住房计划，提出住房租金补贴计划包括租金证明计划（Rent Certificate Program）和租金优惠券计划（Rent Voucher Program）。联邦政府按照住房市场一般租金水平确定补贴金额，地方政府住房局确认租约后直接以租金证明或租金优惠券的形式向房主支付租金。在总租金中，住户支付的部分不超过自身收入的30%，其余部分由政府给房主补齐。租金证明计划和租金优惠券计划略有区别。享受租金证明的住户不能承租房租高于联邦政府确定的租金水平的住房，而享受租金优惠券的住户可以在市场上自由寻找住房。当住房租金低于政府规定的市场租金（fair market rent）还剩有余额时，允许住户保留优惠券继续使用；而当住房租金高于市场租金时，住户须自己承担租金差价。① 截至1993年，超过130万低收入家庭参与了这两项计划，大致与在美国传统公共住房中的家庭数目持平。在住房租金补贴的过程中还伴随着住房私有化的进程。1993～1998年间，有7.6万套传统公房经政府批准完成私有化，转换为租金优惠券计划，约占存量房总量的6%。② 目前，租金优惠券计划已成为美国住房保障的主流模式。

虽然如此，租金补贴金制度也受到多方批评。以英国为例，首先是因为其成本太高，到20世纪末，约有430万租户耗费了政府超过110亿英镑的补贴金；其次，缺乏抑制欺骗行为的机制；最后，是它有助于形成“贫困陷阱”。③

1.1.3 补贴标准

国外补贴的标准有两种确定方法：收入法与成本法。

收入法是指通过政府补贴控制住户的租金支出在总收入的一定比例之内。收入法可以是规定一个统一指标，也可以是分级制的。比如，美国通过1974年《住房与社区发展法案》第8条款规定廉租房住户的租金水平不能超过收入的30%。新加坡房产和发展委员会则将廉租房分为两个档次，家庭收入在800新元或以下的家庭只需缴占总收入10%的钱作为房租；收入在800～1500新元的家庭，用于房租的钱为收入的30%。④

成本法是指租金的确定与住户收入无关，而通过房屋建设成本确定。比如日本的廉租房房租根据房子的造价和条件设施收。⑤ 也有人说这不是真正意义上的“廉租房”，而是更符合日本语所说的“公营住宅”。

1.1.4 退出机制

退出机制是指在廉租房住户收入水平变动时对住户进行持续地跟踪管理，安排住户退出廉租房的有效途径。按照发达国家的经验，退出机制的有效进行取决于两方面：第一，建立完善的信息系统，包括个人及家庭收入和房屋使用状况；第二，建立法律监督机制。

美国、新加坡等发达国家拥有比较完善的信息系统，政府能够通过互联网快速、准确地检索居民的收入状况及相关信息，而其较高的法制化水平则极大地降低了政府官员寻租的可能性。可以说，高度的信息化和法制化是美国和新加坡高效地实现廉租房优化配置的重要“软件设施”。⑥

在香港，除了在申请公屋时的严格审查外，在公屋居住期满十年后，租户每两年应申报家庭收入及资产。不申报资产或家庭收入及资产净值超过指定的公屋住户限额的租户须缴纳双倍租金，并于一年内迁出。若确有困难的，给予暂准居住证再过渡一年，租金提高到原租金的两倍以上。2004年，香港还专门成立打击滥用公屋资源的特遣队，严惩弄虚作假者。⑦

1.1.5 法律保障

发达国家的廉租房相关法律法规明确了政府在住宅供应方面的责任，并给出了实践责任的方式和手段，同时制定了住宅的发展目标、人均住宅居住标准、机构职责、金融管理和补贴方式等内容。把廉租房制度用立法的形式进行规范，既有权威性，又有利于保证其贯彻执行，这是西方国家廉租房制度的一个重要特点，也可以说是一个重要优点。

美国主要廉租房相关法律与法案（1934～1990年） 表1

1934年国家住房法（National Housing Act，1934）	要求建立住房管理署，设立联邦存款和贷款保险公司，由政府提供低利息贷款，鼓励私人投资低收入家庭公寓住宅
1937年公共住宅法（Public Housing Act，1937）	成立“联邦平民建设总处”，负责对公共住房的建设提供长期的补助
1949年国家住房法（National Housing Act，1949）	提出“向全体美国人提供体面、安全和整洁的居住环境”，计划6年达到廉租房建设规模81万套

---

① Wikipedia：http://en.wikipedia.org/wiki/Affordable-housing.
② 宋博通．从公共住房到租金优惠券——美国低收入阶层住房政策演化解析．城市规划汇刊，2002.
③ Scott Susin. Rent vouchers and the price of low-income housing. Journal of Public Economics，2002，83.
④ 李光耀．新加坡的公共住房政策——得失之间的政治与地产．中外房地产，2006.
⑤ 刘卫东．日本的公共住宅政策及住房保障制度．北京规划建设，2007.
⑥ 赵红艳．他山之石 可以攻玉——瑞典、美国、新加坡住房保障制度体系借鉴．城市开发，2007.
⑦ 吴佩佩．借鉴香港公屋经验，完善廉租房准入与退出机制．商业文化，2007.

续表

1965 年住房法案（Housing Act，1965）	授权联邦政府住房管理署向租住非公共住房的低收入家庭提供房租补贴，补贴的额度为住房租金与租户收入的 25% 之间的差额。在法案的第一个 4 年建设计划中，准备提供 6 万套公共住房，其中 3.5 万套为新建，其余为购买、租赁、修缮的私人房屋
1968 年住房与城市发展法（Housing and Community Development Act，1968）	授权联邦政府在 10 年中新建 600 万套低收入家庭住房，并为低收入居民租住非公共房屋提供帮助，鼓励非盈利性组织向低收入居民提供住房，国会特别批准此类组织可以接受联邦的资助以支付住房抵押贷款的利息
1968 年税收改革法案（Tax Reform Act，1986）	授权对混合收入与低收入住宅的投资实行 10 年期联邦所得税优惠
1987 年无家可归者资助法（Homeless Assistance Act，1987）	建立基金来支持建造过渡的或永久的面向无家可归者或者面向特殊群体要求的房屋管理代理者
1990 年全国廉租住房法（National Affordable Housing Act，1990）	减少联邦政府住房支出预算，采用税收计划、州和地方政府计划及私营部门参与来解决廉租房问题

以美国为例，有从执行机构角度保障廉租房制度的 1934 年《国家住房法》与 1937 年《公共住房法》；有对补贴规模与补贴手段实施保障的 1949 年《国家住房法》、1965 年《住房法案》和 1968 年《住房与城市发展法》；有从财税角度保障的 1968 年《税收改革法》和 1990 年《全国廉租住房法》（表 1）。除了从各个角度立法来完善法规法案外，不断地对法律进行修订更新也是廉租房制度得以平稳运行的前提。如英国从 1890 年制定第一部住宅法以来，到 1996 年已先后修订或制定新的住宅法 48 次，平均每两年一次。其中虽有执政党更迭的因素，但主要还是审时度势，使住宅法不断改进。

1.2 资金运作

1.2.1 资金预算

在确定补贴范围和补贴模式后，政府机构对于廉租房建设实施的资金运算应当有一个规划，以此来指导之后的融资。

以美国的廉租房资金预算为例，二战战后的退伍军人住房建设计划拨款 3350 万美元，计划建设 20 万套房子以满足退伍军人临时住房之需，考虑从 1947 年到 2008 年的通货膨胀速率，相当于每套房子 1475 美元的预算。1949 年的《国家住房法》预算在 5 年内拨款 5 亿美元另加 1 亿贷款，用来清理贫民窟和社区发展重建，同时在 6 年内为低收入家庭提供 81 万套住房。为此，联邦政府每年至少要投资 3.08 亿美元。考虑从 1949 到 2008 年的通货膨胀速率，相当于每套房子 17784 美元的预算。据美国住房与城市发展部的最新报告显示，其在 2004 财政年度支出了 240 亿美元用于向低收入家庭发放优惠租金券或者用于增加符合要求的廉租住房。

1.2.2 融资方式

从资金的运转过程来看，廉租住房保障制度的本质是由较高收入者通过转移支付的方式补贴较低收入者；另一方面，廉租房的资金运转不干扰房地产市场规则也是至关重要的。下面将介绍信贷援助与合资开发两种模式。

（1）信贷援助模式

① 政府贷款

从国际经验看，政府贷款是廉租房建设融资的重要组成部分。比如法国非盈利房地产发展机构依靠出售利率有限的股份获得启动资金，在此基础上申请政府的低息或无息贷款，享受免税待遇，因此能以低于市场的价格出租和出售住房。又比如香港房屋委员会得以运转的资金来源于政府提供的 135 亿免息永久资本，以及 128 亿计息借货资本。①

② 金融机构补贴

政府也可以通过对金融机构进行补助，间接推动廉租房的融资。20 世纪 60 年代，美国政府就实行对私人金融机构进行补贴的计划，扶植和鼓励私人金融机构向公共住房开发商提供低息贷款。这一计划的执行极大地刺激了私人金融机构参与公共住房贷款的热情。补贴计划规定，私人金融机构按照比市场低的利率向租赁住宅的开发商提供贷款，而将此抵押权按照市场利率的水准出售给联邦抵押协会，两者的差额由联邦政府进行补贴。在这一时期，大约有 90000 个住宅单位实行了这项计划。②

（2）合资开发模式

由政府与私人合资开发也是一种分流资金负担的融资模式。英国由地方政府投资建造的议会住房除政府投资的 40% 外，剩余部分由私人建筑商、银行、非盈利的住宅社团和私人捐助等相配套。采取这种资金比例建成后的住宅大部分进入供租赁的政府住宅系列，收入按比例再分配给

① 巴璐松．廉租房融资的国际经验．华人世界，2006．

② 马光红，胡晓龙．美国住房保障政策及实施策略研究．建筑经济，2006．

投资者。其中，政府投资主要用于购买和开发土地，而非政府机构的投资用于住宅建设本身。①

1.3 空间设计

空间是制度和经济的载体，空间的合理设计直接影响到居民的生活质量、政府的财政压力与管理压力以及衍生社会问题等。廉租房的空间设计主要涉及住房的空间分布、社区规划、住房来源和户型设计这四方面。

1.3.1 空间分布

从空间分布看，国外廉租房有从远郊区向近郊区与中心城区集中，从小城市向大城市集中的趋势。

在二战后的“住房荒”时期，美国采用过郊区集中兴建模式，其中莱维特镇是一例典型代表。由私人开发营建的莱维特镇以“十美元入住”风靡，但却在不到10年的时间里开始萧条。② 分析其原因，虽然郊区集中兴建模式可以大幅度消减廉租房建设成本，但是远郊区配套设施的缺乏和就业机会的匮乏，导致了其他生活成本的上升。

观察1995~2004年美国的低收入住房税收优惠证住房中，位于中心城区的占49.1%，位于市郊的占38%，位于远郊的占13%。其中东北部住房位于中心城区的比例最高，占到61.8%，远郊的只有6.4%③（图4）。为保障廉租房能分布在中心城区，美国颁布了“等价拆除条款”要求公共住房建设只能替代拆除的住房。④

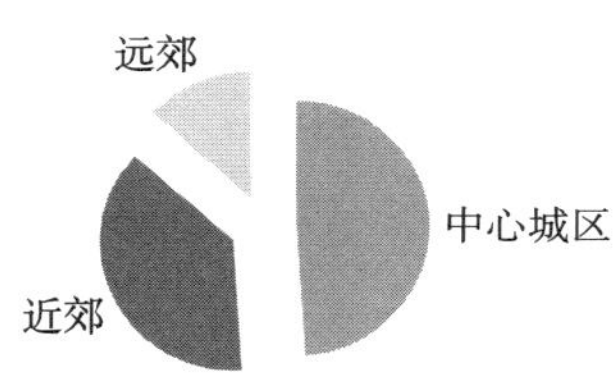

图4　1995~2005年LIHTC住房空间分布

除了向中心城区集中的特征外，廉租房在日本也表现为向大城市集中，东京、大阪和名古屋三大城市集中了日本50%以上“廉租房”。⑤

1.3.2 社区规划

（1）鼓励混居

为了防止形成低收入社区以及由此出现的教育、就业和犯罪等各种问题，各国政府都有规划手段保障廉租房一定程度上的混居。

美国的“混合收入出租公寓”将旧房改造项目与政府廉租房政策结合在一起。市政府下属的每一个社区在审议本社区房地产开发项目时就与开发商达成协议：在该项目建成后，项目中80%的单元房按市场价格招租房客，而其余20%的单元房必须由纽约市政府在报纸上刊登广告，招租低收入家庭。⑥

英国政府为了解决社会融合与平等、平衡的问题，通过规划手段规定新的住宅建设项目必须采取零星建设的方式，并且有一定的低收入居民住房。这个比例一般占项目建设总量的15%~50%，目前的实施结果为平均占25%，从而比较有效地阻止了地域居住上的社会贫富两极分化现象。⑦

新加坡房产与发展委员会新的出租房产建设计划均与商品房混建，以平衡社区的人文居住情况。该委员会还将部分空置楼房中的多居室改造成1居或2居室的小单元，这样就可以让更多的家庭有房可租，租金也更贴近他们的收入。⑧

（2）公共空间

廉租房为适应低成本，人均居住面积较小，标准较低。为了弥补私人空间的低标准，应注重对公共空间的建设。

例如，香港廉租房属于高密度（4800人/hm^2）、低标准（8m^2/人）的高层集合住宅，通过社区内公共空间的设计提高居住质量，户内面积小，公共区域大。特别是20世纪90年代以后建设的新式屋村，内部多配套有儿童游乐场所、青少年中心、护理安老院、小型体育和健身场所等。部分社区还有花园、绿地等休憩空间，物业管理外包，而且都是甲级保安水平。⑨ 社会和商业服务设施齐全，每个公屋村都有商场、停车场、学校、公园绿地、餐馆和文化娱乐设施。商业建筑中既有大型商店，也十分注意保留个体商店和个体菜市场；公共交通四通八达；文化设施中包括图书馆、体育活动室、运动场等。这些设施使用价

① 唐黎标．英国住房保障制度的启示．中国房地产金融，2007.
② 张翼，陈尘．莱维特镇：美国的廉租房．世界博览，2008.
③ 闫妍．低收入住房税收优惠证：美国廉租房发展的金融激励机制．北京规划建设，2007.
④ 陈劲松．从国际经验看我国廉租房建设的问题．城市开发，2007.
⑤ 刘卫东．日本的公共住宅政策及住房保障制度．北京规划建设，2007.
⑥ 谢芳．纽约市的廉租房．首都经济，2002.
⑦ 姜百臣．英国和加拿大住房保障制度模式考察．中国房地产金融，2007.
⑧ 秦德安．外国廉租房制度建设对我国的启示．中国房地产金融，2007.
⑨ 李永刚．香港住房政策何以成功推行．党政论坛，2008.

格低，甚至免费。为了让居住拥挤的家庭的中小学生有一个自修环境，不少社区中心还设有自修教室。①

1.3.3 住房来源

国外廉租房的房源主要有三类：第一类是新建住房，由政府或开发商开发建设后直接提供给低收入者，虽然能在短时间内大量供给，但成本很大；第二类是中产阶级过滤下来的旧房，在房地产二级市场活跃的地区，此类房源是很好的选择；第三类房源是腾退或现有的公房，比如新加坡将过去建设的面积约 42m^2 的“政府组屋”置换成公房，然后把这些公房租给符合条件的最低收入者。

1.3.4 户型设计

廉租房的户型随社会经济的发展而进步。以香港为例，由 20 世纪 50 年代的公共厕所户型，到 60 年代的大空间软隔断户型，再到 70 年代后的多样化单体设计。

香港 20 世纪 50 年代廉租房没有独用厨房和厕所，住宅楼一般 7 层高，呈条形，每户只有一个大房间，里面由住户自己分割，楼两端各有一个楼梯，每层都有一条环绕四周的外廊连通。外廊是交通空间，也是煮食和起居空间。住房分配标准按人计，成人每人 2.2m^2，儿童减半（图 5）。

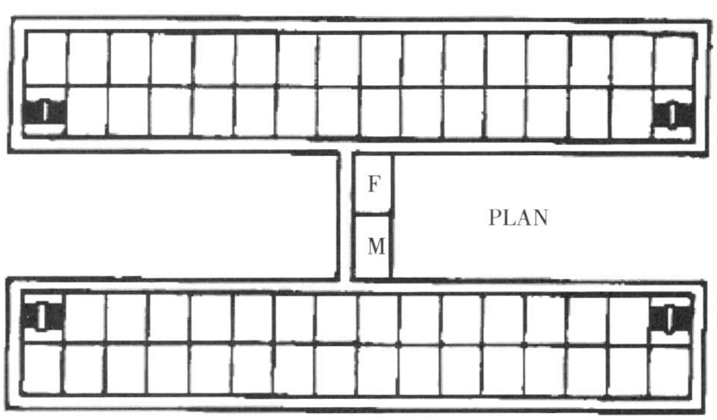

图 5 香港最早的廉租房平面图（中间连楼体为公用厕所）

到了 20 世纪 60 年代，住宅标准逐步提高，出现成套的单元。但厨房和厕所极小而且简陋，每个单元有一个 15m^2 左右的大空间，住户一般用橱柜、木板和帘子分隔。人均面积 3 3m^2。新住区规划几乎没有社会服务设施，仅有的最基本设置是通常设于大厦底下的商铺和屋顶上的幼儿园。尽管设施简陋，但其环境整洁、结构安全、租金低廉，更不会像住在棚户区一样有被强迫拆迁的不定感（图 6）。

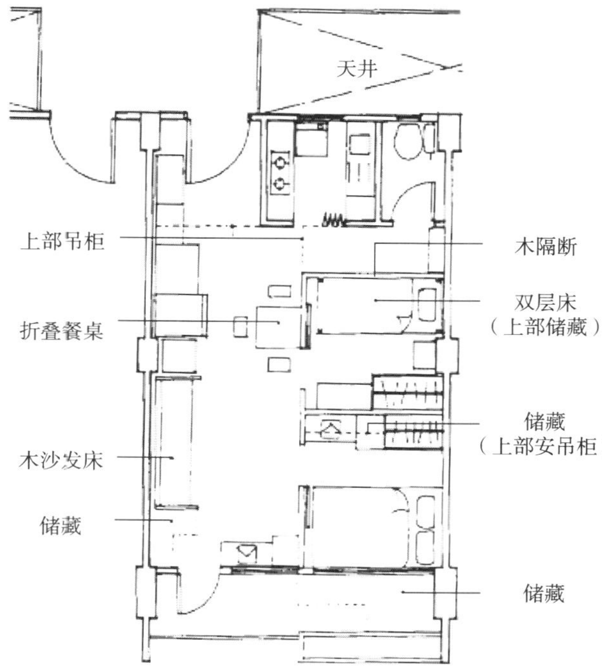

图 6 20 世纪 60 年代香港廉租房单元平面

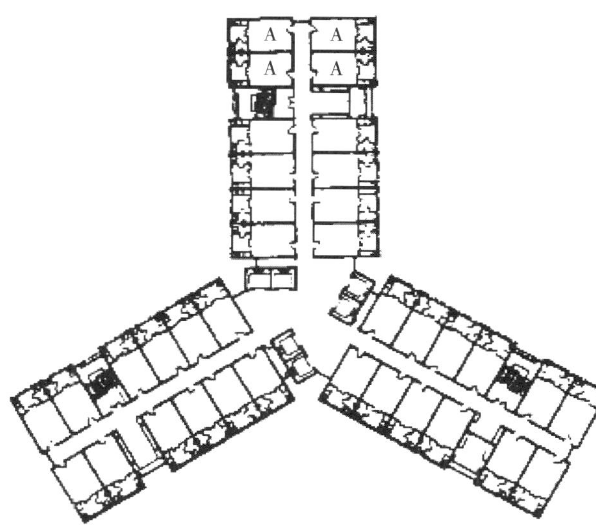

图 7 20 世纪 70 年代出现的 Y 型廉租房平面

20 世纪 70 年代以后，香港廉租房单体设计开始多样化，出现了 H 型、风车型、十字型、Y 型和相连长型等多种平面类型的住宅楼。住宅楼以高层塔式为主，一改 20 世纪 50 ~60 年代的长条板式住宅的单调形象，楼层平面

① 贾倍思. 香港公屋本质、公屋设计和居住实态. 时代建筑，1998.

开始以中廊代替原有外长廊。出租型采用长条中廊为楼层交通空间，平均6户一部电梯。80年代的出租型中的Y型第一型和新长型仍沿用60年代的低标准平面，即将厨房和厕所以外的部分做成一个大空间，由住户自行分隔。由于这个大空间位于内廊和沿外墙的卫生间和厨房之间，通风和光线都差。Y型第二型、第三型和第四型的平面改进许多，平面上的凹凸使得大进深平面也能获得自然采光，平面功能得到初步划分（图7）。

2 国外廉租房建设对中国的启示

授人以鱼不如授人以渔。国外廉租房建设过程中的经验教训给中国廉租房建设的最大启示并不是模式套用，而是对中国廉租房建设时机与建设依据的识别。在上文分析国外廉租房补贴模式的基础上，本部分将之与特定经济社会特征指标相匹配，然后通过优选模型得出与中国特征相匹配的政策模式选择。

2.1 中国廉租房建设时机

中国正处于社会经济的转型期，人均GDP在2007年突破2000美元，这标志着中国进入工业化后期，政府工作重心也由追求经济增长变为追求社会和谐。廉租房是一种住房保障制度，也是社会财产的再分配，低收入阶层通过廉租房参与到社会利益分配中，以此达到社会的公平与和谐。

从1998年的国务院23号文提出“最低收入家庭租赁由政府或单位提供廉租住房”到1999年建设部70号令发布《城市廉租房管理办法》，廉租房制度作为住房保障体系的一部分浮出水面。

之后，2004年的《城镇最低收入家庭廉租住房管理办法》、2005年的《城镇廉租住房租金管理办法》和《城镇最低收入家庭廉租住房申请、审核及退出管理办法》以及2006年的《关于切实落实城镇廉租房保障资金的通知》，都表现了政府逐步完善廉租房制度的决心。

2007年廉租房建设被作为全国政协会议第一号提案提交，温家宝同志在十届全国人大五次会议的政府报告中提出“加大财税等政策支持，建立健全廉租房制度”，将廉租房制度建设推上空前高度。

但是由于中国社会经济特征的复杂性，让廉租房制度探索的道路并不平坦。

① 我国城市化率为40%，正处于加速发展阶段，大量农村人口向城市转移，住房需求巨大，很像19世纪西方发达国家的状况。

② 我国人均GDP超过2000美元，进入工业化后期，已经形成并不断壮大的中产阶级对住房在数量和质量上提出较高的要求。这类似于20世纪50～60年代欧美国家的情形。

③ 中国延续了几十年的实物性、福利性的住房分配制度使国家不堪重负，由此进行的住房改革越来越依赖市场机制解决住房问题。这同20世纪70年代以后发达国家的情况有不谋而合之处。

④ 全球化、信息化时代的到来，使劳动力的技能和收入有两极分化的趋势。包括低收入阶层住房在内的基本需求难以得到满足，向整个社会提出了巨大的挑战，这也正是许多所谓的后工业化国家或信息社会所正在面对的重大问题。

一方面，中国社会经济转型带来了廉租房建设的历史机遇；另一方面，复杂的转型特征带来了严峻挑战，中国廉租房建设可谓时不我待，必须迎难而上。

2.2 中国廉租房建设依据

2.2.1 国外经验中国化思路

要将国外廉租房的经验完全消化，需要结构化的思考模式。从国外廉租房建设经验来看，廉租房制度构建主要依赖于三方面：政策支持、资金运作、空间设计。又因为廉租房是一项以政府为主导的社会福利事业，因此在三个系统的分析中，应当以政策支持为切入点讨论。

通过分析国外廉租房理论与实践经验，得出若干个政策支持中的核心部分——廉租房补贴方式——的模式分类，以及将特定模式与特定经济社会特征匹配的指标。然后通过系统分析方式得出与中国特征相匹配的模式选择，即“中国选择”。

在政策模式选择的基础上，借鉴国外经验给出中国廉租房制度中经济支持系统和空间支持系统的存在问题与建议。

通过这样的研究方式，可以避免以国别为单位讨论以及整套模式套用的不可操作性。以此克服中国具有发达国家多个发展阶段特征的难点（图8）。

2.2.2 中国廉租房补贴方式选择标准

从国外住房保障发展经验看，各国都根据本国国情选择适合的廉租房政策模式。如，新加坡、香港由于土地资源紧缺，受国土资源的制约，必须发挥政府的资源调控作用，加强土地的集约利用，因此选择了政府主导的公房建设模式，最大可能地满足居民的住房需求；1930年美国处于经济大萧条时期，市场无力提供足够住房，因此，政府选择建设公共住房来满足住房需求；二战后处于重建时期

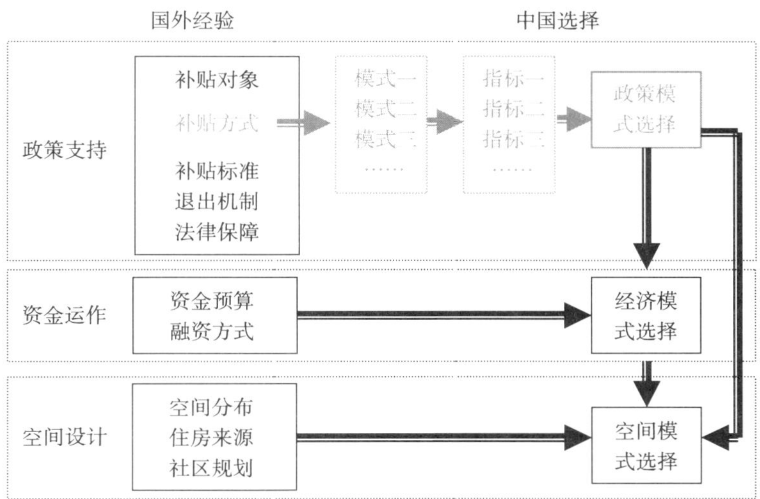

图8　廉租房的国外经验转化为中国选择（浅色补贴方式为核心部分）

的德国政府财政能力有限，必须通过优惠政策激励私人开发商大力建造低租金住房。因此，廉租房补贴模式的选择必须取决于本国的国情。

三种廉租房补贴模式的比较　　表2

保障模式	公房建设补贴	住房建设补贴	住房租金补贴
住房增量	迅速增加	增加	无
财政压力	大	小	大
市场干预	直接干预	间接干预	按市场规则运行
机构发育	低	高	较高
福利水平	低	低	高

选择廉租房政策模式需要从以下几方面来考虑（表2）：

第一，政策的目标是否囊括增加住房存量。公房建设补贴和住房建设补贴的政策背景是住房的短缺，而住房租金补贴适用于住房供给较充足的时期。

第二，政府的财政能力是否足够强。公房建设补贴能迅速增加住房供给，但给政府造成巨大的财政压力，需要很大的一次性支出；住房租金补贴模式采取现金补贴的模式，政府同样面临很大的财政压力；住房建设补贴模式利用市场建设住房，多类建设主体参与，有利于缓解财政压力。

第三，机构发育是否成熟。公房建设补贴由政府包办政策制定、住房建设、资金运作和住房管理，对私人机构的要求低；住房建设补贴模式涉及金融机构、开发商和非赢利机构的运作，对机构发育要求高；住房租金补贴要求成熟的住房交易二级市场、透明的信息平台、代表低收入阶层利益的非赢利组织，对机构发育要求较高。

第四，市场化程度。公房建设补贴是政府直接干预住房市场，对市场影响较大；住房建设补贴是政府通过私人机构间接干预住房市场，对市场影响较小；住房租金补贴模式对于住房市场的供需均衡定价机制，影响最小。

第五，福利水平。住房租金补贴是把补贴的全部支出纳入国家预算，并将补贴直接支付给受补者的补贴形式，结果表现为受补者直接得到一份收入。公房建设补贴和住房建设补贴的补贴支出不全部纳入国家预算，政府通过改变市场价格使受补者只有从节省支出上受益，而不直接从国家预算中得到好处。通过经济学分析可知，住房租金补贴由于直接提高居民预算曲线，使效用曲线的升高大于其他两种方式，住房者从中得到更多福利（图9）。

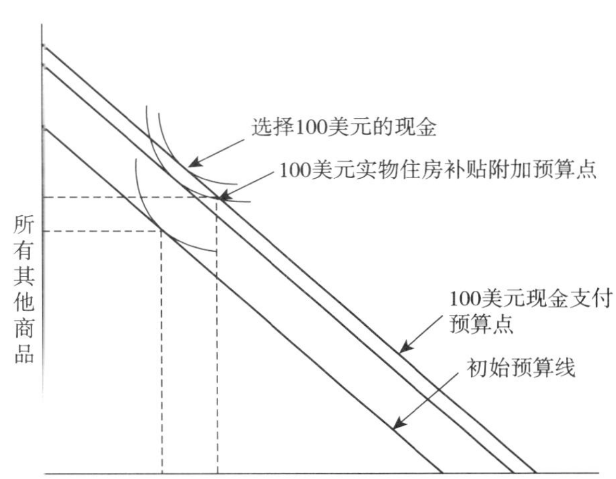

图9　实物补贴与租金补贴的效用比较

因此，理论上说，可以由地区的住房存量水平、政府住房保障财政支出、非赢利住房机构成员数目、市场化率、福利水平等数据来选择这三种模式。

2.2.3 中国廉租房补贴方式选择模型

中国廉租房政策选择模型的目的是在中国的特定社会经济环境下进行廉租房补贴模式优选。模型的原理是层次分析法和模糊综合评价。

对于此模型的前提假设包括：

① 理性人假设：政府作为决策者具有完全理性，在自身财政能力、社会机构发育程度和住房存量的约束下，致力于达到市场干预最大化和福利水平最小化。

② 完全信息假设：政府作为理性个体，不但具有自身情况的完全信息，并且掌握社会、经济状况的完全信息，因此可以为各准则赋予合理权重。

③ 非机会主义假设：机会主义倾向是指人们借助不正当的手段谋求自身利益的行为倾向。本文的分析假设政策制定者不存在寻租的可能。

廉租房补贴方式优选模型由方案层、准则层和目标层构成（图10）：

方案层是三个备选方案：公房建设补贴防方式（A_1）、住房建设补贴方式（A_2）和住房租金补贴方式（A_3）。

准则层是住房增量（C_1）、财政压力（C_2）、市场干预（C_3）、机构压力（C_4）和福利水平（C_5）。

目标层就是得出优选方案。

方案层与准则层之间的判断矩阵（W_1）通过每个补贴方式的本身特性确定，是相对确定的，可以通过表2进行总结（表3）：

方案层相对于准则的判断矩阵（W_1）　　表3

	C_1	C_2	C_3	C_4	C_5
A_1	5	5	5	2	3
A_2	4	2	5	5	4
A_3	1	4	1	5	5

（注：1~5分的打分体系。）

准则层与目标层之间的判断矩阵（W_2）通过特定的社会经济状况进行打分，比如在住房严重短缺的时期则应将住房增量的重要性提升，在金融组织、住房协会、开发商等机构严重发育不足的时候将机构压力的权重提升。但是，准则层相对于目标的参考序列（W_3）应当是相对恒定的，住房增量与福利水平越大越好，财政压力、市场干预与机构压力越小越好（表4）。

准则层相对于目标的参考序列（W_3）　　表4

	C_1	C_2	C_3	C_4	C_5
O	max	Min	min	min	max

在获得 W_1、W_2、W_3 之后，可以通过灰色关联分析的方法，完成方案在一定准则下与参考序列的相关性。因为参考序列是假设的最优化结果，所以与参考序列相关性最高的就是最优可选方案。

3 中国廉租房建设

3.1 政策支持

3.1.1 补贴范围

据统计，自1998年国家出台廉租房政策以来，截至2007年11月底，全国所有大中城市及91.8%的县城全部出台了建立廉租住房的条件，而只有80.2万个家庭获得廉租住房保障，仅占我国人口数目的0.2%。《城镇廉租房的管理办法》中规定对城市最低生活保障线以下的居民提供廉租房。目前建设部、民政部的调查显示，我国低保住房困难户达400万，也就是将我国1%的人口纳入了保障范围。另据建设部测算，目前全国仍有人均建筑面积10m² 以下的低收入住房困难家庭近1000万户，占人口总数的3%。大多数不能享受低保的低收入家庭既无力购买经济适用住房，也不能享受廉租住房保障，缺乏政策支持。

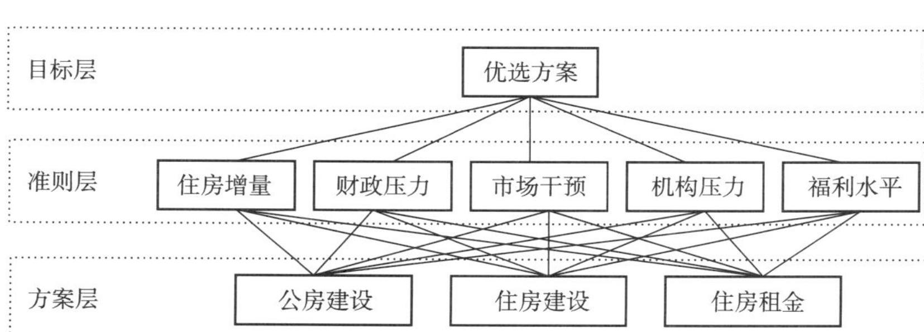

图10　廉租房补贴方式优选模型

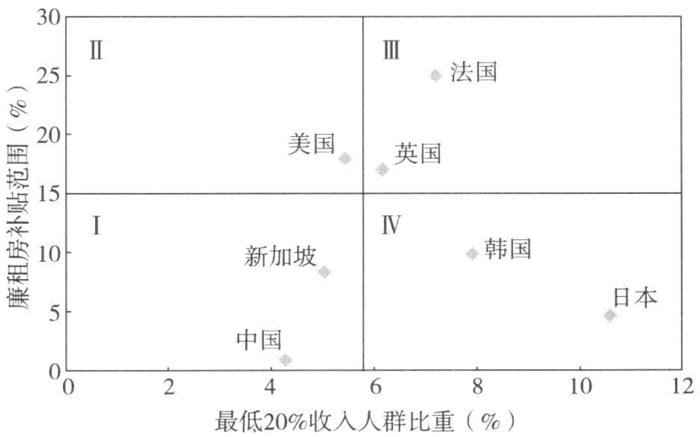

图 11　廉租房补贴范围与收入差距的国际比较①

（数据来源：中国统计年鉴 2007．IMF Government Finance Statistics Yearbook．2006；World Bank Data.）

因此，廉租住房的覆盖面仍然较小。

从国际视角进行比较，更能明显看出我国收入差距和廉租房补贴范围之间的不合理结构。每个国家最低 20% 人群收入占国民总收入比重可以看作国家的收入差距指标，比重越低，表示国家收入差距越大，低收入人群越是需要被补贴。所以，理想中的状态是最低 20% 人群收入比重小，则廉租房补贴范围大；最低 20% 人群收入比重大，则廉租房补贴范围小。

以廉租房补贴范围数据与最低 20% 人群收入比重占国民总收入比重数据为依据，可将行使住房保障的国家分为 4 类（图 11）：Ⅰ类国家两个数据都小，相较于高收入差距，廉租房补贴范围严重不足；Ⅱ类国家虽然收入分配差距大，但福利制度完善，低收入人群住房可以被保障；Ⅲ类国家有较强的经济结构、财政实力来实现较好的福利，收入差距小而廉租房保障范围大；Ⅳ类国家经济结构和收入分配较优，使收入差距较小，所需补贴范围也较小。

中国属于Ⅰ类国家，廉租房补贴规模严重不足。

3.1.2　补贴方式

（1）现状

我国廉租房补贴模式主要以现金补贴为主，已经实行补贴的城市有北京、上海、杭州、广州、武汉等，现金补贴相较于实物的比例占 90% 以上。

而对于货币补贴的家庭来说，则面临两大难题：一是政府补贴的资金不够在城区内租一套房子，租房只能到郊区去住；二是廉租房的主要户型一居室的供求比例高，如北京为 1∶4，致使廉租房保障家庭即使拿到足够的钱，也很难在市场上找到一居室的房子。②

但是，由于补贴效果不佳，存在大量家庭领了租金还是租不上房的情况。2008 年以来，各地政府开始重视实物补贴。如上海截至 2008 年 4 月底，已有 33335 户享受了廉租住房保障，其中，实物配租 2903 户，比例接近 10%。上海廉租房实物配租数的大幅度增加发生在最近 3 个月来，而今年以前上海廉租房保障主要还是以租金配租为主。今年 2 月份公布的数据显示，截至 2008 年 1 月底，实物配租仅有 408 户，租金配租 30477 户。两者相比之下，3 个月以来上海实物配租获益家庭增长 612%。③ 除此之外，根据《北京市城镇廉租住房管理办法》（征求意见稿），北京市计划将廉租房实物配租比例从 2007 的 5% 提高到 30%。④

（2）中国城市补贴方式选择

如前文所述，住房补贴模式主要分为公房建设补贴、住房建设补贴和住房租金补贴。区域的住房补贴方式可以通过住房增量、财政压力、市场干预、机构压力和福利水平这五个指标进行选择。这些指标可以表现不同社会经济特征下三类补贴方式的效用与成本的综合得分。

中国各地区社会经济等方面的差距较大，保障模式不能一概而论，尤其是对住房增量的需求和地方政府财政能力很不一样，需要从这两点出发来研究我国城市的廉租房补贴方式。

以人均住房面积来刻画城市住房存量情况，假设人均住房面积大于 25m^2 则住房存量足够，小于 25m^2 则需要增加住房存量来满足低收入人群的需求；以人均社会保障补贴支出来衡量政府的财政压力，大于 600 元/人则财政压力小，小于 600 元/人说明开展廉租房建设将遭遇巨大的资金瓶颈。

城市依此可分为 4 类：

Ⅰ类城市两个指标都低，住房存量不足，财政压力大，适合实行住房建设补贴模式。政府通过税收或者利息补贴，由私人机构进行廉租房建设，减少政府投入的成本，有效增加廉租房存量。

Ⅱ类城市表现为低人均住房面积、高人均社会保障财政支出。此类城市政府较有能力展开廉租房建设，并且住

① 其中最低 20% 人群收入比重来自不同年份的统计：日本 1993 年数据，法国 1995 年数据，韩国、新加坡 1998 年数据，英国 1999 年数据，加拿大、美国、德国 2000 年数据，泰国 2002 年数据，中国 2004 年数据。

② 住房与城乡建设部政策研究中心“完善与创新廉租住房制度研究”。

③ 来源：东方早报。

④ 来源：北京晚报。

房存量不足，适合公房建设补贴模式。

Ⅲ类城市两个指标都高，既有较丰富的住房存量，政府的财政能力也强，此时主要致力于解决低收入群体支付能力的不足和住房二级交易市场的规范化。适合政府主导的住房租金补贴模式。

Ⅳ类城市特征为高人均住房面积、低人均社会保障财政支出。也就是说，虽然住房存量充足，但是政府财政能力不足，因此一方面需要减少廉租房资金对政府财政的依赖，另一方面要进行住房小户型化的改造，增加低收入阶层的住房供给。适合私人机构参与的住房租金补贴模式。

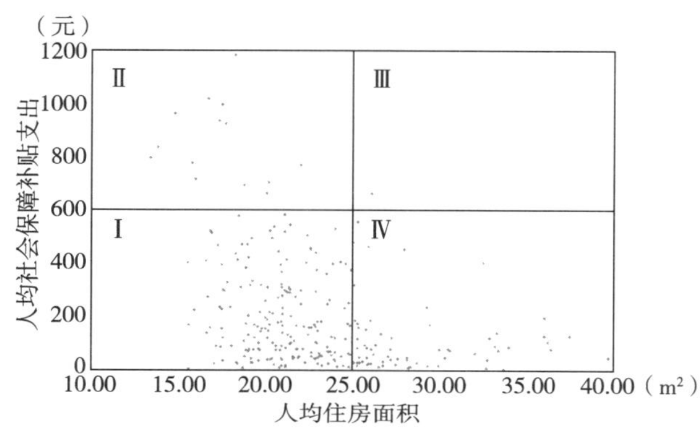

图12　中国城市住房补贴方式分类
（数据来源：中国城市统计年鉴2007）

收集可得的281个地级市数据进行分析，可以发现中国大多数城市属于Ⅰ类城市与Ⅲ类城市（图13）。也就是说，中国城市应当是以住房建设补贴模式与公房建设补贴模式为主，以住房现金补贴模式为辅。而现在各地的廉租房制度与客观条件有相违背之处。

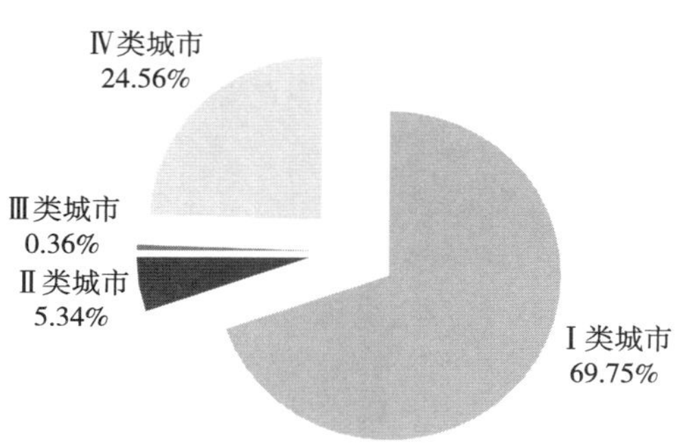

图13　中国城市廉租房补贴类型结构

东、中、西部城市在四个象限的分布有各自的特征，设置特征指数（I），使I等于地区落在各象限的城市占象限内总城市比例与地区城市占样本总数比例之比，即：

r_{ij} = i地区落在j象限内的城市数/j象限内的城市总数

R_{ij} = 样本内i地区城市数/样本城市总数

$I = r_{ij}/R_{ij}$

分析可得，Ⅱ类城市和Ⅲ类城市的分布具有明显的地域性，主要在东部地区；Ⅰ类城市和Ⅳ类城市并没有特定的地域性，因为东部地区、中部地区与西部地区的特征指数都接近于1，说明Ⅰ类城市和Ⅳ类城市是普遍存在于中国各个地区的（图14）。

这对东、中、西部的廉租房补贴方式启示在于：①东部地区应发展多种补贴形式并行的方法，从各个城市的特征出发采取相应的补贴方式；②中部地区与西部地区应致力于挖掘私人机构在廉租房建设的作用，因为Ⅰ类城市和Ⅳ类城市对应的补贴方式是装房建设补贴和私人机构参与的租金补贴，两者都需要较为成熟的金融机构、住房协会、私人开发商的参与。

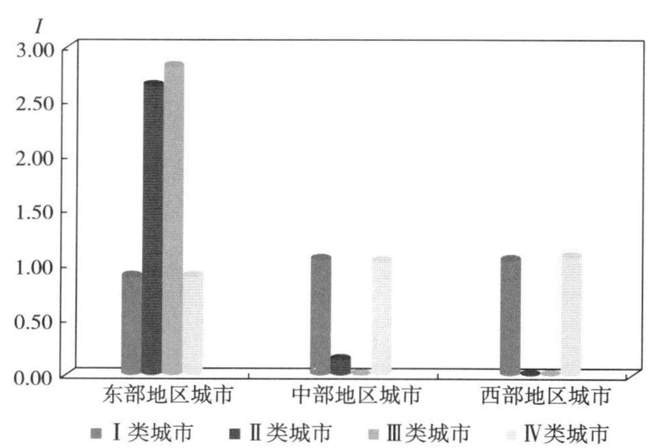

图14　中国东、中、西部地区四象限分布的特征指数

3.1.3　补贴标准

我国廉租房补贴标准现主要为全额或定额补贴。比如日照市根据规定的廉租房住房保障面积和市场平均租金与廉租住房租金标准的差额测算，决定2006年每户廉租住房补贴1840元；北京市城八区廉租住房租房补贴标准为每平方米使用面积每月40元，并设定最高限额与最低限额①；上海9个中心城区和浦东新区每月每平方米居住面积补贴租金48元，闵行、宝山、嘉定3个区36元，其余

① 来源：新华网 http://www.sd.xinhuanet.com.

6 个区、县为 24 元。①

这种补贴标准的设定问题在于没有与居民的收入挂钩，在低收入人群中对住房支出的承担能力也并不一样。使用定额的补贴标准并不是福利分配的最有效方式。以国际经验，保证居民的住房支出在总收入的一定比例之内是较为合理的标准。这样，低收入者中更为困难的住户可以得到更大的帮助，从而实现福利分配的公平性与有效性。

3.1.4　退出机制

建立严格的定期审核制度，作为退出机制的保障。《办法》第 16 条规定："享受廉租住房待遇的最低收入家庭应当按年度向房地产行政主管部门或者其委托的机构如实申报家庭收入、家庭人口及住房变动情况。房地产行政主管部门应当会同有关部门对其申报情况进行复核，并按照复核结果，调整租赁住房补贴或者廉租住房。对家庭收入连续一年以上超出规定收入标准的，应当取消其廉租住房保障资格，停发租赁住房补贴，或者在合理期限内收回廉租住房，或者停止租金核减。房地产行政主管部门应当对享受廉租住房保障的最低收入家庭的收入情况和住房情况定期进行核查。"

虽然有第 16 条的规定，但廉租房在各地的实践并没有建立定期审核制度。例如，2007 年北京广渠门廉租房小区进行腾迁时，不符合廉租房保障条件的家庭拒绝退出廉租房。在缺乏专业管理部门和法律体系的情况下，此种行为无法得到妥善的解决。

由此可见，中国廉租房建设还应该花大力气建立一套廉租房退出机制，包括对辖区内适合保障人群不断进行真实收入情况的调查。此外，至今国内仍没完成居民住房普查工作，政府手中没有准确、详细的数据来确认城市中有多少人，哪些人应该享受廉租房保障。在退出体系法律保障问题上，存在法律效力层次低，相关法律责任的规定不够全面和严厉的问题。② 法律体系和信息体系的缺失，致使廉租房退出机制建立困难重重。

3.1.5　法律保障

依照国际经验，在法律制度上应当包括廉租房管理机关的设立及其职责职权、廉租房保障资金的筹集及使用、相关配套机制的建立、廉租房争议的解决和法律救济以及违反廉租房规定所产生的法律责任等具体制度。

而我国涉及廉租房的全国性法规只有《城镇最低收入家庭廉租住房管理新办法》和《城镇最低收入家庭廉租住房申请、审核及退出管理办法》两个部门规章③，存在着法律等级低，涉及范围小的缺陷。

3.2　资金运作

3.2.1　资金预算

九三学社中央调查认为，廉租住房资金严重不足是落实廉租住房最大障碍。而从国际经验看来，我国的资金预算与资金需求之间确实存在着巨大的鸿沟。从理论上说，当社会收入差距越大时，政府应当将更多的资金投入到社会保障支出中。中国的最低 20% 收入人群占全部收入的比重是 4.25%，属于国际低水平，也就是说中国的低收入人群生活困难较大，需要得到更多补助；然而，中国社会保障支出占 GDP 比重仅为 1%，也属于国际低水平（图 15）。

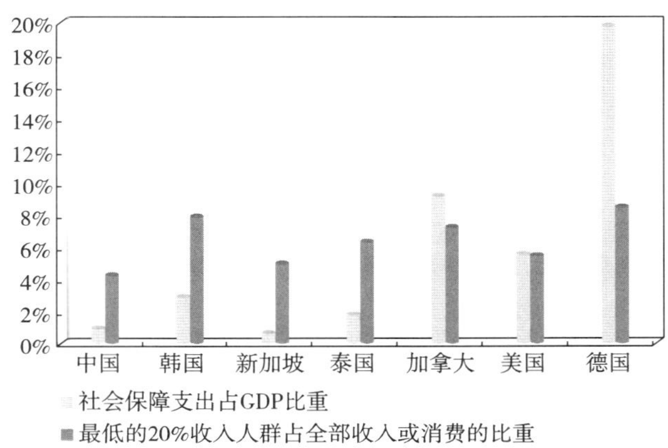

图 15　收入差距和政府社会保障支出的国际比较

仅比较住房保障的支出，中国的预算也严重不足。据统计，世界上多数国家和地区中央财政住房及社区建设支出占 GDP 比重平均达到 0.6% 以上，一般是发展中国家的支出比重平均值高于发达国家。而我国中央政府在这方面的支出占 GDP 比重只有 0.037%。④

事实上，廉租房确实面临着资金不足的困境。根据各地已经公布的住房建设计划，"十一五"期间拟建廉租住房 144.7 万套，平均每年 28.9 万套，年度建设资金需求 285 亿元。如果其他低收入家庭都采用租赁补贴方式，每

① 来源：中国上海网 http://www.shanghai.gov.cn.

② 刘梅. 廉租房准入与退出制度的法律分析. 广西政法管理干部学院学报，2006.

③ 赵学刚，袁文全. 我国廉租房的制度困境与法律矫正. 重庆建筑学报，2006.

④ 数据来源：中国住房和城乡建设部，全国近千万户居民需要廉租房。

年需要租赁补贴资金212亿元。① 总体来看，如果将覆盖面扩大到1000万户低收入住房困难家庭，每年的资金需求至少497亿元。② 然而，2007年中央财政只安排51亿元用于中西部财政困难地区廉租住房专项补助。2008年安排68亿元，虽然增长幅度很大，但总数仍然太小。

3.2.2 融资方式

（1）现状融资方式

为确保廉租住房资金来源，《办法》提出：地方财政要将廉租住房保障资金纳入年度预算安排；住房公积金增值收益净收入要全部用于廉租住房建设；土地出让净收益用于廉租住房保障资金的比例提高到"不得低于10%"，各地还可根据实际进一步适当提高。

然而这三种方式均属于国家的财政支出，因此与中央和地方的财政状况有着密切的联系。当中央或地方的财政由于特定原因吃紧，廉租房的建设资金可能就会在一定程度上被挤占，不利于廉租房建设长期资金链条的形成。廉租房融资大都寄于财政篱下，使金融机构暂时还没有发挥实质性的作用。因此在国外经验的启示下，更多地利用金融创新，将僵化的政府直接主导型融资方式转化为政府引导下的商业化运作方式显得尤为重要。

（2）可选融资方式

从融资对象的区别出发，中国可以选择证券化融资、项目融资与公共私人合伙融资等多种形式。

① 证券化融资

将廉租房开发贷款证券化可以加强这部分金融资产的流动性，转移和降低商业银行的潜在风险，有利于防止银行不良贷款的再生。③ 同时，房地产证券化还可以使廉租房开发更容易获得银行的资金支持，从而拓宽其融资渠道。廉租房的投资回收期较长，但租金收益的连续性和稳定性可以得到保证，正符合资产证券化的特点。④

房地产信托投资基金（REITs）是廉租房证券化融资中讨论最多的方式。2005年两会期间，全国工商联住宅产业商会的一个提案引起了各界的重视："发展房地产投资信托基金（REITs），建立廉租房体系，解决低收入群体住房需求，防范房地产金融风险。"提案首次提出要用金融工具解决廉租房问题，为进一步探索廉租房融资提供了参考。

房地产信托投资基金（REITs）的长处在于：①增加了廉租房的流动性；②风险收益特征有利于吸引投资者。⑤

② 项目融资

项目融资是指项目的承办人（即股东）为经营项目成立一家项目公司，以该项目公司作为借款人筹借贷款，并以项目公司本身的现金流量和收益作为还款来源，以项目公司的资产作为贷款的担保物。⑥

项目融资具有一次性融资金额大、项目建设期和回收期长、风险分担等特点，因此非常适合廉租房建设与开发融资。⑦ 政府或者有实力的房地产开发商可以选择或建立廉租房开发项目公司，依靠项目公司取得银行贷款或其他方式融资，并通过租金收益逐步偿还贷款，同时提供税收减免、低息贷款等优惠措施来减小还贷压力。通过项目融资的稳健运作，廉租房开发项目可以实现融资目标和风险屏蔽。⑧

③ 公共私人合伙

PPP模式（Public Private Partnership）即公共部门与私人企业基于项目而形成的相互合作关系的形式。⑨ 廉租房建设引入PPP模式，私人企业的经济效益和政府关心的社会效益将均有改善。政府部门或地方政府与开发商签订特许经营合同，由开发商负责筹资、建设及经营。政府经常会与提供贷款的金融机构达成一个直接协议，这个协议不是对项目进行担保，而是一个向借款机构承诺将按与开发商签订的合同支付有关费用的协定。这个协议能使开发商比较顺利地获得金融机构的贷款。⑩

④ 各融资方式评价

以上三种融资方式的原理都是通过增加融资对象来提高项目资金的流动性。但是随着融资对象的增加，融资风险也在增加，因为信息不对称现象将加剧。增加融资对象一方面平摊了各个投资者的个人风险，但从另一方面也增加了项目的总风险（表5）。资金提供者往往无法了解项

① 来源：人民日报。
② 来源：中央政府门户网站．www.gov.cn.
③ 刘琪．我国廉租房制度的特点及其融资模式的思考．中国房地产金融，2007.
④ 曾奕子．我国廉租房建设的融资现状及其改进．市场论坛，2007.
⑤ 聂梅生．用信托为廉租房建设提供资金．城市开发，2006.
⑥ 巴曙松．中国廉租房的融资特征及其发展路径研究．西南金融，2006.
⑦ 何芳．我国廉租房建设融资的金融创新研究．上海房地，2007.
⑧ 张宇新，刘伟．廉租房融资渠道分析．经济论坛，2007.
⑨ 丁文捷．廉租房PPP项目的风险分配策略．科技经济市场，2007.
⑩ 王乾坤，王淑墙．PPP模式在廉租房项目中的应用研究．建筑经济，2007.

目运作，经营者和投资者的分离使总风险增加。

事实上，正是对低收入者的住房融资问题进行的证券化操作导致了美国的次贷危机，也让此类资金操作方式蒙上了阴影，其风险性的论证有待商榷。同时，我国证券市场发育并不成熟，市场避险机制尤其薄弱。因此，以政府、开发商、金融机构为主要融资对象的公共私人合作和项目融资是较为适合我国国情的。

各融资方式比较　　　　表5

融资方式	融资对象	风险
公共私人合伙	政府、开发商	小
项目融资	政府、开发商、金融机构	中
证券化融资	政府、开发商、金融机构、社会投资者	大

3.3　空间设计

3.3.1　空间分布

如上文所述，我国需要扭转货币补贴为主的现象，加强实物补贴的力度，委托私人机构进行建设是不错的选择。在私人机构逐利特征的基础上，廉租房的边缘化与集中化是需要考虑的隐忧。

（1）中心与边缘

国内外学者较为一致地认同廉租房的空间分布不应在远郊区，中心城区和近郊区都是可行的选择。理由主要有远离主城区生活服务设施不齐备，通勤时间增长，就业机会减少，原有社区邻里的关系网络遭到破坏等。①② 在近郊区兴建廉租房是在居住成本与其他生活成本上的一种折中，采用这种模式时，必须着重解决好廉租房社区同市中心城区的公共交通问题。

（2）集中与分散

集中供房模式优势在于在较短时间内刺激总量上升，有效满足廉租房的标准，便于集中管理等。然而也会带来较大的财政压力，并且有助于“贫困循环”的产生（图16）。因此集中兴建廉租房主要适合政府具有财政支持能力、房源特别紧张和需保障群体规模大的情况。

我国处于廉租房需求群体巨大而房源严重不足的状态，因此集中建设不得不被提上议程。但是要防止饮鸩止渴的现象，应当关注如何避免低收入人群在空间上集中造成的其他社会问题的研究，比如完善对廉租房社区居民的教育补助与就业援助。

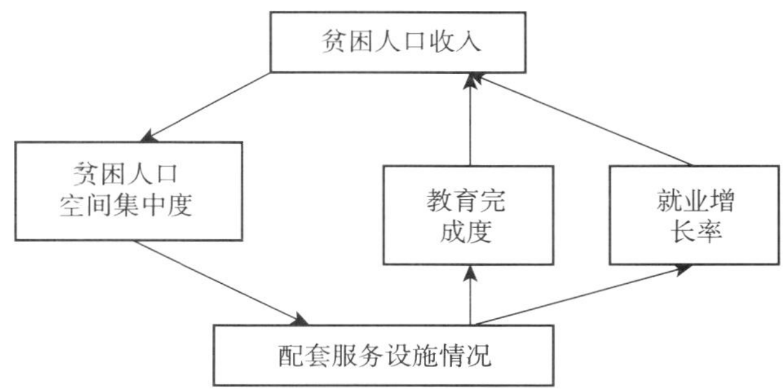

图16　贫困集中的恶性循环

3.3.2　规划设计

廉租房的规划设计应当考虑到成本节约与居住质量的平衡。从国际经验来看，应当以控制户型设计与人均建筑面积做到成本节约，以建设美好公共空间的方式保障生活质量。

在廉租房社区的设计中，住房建设必须考虑到成本的节约问题。寻求适宜的居住密度，确定人均居住面积标准也是指导规划设计的关键。人均居住面积过高会使居住人口减少，增加单位家庭的租金负担；人均居住面积过低又达不到改善居住条件的目的。如北京市目前将廉租房人均使用面积控制在 $10m^2$ 以内，不同地区亦应根据自身具体情况来确定其人均使用面积指标。除此之外，也可利用空间的混合利用达到节约空间的目的，如创造过渡性使用空间，场地的多功能复合使用，竖向空间及平台空间利用等。③

在公共空间的营建中，应注重用丰富多采的公共服务设施、社会活动和优美的环境来弥补住宅室内的拥挤、单调和因缺少私密性而形成的压抑感。如配套儿童游乐场所、青少年中心、护理安老院、小型体育和健身场所等人文空间；还有花园、绿地等休憩空间；商场、学校、公园绿地、餐馆和文化娱乐设施等。

3.3.3　住房来源

《城市廉租住房管理办法》第4条规定了廉租住房的来源：①腾退的并符合当地人民政府规定的廉租住房标准的原有公有住房；②最低收入家庭承租的符合当地人民政府规定的建筑面积或者使用面积和装修标准的现公有住房；③政府和单位出资兴建的用于廉租的住房；④政府和单位出资购置的用于廉租的住房；⑤社会捐赠的符合廉租住房标准的住房；⑥市、县人民政府根据当地情况采用其他渠道筹集的符合廉租住房标准的住房。

---

① 翟峰. 廉租房社区能为新贫困人口托底吗. 社区，2003.

② 王吓忠，巫月娥. 廉租房相关问题研究. 城市问题，2006.

③ 张薇. 营造节约与和谐——廉租房住区外部空间设计原则浅析. 室内设计，2007.

其中第一类与第二类数量有限，且通常设施较差，无法成为廉租房主要房源；第三类与第四类给政府与单位造成了太大的成本压力；第五类房源数量太少，也无法成为主要房源。因此，《办法》所规定的房源均无法很好解决中国廉租房问题，需要更宽广的思路。政府与私人的合资营建与在政府援助下的私人营建都是不错的选择。

3.3.4 户型设计

廉租房户型设计应在一定人均居住面积标准下，体现出成本节约与生活质量的平衡。这既是一个空间命题，也是一个经济命题。

在中国土地资源紧缺的条件下，廉租房应以高层塔式建筑为主，灵活采用H型、风车型、十字型、Y型和相连长型等多种平面类型的住宅楼。户型可将厨房和厕所以外的部分做成一个大空间，由住户自行分隔。采用太阳能、中央新风、地源热泵水循环建筑节能系统，将带精装家具的招标价格控制在1800～2000元/m^2左右，套内面积27～30m^2左右，按套均400元/月出租，170个月回本，年收益率7%。以此得到空间与经济的统一。

4 结论

（1）国外对低收入者的住房租赁补贴包括政府公房建设、住房建设补贴和住房租金补贴三类模式，这三种补贴方式的区别包括住房增量、政府财政压力、机构压力、市场影响、福利水平。因此，理论上说，可以由地区的住房存量水平、政府住房保障财政支出、非赢利住房机构成员数目、市场化率、福利水平等数据来选择这三种模式。

（2）以政府财政压力和住房存量情况这两个主要指标来判断我国281个地级市的廉租房补贴方式得出结论，中国应当是以住房建设补贴模式与公房建设补贴模式为主，以住房现金补贴模式为辅。现在各地的廉租房制度与客观条件有相违背之处。

（3）我国中、西部地区应致力于挖掘私人机构在廉租房建设中的作用。因为中、西部城市多对应的补贴方式是装房建设补贴和私人机构参与的租金补贴，两者都需要较为成熟的金融机构、住房协会、私人开发商的参与。

（4）在考虑廉租房的补贴规模时，中央政府财政压力是值得关注的问题。根据新加坡、韩国、美国与法国四个国家的数据可以大致看出，随着廉租房补贴规模的升高，中央政府必须承担的社会保障支出将会呈二项式加速增长。通过进行收入差距和廉租房保障规模的国际比较分析，发现我国廉租房保障规模严重不足。

（5）比较其他国家和地区中央财政住房及社区建设支出占GDP比重，可知我国进行住房保障的资金严重不足。廉租房融资均为国家的财政支出的现状并不合理，应尝试证券化融资、项目融资和债券融资等商业化运作方式。

（6）从空间分布看，国外廉租房有向大城市，以及从远郊区向近郊区与中心城区集中的趋势。政府通过规划手段鼓励不同收入阶层混居和公共空间建设以防止低收入社区衰败。廉租房的规划设计应当考虑到成本节约与居住质量的平衡。从国际经验来看，应当以控制户型设计与人均建筑面积做到成本节约，以建设美好公共空间的方式保障生活质量。

Ⅰ、Ⅱ、Ⅲ、Ⅳ类城市 **表6**

	区域	城市
Ⅰ类城市	东	莱芜 威海 肇庆 聊城 漳州 丽水 韶关 茂名 连云港 保定 绍兴 泰州 温州 湖州 廊坊 东营 日照 厦门 邢台 苏州 沧州 德州 衡水 滨州 常州 枣庄 泰安 舟山 潍坊 淮安 潮州 海口 石家庄 汕尾 江门 南通 镇江 三明 杭州 青岛 济宁 湛江 邯郸 南平 无锡 济南 深圳 福州 广州 汕头 南京 盐城 秦皇岛 合肥 烟台 营口 宁波 北京 徐州 张家口 唐山 承德
	中	六安 安阳 永州 孝感 漯河 南阳 吉安 鹤壁 崇左 岳阳 包头 黄石 滁州 驻马店 大庆 常德 来宾 新余 平顶山 焦作 巢湖 宜昌 濮阳 新乡 郴州 佳木斯 怀化 洛阳 黄山 襄樊 上饶 武汉 阜阳 鸡西 湘潭 长沙 乌海 娄底 十堰 郑州 邵阳 株洲 呼和浩特 巴兰察布 鹰潭 南宁 南昌 益阳 吉林 柳州 景德镇 晋中 荆州 开封 忻州 黑河 衡阳 巴彦淖尔 桂林 朔州 临汾 长治 双鸭山 白城 吕梁 松原 呼伦贝尔 七台河 赤峰 长春 太原 三门峡 通辽 淮北 铜陵 四平 安庆 哈尔滨 阳泉 芜湖 淮南 绥化 大同 通化 伊春 白山 辽源 牡丹江 蚌埠 鹤岗 齐齐哈尔
	西	昆明 临沧 六盘水 陇南 广元 宜宾 固原 武威 绵阳 遵义 雅安 自贡 吴忠 内江 安康 曲靖 乐山 昭通 安顺 泸州 定西 酒泉 白银 石嘴山 成都 思茅 西宁 银川 平凉 乌鲁木齐 重庆 汉中 攀枝花 宝鸡 中卫 渭南 天水 咸阳 克拉玛依 兰州 西安 榆林 贵阳 铜川

续表

	区域	城市
Ⅱ类城市	东	上海 盘锦 辽阳 朝阳 沈阳 大连 葫芦岛 铁岭 阜新 锦州 抚顺 鞍山 本溪 丹东
	中	马鞍山
	西	无
Ⅲ类城市	东	天津市
	中	无
	西	无
Ⅳ类城市	东	佛山 衢州 龙岩 宁德 金华 中山 河源 梅州 莆田 台州 宿迁 嘉兴 惠州 珠海 揭阳 淄博 三亚 临沂 扬州 泉州 清远 菏泽
	中	张家界 北海 黄冈 商丘 玉林 亳州 贺州 周口 钦州 防城港 随州 萍乡 鄂州 百色 宜春 晋城 宣城 咸宁 运城 贵港 池州 河池 许昌 宿州 赣州 抚州 荆门 鄂尔多斯 信阳 九江 梧州
	西	丽江 资阳 广安 保山 眉山 遂宁 张掖 延安 达州 玉溪 南充 德阳 商洛 庆阳 嘉峪关 金昌

参考文献

[1] 巴曙松．廉租房融资的国际经验．华人世界，2006．

[2] 叶齐贸．多穷的英国人可以获得政府的廉租房．北京规划建设，2007．

[3] 刘玉亭，何深静．英国的住房体系和住房政策．城市规划，2007．

[4] 阎明．发达国家住房政策的演变及其对我国的启示．东岳论丛，2007．

[5] 孟祥仲．英国住房政策改革给我们的启迪．世界经济情况，2007．

[6] 姜百臣．英国和加拿大住房保障制度模式考察．中国房地产金融，2007．

[7] 唐黎标．英国住房保障制度的启示．中国房地产金融，2007．

[8] 陈燕，林炳耀．福利国家英国的住房政策．城市问题，2003．

[9] 郭瑞锋．美国民间组织在住房政策制定中的作用及其启示．中国房地产，2003．

[10] 李一真．廉租房制度问题研究．甘肃农业，2006．

[11] 李光耀．新加坡的公共住房政策——得失之间的政治与地产．中外房地产导报，2005．

[12] 李永刚．香港住房政策何以成功推行．党政论坛（干部文摘），2008．

[13] 韩晶．内地楼市可借鉴香港廉租房制度．观察与思考，2007．

[14] 吴佩佩．借鉴香港公屋经验，完善廉租房准入与退出机制．商业文化（学术版），2007．

[15] 老井．香港廉租房制度的启示．中国房地信息，2002．

[16] 马腾．香港、新加坡公共住房政策的制度保证．城市，1995．

[17] 贾倍思．香港公屋本质、公屋设计和居住实态．时代建筑，1998．

[18] 徐媛媛．浅谈廉租房住宅的建设．山西建筑，2007．

[19] 建设部．瑞典、丹麦的可持续建筑与住房政策——建设部考察组赴瑞典、丹麦考察报告住宅产业，2005．

[20] 李有观．说说瑞典的住房政策．社区，2001．

[21] 李小容．瑞典的住房政策．中国建设信息，1995．

[22] 刘卫东．日本的公共住宅政策及住房保障制度．北京规划建设，2007．

[23] 江涛辉．日本的住房政策．中国建设信息，1999．

[24] 洪开荣．各国廉租房政策及其市场效应．城市开发，2001．

[25] 张翼，陈尘．莱维特镇：美国的廉租房．世界博览，2008．

[26] 秦德安．外国廉租房制度建设对我国的启示．中国房地产金融，2007．

[27] 闫妍．低收入住房税收优惠证：美国廉租房发展的金融激励机制．北京规划建设，2007．

[28] 陈劲松．从国际经验看我国廉租房建设的问题．城市开发，2007．

[29] 戴硕．美国的廉租房．金融博览，2007．

[30] 李莉，王旭．美国公共住房政策的演变与启示．东南学术，2007．

[31] 聂曙光，聂光宇．国外住房保障制度对我国的启示．经济纵横，2007．

[32] 赵红艳．他山之石 可以攻玉——瑞典、美国、新加坡住房保障制度体系借鉴．城市开发，2007．

[33] 路军．国外住房保障的实践及对我国的借鉴．北京房地产，2007．

[34] 马光红，胡晓龙．美国住房保障政策及实施策略研究．建筑经济，2006．

[35] 郑征．三管齐下保证居民住房——国外中低收入家庭住房

政策经验. 中国投资, 2005.

[36] 潘文辉. 美国低收入家庭住房保障政策对我国的启示. 中国房地产, 2005.

[37] 谢芳. 纽约市的廉租房. 首都经济, 2002.

[38] 宋博通. 从公共住房到租金优惠券——美国低收入阶层住房政策演化解析. 城市规划汇刊, 2002.

[39] 刘美霞. 美日住房政策模式比较及对我国的启示. 中国房地产, 2002.

[40] 宋博通. 美国联邦政府低收入阶层住房政策述论. 中国房地产, 2002.

[41] 宋博通. 20世纪美国低收入阶层住房政策研究. 深圳大学学报, 2002.

[42] 张庭伟. 实现小康后的住宅发展问题——从美国60年来住房政策的演变看中国的住房发展. 城市规划, 2001.

[43] 张庭伟. 美国住房政策的演变及借鉴. 中外房地产导报, 2001.

[44] 林坚, 冯长春. 美国的住房政策. 国外城市规划, 1998.

[45] 周敏. 美国"可承受住房"政策简介. 城乡建设, 1996.

[46] 朱海忠. 韩国住房保障制度的经验及启示. 理论学刊, 2007.

[47] 金银姬. 韩国公共住房政策对中国的启示. 城市开发, 2006.

[48] 黄持渊. 试论韩国住房政策的演变和住房的特点. 中国行政管理, 2000.

[49] 钟键. 法国: 廉租房占总量20以上. 中国地产市场, 2006.

[50] 凌正鸯. 二战后法国政府解决中低收入者住房政策初探. 浙江大学, 2006.

[51] 龚运海. 法国、荷兰政府住房政策对我国住房改革的启示. 湖北财税, 2003.

[52] 陈俊侠. 法国: 廉租房政策是最有效的手段. 中国地产市场, 2006.

[53] 梁绍连. 国外住房保障运作模式比较分析. 上海房地, 2007.

[54] 郭玉坤, 裘丽岚. 国外住房保障制度的共同特征及发展趋势. 城市问题, 2007.

[55] 田东海. 福利国家与住房政策. 国外城市规划, 2000.

[56] 秦虹. 住房政策: 一项世界关注的城市研究课题. 国外城市规划, 1998.

[57] 我国廉租房制度建设中的若干问题及对策探讨. 华中师范大学. 2007, 黄玉新.

[58] 杨振华. 廉租房建设的现状与思考. 北京规划建设, 2002.

[59] 巴曙松, 张旭, 王淼. 中国廉租房的融资特征及其发展路径研究. 西南金融, 2006.

[60] 刘琪. 我国廉租房制度的特点及其融资模式的思考. 中国房地产金融, 2007.

[61] 何芳. 我国廉租房建设融资的金融创新研究. 上海房地, 2007.

[62] 曾奕子. 我国廉租房建设的融资现状及其改进. 市场论坛, 2007.

[63] 聂梅生. 用信托为廉租房建设提供资金. 城市开发, 2006.

[64] 孟晓苏. 建设廉租房的关键在于金融创新. 城市开发, 2007.

[65] 张宇新, 刘伟. 廉租房融资渠道分析——BOT模式的运用. 经济论坛, 2007.

[66] 纪志伟. 我国廉租房供给问题研究. 重庆大学, 2007.

[67] 赵学刚, 袁文全. 我国廉租房的制度困境与法律矫正. 重庆建筑大学学报, 2007.

[68] 彭俊瑜, 陈煜. 论我国廉租房法律制度的构建. 经济法论坛, 2006.

[69] 刘梅. 廉租房准入与退出制度的法律分析. 广西政法管理干部学院学报, 2006.

[70] 张薇. 营造节约与和谐——廉租房住区外部空间设计原则浅析. 室内设计, 2007.

[71] 王吓忠, 巫月娥. 廉租房相关问题研究. 城市问题, 2006.

[72] 翟峰廉. 租房社区能为新贫困人口托底吗. 社区, 2003.

[73] 赵燕菁. 廉租房建设与国家宏观经济. 城市发展研究, 2005.

[74] 向寿生. 廉租房供房模式之集中兴建的优劣势分析. 陕西省经济发展战略研究会成立大会论文集, 2004.

[75] Frank Narron. The Evolution of the Low-Income Housing Tax Credit and the Boom in Affordable Housing. Real Estate Finance, Dec 2004.

[76] Scott Susin. Rent vouchers and the price of low-income housing. Journal of Public Economics 83 (2002), 109 –152.

[77] Tower Block: Modern Public Housing in England, Scotland, Wales, and Northern Ireland.

[78] E.J. 住房补贴的国际比较. 麦克米兰图书公司, 1985. 110 –111.

[79] IMF Government Finance Statistics Yearbook, 2006.

[80] 中国城市统计年鉴, 2007.

[81] 中国统计年鉴, 2007.

[82] HUD USER: www.huduser.org.

[83] Wikipedia: http://en.wikipedia.org/wiki/Affordable_ housing.

[84] World Bank Data: www.worldbank.org/data.

[85] Communities and Local Government: www. communities. gov.uk.

[86] 住房与城乡建设部: http://www.cin.gov.cn/.

[87] 新华网 http://www.sd.xinhuanet.com/.

[88] 中国上海网 http://www.shanghai.gov.cn.

[89] 中央政府门户网站: www.gov.cn.

大事记

1978年9月，邓小平发表讲话："解决住房问题能不能路子宽些，譬如允许私人建房或者私建公助，分期付款，把私人手中的钱动员出来，国家解决材料，这方面潜力不小。"

1978年，全国城市建设工作会议传达了中央领导通知关于解决城市住房问题也要发挥个人积极性指示后，国务院确定了允许私人建房、买房的政策。

1980年4月邓小平就住宅问题再次发表重要讲话，他指出："城镇居民个人可以购买房屋，也可以自己盖。不但新房可以出售，老房子也可以出售……"。提出了"出售公房、调整租金、提倡个人买房建房"的总体房改思路。

1980年国务院批准了《全国基本建设工作会议汇报提纲》，正式宣布将实行住宅商品化政策。

1986年成立了"国务院住房体制改革领导小组"，针对传统住房的低租金提出了大幅度提租为基本环节的改革思路。

1988年国务院下发《关于在全国城镇分期分批推行住房制度改革实施方案》（国发［1988］11号）要求，把住房制度改革在全国城镇内分期分批推开。同时国务院办公厅转发国务院《住房制度改革领导小组鼓励职工购买公有旧住房意见的通知》（国办发［1988］13号）。

1990年5月国务院颁布了《城镇国有土地使用权出让和转让暂行条例》。

1991年6月在各地贯彻执行国发〔1988〕11号和国办发〔1988〕13号两个文件的基础上，国务院下发《关于继续积极稳妥地进行城镇住房制度改革的通知》进一步提出了分步提租、交纳租赁保证金、新房新制度、集资合作建房、出售公房等多种完善住房制度改革的思路。

1991年12月国务院办公厅转发国务院住房制度改革领导小组《关于全面推进城镇住房制度改革的意见》（国办发［1991］73号）。

1992年取消了福利分房制度，开始实行住房分配货币化改革。

1994年国务院颁发的《关于深化城镇住房制度改革的决定》中第一次提出在全国范围内建立新的住房供应体系，强调"房改的目标是建立和完善以经济适用房为主的住房供应体系"。

1994年12月建设部、国务院住房制度改革领导小组和财政部联合下发了《城镇经济适用住房建设管理办法》（建房［1994］761号），经济适用房制度正式确立。

1995年出台了《国家安居工程实施方案》，以安居工程为主要形式的经济适用房建设正式启动。

1995年1月1日开始实施《中华人民共和国城市房地产管理法》。

1995年5月国务院发布《关于严格控制高档房地产开发项目的通知》（国发［1995］13号）。

1997 年亚洲金融危机爆发，是之后提出积极的财政政策以刺激内需、拉动经济增长，启动经济适用房的建设的背景。

1998 年在《国务院关于进一步深化城镇住房制度改革，加快住房建设的通知》（国发［1998］23 号）完成了住房制度改革，此后住房供给基本实现社会化和商品化。其中提出了“建立和完善以经济适用住房为主的多层次城镇住房供应体系，针对最低收入家庭的需求，由政府或单位提供廉租住房”。

1999 年建设部 70 号令发布《城市廉租房管理办法》，廉租房制度作为住房保障体系的一部分浮出水面。

2003 年《国务院关于促进房地产市场持续健康发展的通知》（国发［2003］18 号）中强调“坚持住房市场化的基本方向，调整住房供应结构，逐步实现多数家庭购买或承租普通商品住房”。将房地产业定位为拉动国家经济发展的支柱产业之一，并将经济适用房由住房供应定义为“具有保障性质的政策性商品住房”。

2004 年建设部和财政部等部门又发布了《城镇最低收入家庭廉租住房管理办法》，进一步明确了廉租住房保障标准、保障方式和保障对象，廉租房制度也基本确立。

2005 年 3 月《关于切实稳定住房价格的通知》（国办发［2005］8 号）（国八条）。

2005 年 3 月国家发改委建设部制定《城镇廉租住房租金管理办法》（发改价格［2005］405 号）。

2005 年 7 月建设部、民政部制定《城镇最低收入家庭廉租住房申请、审核及退出管理办法》（建住房［2005］122 号）。

2006 年 7 月财政部会同建设部、国土资源部发出《关于切实落实城镇廉租房保障资金的通知》（财综［2006］25 号），要求做好落实城镇廉租住房保障资金工作，切实解决好城镇最低收入家庭住房困难问题。

2006 年 4 月 30 日建设部等七部委发布《关于做好稳定住房价格工作的意见》。

2006 年 5 月 17 日《国务院关于促进房地产业健康发展的六条意见》（国六条）提出：“着力调整供应结构，控制高档商品住房开发，切实增加普通商品住房供应”；“从源头上控制高档商品住房开发，引导和增加中低价位、中小套型普通商品住房的供给……从制度上保证中低价位、中小户型普通商品住房供应”；“健全城镇住房保障体系，引导和鼓励普通居民住房消费。进一步完善有区别的税收政策，减轻普通居民住房消费负担，发展住房二手市场和房屋租赁市场，促进住房消费”，等等意见。

2006 年 5 月 24 日国务院转发建设部等九部委《关于调整住房供应结构稳定住房价格意见的通知》（国发办［2006］37 号）强调“大力调整住房供应结构，严格控制被动性住房需求，正确引导居民合理消费需求”，强制性规定“凡新审批、新开工的商品住房建设，套型建筑面积 90m^2 以下住房（含经济适用住房）面积所占比重必须达到开发建设总面积的 70% 以上；要优先保证中低价位、中小套型普通商品住房（含经济适用住房）和廉租住房的土地供应，其年度供应量不得低于居住用地供应总量的 70%”，住房政策开始向保障性住房倾斜。

2007 年 2 月，温家宝总理在十届全国人大五次会议开幕会上的讲话指明了 2007 年房地产市场调控的工作重点是“解决低收入家庭的住房问题”。

2007 年 8 月《国务院关于解决城市低收入家庭住房困难的若干意见》（国发［2007］24 号）中首次明确提出把解决低收入家庭住房困难工作纳入政府公共服务职能。

2007 年 11 月建设部等部委又相继颁布了《廉租住房保障办法》和《经济适用住房管理办法》，分别对两种保障性住房的保障对象、准入和退出管理机制、建设管理、价格管理、监督管理等方面进行了阐述，使多层次住房保障体系建设真正得到落实。

2008 年 12 月 20 日国务院办公厅发布《关于促进房地产市场健康发展的若干意见》（国办发［2008］131 号），提出：“加大保障性住房建设力度，争取用 3 年时间基本解决城市低收入住房困难家庭住房及棚户区改造问题”，“进一步鼓励普通商品住房消费，加大对自住型和改善型住房消费的信贷支持力度”，“引导房地产开发企业积极应对市场变化。房地产开发企业要根据市场变化和需求，主动采取措施，以合理的价格促进商品住房销售”。同时就如何面对全球金融危机，激活房产市场提出具体措施。

2009 年 1 月 9 日，住房和城乡建设部部长姜伟新在全国建设工作会议上强调地方政府不许再越权出台救市政策。意在再次警告开发商：别指望政府救市政策能够救市，只有降价售房，才是惟一出路。

《城乡规划》征稿启事

“当代中国城市变迁”专辑

改革开放以来，我国经济社会发生了翻天覆地的变化，一个现代化的中国正在崛起。而城市作为社会的载体，在这一过程也受到深刻的影响，其类型、职能、空间分布、人口结构和数量、城市网络体系、人口文化结构等都发生了巨大变化。对当代中国城市的发展轨迹进行全面的回顾、客观的分析和科学的展望，具有重要的学术意义和现实意义，为中国城乡建设和健康、快速的发展提供科学依据和引导。

“城乡统筹”专辑

《中华人民共和国城乡规划法》于2008年1月1日起正式施行，标志我国正在打破建立在城乡二元结构上的规划管理制度，进入城乡一体规划时代。面对新形势、新条件对城乡建设的新要求和新趋势，城乡规划工作应如何应对，如何在统筹城乡发展中发挥应有的作用，使城市规划对经济社会发展，构建和谐社会产生持续推动作用，使城乡一体化这个庞大、复杂的系统工程在各个方面达到最佳组合，取得最佳效果，成为亟待深入研究的课题。

投稿要求和体例

1. 作者选择某一角度针对某专辑主题进行深入论述，鼓励研究多学科、多视角，包括城市规划、经济学、社会学、管理学、法学等多个学科和方向。

2. 作者投稿之前请先将文章标题和大纲电子文件发送邮件至 cityplanning@ vip. sina. com，经编辑部确定录用后进行全文撰写。

3. 稿件使用中文，作者投稿请将电子文件发送邮件至 cityplanning@ vip. sina. com。

4. 文章正文之前应提供以下信息：①中文标题；②作者姓名、单位、职务职称、通信地址和电子邮箱；③200字以内的中文摘要；④3~5个中文关键词；⑤英文摘要；⑥英文关键词。

5. 文章采用图文结合的 word 文档格式，正文中的标题、插图、表格、脚注等必须分别连续编号。一级标题用“1，2，3……”编号；二级标题用“1. 1，1. 2，1. 3……”编号；三级标题用“1. 1. 1，1. 1. 2，1. 1. 3……”编号；四级标题用“（1），（2），（3）……”编号。前三级标题左对齐，四级以下标题与正文连排。

6. 插图要求：文中所有插图均须提供单独的电子文件，jpg 或 tif 格式均可，分辨率 300dpi 以上。

7. 参考文献置于文章末尾，采用顺序编码制，即按正文中引用文献的先后顺序连续编码，并将序号置于方括号中。体例如下：

[1] 刘敦桢. 苏州古典园林 [M]. 北京：中国建筑工业出版社，2005.

[2]（丹麦）杨·盖尔. 交往与空间 [M]. 何人可译. 北京：中国建筑工业出版社，2002.

[3] Piggot T M. The cataloguer's way through AACR2：from document receipt to document retrieval [M]. London：The Library Association，1990.

[4] 陶仁骥. 密码学与数学 [J]. 自然杂志，1984，(7).

[5] Kanamori H. Shaking without quaking [J]. Science，1998，279 (5359).

8. 所有英文人名、地名应有规范译名，并在第一次出现时用括号标注原名。

规划新书推介

《2008奥运·城市》

北京市规划委员会　主编

本书是一部全面记录并阐述北京2008年奥运会规划设计的书，分为规划、建筑、保障和理念四大部分。以图文并茂的形式，记载了在北京两度申奥和承办奥运的过程中，北京及6个协办城市的规划设计历程，阐述了北京奥运规划战略创作理念，解析了兑现奥运“三大理念”的方法和手段，并探寻北京“后奥运时代”国际化发展的脉搏。

16开　283页　精装　2008年11月出版

ISBN 978-7-112-10218-　（征订号：17021）

定价：188元

《中国古代城市二十讲》

董鉴泓　著

本书由我国城市规划界泰斗、中国古代城市规划建设史学科奠基人、同济大学建筑城规学院著名教授董鉴泓，集几十年的研究心得悉心总结提炼而成。本书一改以往学术专著晦涩难懂的文字风格，叙述上力求生动活泼，并附大量生动精彩的图片。本书旁征博引，通过生动有趣的叙述方式、丰富的图片，描述了我国古代城市的方方面面。不仅重点介绍了北京、西安、南京、苏州、泉州、大理、丽江、平遥、江南水乡城镇等，还详细论述了城市的类型、城市名称的由来、古代城市的居住里坊、商市、道路系统、寺庙、宫殿、衙门、书院、会馆、古代城市生活与节俗、古典园林、城市景观、城市防御等内容。全书通过雅俗共赏的文字风格和大量丰富的图片，使读者在轻松的阅读氛围中，对中国几千年的传统建筑文化有了更深层次的理解，对自己曾经去过或者将要去游历的古代城镇，有了更深刻的认识。

20开　196页　平装　2009年4月出版

ISBN 978-7-112-10317-1（征订号：17120）

定价：32元

《村庄规划》

张泉　等著

本书结合长期的村庄规划建设实践，以大量案例分析为基础，深入研究村庄规划的基本要素、空间要素及其内在联系，全面揭示村庄规划编制的基本理念与一般规律，提出了通过村庄规划改善农村人居环境，促进产业发展，提升文化品位的有效途径。本书是国内第一部专门针对村庄规划进行系统研究与理论实践探索的学术专著，对从事规划建设的管理人员、技术人员、大中专院校师生，以及其他从事“三农”工作的相关人士，有很强的现实针对性和借鉴指导意义。

16开　160页　平装　2009年2月出版

ISBN 978-7-112-10589-2（征订号：17514）

定价：68元

《城市停车设施规划》

张泉　等著

随着经济社会的快速发展，城市机动车拥有量急剧增加，停车设施需求也随之迅猛增长，“停车难”已经成为我国许多城市普遍面临的问题。如何贯彻落实科学发展观，构建“两型社会”，实现公交优先，这些都是我国城市停车设施规划建设和管理必须面对的现实问题。停车设施是车辆出行的起点和终点，是支撑现代城市交通必不可少的载体。停车设施对车辆交通组织具有枢纽作用，对道路交通管理具有开关作用，对城市土地利用具有导向作用。科学合理地进行城市停车设施规划，发挥停车设施的调控作用，对引导城市用地合理布局，调节道路交通组织，协调经济社会发展具有十分重要的现实意义。

全书内容分为：城市停车设施的作用及发展概况、城市停车设施规划理念与方法、城市停车问题与症结、城市停车行为与特性、城市停车分区与策略、城市停车设施需求预测、城市停车设施供应分布、城市公共停车设施布局规划、建筑物配建停车位标准研究、城市停车设施规划实施措施。

本书将城市用地与城市交通相结合，用“调控型”理念和方法系统探讨城市停车设施规划，在国内同类书中是第一本。

16 开　292 页　平装　2009 年 6 月出版

ISBN 978-7-112-10909-8（征订号：18153）

定价：48 元

《规划视角的中国都市运动——城市转型与有机集中》

朱喜钢　著

本书在阐述计划经济体制和市场经济体系下城市转型和城市规划关系以后，重点讨论了城市规划对城市转型的引导，包括宏观战略层面与技术理性层面的引导，以及转型背景下的城市规划变革之路。作者认为，为应对难得的中国城市转型的历史机遇，中国城市规划需要转型。转型推动规划，规划引导转型。这正是中国都市运动健康发展的重要基础和保证。

本书主要论述了在城市转型和有机集中理论指导下 10 个应对城市转型的规划研究案例。这 10 个案例地域遍及东、中、西部，内容涵盖发展战略、城市定位、城市功能、空间模式和形态结构的转型，类型有单一都市、都市区域和城市群。大致可以概括当前我国大都市已经和未来转型的各种形式，而其中的理念、思路、观点、内容和技术路线也具有现实的借鉴意义。最值得指出的是，作者对每个案例的命名和卷首短评，以精练的笔触、犀利的点评勾画了该城市发展的症结和转型方向，是引人深思和发人深省的，也反映了作者是真正理解了转型的涵义和规划的价值。

本书既是一份研究总结、一篇对都市运动的评论，又是一种对城市发展、城市化、城市规划理论和实践的思考和探索。

16 开　534 页　精装　2009 年 5 月版

ISBN 978-7-112-10668-4（征订号：17601）

定价：80 元

《城市规划视角下的城市比较分析——建构比较城市学的基础框架》

周善东　著

城市比较研究已经成为城市规划中常用的基础研究方法，也是城市建设管理工作中的一种思维理念、实践方式。本书从城市规划的视角对城市比较研究进行了梳理，重点从四个方面进行了探索，即中西城市规划理念的比较；异体比较，即城市与乡村的比较；个体比较，即城市自身的比较；同体比较，即多个城市之间的比较。在此基础上，提出了建立比较城市学的初步设想。城市是一个复杂的巨系统，比较城市研究无疑为深化城市研究提供了新的理论支持。

16 开　364 页　平装　2009 年 5 月出版

ISBN 978-7-112-10727-8（征订号：17660）

定价：55 元

《中国城市交通发展报告 1》

住房和城乡建设部城市交通工程技术中心　等主编

本书由住房和城乡建设部城市交通工程技术中心、中国城市规划设计研究院联合主编，是对中国城市交通发展的全面性的总结和未来趋势的预判，侧重于用数据和资料描述城市交通发展的实际情况。重点对 2001 年以来城市交通发展的基本情况、建设进展、政策法规、重要行动等进行了整理和分析，以此反映我国城市交通发展的总体进展和发展导向。报告中还列出了北京、上海、广州、深圳、南京、杭州等 6 个城市的发展状况，以反映不同城市的城市交通规划、建设、管理、运行的特点和实施情况。

16 开　120 页　平装　2009 年 1 月出版

ISBN 978-7-112-10456-7（征订号：17380）

定价：36 元

《北京、首尔、东京历史文化遗产保护》

北京市城市规划设计研究院　等主编

本书共分五章，重点针对北京、首尔、东京三个东北亚首都城市的历史发展、遗产特征、保护政策、保护案例进行研究，真实展示了三个城市对自身历史遗产保护的思考与行动。由三个国家的知名专家，在进行深入研究的基础上，比较研究以后得出了具体的研究结论。

本书针对性很强，资料价值很高，图文并茂，对于进行文物保护方面的研究具有很强的实用和参考价值。

16 开　316 页　平装　2008 年 6 月出版

ISBN 978-7-112-09487-5（征订号：16151）

定价：158 元

当代城市规划著作大系

《中国土地制度下的城市空间演变》

陈鹏　著

本书通过探讨我国城市空间演变特征尤其是土地利用中的非集

约倾向，着重揭示土地制度影响城市空间演变的内在机制。对我国城市发展中的许多热点问题，比如圈地式的城市蔓延、城市经营与房地产泡沫、城市规划管理与土地收益模式、土地产权的公有与私有之争等，均有充分的论证和独到的见地，值得广大读者借鉴、思考。

16 开　206 页　平装　2009 年 6 月出版

ISBN 978-7-112-10774-2（征订号：18019）

定价：49 元

当代城市规划著作大系

《设计控制的理论与方法——当代中国城市设计的新探索》

苏海龙　著

随着我国城市化进程的加快，当前设计控制及其相关的设计政策、设计评审方面的研究，正成为我国规划界关注的重点。本书在对比美英两国设计控制经验的基础上，对设计控制的基础理论进行了系统分析和归纳，并结合案例分析了英美等西方国家设计控制的主要发展趋势和我国城市开发与设计控制中存在的问题与误区，从我国规划体系的体制特点出发，从政策机制、政策体系、运行过程以及制度创新等多个方面提出了符合我国国情的设计控制的理论与方法。本书借鉴了政策科学、符号学、环境行为学、环境美学和交往行为理论等相关理论，并结合大量的国内外城市设计案例进行了深入论述，具有较高的理论价值和实用价值。

16 开　300 页　平装　2009 年 5 月出版

ISBN 978-7-112-10588-5（征订号：17513）

定价：48 元

当代城市规划著作大系

《城市规划与城市社会发展》

黄亚平　著

针对我国城市规划与建设中"社会效益"虚化的现状，本书以城市规划的社会发展作用为主题，以城市规划与社会发展的交互关系为联结点，以适应社会发展要求的城市规划调控机制构建为重点，系统地探讨了如何增强社会发展作用这一核心问题。本书共分九章，包括导论，社会发展、社会发展目标及城市规划的社会发展作用，近现代城市规划中的社会发展思想，与城市规划及建设相关的社会发展目标，理性认知偏差——城市规划社会发展作用弱化的认知原因，机制缺失——城市规划社会发展作用弱化的制度原因，城市规划的技术调控策略，城市规划的制度调控措施，结语。

16 开　292 页　平装　2009 年 3 月出版

ISBN 978-7-112-10588-5（征订号：17513）

定价：49 元

当代城市规划著作大系

《中国历史文化名镇名村保护理论与方法》

赵勇　著

我国现有的历史文化名镇名村，是属于全人类的重要的文化遗产。如何在城镇化加速、建设性破坏加剧的时代背景下，更好地保护、继承和发展我国优秀历史文化遗产，全面开展历史文化名镇名村的研究与实践工作，成为了当前急需解决的一项重大课题。本书作者常年工作在我国历史文化名镇名村保护研究、实践的第一线，故书稿论述充分，内容翔实，实例丰富，理论与实践并重。其中既包括对国外历史文化村镇保护相关理论的论述，也包括历史文化名镇名村保护评价体系与方法、名镇名村保护预警体系与方法、保护对策、保护规划内容与方法。

16 开　307 页　平装　2008 年 12 月出版

ISBN 978-7-112-10067-5（征订号：16870）

定价：48 元

当代城市规划著作大系

《城市路网结构体系规划》

蔡军　著

道路交通体系是城市机能运转不可缺少的重要组成部分。但现有的路网规划理论与方法在逻辑分析、量化分析、设计方法层面还存在诸多不足。本书首先在回顾我国城市路网研究成果的基础上，从路网的评价内容出发指出路网功能结构、等级结构、布局结构、组织结构等城市路网规划需要研究的内容。进一步在自下而上的战术研究基础上建立了路网规划的微观技术支撑体系，结合定量分析的结果构建 11 种基本路网组织模式。同时在自上而下的战略研究基础上构建了路网宏观组织结构，并指出合理配置路网资源，循序渐进地扩容升级，促进道路系统与城市用地的协调发展是缓解城市交通问题的必由之路。本书对于现有的路网规划理论和方法进行了补充与深化，为我国城市规划建设与道路交通规划提供了理论和技术支撑，具有较高的参考价值。

16 开　296 页　平装　2008 年 8 月出版

ISBN 978-7-112-09902-3（征订号：16710）

定价：49 元

城市规划与设计新思维丛书

《非常城市设计——思想·系统·细节》

余柏椿　著

城市设计是目前城市规划专业的一个热门话题，关于城市设计的概念在学术界也还是有很多争议。本书分为理论篇、方法篇、总则篇、分则篇，希望通过对城市设计理论的探讨、国内外广泛实践的分析，建构城市设计目标体系，并就现在规划师经常遇到的一些设计问题做一些深入分析，在尊重一系列基本原则的前提下，对各专项设计原则、设计手法进行深入阐述，以期形成这些专项规划的权衡标准和设计指引。

16 开　222 页　平装　2008 年 11 月出版

ISBN 978-7-112-10369-1（征订号：17172）

定价：58 元

城市规划与设计新思维丛书

《后工业时代产业建筑遗产保护更新》

王建国　等著

城市化进程加快和城市产业更新的加速，使城市中传统的制造行业比重下降，大量的城市旧区地段面临更新改造，而其中产业用地往往是更新改造的主要对象。本书由国内城市设计著名专家、东南大学建筑学院院长王建国教授撰写，主要针对产业建筑保护更新这一目前建筑界、规划界的热点问题展开深入研究。本书主要包括以下几个方面：廓清产业建筑遗产保护更新和再利用的内涵意义和价值；提出产业建筑价值评定及分析的界定和分类标准；对产业类建筑保护和再利用的实施策略、具体方法、技术手段和效益等进行系统分类，并做出明确针对性的研究总结，对我国的著名案例进行深入的研究，提出具体的改造设计手法；构建产业建筑保护理论与方法。

16 开　191 页　平装　2008 年 1 月出版

ISBN 978-7-112-09490-5（征订号：16154）

定价：88 元

《19 世纪与 20 世纪的城市规划》

［德］迪特马尔·赖因博恩　著，虞龙发　等译

本书以大量的城市规划图和建筑平面图以及欧洲不同阶段城市规划的典型实例，叙述了两个世纪的欧洲城市面貌和城市发展以及城市的结构和建筑的形式。作者在书中告诉人们，无数的建筑、大量的住宅区、繁多的绿化带以及人们居住的各种各样的空间和当时的政治、社会经济以及人们的思想意识有着密切的联系，城市规划以及城市建筑的发展始终没有离开过当时的历史背景。

合理有序地开发城市，是我们当前的一个重大课题。作者在书中提出的许多切中时弊的问题，可以供我们很好地借鉴西方城市规划中正反两方面的经验教训，以便深入研究当前我国的一些城市现象。本书对城市规划和发展提供了新的视角，对城市设计师、建筑师、政策方针制定者、开发商及相关专业在校师生具有很好的参考阅读价值。

16 开　326 页　平装　2009 年 1 月出版

ISBN 978-7-112-09752-4（征订号：16416）

定价：68 元

《城市设计：美国的经验》

［美］乔恩·朗　著，王翠萍　胡立军　译

本书是西方城市设计领域的经典著作，内容包括城市设计的背景、功能主义的重新定义、城市设计的新功能性方法，以及对城市设计的未来走向的总结。本书勾画了一个美国城市设计的全貌，建立了一个完整的框架，便于人们了解城市设计要做些什么，对于城市设计的责任是什么，同时指出了其他相关领域，以便提出知识与方法的空白。本书虽然论述的是美国城市设计的经验，但是对于中国城市设计的发展，也有着很强的借鉴意义。

16 开　514 页　精装　2008 年 10 月出版

ISBN 978-7-112-09480-6（征订号：16144）

定价：120 元

《城市设计与城市更新》

［英］理查德·海沃德　主编，上海复旦规划建筑设计研究院　王新军　等译

《城市设计与城市更新》一书是国际知名城市规划学术期刊《国际城市设计》近年几个专题的汇总，本书收录了当前国际城市规划与设计领域的最新研究成果。

《国际城市设计》(Urban Design International) 与 1996 年创刊于英国，是一本被众多专业从业人员高度关注的学术出版物，其内容涉及城市设计、规划教育、规划实践、建筑设计以及相关管理等方面。

本书内容主要围绕以下几个主要专题展开：

1. 英国规划者对“城市村庄”概念的尝试性应用，以及相关经验总结。

2. 回顾种族隔离结束后的十年来，南非城市设计的情况。

3. 在后现代的新形势下，城市设计的发展情况。

4. 创建可持续发展的城市环境：未来城市的生活形态。

5. 城市特色塑造及长期的发展和管理。

6. 由全球化和数字科技推动的近期城市设计教育发展。

希望此书能将更多国外规划理念以及规划实践引入到国内，给致力于城市发展与建设的相关从业人员以启发与帮助，碰撞出更多的规划灵感与设计思路。

16 开　398 页　精装　2009 年 6 月出版

ISBN 978-7-112-10412-3（征订号：17336）

定价：68 元

《城市形态结构设计》

［德］格哈德·库德斯　著，杨枫　译

本书第一部分致力于城市形态结构设计的方法论方面，阐明了最重要的设计理论、设计任务、工作方法和设计程序。第二部分以示例形式介绍了城市规划设计中最常见的实例和方法，如，建筑物在一块建筑空地中的添加、建筑群的构成、城市道路和广场的设计造型、城市边缘和村庄的设计。此外，对城市修复、城市空闲废弃地的重新利用以及地区产业结构的改造等问题也进行了详尽的讨论。本书对城市规划和发展提供了新的视角，对城市设计师、建筑师、政策方针制定者、开发商及相关专业在校师生具有很好的参考阅读价值。

16 开　206 页　平装　2008 年 5 月出版

ISBN 978-7-112-09751-7（征订号：16415）

定价：45 元

《伟大的街道》

［美］阿兰·B·雅各布斯　著，王又佳　金秋野　译

毫无疑问，这是一部真正的杰作——除此之外，再没有任何

字眼能更准确地与之相匹配。在这本书中，雅各布斯雄辩地指出：了不起的城市必须由了不起的街道编制而成；反观今日世界，人们创造伟大街道的能力正在不可挽回地流失。为了完成它，雅各布斯足足花费了十年的心血，对分布在世界各地的数百条街道进行比较，测量了世界上不少伟大街道的长宽尺寸，并用图纸将其记录下来。结果，从匹斯堡到北京都留下了他的足迹。

雅各布斯希望通过自己的努力，找出到底是什么因素让一些街道有幸跻身“伟大街道”之列，而在这些因素中，又有哪些与设计相关，哪些与设计无关。本书正文中包含大量的街道平面、剖面图以及其他相关信息。此外，作者还甄选了世界上50个不同的城市，分别将每个城市中方圆1英里范围内的街道平面绘制在图纸上，以方便读者比较。

本书文字及速写优美、译文流畅，保证了原汁原味，充满了城市生活的鲜活感受，大量的图纸信息弥足珍贵，相信您看了之后，甚至会抛开书本，迫不及待地冲向机场，前往巴斯、巴塞罗那或博洛尼亚，去亲眼见证那些世界上最了不起的街道。

16开　317页　平装　2009年1月出版

ISBN 978-7-112-10460-4（征订号：17384）

定价：65元

《社区设计——关于郊区和小型社区的新城市主义》

[美] 肯尼斯·B·霍尔·JR　等著，许熙巍　徐波　译

《社区设计》是一部对创造真正的社区，而不仅仅是一个孤立的小地块，给予实际性指导的著作，它提供解决郊区蔓延和其带来的交通堵塞问题的措施。这种图解式的指南便于展开联想、创造和探求，为你的城镇新发展提供更好的居住场所方面的解答。

本书为居民居住、购物、工作和娱乐的所有场所提供了完整的设计方法，包括：

- 用人们都能理解的语言定义“社区”；
- 把邻里作为社区的基本建筑单元来理解；
- 确保街区设计的程序从概念落实为实践；
- 学会如何让机动车各行其道；
- 创造人们乐于漫步其中的环境；
- 用受欢迎的设计方法，创造可居性强的邻里或重塑往日邻里单元；
- 运用从传统邻里中提炼的概念进行设计。

通过本书你将得到实践用的方法去综合本书讨论的各因素，指导你去创造真正的社区而不是空中楼阁。《社区设计》是一本简洁易读、具有现实意义的书，它描述了如何使今日的社区满足市民的要求。专业设计人员、政府工作人员和市民都需要这本书，因为他们在保证让社区成为他们理想产物方面起着重要作用。

16开　286页　平装　2009年1月出版

ISBN 978-7-112-06809-8（征订号：12763）

定价：32元

《城市的组合》

[美] 斯皮罗·科斯托夫　著，邓东　译

本书是《城市的形成》的姊妹篇，这是一部阐述历史上的城市形态元素的著作，涉及街道、公共广场、城市分区（宗教信仰、政治和社会）和城乡边界等元素。作者追寻着从古至今的城市形态元素的演进变化的踪迹，探讨了“城市的演变”，并将其与传统的城市肌理的生长与变化进行比较研究。本书以示例、插图的形式解释了城市的形式与用途，内容涵盖从远古的巴尔米拉的柱廊式街道一直到“城市贵族化”改造的伦敦广场。本书是人们研究建筑学和社会学历史的一部必备的书籍，同时也是人们通过案例研究揭示城市的现在和未来变化规律的一部指导性著作。

8开　316页　平装　2008年4月出版

ISBN 978-7-112-09732-6（征订号：16396）

定价：98元

《城市空间与景观设计5》

[美] 约翰·莫里斯·狄克逊　编著

这是一本从美国直接原版引进的大型、高品位图书，是《城市空间与景观设计4》的姊妹篇。本书所选的项目都是世界一流的建筑师、室内设计师在世界各地具有代表性的杰出案例。本书涉及的范围比较广泛，从五星级酒店到邻里咖啡厅，从城市中心区到海滨度假区，从室内到室外餐厅，可以满足不同层次的消费者的需求，为人们工作之后提供一个休闲、娱乐、放松、聚会的场所。书中的所有项目都是按照LEED的标准而设计，本书是设计师、规划师、房地产开发商以及相关专业师生不可多得的参考书。

16开　304页　精装　2009年1月出版

ISBN 978-7-112-10277-8（征订号：17080）

定价：260元

勒·柯布西耶新精神丛书

《精确性——建筑与城市规划状态报告》

[法] 勒·柯布西耶　著，陈洁　译

本书包含了勒·柯布西耶在布宜诺斯艾利斯召开的10次有关建筑和城市规划的讲座，以及一篇有关美洲的序言。序言虽说是有关美洲的，但是却和美洲的建筑没有任何关系。它只是表达了目前美洲建筑师的一种思想状态。全书以一篇有关巴西的推论作为结尾（圣保罗和里约热内卢），同时也能算是有关乌拉圭的推论（蒙得维的亚）。这篇推论主要是对那种城市盲目扩张所造成的日益增长的紧张状态的评论。在书中勒·柯布西耶坚信他对一些城市的预测将得到普及。本书所关注的建筑和城市规划问题目前已经成为世界新的争论焦点。

32开　226页　平装　2009年2月出版

ISBN 978-7-112-10280-8（征订号：17083）

定价：32元

勒·柯布西耶新精神丛书

《明日之城市》

［法］勒·柯布西耶　著，李浩　译，方晓灵　校

本书是勒·柯布西耶根据城市发展的历史和对巴黎市的调查研究，从功能和理性主义角度出发对现代城市的基本认识，从现代建筑运动的思潮中引发的关于现代城市规划的基本构思。他通过对20世纪初的城市发展规律和城市社会问题的关注、思考和研究，提出关于未来城市发展模式的设想，即“现代城市”理想，希望通过对现存城市尤其是大城市本身的内部改造，使其能够适应未来发展的需要。书中勒·柯布西耶以巴黎市中心为实例，阐述了其为300万人口的城市所设计的规划方案的理念，强调了大城市建立现代快速交通运输方式的重要性，并提出了城市规划的中心思想是提高市中心的密度，改善交通，提供充足的绿地、空间和阳光，全面改造城市地区，形成新的城市的概念。

柯布西耶在本书中提出的“现代城市”方案的规划思想对20世纪以来世界各国的城市规划和建设具有深远的影响，对于现代城市规划理论的形成及其历史发展也同样具有重要的影响，可被看作是现代城市规划理论的起源。其现代城市规划方案“堪称现代城市规划范式的里程碑，也是世界上第一个完整的现代城市规划的观念展示。”

32开　292页　平装　2009年3月出版

ISBN 978-7-112-10754-4（征订号：17687）

定价：32元

勒·柯布西耶新精神丛书

《人类三大聚居地规划》

［法］勒·柯布西耶　著，刘佳燕　译

本书是勒·柯布西耶有关城市规划的经典著作，“勒·柯布西耶新精神丛书”中的一卷，是勒·柯布西耶探索了20年的结果。在书中他以巴黎为例，详细分析和论述了城市住宅、交通、城市开发、农村与工厂的关系等问题。柯布西耶认为，布置在城市内部的工厂和其他产业使得城镇中现有的服务设施不堪重负，抑制了它们的增长，带来了交通拥挤和污染的问题，导致了西方城市的毁灭。在书中，他解释了人类三大聚居地（城市、乡村和工业）如何能够和谐共存，并相互支持。

32开　平装　2009年8月出版

ISBN 978-7-112-10817-6（征订号：18055）

国外城市规划与设计理论译丛

《寻找失落空间——城市设计的理论》

［美］罗杰·特兰西克　著，朱子瑜　等译

本书以“失落空间”或称空间的不合理使用问题为着眼点，回溯了过去80年间世界范围内涌现的主要城市空间设计理论，并对城市空间的重要历史案例进行探讨，进而论述了解决现代城市空间结构问题的理论、战略和方法。本书对于我国城市现今所面临的城市空间问题具有重要的理论借鉴意义和实用价值，值得建筑学、景观建筑学以及城市规划领域的学生和专业人员参考和学习，是我国引进的又一部城市规划与设计领域的经典理论著作。

16开　241页　平装　2008年4月出版

ISBN 978-7-112-09790-6（征订号：16454）

定价：50元

国外城市规划与设计理论译丛

《亚太城市的公共空间——当前的问题与对策》

［美］缪朴　编著，司玲　司然　译

本书是研究当代的亚太城市的公共空间问题，如街道、广场、公园等的设计和使用。本书所收集的论文均由所在领域的专家撰写，详细阐述了亚太城市公共空间的现状、问题及其设计与理论，提供了及时的和第一手的报告，剖析了亚太公共空间（相对于西方城市）的独特之处、当前面临的问题和争论以及最新的设计和规划方案，涵盖了亚太城市公共空间的各个重要方面，如在全球化浪潮中创造本土的个性，寻找解决高密度、交通、可持续发展、历史文脉保护和其他功能问题的设计和规划策略，以及政府、本地社区和私有企业在公共空间发展中的正确角色等等。

16开　380页　平装　2007年5月出版

ISBN 978-7-112-08865-2（征订号：15529）

定价：76元

国外城市规划与设计理论译丛

《城市和区域规划（原著第四版）》

［英］彼得·霍尔　著，邹德慈　李浩　陈熳莎　译

本书是《城市和区域规划》经典读本2002年面世的第四版，它以对英国城市发展的早期历史及其城市规划的早期思想家、作家的介绍为楔子，用全书的主要篇幅历史性地回顾了20世纪英国城市规划与实践的发展和演变过程。此外，作者还对比了西欧和美国这些发达工业国家各国的特色、规划经验和规划问题，介绍了20世纪末的规划进程，并根据范例讲述了20世纪60年代以来城市在形态和社会问题上的变化和20世纪90年代的主要问题，并展望了21世纪。在所有必要的历史概貌的详细介绍的基础上，作者总结了城市和区域规划方案编制的程序以及包含在这个过程各个阶段中的某些较为重要的技术。本书着重于城市和区域规划，关注当前的社会问题，从更现实的角度来阐述规划工作的意义，对我国城市规划与设计理论的发展具有非常重要的启迪和指导作用。

16开　264页　平装　2008年8月出版

ISBN 978-7-112-09971-9（征订号：16774）

定价：56元

国外城市规划与设计理论译丛

《规划引介》

［英］克莱拉·葛利德　著，王雅娟　张尚武　译

本书的目的是对规划进行整体介绍，为忙碌的读者提供一

个"一站式"的服务。本书努力结合规划的物质和社会方面，反映现有规划入门课程的发展趋势，增加规划实践内容。为学生介绍视觉上的城市设计，以及规划的政治、法律和体制背景。特别增加了规划的环境因素，这现在已经成为整个规划过程的重要因素。所有这些物质的、社会的、视觉的、法律的和环境的规划因素，可以看出是在城市政治和管理层面的内容。实际上，所有这些因素都彼此联系，并成为现代城市规划不可分割的因素。

本书是第三版，增加了一些插图，因为规划不仅是法定的程序，也是可见的形象，城市设计部分的内容得到扩展。重点是对插图的选择，是为使重点内容更突出，而不是对某些建筑提供一种旅游指南。而且有意在设计和内容安排上没有包括详细的方案、表格和地图。目的是为读者扩展关于规划内容的感知，介绍规划政策的关键问题，而不是提供一个怎样做规划的秘诀。

16 开　335 页　平装　2007 年 8 月出版

ISBN 978-7-112-09205-5（征订号：15869）

定价：68 元

国外城市规划与设计理论译丛

《延伸的城市——西方文明中的城市形态学》

[美] 詹姆斯·万斯　著，凌霓　等译

本书是美国 Johns Hopkins 大学教授詹姆斯·E·万斯 40 多年对城市形态的思考、教学与写作成果的总结，是一部非常经典的有关城市规划与设计的理论著作。

本书涵盖了从古希腊到现在如此长跨度的历史，作者解释了城市"形态基因"在西方文明中的显赫地位。它从古代礼仪和管理功能开始，穿越了封建主义出现后的衰弱到中世纪晚期重新作为一个商业中心浮现出来，到了现在，它继续发展进化。同时他也探索了城市对社会结构、人口统计学、技术、商业经济、政治力量、宗教和文化机构、艺术与建筑风格，以及其他方面的影响。这对于我们了解世界城市的形成与发展具有非常重要的作用，是城市规划师、建筑设计人员以及相关专业师生不可多得的参考书。

16 开　498 页　平装　2007 年 9 月出版

ISBN 978-7-112-09464-4（征订号：16128）

定价：79 元

国外城市设计丛书

《简明城镇景观设计》

[英] 戈登·卡伦　著，王珏　译

"城镇规划"是一门给组成城市环境的建筑群体、街道和外部空间赋予连贯、系统的视觉效果的艺术。它的概念最早由戈登·卡伦在《建筑评论》上提出，后在这本《简明城镇景观设计》专著中进行了具体的陈述。

本书的魅力是无穷的，自 1961 年问世以来，立即成为影响建筑师、规划师和其他有关人士的主要力量之一，一直是全世界建筑学和城市规划学科的必读书目，多次重印，炙手可热，被尊为经典。它立足于人们对环境的切身体验，从城市的角度对由建筑物群体和外部空间因素所构成的城镇景观进行了深入的剖析。它在建筑学、城市规划学、景观学，甚至也包括艺术学科的历史上，都有着不可动摇的重要地位，所提倡的原则和做法在强调"城市设计"的今天尤其有指导意义。

16 开　186 页　平装　2009 年 1 月出版

ISBN 978-7-112-10160-3（征订号：16963）

定价：38 元

国外城市设计丛书

《文明的街道——交通稳静化指南》

[英] 卡门·哈斯克劳　等著，郭志锋　陈秀娟　译

本书详细介绍了成熟的交通稳静化方案（减速路拱、减速弯道、窄点），还介绍了许多不太为人们熟知的技术，具备了一定的专业性交通稳静化手册的功用。本书十分实际地评价了德国、荷兰、丹麦和瑞典的交通稳静化经验及其相关规则，讲述了英国已经实施的大约 40 个交通稳静化方案，并对它们进行了评论。对 20 个英国交通稳静化方案的经济性评价更是锦上添花。

《文明的街道》主要面向：

- 那些必须决定是否实施交通稳静化方案的地方政府及专业管理人员；
- 社区居民、公共运营商以及任何可能受到地方政府方案影响的人，他们需要确定所采用的交通稳静化方法是否是最合适的；
- 运输、城市规划、交通工程以及人文景观环境设计专业的学生。

16 开　232 页　平装　2008 年 7 月出版

ISBN 978-7-112-09459-2（征订号：16123）

定价：49 元

注：以上图书由中国建筑工业出版社出版。
联系地址：北京市百万庄中国建筑工业出版社发行部
邮　编：100037
电　话：010－58933865
客服/邮购电话：010－88369855/77
网上建筑书店：www. China-building. com. cn

当代小城镇规划与设计丛书

苏州科技学院建筑学院　主编

系统总结小城镇规划设计经验

全面提升小城镇规划设计水平

一套源于实践、指导实践的小城镇规划设计图书